傅雷 作品集

夏洛外传
幸福之路
文明
英国绘画
其他译文

[法] 菲列伯·苏卜等 著

傅雷 译

北方联合出版传媒(集团)股份有限公司
万卷出版公司

图书在版编目（CIP）数据

傅雷作品集 . 夏洛外传　幸福之路　文明　英国绘画其他译文 /（法）菲列伯·苏卜等著；傅雷译 . -- 沈阳：万卷出版公司，2018.8

ISBN 978-7-5470-4840-5

Ⅰ . ①傅… Ⅱ . ①菲… ②傅… Ⅲ . ①傅雷（1908-1966）—文集 Ⅳ . ① I217.2

中国版本图书馆 CIP 数据核字（2018）第 083647 号

傅雷作品集（夏洛外传　幸福之路　文明　英国绘画　其他译文）版权所有　侵权必究

出版发行：北方联合出版传媒（集团）股份有限公司

　　　　　万卷出版公司

　　　　　（地址：沈阳市和平区十一纬路 25 号　邮编：110003）

联系电话：024-23284090 / 010-88019650

传　　真：010-88019682

E - mail：fushichuanmei@mail. lnpgc. com. cn

印　刷　者：清苑县永泰印刷有限公司

经　销　者：各地新华书店

幅面尺寸：170mm×240mm

字　　数：472 千字　　　　　印　　张：35.5

出版时间：2018 年 8 月第 1 版　印刷时间：2018 年 8 月第 1 次印刷

责任编辑：尹　岩　　　　　　责任校对：王洪强

装帧设计：格林文化　　　　　责任印制：高春雨

如有质量问题，请速与印务部联系　联系电话：010-88019750

ISBN 978-7-5470-4840-5

定价：82.00 元

出版说明

　　傅雷，我国著名翻译家、作家、教育家、文艺批评家，数十年笔耕生涯，为后人留下了卷帙浩繁的文艺作品，半个世纪以来始终深受读者欢迎。傅雷在文学、音乐、美术理论、美学批评等领域的颇多建树，至今依然是学界的不刊之论。本次出版的《傅雷作品集》共分十九卷，涵括翻译著作、文艺批评、文学创作、时评专论等诸多领域。编者简化体例、精修版式、审慎编校，希望为读者奉献一套质量上乘的作品集。

　　在编选中，鉴于傅雷作品多创作于 20 世纪 30~50 年代，编者根据现行国家通用语言文字的规范和标准，酌情进行了修订。如：标点符号方面，统改了部分文本中顿号和逗号混用的情况。文字方面，将表示相似的"象"，统改为"像"；表示发现意义的"见"，统改为"现"；用作结构助词的"底"，统改为"的"。对于其他不影响文本理解的非规范文字使用情况，则采取了较宽松的处理方式，以免破坏傅雷个人的文本特色。此次编选还对某些文本做了有益补充。如《英国绘画·译名对照表》中，傅雷对当时健在的英国画家仅标注了生年，修订中即为此类画家补充了卒年。

　　由于编者学识有限，难免存在诸多不足之处，望方家不吝赐教，望读者理解和支持。

目 录

目录

其他译文

夏洛外传

［法］菲列伯·苏卜 著

卷头语

　　在这个哭笑不得的时代，"幽默"成了文坛的风气；利用这空气，赶快把"夏洛"出版。这自然是投机。适应时代叫做思想前进，投机却是偷鸡，却是取巧了。然而只要取巧而与人无损与己有益，即是投机又有何妨？

　　夏洛既曾予我以真切的感动，一定亦会予人以同样的感动；夏洛曾使卓别麟致富，一定也会替我挣几个钱：这便是我所谓与人无损与己有益。

　　然而夏洛的命运，似乎迄未改善。这本书已经碰了几家书店经理的钉子，因为不是因为夏洛缺少绅士气，便是因为他太孤独了，出版之后不能引人注意（如丛书之类）。

　　于是我决计独自把他来诞生下来。"自己丛书"说是我自己的丛书固可，说是夏洛自己的丛书亦可，说是读者自己的丛书更无不可。这一本便是丛书的第一部。

一九三三年七月付印时译者

译者序

"夏洛是谁？"恐怕国内所有爱看电影的人中没有几个能回答。

大家都知有卓别麟而不知有夏洛，可是没有夏洛（Chalot），也就没有卓别麟了。

大家都知卓别麟令我们笑，不知卓别麟更使我们哭。大家都知卓别麟是世界上最著名的电影明星之一，而不知他是现代最大艺术家之一。这是中国凡事认不清糟粕与精华（尤其是关于外国的）的通病。

"夏洛是谁？"是卓别麟全部电影作品中的主人翁，是卓别麟幻想出来的人物，是卓别麟自身的影子，是你，是我，是他，是一切弱者的影子。

夏洛是一个无家可归的浪人。在他飘泊的生涯中，除受尽了千古不变的人世的痛苦，如讥嘲，嫉妒，轻薄，侮辱等等以外，更备尝了这资本主义时代所尤其显著的阶级的苦恼。他一生只是在当兵，当水手，当扫垃圾的，当旅馆侍者，那些"下贱"的职业中轮回。

夏洛是一个现世所仅有的天真未凿、童心犹在的真人。他对于世间的冷嘲，热骂，侮辱，非但是不理，简直是不懂。

他彻头彻尾地不了解人类倾轧凌轹的作用，所以他吃了亏也只知拖着

3

笨重的破靴逃；他不识虚荣，故不知所谓胜利的骄傲：其不知抵抗者亦以此。

这微贱的流浪者，见了人——不分阶级地脱帽行礼，他懂得惟有这样才能免受白眼与恶打。

人们虽然待他不好，但夏洛并不憎恨他们，因为他不懂憎恨。他只知爱。

是的，他只知爱：他爱自然，爱动物，爱儿童，爱飘流，爱人类，只要不打他的人他都爱，打过了他的人他还是一样地爱。

因此，夏洛在美洲，在欧洲，在世界上到处博得普遍的同情，一切弱者都认他为唯一的知己与安慰者。

他是憨，傻，蠢，真，——其实这都是真的代名词——因此他一生做了不少又憨又傻又蠢而又真的事！

他饿了，饥饿是他的同伴，他要吃，为了吃不知他挨了几顿恶打。

他饿极的时候，也想发财，如一般的人一样。

也如一般的人一样，他爱女人，因此做下了不少在绅士们认为不雅观的笑话。

他飘泊的生涯中，并非没有遇到有饭吃，有钱使，有女人爱的日子，但他终于舍弃一切，回头去找寻贫穷，饥饿，飘泊。他割弃不了它们。

他是一个孤独者。

夏洛脱一脱帽，做一个告别的姿势，反背着手踏着八字式的步子又往不可知的世界里去了。

他永远在探险。他在举动上，精神上，都没有一刻儿的停滞。

夏洛又是一个大理想家，一直在做梦。

"夏洛是谁？"

夏洛是现代的邓几朵脱（Don Quichotte）。

夏洛是世间最微贱的生物，最高贵的英雄。

夏洛是卓别麟造出来的，故夏洛的微贱就是卓别麟的微贱，夏洛的伟大也就是卓别麟的伟大。

夏洛一生的事迹已经由法国文人兼新闻记者菲列伯·苏卜（Philippe Souppault），以小说的体裁，童话的情趣，写了一部外传，列入巴黎北龙书店（Librairie Plon, Paris）的"幻想人物列传"之三。

去年二月二十二日巴黎 Intransigeant 夜报载着卓别麟关于夏洛的一段谈话：

"啊，夏洛！我发狂般爱他。他是我毕生的知己，是我悲哀苦闷的时间中的朋友。一九一九年我上船到美国去的时候，确信在电影事业中是没有发财的机会的；然而夏洛不断的勉励我，而且为我挣了不少财产。我把这可怜的小流浪人，这怯弱，不安，挨饿的生物诞生到世上来的时候，原想由他造成一部悲怆的哲学（philosophie pathetique），造成一个讽刺的，幽默的人物。手杖代表尊严，胡须表示骄傲，而一对破靴是象征世间沉重的烦恼！

"这个人物在我的心中生存着，有时他离我很近，和我在一起，有时却似乎走远了些。"

夏洛在《城市之光》里演了那幕无声的恋爱剧后，又不知在追求些什么新的 Aventure 了。但有一点我敢断言的，就是夏洛的 Aventure 是有限的，而他的生命却是无穷的。他不独为现代人类之友，且亦为未来的，永久的人类之友，既然人间的痛苦是无穷无尽的。

第一章　渊源

夏洛到底生在什么地方，谁也不知道。有人说他生在伦敦大雾的那天，也有人说他在明媚的春天生在华沙附近的佃户人家，另外还有许多城市，都要争道是夏洛的故乡以为荣。也许他在某一个黄昏薄暮中从云端里降下来的吧？

夏洛小的辰光，人家把他送到学校里去。但是那个胖胖的老师，拿着可怕的戒尺，却不欢喜他，老是把夏洛当做顽童看待。于是夏洛决计逃走了。他焦灼地等着夜的来临，一待天黑，就把书包往棘林丛里一丢，折着一枝榛树干，径上大道。他回头来看见灯光照耀着的两扇窗子，这是他父母的家。他向它做一个告别的手势，又把他的狗抚摩了一会。就在黑夜里闭着眼睛走了一夜。他从来不敢往黑影里去，因为他怕那在黑暗中神怪的生物。人家常常和他讲起吃孩子的狼，可怕的鸟，和残忍的熊，……走了几公里之后，他睁大眼睛，只见周围是一片平原，头上是无垠的青天，他举首望见数百万的星星，快活地闪耀着，似乎在歌唱。黑夜么？夏洛从没有见过，闻到，与呼吸过，他也从没感到夜和夜的同伴——寒冷之苦。

夏洛只顾对着新发现的一切出神。静寂包围着他，使他害怕。他要奔波的世界，似乎显得无穷地大，而且是美妙非凡。他这样地往前走着，一个人走着，自由自在，一些也不害怕，使他感到莫名的喜悦。就在这第一夜，夏洛觉得流浪者的灵魂，在他心头觉醒了。

那时候，天中间挂着一颗雪白的月，有时好像是一个圆圆的大头颅在微笑，有时好像是一头可爱的动物，有时似是一滴大水珠……尽自在苍穹溜，滑。

夏洛暗暗地自许为她的朋友。

月亮，静悄悄地，照例用着她照在大路上的最美最忠实的白光来回答他。她走在夏洛前面，因为夏洛见着黑影还有些害怕，而且还有踢着石子跌交的危险。

星星们也伴着他。她们仿佛挤着小眼在唱："我们在这里，无数的我们，都是你永久的朋友。"夏洛听着那些许愿，走着，提起着脚尖，惟恐踏破了他的新朋友——月光。

夏洛已不再害怕了。从今以后，夜变成了他的朋友，黑暗里的居民，守着静默，他们都愿做他的忠仆；那些用桠枝做出可怕的姿势的树，在晚上还可以变做强盗，变做野兽或魔鬼的树，却和气地为夏洛引路，请他在疲乏的时光，把头靠在它们的身上。

夏洛躺下来，闭着眼睛，睡熟了。呼呼的风奔腾着，狂啸着，吹着冷风；但经过夏洛身旁的时候，却悄然地飘过去了，唯恐惊醒他的好梦。忠实的月光在床头陪伴着他，做着为一切儿童所亲爱的女护士。

在夏洛好梦正酣的时光，夜渐渐的隐去了。星星一个一个地熄灭，月光也在幽默中不见。

走了长路的夏洛睡得正熟。

忽然，他觉得手上触着一缕暖气，以为是他的狗在舐他的手，不料是一道阳光。夏洛搓着眼，记起他昨夜的逃亡。他望望周围，只见弯弯曲曲的大道在田野中穿过；回头来看见是一个大森林。他睡在森林脚下。

夏洛还从没见过这样美丽的林子。太阳笼罩着它。仿佛替它戴上了一个金色的冠。

这个小流浪人恭敬地走近比他要大十倍的树。树干的阴影中，生满着绿的，蓝的小植物。亮光依着树木围转地照射着，爬上树枝，照在那些生在棘丛里的小花上。

他慢步走近这些神秘的植物，呼吸着从泥土中喷着，树巅上散布着的气味；他蹑着脚步前进，恐怕惊动了林中无边的静寂。

远处，不知是哪种动作在振撼着树巅。每走一步就有一种奇迹发现：有时一只鸟静悄悄地飞过，有时一声怪叫打破沉默的空气，有时一朵红艳的花引起了这小人儿的注意。

疲乏的夏洛给种种神奇怔住了，坐了下来。幽幽的小虫忙忙碌碌不知在赶些什么工作。夏洛俯身看见一群蚂蚁，在一个窟洞周围蠕蠕骚动，有的背负了比它身子还大的东西，别的蚂蚁把它推着，还有别的在另一方面匆匆奔向才发现了的宝贝。

长久长久地，夏洛注视着它们。

他随后采了一颗果子，因为他饿了。他撩开树枝，重新向前走去，他不知道取哪一方向，可是一种微弱的声音在呼唤他，也许是一朵小银花在叫他，声音渐渐的高起来，响亮了。

他往前走着，声音似乎渐渐逼近；草变得更青，树也更雄伟了。他不久就看见岩石中涌出一道泉水，在歌唱，一群小鸟都聚在它的周围。

夏洛俯下身去，像喝井水般地喝泉水。他还未见过泉水的飞涌。

他听着，瞧着，种种的奇迹都发现了：泉水中有雨，有风，有光，有微笑，有夜，有月亮，也有太阳，还有鸟语，快乐，惊讶，飞翔，敬礼，温暖与寒冷的交替，总之，世界上一切的反映。

夏洛一心一意地瞧着泉水所呈现的各般色相，他俯身挨近它；有时他举首，端相树林。它依着山坡的起伏，斜斜地展开在他的眼前，它有时变成一片薄雾，有时只见深深的绿色，随后又发出绯红的回光，有时更黝暗下去，变成他脑中的一段回忆。

夏洛在这些幻景中认出春与夏，也认识了秋与冬。

他等着，却并没有人来。他独自一个人在树林中间，时间悠然的遁去。夏洛尽对着流水，看不厌。

他以为流逝了的只有几分钟的时间与几滴水，可是实际上，夏洛在泉水旁边已经好几年了。他稍稍长大了些，但他在林间所见的万般形相，已教了他学校中所没有的智识。

他凄然地离开泉水，因为泉水劝他继续望着前途趱奔。

他跨过荆棘，撩开树枝，爬上山坡。路上遇见硕大无比的树木，树尖似乎一直消失在云雾里，鹿儿见了他愕然惊跳远去。他不再害怕了，因为他已认识森林而且爱它。

夏洛登到那威临着周围的田地的山巅，坐下来凝眸瞩望。

远远地，他望见它出发的村庄，他辨出他父母的屋舍，他赶紧旋转头去。

前面铺展着一片平原，那边的城市都变了红的黑的点了；原野中并有温柔的小山岗，有绵绵不绝的大河，就是那泉水的巨流；近处还有白的大道跟踪着他。

极远极远，还有另外一片白的，青的平原，在太阳下闪耀着，仿佛是无穷无极地。那蓝的，动的地方，就是夏洛要去的区处；他站起身向着目的地出发了。

他沿着河，走了好几天，好几夜。疲乏了，或是瞌睡欲眠的时候，就在河滨绿草上躺下。

他想起泉水，河中万千的反映带来了泉水的音讯。这是回忆往事的音乐。鱼们在芦苇中溜来滑去，阳光和水中的小虫在游戏。

夏洛有时被饥饿所苦，但他并不减少勇气。他能和饥饿交战，也能和饥饿的同伴——寒冷抵抗。

　　他越过一岗又是一岗。

　　日子一天一天的过去，夏洛老是走着。一个晚上，他听到一声很长的呼啸，接着一阵疾风吹过他的颈项。风过后他口唇上觉得有些咸味。他一直走到夜里，因为他听见不远的地方，有一种单调的巨声。他比往常疲乏得更利害，因他在迎着风走，而风又是一阵紧一阵地尖利。夏洛再也看不见一些东西，巨声却愈来愈响。他躺在柔软的细沙上面，听着巨响，竟自睡下。这响声几乎要令人怀疑是世界的颠覆；但对于夏洛，却使他想起泉水的声音，一面想着那往事，渐趋和缓的风微微吹拂他，把他催眠着睡熟了。

　　等到太阳把他的眼睛呼唤开来的时候，夏洛以为是在做梦。他的前面是一望无际的水，他把它比做无穷大的湖。他开始害怕起来，因为波浪像万马奔腾般向他汹涌而来。他慢慢地和这水波的来往熟习了，终于他对着太阳的游戏与色的变化出神。

　　夏洛从没见过大海。他把眼睛仔细搓揉了一番，坐在金黄的沙上望着。

　　他看过了拂晓，他去了，因为夏洛应当走，走，老是走，走便是他的志愿。没有一件东西能够把他留住，因为他想在此以外，更远的地方还有什么新事物在等他。

　　他发现世界。他的青年便是世界的发现。现在他已认识夜，冷，太阳，月亮，森林，天空与云彩，虫，泉水，鸟，河，风与季候，他也认识了海。

　　他不认识人。他还年青呢。

　　夏洛去了。他离开了海滨，沿沙岸走去，穿过田野，攀登山岭。他等着夜，他走着，白天，黑夜。他睡在大自然中。他肚子很饥，他跑起来了。

　　夏洛已不是一个孩子了，因为他知道怎样和来自各方的敌人斗争。

　　他爱这种斗争。他那样地自由，但他自己却不知道。他自由地动作，言语，他可以歌唱，只要他欢喜。他做他所要做的事情。

　　夏洛是非常年轻。

第二章　城市之焰

夏洛又走了很久。有一天，他觉得鼻子下面多了一小簇须。他在一条溪水中对自己照了照，大声的笑了出来。

一晚，他决定在睡觉以前，爬上一个大山岗。到了山巅，他望见在山谷的深处，一大块黝暗的东西，成千成万的小星在那里发光。但它们并不像天上的星一样，因为远远地，它们显得是粉红的，或竟是红的。

夏洛放开脚步跑去。渐渐地，他辨出一所一所的屋子，窗打开着明晃晃地。他明白这是一座大村庄，成千成万的星就是城市之光。

他刚走到几所房子前面，天上忽然下起雨来。他打门，希望像村子里的习惯一般，人家会让他避一避雨。使尽了气力，他敲了好一会，有人来开门了。一个男人喊着：

"谁？"

"夏洛。"

门开了一半。夏洛看见一个大胖子，撅起着须，握着手枪。

"走你的路，小伙子，"他吆喝道。

"可是天在下雨，我肚子又饥。"

"滚，快快滚，不然我就放枪。"

夏洛向他抗议。胖子对准夏洛的屁股就是一脚；接着关了门。

夏洛只得继续前进，敲了好几家门，老是一样的招待。有时人家把门砰的一声关上，几乎碰折了夏洛的鼻梁；有时人家拿扫帚威吓他。一个妇人甚至叫他"浪人"。

"浪人？浪人？"夏洛反复地自言自语。

争执得疲乏了，他想找一块地方睡觉。他拾起一块硬面包，津津有味地大嚼起来。吃完，他看见一片草地。他紧贴着身，伏在墙脚下，尽量往雨点打不到的地方躺着。他毫不怨忿地睡下了。睡熟之前，又望了一望天空：一颗星也没有，天色也不好看，只是布满着又灰又红的沉闷的颜色。

早上醒来，他前后左右一看，到处只见忙忙碌碌的人。有些太太们手里拿着牛奶瓶，来来往往的跑。先生们全是威严非凡。他们都有一顶圆帽子，不时把它一上一下的掀动着，当他遇见和他差不多的先生时。有的还拿着一个棒，在空中舞动。

夏洛张开着嘴。他对着这些人们的威仪，只是惊讶和赞美。

惴惴地，他走出了草地，沿着街道大踏步前进，一面尽是在留神些可以吃的东西。他看见一大堆一大堆的垃圾，破布，穿了洞的靴子，中间藏着几块硬面包头，烂蔬菜，还有罐头食品的空盒子。

夏洛在一堆垃圾旁边坐下，细磨细琢的爬起来。他发现一顶圆帽子，虽然走了样子，他觉得还是华美非凡。往头上一戴，他自以为和刚才看见的先生们一样地威严了。他也拣了一双靴子穿起来，亦很合式。随后他吞了几块硬面包头。

他寻一条小溪，要照一照他的崭新的打扮。他的确看见好几处在阶石下面流着的污水，但无论如何也没法找到半些反光，可以反射出他的容仪。

"算了，"他喃喃地说，"反正我已经很庄严，很美丽了，于是他开始去瞩望城市。"

第一件使他出神的，是一盏路灯。他绕来绕去的看，终于看出还燃着的一线火焰。他记起前夜在山岗上望见的红星。

接着他又看屋子。它们都很高，窗也有好几十扇。有些房子还有阳台。

他往前走着：房子越来越高，路灯越来越大，人们也越来越壮严，越匆忙。他们甚至不打招呼了。

忽然，在街道的转角上，出现了一辆自己会跑的车子。它没有马拖，没有犬曳，只是发出轧轧的铁器的响声。车子吼了一声。夏洛，吓昏了，用了最高的速度，赶紧往墙上扑，车子擦着他身体奔过去了，车里的人向他吆喝一声：

"猪猡。"

夏洛微笑着向他做了一个亲热的手势。他又看见许多别的汽车。他走近市中心。男人们，女人们格外显得忙乱。

人家一些也不注意他，他可以舒舒服服地观察行人和街上的一切。

他对着店铺仔仔细细地看。橱窗里摆着数不清的东西，一眼看去，总是一件比一件美丽：金啊，银啊。

他把头靠在一扇窗上，望见内面的人在吃东西。他们那般的匆忙，叫夏洛弄不明白。也许这些人都饿透了，像他一样。

夏洛不敢进去。

可是饥饿比他的胆怯更强，他学着一个路人的样，推进门去。他决心事事都模仿这个人，他坐在他对面。他做着同样的手势，说着同样的言语，人家给他端上同样的菜。

人家也给他送上帐单，也和对面的人一样，他摸着衣袋，可是一些东西也摸不出来。

他向伙计说明他的情形，伙计对他直瞪着眼，只答应了一声：

"好。"

接着他嘴里嘘——了一声。

13

那伙计是眉毛很浓，牙床突出，粗野得骇人的大个子。他又嘘——了一声。

于是，所有的伙计，穿着黑衣服，套着白围巾的，全来了，把夏洛团团围住。其中两个人抓住夏洛的肩头，最胖而最强的一个就结结实实的送了他一脚。接着别的伙计，举着拳一齐上前。全体的客人都立起来看厮打。

夏洛挨了一阵痛打之后，重新站在街沿上了。那个胖子立在门口喊着："让你受一番教训，小家伙。"

夏洛看见这人似乎一直追踪着他，他吓逃了。

他逃到离开饭店很远的地方才停住，他坐下，抚摩着浮肿的四肢。

"为何要恨我啊，这大个子？我怎么惹了他？"

夏洛又看见这厉害的人了，真是太厉害了，又残忍，又凶恶，对他满怀着怨毒。这是他的运命的一个形象；比他厉害的人。

虽然痛楚，但夏洛想想这一个上午，究竟没有白废掉，既然他饱餐了一顿。

他在街上溜达着。他继续去鉴赏那些铺子。但还有别的情景更吸引他。一个警察在街上做着各种手势指挥汽车及别的车辆行走。夏洛走近他，想从旁细细的鉴赏一番。最初，警察全没注意到这小人儿。一刻钟之后，他可觉察出来了，以为这对着他尽望的小人在嘲笑他。

"你在这里干吗？"他向夏洛这样的喊，一面把手里的棍子舞动了一下。

夏洛，还没忘记刚才一顿毒打，他想还是不加说明，悄悄的走掉为妙。

他重新在路上闲荡起来。不久，他在一所正在建筑的屋子前面站住了。

一切都值得他赞美。工人们搬运砖头，一块一块的往上垒，涂上水泥。他对着举起重物的机器，和一忽儿上，一忽儿下的升降机出神。

"好职业，"他望着泥水匠想。

他走到一块小方场中，拣了一条凳子坐下，想起森林中的树。他眼前的树显得那样地瘦削，惨淡。几只迷路的鸟飞来停在树枝上，可是也显得可怜相。它们藏在树叶中去了。

男人，女人，走来坐在他旁边，夏洛对着他们微笑。他们向他忿忿地望了一眼，庄严地起身走了。

夏洛耸一耸肩，不明白人们为什么对于他的微笑总把这副恼怒的神气来回答他。

一个娇弱的金发少女，来坐在他的凳上。夏洛从没有看见过这样美的造物，而且和他坐得这样近，更使他有些飘飘然。可是他胆怯，他不敢向她微笑，怕她和别人一样，庄严地走开。但这一回倒是她先向他嫣然，夏洛也不禁报之以微笑。她并不起身，反而对他望着。

她似乎和他一样空闲，一样孤独。夏洛很想和她谈话，但他害怕。

他举一举他的帽子，好似他看见别人做的那模样，她点了一点头。她旋转头去，看见小路的底上，一个警察在舞着棍子踱来踱去。

他走近他们坐的凳子。夏洛觉得有些不放心。警察停住了，瞪了少女一眼，又直望着动也不动的夏洛。

他走开了，又回头来。

少女站起身，也不招呼告别，也不微笑，径自去了。夏洛想起来跟随她，但警察直看着他，带着威吓的神气。

她去了，夏洛仍旧坐着，看小鸟飞来飞去，只是惘然。

长久长久地，他留在方场中的凳子上，希望这样可以不让金发少女的印象消失。他记起她的金黄的头发，温和的微笑，一双烦躁地紧握着的纤手，他又重新看见在小黑皮鞋中的一对天足。但夏洛没有听到她的声音，这使他非常难过。他只得自己在脑中想象。这是宏亮，清脆，热烈的声调，比她的笑容还要温柔的歌。

天黑了。夏洛还离不开这小花园。数小时以来，这花园已成为世界上最美的花园了。几分钟内，他又看到了他运命的第二个形象：一个美丽的金发少女。

夜似乎把男人们，女人们统赶出了这方场。可是许多黑影出现了。这是一对对寻找阴影和静默的男女。

一动不动地，冻僵的夏洛尽望着那些男女。一道月光从云隙里漏出来，正落在一对人儿的身上。夏洛看见两张脸互相偎倚着，两片嘴唇连在一起。他看见这对嘴唇，忽然，他在这对不相识的人中，看见他自己的脸正膏住在金发少女的脸上。他打了一个寒噤。月光重新隐去，夏洛什么也看不见了。

他起身离开了阴影。城市的光焰在呼唤他。他走出方场，看见那些情侣正像瞎子一般走着。

夏洛，走近光明的大街，以为是起了大火。他急急的奔去。光焰本身就在绕圈子。一群一群的人懒懒地拖着脚步，汽车到处奔驰着，射出眩目的光亮。

夏洛照例望一望天。电火之外，他毕竟看见他的朋友——星，像每个晚上一样，向他瞅着眼打招呼。人家把他拥，挤，挤，拥，但他的目光终离不开那些星系。他正看到金发少女，在天空对着他嫣然。

街道是这样的美，和早上的是这样的不同，令他相信他眼底上诞生了一个新的城市。行人显得安闲了，女人也似乎更美，污秽给阴暗吞下了，警察也看不见。

夏洛缓缓地走着。他努力要学这些庄严的人们的模样，因为他要和他们一样，成为"城里人"。

在一家店铺外面的大镜面前，他站住了。他观察他的苍白的脸，上面缀着一小簇黑须。他整一整上衣，紧一紧裤带，又摸了摸领结。但他觉得少了些什么东西。他抖一抖手，一双空空的手。镜子前面，他旁边，一位绅士站住了在端相他的服装。他手里拿着一根杖。

于是夏洛想起要一根手杖：

"我找到了一根手杖的时候，我可以完全像样了。"

第三章　饥与渴

夏洛成为"城里人"了。

他懂得要工作才有饭吃，要说谎才能生活。

泥水匠的工作是他最初就艳羡的，因此他去做泥水匠。但他满想用与众不同的方法来工作。要在一定的钟点上工，不能在路上逗留一会看一看太阳，这使他非常烦闷。

他离开了工场，袋里稍稍有些钱，重新去度他的流浪生涯。但不久饥饿又来提醒他，非回去再受束缚不行。

这样地，他尝试了各种职业去谋生。他做过搬场小工，杂货商，机器匠，点心司务，旅馆茶房，路劫的强盗，角力者，水兵，银行雇员……

虽然他很努力，但他永远不能恪守纪律。他老是想那以前所过的自由生活，他想森林，想泉水，于是他穷得如《圣经》上的郁勃一样。

而且城市似乎也不愿容纳他；贫穷做了他的屏障，淡漠的心情与恶作剧的本领是他的武器，他总站在城市的漩涡之外。夏洛实在是一个怪物。他痴情而又冷淡，胆怯而又勇敢，狡猾而又天真，快乐而又悲哀，是小窃也是老实人……夏洛是一个人。但他更喜欢无牵无挂，无拘无束的独立生活。每逢他猜到自己要被牵系住的时候，总是七手八脚的逃跑。因为他热爱自由，故他永远不愿停留，永远要走。夏洛是一个现代的人，应当是生在一九〇〇年左右的。

流浪了许多时候，被饥饿煎熬得难忍起来。一天，夏洛又决定要选择一种职业了。他踌躇了好久，因为他总是看到每种职业的坏的方面。他很愿意做老板，可是从没有人请他去就这位置。

虽然决定了要谋一种职业，终于什么事情也不愿做。他上街闲荡，望着店铺，希望乘伙计不留意的时候，这里掠一只苹果，那边抓一条香肠，另外再拿一块面包。只要瞥见有何集合，他就赶快跑过去，提着脚尖，热心地瞩望。一天，在一条小路上，他看见许多男人和女人，静悄悄地听一个老头儿演讲。他走近去：老人是一位牧师，正在痛骂酗酒的醉鬼，他在布道。夏洛只是纳闷，但他看见一个可以搬动的竹管子，便转着怎样可以弄到手里的念头。布道完了，牧师请求施舍，竹管在人们手里一个一个传递。大家都投入一些零钱。竹管传到夏洛手中，他抓着，拼命掏自己的袋，什么也掏不出来。布道重新开始了，听众也旋转头去，牧师致谢他们的乐善好施。趁这没人注意的当儿，夏洛把竹管藏在衣襟下面，悄悄地去放在一个偏僻的地方。接着，他又大模大样，若无其事的走回来听牧师演说。牧师唱着赞美诗，旁边一个金发少女和着。夏洛望着她，张开的嘴合不拢来，他也跟着唱，少女看见他胸部微动，向他嫣然。

夏洛开始觉得做了亏心事，忐忑不安起来。歌唱完了，牧师和少女收拾起简单的行袋。但他们找不到竹管。他们寻了好久。

夏洛，一动不动要看他们来来去去的找。他心里很难过。失望的少女，坐在小箱子上哭了，他后悔不该偷了他们募化的钱。少女哭个不停，于是夏洛走近去，用着最可爱的微笑，向她提议由他去寻觅。她抬起头来，用十二分感激的目光望他，他再不迟疑了。他跑去，得意洋洋地把竹管安放在少女的膝盖上。

牧师，感动得含着泪，夏洛的忏悔使他很喜悦，向他伸着手：

"你怎么过活，我的孩子？"

夏洛，愈觉羞涩了，不知道怎么回答。

"喔，"他用十二分圆到的语气说，"我作工。"

"作什么工啊？"

"我现在没有职业，"夏洛说。他并且暗暗地发誓，只要再有人向他提议任何职业，他一定马上接受。

"星期日早上到教堂里来。上天佑助你。"

夏洛行了个最庄严的礼，等金发少女对他嫣然一笑之后，他说一声：

"星期日见。"

他走了。

夏洛发誓要谋一个位置。可是要去寻找啊！他到处望望。没有一个人用得到他。他敲门，问工头。人家把他回了。没有工做。找事情，并不像人们所想象的那么容易。

咦？那里有一个告白。这是警察署。啊，不，什么工作都可以，这个可要不得。他走开了。夏洛重新去钻谋，一些事情也没有。又回头来，再去看那告白：

> 招募警察

这是不可能的，夏洛不能做警察。警察！他先要把自己吓倒了。

可是他已发誓要找一个位置。这不是一样的职业吗？算了。他试试再说，等到他找到别的……

他走近去。门口的警察用着猜疑的神气望他。夏洛，吓了就逃。但他细细思索了一番。他振起精神，鼓着勇气，走进警察署。

他先受了一番试验，被录用了。现在，他事业成功，很高兴。这倒还是一种清静的职业：一天到晚在街上溜达。夏洛，坐在凳上，穿着漂亮的制服，等着去站岗。

一个受伤了，一个被暴徒打得鲜血直流的警察。立刻，派了别一个去代替。五分钟后，第二个受伤的扛回来了。说是在一个险僻的墙角里，一个暴徒，如土耳其人般的凶狠，要袭击一切经过这地方的警察，他要报仇。第三个受伤了。该死的职业！

这一会轮到夏洛了。

他走到这风声紧急的街上。那个大汉子，如野兽一样的狰狞，看着夏洛大笑。

他要吓一吓夏洛。他骨碌碌地把眼睛转着，紧握着拳头，露出牙齿。他跳上路灯杆，把它扭曲了。显完身手，他很骄傲，得意。可是夏洛比他更狡猾，在背后跃上他的肩头，把他的头揿住在路灯中，开放了煤气龙头。大家伙倒下来了。人们把这中毒的汉子抓去警察署。

这一次冒险使上官们看重夏洛，他的同伴和街上的住户也敬重他了。人家向他行礼，向他微笑，大家都怕他。

不久，一切暴徒都怕夏洛了，城市中重归安谧。他为取悦金发少女起见，把那些坏蛋都送到教堂里去忏悔。

但这个职业缺少意外的奇遇，尤其是夏洛不愿意长此做警察，他寻别的位置。少女已没有以前那样的美丽，牧师的演说也永远是那一套。

因此，夏洛想尝一尝大都市的享乐。那时他已挣了不少钱，他租了一所住宅，星期六晚上他到酒吧间去玩。夏洛也不讨厌喝酒，且喝得很多。有一晚，在早上一点钟回家的时候，他竟烂醉了。

他走进屋子，但辨不出屋内的东西。不知怎么，它们成了他的敌人。他走近去，一切东西都走远了，拿在手里，又尽是乱跳。

楼梯也似乎对他生了恶感。夏洛挣扎了数小时以后，说："真是，喝酒不是好事。"

他早上醒来，从窗里一望，只见一座灰色的高墙掩蔽了天。

愤恨之下，他出门去换空气。但那城市，他初来时显得那样的美，此刻却成变悲哀的，沉闷的，老是一副哭丧的神气。

夏洛做了一个鬼脸。

他摸摸衣袋，发现昨晚把所有的钱化完了。得再去工作来吃饭。

吃了饭工作，工作了吃饭……夏洛又做一个鬼脸。

他厌烦够了。

他把漂亮的衣服，高大的礼帽统卖了。用卖来的钱他买了一架提琴，这是他已经想了好久的东西。

于是他急急忙忙地出城。

他急着要再去看树，看草，看云，太阳，拼命的呼吸。

他看到最后几所屋子时，欢喜得跳起来。

街的尽头，躺着无边的大路。

第四章　大自然生活

自由的空气，美丽的星辰，大自然中的生活……夏洛高兴地走着，背着提琴，想他新的幸福，和他重新获得的自由。

他没有忘记大路上醉人的气息，但这种生活的价值，在这重新获得自由的第一天，才完全感觉到，体验到。

他孤独了，很快乐，他用不到谁。他不必再工作，他走着。

几天之后，他带的粮食完了，饥饿开始压榨他的胃。到一个村庄，夏洛拉起提琴来，请求布施。人们给他铜子，面包，蛋。乡下人爱音乐。

好美丽的生活！

傍午，他走到一所村子的广场上，在教堂旁边停下，不再等待了，开始奏提琴。

奏的是一阕很流行的情歌。儿童们走近来，女人，男子。有几个低声哼着歌词。夏洛微笑。再奏一阕更通俗的情歌。

夏洛正奏到那复唱的时候，一阵牛鸣似的吼声把琴音阻断了。

夏洛突然停住，一个号筒吹着，一个大喇叭应和着，号筒再吹着，另一个大号角应答着。

夏洛并不退让，尽力的拉——拉断了一根弦。一秒钟也不能错过。夏洛拿着帽子请求施舍。大家都给他。真是一笔好收入。

夏洛坐着数钱。

号筒，喇叭，号角，终于也噎住了巨声。一个人讨钱。一个铜子也没有。

"你过分了，"有人说。

"过分什么？什么？"讨钱的人回答。

人家告诉他，他不识趣，讨两次钱！不该过度的。

"怎么，这不是第一次？"

人们耸耸肩，微笑。一个向正在数钱的夏洛一指。

"贼，"奏号筒的人喊着，奔向夏洛。

"强盗，"奏喇叭的人喝道。

"强盗，"奏号角的人喊。

夏洛毫不迟疑，捧着胀饱了铜子的帽子就逃。全个乐队在后面追。

夏洛跑得快。他跑入一个小林子里绕圈子，把那些音乐家迷了，歇住不追。

夏洛可以休息了。他在林中找一片平坦的地方，躺在草上睡。

他听到怒骂叫喊的声音。

真是永远不得安宁。他轻轻地走近去。

一个少女在游方人的车子附近洗衣服。她的头发在太阳下发出金光，她很吃力地搓衣。不时，还有一个老妇来监视她，只要少女显出疲乏的神气，老妇就打她一巴掌。

可是她很美丽呢，这少女。老妇不在的时候，她向着太阳和小鸟微笑。

好可怜！因为少女回不过气来停住了，老妇就大大的发怒。她打她，打得那么厉害，连老妇自己也累了。她走开了。

夏洛不敢走向少女面前去，他要说她美丽，可怜，但他害怕。他拿起提琴。有时候拉琴比说话容易。

提琴唱：

"美丽得像你……

"我梦神奇……

"我俩同去……

"你是多么美丽，

"喔，我可爱的金发天使……"

提琴唱，少女笑。她还从没听过这样温柔的歌，称颂她美丽。

她幻梦。

一个巴掌把她惊醒了。

这是她听了音乐，不洗衣服的教训。那个打她耳光的大汉就是游方车的主人，老妇的丈夫，洗衣女的"父亲"。他有无上的威权。而且他是最有力的，故他决心要制服那个音乐家，因为他不该扰乱人家工作。

他奔向夏洛。"弄音乐真没运气，"夏洛想。大汉子很凶，幸而他跑得不快。夏洛在小林子里乱跑。他藏起来。大汉，拿着棒，再也找不到他。他明明在夏洛身畔走过，只是看不见。不必踌躇了，夏洛拾起一根粗大的树枝窥伺着。大汉昂着头，还在寻找。等他走近，夏洛就用力的砍了他一棒。他倒下去了，发出一声可怕的怪叫，这声音把还在追寻的几个音乐家招来了。几个喇叭手都蜂拥着扑向夏洛，夏洛只得把他们一个一个砍倒了。方才安静。

夏洛，正想走，觉得有些内疚。如果他放弃那少女，大汉子一定要在她身上复仇。

他回到游方人的车子旁边，驾好了马，向洗衣女郎提议和他一同逃走。

她答应了。

夏洛鞭着马飞奔，车子隆隆的发出巨大的声响。经过小林子的时候，巨声把昏晕的音乐家们唤醒了。他们瞥见了逃亡者，立刻拔脚追逐。

大汉子，看见自己的财产被盗，跑得比别人更快。夏洛徒然鞭他的马，大汉快赶上了。只有一个方法摆脱这蛮子。夏洛把一个铁棍授给吓呆了的洗衣女郎，说：

"用力砍下去，对准着头。"

她依着他的话，大汉倒在路上。胜仗啊。夏洛鼓励着马，不久，车子便在追逐者的视线中消失了。再走几公里，便可休息。

夏洛一面鞭着马，一面想：大自然生活远没有住在城里时所想象的那么平静。

啊，终于发现了美丽的一角，可以歇息了。

他把马解下来，它也很应该休息一会了，他走近少女。她真好看，但她有一股特别的气味。她的头发是金黄的，可是很脏。

她，洗得那么好的衣服，应该想到洗一洗自己。那里正好有一条小溪。夏洛替少女洗了脸，她只觉得奇怪。

可是得想到吃饭问题了。夏洛去掘蕃薯，打发少女去拿水。

夏洛回来，剥好蕃薯，生好火。但少女没有来。"怪了！"夏洛想。

微微有些不安，他出发去寻找。他看见她坐在一块石头上，面前一个画家在画她的肖像。

这可以延迟长久。

但画家的手脚倒不慢。他差不多要完工了。夏洛去看他的画，还不坏。

可是蕃薯呢？

夏洛提着桶，自己去煮了。

画家重重的谢他的新朋友，因为美丽的小姐帮了他不少的忙，明天有一个展览会，这张画一定可以获得狂热的欢迎。

两方面恭恭敬敬行了礼，画家告别了。

夏洛他们吃完饭，睡了。

明天早上，整理行装，隔夜奔波过度的车子也修理好了，只等起程。但远行之前，夏洛感到有和少女一同散步的需要。他好久好久没有看到花和树。夏洛变成感伤了。他讲了许多美妙的故事给他的同伴听，她快乐得微笑。因为这个提琴家是她的救主，她非常信任他。

午晌，出发了。

然而今天夏洛以为不必着急。他每看到一个风景秀丽的所在便停下。他望望在阳光中欢笑的田畴。他，他也想笑出来。他很幸福了。小鸟们唱着，风和缓地吹拂。

但后面有一辆发着大声的汽车，呜呜地拼命的叫。撞坏了什么啊？夏洛回头去，有人向他做着手势："停下来！"

汽车紧靠游方车停住，画家在车中下来向夏洛说"早安"，一个老妇冲上前来，向着少女。

"就是她，"她喊，她哭了。

"谁留着她的？"

少女望着夏洛。

终于一切都明白了。

老妇，在参观展览会的当儿，认出了她十年前失踪的女儿。由于画家的帮助，她追到了游方车。她来寻访她的女儿。

"真是太妙了，"夏洛想。

"那么！再见，"他说。他握了同伴的手，向她的母亲和画家行了礼。

汽车驶远了。

夏洛拥抱了一下他的老马，方才上路。

好美丽的大自然生活！

夏洛想起城市。也许他不该离开它的。孤独的生活不见得老是有趣的。

太阳还是一样的太阳。小鸟唱的仍是一样的歌。风吹得不免凄凉。啊！田野！

咦，又是一辆汽车。这种家伙只会制造灰尘，发出巨声。它亦停了。

谁在向他做记号？

少女来找他，因为她永远不愿离开他了。

"真的吗？"

"真的。"

是，真的，但这究竟不同了。

放弃车子，老马……夏洛坐在车厢底里，在两位把他挤到紧紧的太太中间。他什么也看不见，他局促得厉害。少女显得没有以前的美了，太阳与风不再回绕她的头发，眼睛……

此刻，夏洛发现她和她的母亲很相像。

实在，夏洛并不欢喜。他是运命的玩物。他竟永远不能做他所愿意做的事情。一个人得老是和运命，和自己争斗。人家对他太恶了，或是太好了。无论是谁，他总合不拢来。他要什么，愿望什么，他不明白。

第五章　人的生活与狗的生活

夏洛闷够了！他不能在这所美丽而冷峻的屋子中度那种满含着虚伪的好意和隐藏着陷阱的生活。

一个晚上，他离开了凄凉的房屋，也不向谁告别。他放弃了少女，微笑，以及一切现代的享用。他希望⋯⋯

事情不会老是那样的，他很知道人家决不惋惜他，也许发现了他偷跑之后，会满足地叹一口气。在这些又高又大的屋子中，笑一声会把一切都破坏了的环境里，夏洛是无论如何也住不下去的。

他把人家给他的漂亮的衣服，提琴，金钱都留下。

夏洛上街溜达，一阵阵的醉意。他觉得有些孤独，但也觉得解放了。他可以走他愿意走的地方，他可以停留，奔跑，没有人向他说一句话。

他坐下。一会儿，他打一个寒噤，觉得遗憾。她有时真和善，这少女。她是金发的，很温柔。算了！

在他近旁，坐着一条满身污泥的狗。它也是逃出来的，因为要跑东，跑西，要自由。

夏洛轻轻地抚摩它。

他又向前走，狗跟着他。他们俩都倦了，想瞌睡。

幸而夏洛认识一些安静的地方，可以躲避在阴影中刮着的大风。

那边有一片广场。

夏洛安顿下来。他把头枕在一块石头上，正在入梦。他很可以吃些东西，但他没有铜子。

那么改天再说罢。

"去。狗，睡去！"

但这同伴简直不理。它嗅，它爬地。大大小小的耗子。真讨厌，这狗！闹得人不能安睡。

"睡去。"

它不理，它尽是爬，爬。

夏洛起来打了它一下屁股。这狗，它找到了什么东西？它真不蠢。一只装满了钞票的皮夹。

美妙的人生啊。

大家先去玩一下罢，夏洛不瞌睡了。

到跳舞场去！

第一先得喝些东西。

可是这些流氓在他周围转来转去干么？

他们已嗅到他的皮夹了。

这些家伙并没费多少时间就把钞票偷去，他们自以为变了财主，另外开了一个特别房间去开怀畅饮。他们什么都欢迎。

夏洛，蹑手蹑足的走近，等一个贼旋转头去，他便对准了另一个贼的头猛击下去，把他打昏了。接着他把手伸在那打昏了的人的胁下，向他的同伴做手势要求分赃。那贼，已经烂醉了，俯着头数票子，夏洛抓起酒瓶照准了贼头又是一下。

立刻，夏洛抢着皮夹，发令叫他的双腿飞奔，狗跟着，多高兴，尾巴直摇摆不停。

他们俩都有钱了，这晚上。

五分钟以来有了许多钱，怎么使用？

最好还是去喝酒，可以助助思索。

夏洛走进另一家跳舞场。一个人有了钱，终是要进跳舞场的。

音乐，电光，酒精交错着混成一片，如同晴朗的白昼。人们很长久地等待什么"希望"。种种的梦织成了许多风景。

早上或晚上五点钟，酒吧间里胀饱了的烟直冲你的喉咙：就在星光下面打一个瞌睡。可是时间过得真快，一秒钟也不能错过。抽烟罢。

路旁边，人们遇着一个影子，不少影子。十字路口的小贩手插在袋里望。

口唇上，桌子旁，在这迷迷糊糊的跳舞场中，烟卷到处在燃烧。烦闷来了。有人唱，一个新明星唱一支凄凉的老调。夏洛旋过头去。

他走开了。明星也隐灭。他再没有恋爱的勇气与欲念。

白天来了。又是一天。

双手插在袋里，夏洛漫步走着。他是孤独的，也许还是自由的。他不信任自己，提防自己的迷惑，自己的爱情。

冷峭的晨风，慢慢地吹着他前进。他想起长日，长夜，不觉叹一声气。他怕时间。

这个早上，他觉得所有的街道都认识了，看见过同样的云，一切都单调。

他后面，鼻尖向着地，狗慢慢地走着。它好似夏洛的影子。时间照常过去。这一天，已不是夏洛在生活，而是城市本身了。街道，房屋，全是声响与动作，云在天上打转，一忽儿又飘浮到不知哪里去了。

渐渐地，夏洛对于周围的一切变成淡漠。他知道没有一个人想起他，也没有一个人把他当真。

他走了好久。

在华丽的地段，他停下，坐在一条街中的凳上，那里的屋子全像装点了花朵。

一辆巨大的，光辉四射的汽车，在一扇门前停下。车夫走远了，他等得不耐烦，跑去喝东西。

夏洛对着汽车看得出神。忽然一个穷妇人走来开汽车门，把一个褓褓中的婴孩，轻轻地放在车垫上，连奔带跑的逃了。

她才走，又来了几个人，他们装做若无其事的样子端相汽车。其中一个跳进车厢，开足马力飞去，还有一个也同时上车，发现有一个婴孩在坐垫上。汽车重新停下，驾驶人把婴孩放在一个灰堆上。

夏洛走近去看。这弃儿尽力的哭喊。得安慰他才是，夏洛想，他摇他。婴孩不哭了。夏洛重新在灰堆上把他放下，转身走了。

"喂！"

夏洛回首。原来是一个警察在喊他。

"你遗弃你的孩子，羞不羞？"

"不是我的啊。"

"不要多说，薄情的父亲。"

夏洛抗议。警察生气了，什么也不理会。

"好，"夏洛说，他抱起婴孩。

"你看，他的确是你的孩子，"警察固执着喊。

夏洛可不服，但终得安置下这宝贝。

随随便便，他把他放在商店门前小儿车里，母亲正在店中买东西。

"她将看到一个孩子变了一对，那才有趣呢！"

但妇人已经瞥见夏洛，她叫喊，咒骂，喊得把警察又唤回来了。

"还是你，"他说……"你愿意把你的孩子抱去吗？"

没有办法，夏洛抱起"他的"儿子。

现在得去找一个住处，还得去工作，为两个人工作。

夏洛找到了一些小职业。他做了玻璃匠，也做了家长。

孩子长大起来，会走了。他更长大，说话了。为不使他在日中孤独起见，夏洛携着孩子一同去营生。

一年一年的过去。此刻孩子帮他忙了。他拾起石子掷人家的玻璃，窗子破了，他逃。几分钟之后，那玻璃匠"父亲"在这条街上走过，人家叫他去配玻璃。生意一天一天的兴旺起来。不幸，孩子病了。和小孩子一起，真不得安宁。他实在病得厉害。医生决定送他进医院。孩子无论如何也不愿去，夏洛也不答应。医院里的看护不得不拉拉扯扯的把孩子硬拖去。

终于告愈了。小孩子回家来。但是那职业已不行了。有一个警察窥破了玻璃匠及其小伙计的勾当。夏洛只得把铺子收起。要去住宿店了。但夏洛的钱，不够付两个铺位的代价。

偷偷摸摸两个人变了一个人的混过了一夜。

明天，天气很好，可以露宿了。小孩睡得很熟。

夏洛梦着：

"什么都变了。街道充满了喜气，灰色的屋子也显得在微笑……人们轻轻地走着没有声响。他们长着如天使般的翅膀。警察他们也有翅翼，其中有一个走近来拍他的肩。"

他醒来，他又睡了……

翌朝，夏洛睁眼一望，孩子失踪了。他大大的出惊，到处寻。终于寻不到。他到警察署去，他们把失踪的原委给他解释了：

遗弃这孩子的母亲有了钱，忏悔她过去的行为，决心要找回孩子。她出了几百镑的赏格。毕竟被侦探们寻获。

夏洛去了。

"修玻璃……配玻璃！……"

他重新干他的职业，走他的路，过他的生活。晚上，每个晚上，他去睡在"他的"空场上。

孩子吵着要他的"父亲",警察把夏洛领到孩子家里。

夏洛很快乐,也很悲哀。他慢慢地为孩子解释,说这一切都很美丽,但是对于夏洛,却是一个梦。还是早早觉醒为妙。

"再见,我的小乖乖……"

夏洛向他伸着手,动身了。

"修玻璃……配玻璃!……"

第六章　回声

在住了几天或几月的城中，人家便讲起他。有人不安，有人笑。有的要驱逐浪人，有的只是看轻他就算了，大部分都觉得他是无伤无害而很可发笑的，有几个人也爱他。一晚，夜色将临的时候，夏洛坐在一家酒吧间前面。不久，黑夜包围着他，他消失了。在打开的窗子里，透出几句对话一直贯到夏洛的耳朵里。

"他从哪里来？"

"不知道。没有人能够给我丝毫消息。"人家问他，他只是做一个模糊的手势，张着手臂，指东，指西。

"他是谁？"

"一个浪人。"

"一个贼。"

"一个可怜虫。"

"一个混蛋。"

"一个孩子。"

"一个善于谋生的人。"

"一个阴险之徒。"

"一个神通广大的巫术师。"

"他同时是这些人物，而且还是别的人物。"

"什么别的？"

"一个好汉。"

"一个疯子。"

"一个朋友。"

"一个胆怯者。"

"他叫什么名字？"

"夏洛。"

"夏利。"

"卡利多。"

"卡尔卿。"

"他愿望什么？"

"什么也不愿望。"

"生。"

"爱。"

"……还有？"

"没有。"

"生。"

"爱。"

夏洛微笑。他想回答这些问题；但他想满足他自己的好奇心也是徒然。

人家现在辩论起来了。

"我有一天看见他。他对着云讲话，云膨胀起来，形成巨大的宫殿，接着又变成巨大的脸相，拼命的笑。"

"我有一夜看见他，别一个人说，不，实在我认出他的影子在东倒西歪。他很可能是醉了。他一个人打拳。他永远打胜。但他一发现我，就吓逃了。"

"几天以前，我看见他和孩子们在草地上玩，在教堂后面。孩童都学他样。他教他们行像他一样行的礼，教他们拿棍子在空中旋转，双足分开着在脚尖上走路……我走去，他教孩子们微笑。"

"我，"第四个人说，"我听见他和一条狗谈话。他对它叙述他的旅行。他描写硕大无朋的邮船，他背出世界上最大的商埠的名字。狗汪汪的叫，尾巴摇。"

只听见喁喁的声音了。在灯的周围，大家都俯着头。一片静寂。不安进入了他们的灵魂。他们一些也不明白夏洛，因为每个人看到的样子都各各不同，但大家都在他的影子中，他们的影子中辨认出来。他们可怜他，却又怕他。他们怕夏洛好比他们怕真理一般。

这晚以后，夏洛觉得更孤独了。在大众与他之间，云雾渐渐地浓厚起来。可以说字眼失掉了它的形，它的式，从此没有一种言语可以表现一种谅解。

夏洛留神注意。男人，女人都在察看他。只有动物爱他了。

生命横在他前面，好像一条河；他后面，是他的过去，像一条湖；极远处，是他的未来，像海洋，像一种神秘。现在在两条河岸中间流，青葱的或是荒确的，微笑的或是阴晦的。

哦，这是人类，这是城市，表面，云彩，夏洛。

他梦。

他对着消灭在他脚下的巨浪的颜色冥想。他想起夜与静。

有时他觉得世界广大，有时他遇见了一条不认识的路而失望。

他梦。是他的侧影在他眼前映过。他先是笑，因为这是大家所知道的，他是世界上最快乐的人……按着他的记忆又背出古老的往事，许多鬼脸，饥饿，失望，颓丧。他记起他的生命还只开始，他还得向着看不见的运命走去，回来，出发，教他老是在一个圆圈中绕来绕去，他觉得厌倦。他怕永远不能变易，而老是继续走那单调的路。他不怕微笑，既然显得快乐是必要的，既然他的命运逼着他要成为怪物，但是他对于这些重新开始的事物，腻够了。

可是他仍旧走远去，走，永远走。

第七章　世界最大的城

夏洛，一个晴明的早上，到一所小村庄，在山中很远的地方。所有的居民都放弃了他们的屋子。他们把最贵重的东西放在一只口袋里，其余的都卖掉。以后，他们走了，向着西方。

夏洛跟着他们。

一天又一天，他们走。末了到了一个大城市。他们穿过市街，到口岸上停住。那边有人指点他们埠头。一只大船，高得像屋子一样，全新的，巍峨的，在等候乘客。那些移民很高兴。"多么美丽的船，"他们想。

满着希望，他们走上船梯。大家都笑。有人指示他们较远的地方，横渡大西洋邮船里阴暗的一角。

有人来招待了。一个船员指点他们位置，接着把他们关起。一会儿大家都昏闷。几点钟过了，移民的希望减少了些。

船似乎骚动起来。听见铃声，警笛声，末了是呜呜的一声汽笛。

船动了。

启碇了。

终于有人把舱门打开。

移民们可以最后一次看一看他们生长的大陆。

欧罗巴渐渐远去。

女人们哭起来。

"其实什么都没有，"夏洛想。

他，他去参观全船。他去看底舱，厨房，机器。他望海。他钓鱼。一阵铃声，大家从没听见过，但全知道是叫他们聚餐。肚子都饿了。门前拥拥挤挤一大堆。汤很不好，而且再叮嘱也是无用的。

夏洛，吃完饭，去甲板上散步。有的人在掷骰子。其余比较正经的人在斗纸牌。

好奇地，夏洛走近去。一忽儿，胆大起来，也拿少许钱去试博。他赢了。同玩的人显得不大高兴。人家斜着眼监视他。但夏洛不作声。

此刻他面前堆着许多钞票。别人一些零钱也没有了。他们走了，愤愤地。

高高兴兴的，夏洛在甲板上散步。他望着旅伴。许多人觉得时间慢，他们有永远不会到达的印象。

一个可怜的老妇躺在地板上睡着。她很老了。不时，一个少女来望她。她看见她睡熟，恐怕惊醒她，提着脚尖走了。夏洛学她样，跟她走。她很美，这少女。夏洛向她微笑，少女微微地惊诧，不安，回答了他的微笑。

可是瞧那些赌鬼，发疯般走来走去。他们忘不了输的钱。看到夏洛，他们咬紧牙齿。夏洛，坐在一隅，望他们。他想着他的胜利在得意。黄昏的时候，他看到他们窜东窜西。

在暗处，夏洛直望着他们。突然，他看见他们摸老妇的衣袋，找到了她的钱就拿。

"捉贼，"夏洛喊。

没有人听见。太晚了。赌鬼们，贼，在船上各处找夏洛。他们还要赌，以便"翻身"。

夏洛接受了。他赌，他赢了。

一个赌鬼，小家伙，那个偷老妇银钱的，大大的发怒。他把一切都捣坏了，纸牌丢在海里。

夏洛，袋里胀饱了钞票，看他做。他老老实实的觉得开心。

但他听见哭声。他走近去，在月光下面，他看见老妇在哭。她发现在睡觉的时候，人家偷了她的钱。少女也哭。她想安慰她的老母，但是徒然。

夏洛走近去，装着淡漠的神气，把他赢得的钞票，偷偷地放了几张在老妇的袋里。他又想了想。他要至少给她一半。于是他重新拿起钞票数。他分成两份。一半留着，一半塞在老妇的袋里。

但这时候，有人扑向他。船长看见他在老妇的袋里摸。人家当他是贼。

少女解释了他的行为："并非他偷的。"

她又把那宗礼物送还夏洛。夏洛尊严地拒绝了。她坚持。夏洛仍是拒绝。于是她谢他，并且深深地微笑。

铃响了。这是晚餐。有几个人不去吃饭。风开始呼啸，海里满是浪。船一面走，一面颠。大家的心都在荡来荡去。

小船此刻被风浪猛力地震撼。移民们没有水手的脚力。一个一个离开了餐桌，病了。他们可怕地打呃，他们喊起死来。

在最后几个人中，夏洛离开餐桌。病人的榜样会传染的。

长久的受苦之后，海上重复平静，大家的心也重新安定了。

不久看见海岸。

纽约。自由神的像。爬天的大屋……

纽约。金洋，财富……

移民们微笑。阳光正射在大屋子的论千论万的玻璃窗上。大家站在舱面上，张开着嘴，看世界上最大的城市。

自由神像的影子投射到船上。移民们背着包裹，绳子连着，拥拥挤挤，不耐烦地等着把脚落到地上去。

到岸的时候，有人来查验他们，问他们，考察他们，仿佛他们是贼或罪犯。

夏洛很愿意跟随少女和她的母亲，但她们比他先受查验，眼看她们远了，在城市中消灭了，永远消灭了，也许。

最初的惊奇过去了，钱差不多用完了，夏洛找工作。人家不要他。他太小，或太憨，或太弱。

钱慢慢地流去，比人家所想的更快。毕竟有一天他会富有……无疑的，就是明天。但是，今天袋里没有一块金洋，但他永远希望着。

饥饿，老是它（它在世界上到处都一样的）。开始使他受苦。他找一片面包，随便什么。本来，纽约的饭店那么多。一个晚上，它们中间一个引起他注意了。这是小得什么也没有的饭店，不奢华，但很舒服，吃得很好。气眼里透出一阵阵的烟，夹着肉香和蕃薯的味道。

夏洛去绕了一个圈子。随后他又回过来，隔着玻璃窗张望。顾客们尽量的吃着。啊！有福气的人！一个念头。只要进去，吃，以后再说。第一先要吃。他推门。

这个饭店里的人真是和气。忽然，嘘——的一声，伙计们都弯着手臂往一个顾客身上送。一个顶凶的，大个子，像醉鬼一样的打那可怜的家伙。夏洛问："他做了什么啊？"店主回答道："这个人吃了东西，没有钱付账。今天已经是第二个了。一不过二，二不过三。但是第三个一定不会让他活着出去的了！"

很有礼貌地，夏洛谢谢他告诉他这故事，行过礼，走了。

何等美丽的城市，纽约！

夏洛夜里走着。他在街上跑，看看房子。但是街上，屋上，什么也没有可吃的。

纽约。世界上最大的城，大，大得人家逃不了。

不由自主地夏洛拖着脚步走回来，他重新走过那小饭店。他坐在门口，因为他觉得累了。一辆街车停下，坐车的人在付钱的时候，落下一枚钱币，毫无声响地滚到阶石下面。夏洛的眼睛一直没有离开。街车开走，那个人进到一所屋子里，只剩下那枚钱。蹑着脚步，夏洛走近去抓起来，仔仔细细看了一回，突然一跳便进了饭店。他叫一客饭，正是那大个子来招呼他。

他看那矮小的食堂，摆满着桌子，上面铺着一块红一块白的桌布。顾客们，匆匆忙忙的，吃得快极了。人家给他端来一块小面包，小豌豆，一小块肉，一小杯牛奶咖啡。夏洛慢慢地吃。不时他摸一下袋里的那枚钱。忽然，喔！可怕，它不见了。他赶快的掏：袋底有一个洞。

他望地下，它在那里发光。他俯下头去，可是那大个子粗暴地授给他账单。"一分钟，对不起，我还没吃完。"大个子伙计一脚踏住了钱，使他没有法子拾。

终于伙计走了，但是一个邻近的座客抢着先拾了那枚金洋，高高兴兴地授给伙计算账。但那伙计不大放心地把那金洋咬了一下，这是铅的。

"真运气，"夏洛想，"不然我该倒霉了……"

此刻怎么付钱呢？夏洛已经在抚摩着不久就要吃那厉害的拳头的肋骨。他望望门口。假使他能够不被人看见跨出门槛。他轻轻地站起。可是刚走了两步，大个子便抢前把账单塞在他怀里。

还好，一个少女走进来，一个他立刻认识的少女，和他同船的。于是，恭恭敬敬地请她到他桌子前来坐下。威严地他又叫了一客饭请他的同伴。

她一面吃，一面诉说她的不幸的遭遇。老母死了，她没有一个钱。谁也不肯给她工作。她不认识一个人。纽约是这般大。

她进到饭店里来，想要求饭店里收她做侍女，是这样的碰见了夏洛。她的同伴和气地望着她。他望着她的微笑，头发，手，忘记了等一会将要临到的苦难。大个子在他们旁边打转。他把两张账单一起端上，那个手势分明是说："喂你们来得够久了，也可以把位置让给别的客人了。"

"让我们清静些罢，"夏洛想，"……难道人们不能在纽约快乐么？"

为不让大个子多唠叨，他又叫了第三客饭。既然始终免不了那一场，还是尽量的吃了再说。人家也不见得为了三客饭比一客饭打得更凶的。

离他们不远。坐下一位胖先生,长满着胡子,露着笑容。他很讨人欢喜,只是有些过分亲狎。他不停地看夏洛和他的同伴。

他向他们微笑。

夏洛也回敬他一个微笑。于是胖先生走近来搭讪了。

"好天气!"

他轮流地望他们。这胖子干什么啊?

不会厌倦的大个子又送账单来了。愈来愈可爱的胖先生客气着要代付。但是。很尊严地,夏洛谢绝了。那先生也不再客气。好不幸啊,夏洛想。他太有规矩了!

大个子把找还胖先生的零钱拿来,又把账单递给夏洛。他装做没有看见;趁大个子旋转背去的时候,把他的账单偷偷地放在胖先生留下大数小账的盆子里,接着喊伙计:

"留着那钱罢,"他说。

夏洛叹一口气。他逃过了,好险!

"喂,"邻客说,"我是画家。我找不到某幅画的模特儿。你们愿意不愿意来当这个差使?我给你们每人两块金洋一天。行吗?"

夏洛,永远很尊严的样子,踌躇了一下。他答道:

"行。"

"好啊!"画家喊道。"瞧,这是我的住址。"

夏洛和他的朋友行过礼,走了。

"明天见。"

这差不多是交了财运。

夏洛领着他的朋友。啊!纽约!好美丽的城!外面正下着大雨。

他们将到哪里去呢?

胖先生,那画家,从饭店里出来。夏洛,灵机一动,冲上去就说:

"你可以让我们稍稍预支一些钱吗？"

"很乐意。"

他授给他们一张十块钱的钞票。

夏洛搀着他的女朋友的手臂，在雨点下跑，找宿店去。

忽然他看见结婚注册处。他们俩一齐奔进去。两个人的时候，事情又不同了。

虽然下雨，刮风，孤独，空中却有歌声在回转。

纽约。

"以后，"夏洛想使他同伴完全定心，所以说，"应该积蓄一些。"

第八章　纽约

夏洛总是太弱。一天，他孤独了。人家离开了他！于是他开始瞩视四周。第一是高大的警察。他是认识他的。他在各个十字街头，在世界上各个城市里都看见他。

夏洛走出他住的那一区。他隐没在他初到时看见的高屋子的影子中，大房子下面拥着一大堆急急忙忙的群众把他挤，把他窒塞。

他跟随他们。走得很快，愈走愈快。一长串汽车往着同一方向趱奔，停下，呜呜的大叫。慢慢地夏洛大胆起来：他望他的周围。头昏目眩。

虽然有些昏迷，他仍旧继续走他的路。黄昏降临了，一切都发光。多少的字句红得像火焰一般，巨大的字母在黑夜里飞来飞去。群众愈走愈快：他们发喘了。一阵强烈的味道，橡皮，灰尘，纸张，汽油，合成一片云雾。

夏洛想喊救命。但是他身旁的人领他到光亮中去。

充满着火焰声音气味与动作的时间在漩涡中流逝。

低着头，夏洛回到他的已被黑夜包围了的市区。他重新看见，好似在梦中一样，大道与小街像光亮的湖般在流，在闪耀着几千万的小眼睛的高屋下面。他觉得他没有隶属这个城，他站在群众以外。也许他会给城市吞下，沉没，迷失，迷失。

他等待一个记号，但他很知道没有人会举手。这个国里，人家把墙头愈造愈高，也没有时间望别处，没有一个人有一些闲空。

为夏洛忘记它的过去与现在而一下子发现的宇宙，他也并非不知道可以把它和其余的世界相比——那些缩小的图像。

为避免碰壁起见，他应当变成如其余的人一样：大海里的一滴水。他想起一切嘲弄他的人，还有那些回头看着他发笑——因为他和他们不同——的人。他并没什么梦想。他永不能像他们。他老是爱闲荡，去，张望，听，笑，无论是什么时候，无论在什么地方，只要他愿意。

"纽约，"他再三的说，"纽约。"在他心里，有人回答他："夏洛，夏洛。"

他睡去了。

太阳已经起来了好久，当他醒来的时候，他的邻人都上工去了。他们各有所事，夏洛却躺在床上，想别的事情。他羡慕在机器或办公桌前面劳作的人。他觉得自己比那些为了一些小的野心而活动，但的确在活动的人似乎更低下。可是他无论如何不能克制自己去站在他们的行列内。他相信他们是对的，但他觉得自己去学他们是错误的。

他沉浸在这种战败者的梦中，使他明白他并没这个城里的居民的身份。有时他觉得太大了，有时太小。要保持一种身份的不可能，和必得迷失在群众之间的思念令他苦闷。

从南到北满城里乱跑的快感又抓住了他。他无论如何要活动，工作，计算，提议，但是回忆控制了他。他忘不掉小城中的钟声相应，鸡犬相闻，太阳照在每扇窗上，儿童们微笑着。

在纽约是分辨不出任何声响的，侧耳一听，只是像一般的吼声。夏洛走出他的第十七层的小房间，他找一株树。他找不到，于是他想起森林，想起被雨水压低，闪耀着水光的树叶。

他寻找……纽约，光的森林，电车在中间啁啾，多得像蚂蚁般的汽车来来去去，不休息，也不停止。只有走，夏洛想，但他很知道他是被世界最大的城的巨大的，有吸力的心在牵引，挽留，同时又在推拒。他不明白它的力，他觉到它的又温柔又可怕的力在跳动，像海一样有力，像潮的絮语般温和。他为了纽约痛苦，因为他又是爱它，又是恨它，仿佛一切参加这日夜不息的大戏剧的人一样。

在他路上遇见的每个人的眼中，夏洛观察到同样的悲怆，同样的狂热。他不像他们中间的任何人，然而他知道这是弟兄们。

有一天他会逃走的，可是他永远不能忘记这城，因为应该追念伟大，力量，丑恶，还有残暴。

第九章　战争

像美国所有的人一样，夏洛应当去投军。而且一切稍微爱他的人，他爱的人，都死了。他和同伴们一齐起程。

他到了战场。无数的营帐。一个可怕的副官，胖胖的，高大非凡，老是在发怒。他们先学走步。夏洛很得意，十二分的得意，但那副官觉得他的脚摆得太往外斜了。

"摆进去！"

"是，"夏洛答道，"我把它们摆进去。"

但他过分要好了，他提着脚尖走。

"摆出来！"

"是，"夏洛说，于是他自然地走着，照他本来的样子，脚尖斜在外面。夏洛走得好些了，副官也不再说什么，夏洛微笑。

可是他觉得奇怪不再被胖子斥骂，他回头，一个人也没有了。他没听见"小转弯"的口令。赶紧跑去追上队伍，还好没有人看见。操练完毕了。

"呃——呵，"夏洛叹一口气。

他倒在床上，摘下他的大帽子，想着战场上的生活，一条狗样的生活。

他幻想前线。咦，就是壕沟与地道了。这么多的烂泥！大雨像瀑布般倒下来。

总得去。

夏洛有了锅底式的小钢帽，枪，还有一只大袋，像所有的袋一样，真是重得要命，而且是越来越重。他寻路。

路旁一块牌子指示着往百老汇路去的方向。

真是寻开心！同伴们在向他做手势。指点他睡觉的床位。

他低着头追去，但他忘记了背着的长枪，梗住了阻止他不得前进。

同伴都睡了。

他也倒在床上，睡熟了。

外面下着大雨。壕沟里全积了水。洪水来了。水流进他们的地室，很快地涨高。睡着的人疲倦得什么也不觉得。

水完完全全淹没了酣睡的夏洛。他醒来。但他瞌睡得厉害，为免得水淹没了鼻孔，他抢一个留声机上的喇叭套在脸上。重新睡下，又睡熟了。

有人推醒他，轮到他守望了。

他来来去去的踱，闷透。战争全不像人家所说的那样可怕，只是走和等。

夏洛烦闷。他掏出一支烟，但他没有火柴，究竟不能惊醒同伴去问他们要火。幸而有不少流弹一刻不停地在壕沟上面飞过，稍稍用一些技巧，他就教流弹在纸烟头上燃着了。

可是夏洛真闷得慌！

他从壕沟的洞里望去。他看见敌人就在他前面。他放一枪。死了一个。用一块铅粉他在木板上画一下记起来。二个……三个……四个……不，不打这个，他还枪了……这一次确确实实打死了。五个……六个……但是雨啊。应该停止射击去避一避雨。

终于信来了。好运气！分发信件。连小小的邮片都没有夏洛的份。没有运气！人家忘掉我了，夏洛想。

那边有一个家伙露着很快乐的神气。他正在读一封长信。夏洛瞥了一眼。真有趣,这封信。稍稍用一些想象,夏洛可以相信这封信是写给他的。信里讲起乡间,讲起快要生小牛的母牛,讲起爬上屋檐的花,也说到刚死的铁匠,可怜的人。

但同伴觉察了夏洛在偷看。夏洛微笑。同伴却全不以为这是好玩的,走开了!

啊!战争。

还在下雨。

可以做些什么事呢?只有无聊。一个军官来了,征求义勇队。终于要干些什么事情了。但是愿意接受这个差使的人太多了。

"很危险的,"军官说。

大家都反悔了。

于是不得不用拈阄的方法挑选,夏洛被挑中了。他微微有些烦恼。志愿的,可并不是他的志愿。人家对他讲明白了怎样干。

他懂了。

他化妆一株树,在拂晓时候,到了敌军的阵地。他察看风景。一切很静寂。他等了好几点钟,终于有一个小队出现了。敌军慢慢地走近。他们在他们当做一棵树的不远的地方安顿下来。他们准备煮饭。一个人,拿着一把斧,被派去寻木柴。他前后左右一望,看中了"夏洛树"。

他毫不迟疑,脱下上衣,预备砍那树干。夏洛退了几步。敌人奇怪起来。他再走近去,夏洛又退了几步。这一次,他看出有些靠不住的事情来了。他想喊救命,但夏洛马上猛力的砍了他一下。

那个人喊了一声倒下去了。他的同伴们来救护他,并各处寻找敌人,只是徒然。

但夏洛想还是逃走为妙。虽然他化妆得如何像真,他们终于要看出破绽的。

发疯般的敌人们拔脚就追那树。

他们快要追上了，因为夏洛被他的装饰阻碍着，不得跑快。幸而，他逃入了一个森林，站着不动。没有法子找出他。夏洛是几千株树中的一株树。他不动，也不喘气。

敌人们寻着，寻着。他们在他面前走过而认不出他。他们走得这样近，近得给夏洛一个一个的砍死。

他安安宁宁卸下服装，走到一个他望见的村子的场上。这里他可以从和敌人作对的居民那里探听些消息。

他走进一所屋子，上楼梯，踏进一个房间。一张床。他刚看到一张床！他舒舒服服的睡下了。他几世纪以来没有睡过床。他闭上眼睛睡熟，毫不想起他临到的危险，因为房间里的墙给炮弹毁去了，大家可以在外面望见他。敌军将很快地认出他的军服。

他睡着，也许在做梦，因为睁开眼睛，他看见一个女人在他前面，坐在床脚下。一个女人，一个金发的……她触着他的手，因为他砍敌人的时候把自己弄伤了。她觉察到他已经睡醒，把手放下了。夏洛装着再睡。她明白这意思，笑了。于是他完完全全醒过来了。他微笑。

这真是太美了。敌人们已经瞧见了他。要逃啊。不可能。一架机关枪对准着，夏洛被押走了。

他被解到一个军官前面审问。军官接待他而且为表示欢迎起见，先送了他好几记耳光，好几只火腿。"美妙的东道主，"夏洛想。

人家让他和军官一个人留着。他计上心来，把军官先行打倒，剥下衣服，推进壁橱去。急急忙忙，他穿起他的衣服。一下子夏洛变了军官。他出去发令。他要避免开口，谁向他说话，就赏谁几下巴掌。

"大佐在发脾气，"兵士们低着头想。

夏洛正在寻找一辆汽车。

"一个俘虏！"

这是他的同伴。快乐得了不得，他走过去拥抱他，但一想这个不妥当，就不去握他的手而送了他一大脚。

俘虏心里明白，兵士们却佩服他们大佐的勇敢。

来了一辆汽车，停在屋子前面。全体兵士都举枪致敬，他们似乎很胆怯。

夏洛认出是敌军的总司令。该死。

可是当那许多将军前呼后拥围护着的总司令，在检阅军队的时候，夏洛放了他的同伴，打倒了汽车夫，两个人穿着汽车夫的服装坐在车厢里。

总司令和将军们很忙，跳上汽车。

他发了一个命令。汽车发动了，每小时一百公里的速度。

"还要快。"

已经是前线了。

"向前。还要快。"

开足马力穿过了敌军阵线，正好到了夏洛那一个部队的防地。

总司令做俘虏了。

夏洛给大家扛着祝贺凯旋。但是突然人家把他丢在地下。他醒了。

副官喊道：

"站起，懒虫，上操去。"

夏洛赶走了他的美梦。开步——走，一，二，一，二，一，二。

第十章　镜

夏洛从此认识了他的命运。

孤独是一个忠实的伙伴。应该要和它相熟。时间走得快或慢，都是因日子及钟点而不同。孤零零的，一个人。没有什么抱憾。

人们，一般人所称为同类及弟兄的人们老是很强，他们自己也知道，就滥用他们的强力。他们寻找弱者以便统治，使他们顺从。他们爱傻子，可以给他们取笑。夏洛正是弱而傻。只有低头。一种愿望，一种强烈的爱情掀动夏洛，催促他，逼迫他逃遁这羁绊。他爱自由。

他宁愿孤独而自由。

他望绕着他身子转的影子。它逃不掉。它在骚乱。它是他的痛苦中的灵魂。

他去了，这个在光亮中浮动的哑子陪着他。他不找什么，但他尽是走，向着冒险的方面，准备接受一种新的生活，充满着爱情，光荣，金钱，看他的时间而定。他很明白要保留这些，必得付很高的代价。但他还可以，如果他愿意，放弃一切，重新走他的大路，在那里没有人难为他。

他已经认识这许多东西。他并不失望，因为他永远希望；但当生命向他提议一种新的冒险时，他已经猜到这个冒险不过是一段枝节的故事，不论哪一天，他还是要拒绝它而逃避。还是。已经。

夏洛先决定只做一个浪人，以后他懂得做浪人很应该自夸了。

他向他周围的一切请教，流水，行云，风，光。大家都劝他不要留着不动；于是有人或事物请他停留的时候，他总不听。

从此他相信世界为他而转动，把他牵引到它的途程中去。他再没有国家，出身，回忆。他是宇宙的居民。

然而，当整个世界似乎睡熟的时候，慢慢地，夏洛醒了。一滴月光使迷失在城中的一条小湖发亮。他俯近亮光，他看见他的影像反映出来。

他的目光，他的线条，他的影子在这面镜子中颤抖。夏洛不由自主的想起他自己。

也许有一天他会知道他诞生的秘密和他生命的意义。他还想认识他的运命。他俯近这反映的形象，但他只看见睁开的眼睛望着，向自己望着。夏洛不询问自己。他起来走开了。他在黑夜中消失，接着在梦寐中消失。

谁生活着？

笑语就在他的唇边。他不愿说谎，夏洛，你是谁？

他是一个过路的人。我是一个过路的人。是随便什么地方不能停留，认世界为也许不够大的那个人。

地，天，世界，宇宙，都是对于夏洛不存在的名词。他只认识路，雨，城市……

永远有一个影子走在他前面，它包含了一切的"不相识"。是向着它夏洛在走。他把"不相识"与"无穷"弄混了，因为怀疑主义不是他所擅长的。他是永远在希望而永远是失望的人。他记起来了。

静静地，夏洛前进。他有他的整个的生命在他前面。有时候生命对于他显得太短促，有时显得太长久。他不晓得度量，因为日子是有时很艰难的。

夏洛不悲哀，不觉悟，也不烦恼。他老是猜到他在人家眼里和在他自己眼里是什么人物而痛苦的人。烦恼是不用害怕的。他判断。人只在受着鞭击的时候才觉得痛，但没有受着之前是不痛的。

最简单的，但这也是暂时的而实在是不行的办法，是变成淡漠。至少应得要有淡漠的神气。微笑，动作。用手杖在空中旋转。若无其事的样子。夏洛是谦虚的。这是他最可靠的武器。但是他骄傲。他不欢喜人家踏着他的脚。可是这是很容易的事情。他有一双很大的脚，他感觉又灵敏，他又可笑。算了。

他不懂得和过去争斗。他以为是看见了它，是一朵云，但压在他的肩上却很重。他要摆脱它，他努力摇撼它，离开它，但这朵云会逃避，等到他要去抓的时候。这只是流逝的水。他相信已经解脱了，抓握不住的云压在他的背上更重了。他徒然争斗，但也不能退让到停止这争斗。于是他走，给一个天天加重的担荷追逐着。有时候，很远，他以为看见一滴阳光在动，像一个小小的火焰。是向着它他想走去，但它也避远了。他叫它做"未来"。

同样的冒险重新开始。平凡。日子一天接一天的流过，留下一点磷火般的痕迹，单调的痕迹，烦闷的痕迹。有时，夏洛很乐观，想象着一切将要改变了，只要一些小小的灵迹。不久以后，他发现错误了。什么也不变，或至多只是外表的改动。是它们——外表——使得人有一些希望，如果人以为有什么更变的话。然而当你的希望渐渐尖化的时候，用了疯狂而轻佻的快乐所鼓足的美丽的球爆裂了，只剩下一副可怜的空囊，丑得像一口痰。平凡。永远平凡。

这样地夏洛在走路。风景，人，动物不完全一样了，但是他们这样的相像，令人看见他们的动作就感到失望。他们的姿势在世界整个的面积上重复地演着，他们摇动他们的手，腿，跟着工作，休息，吃饭，睡眠的单调的节奏。

真是，夏洛的心中再没有乐观的成分了。一种并无恶意的苦味，像油渍那般的涩腻，慢慢地浸透了他的心。

夏洛有一天回过来走。他重新到他流浪的少年时代所垦发的地方。许多东西似乎改变了，尤其是男人和女人。第一次，夏洛发现人与物换了一副样子，因为他把他们和他自己以往所认识的他们相比，但这是他的眼睛不是用同样方式来看的缘故。

第十一章　非时间，

亦非空间……

夏洛下狱了。真是一切都和他作对。从凶狠的栅栏中望出来，夏洛看见他失去了一切；一切，就是自由。

他心底藏着回忆。他想起将要在这樊笼中消磨的岁月，他捏紧拳头。无论如何，他要逃。

他竟逃了。

然而困难来了。人家会重新捉到他，一定的，如果运气不帮他忙。穿着这套衣服——像斑马的外衣——立刻会被人辨认出来。

他匍匐而行，一直到一条河边，现在运气来了。堤岸上放着一个洗澡的人的衣服。

他一秒钟也不错过，把它拿了穿扮起来。他到河边去照自己，水面上映出一个牧师的影子。

牧师！一件他还从没干过的职业。可是他只要装出一副虔敬的神气，时时仰起头望望天就够。

在这种装束之下，人家再也认不出他。但究竟还以离开这个地方为妙。他留在那边的坏成绩也不少了。

他匆匆忙忙走向距离最近的一个车站。买票的时候，他不晓得拣那一个方向。到那里就那里罢，既然他已经靠了偶然的帮忙。

他闭着眼把手指随便向车站表上一点。手指落在"新新"站上，那里刚造好一个世界上最大的监狱。啊！不。什么地方都好，除了这个。监狱，他已经认识。他闭着眼再来一下，指着了"小城"。去，往"小城"去。

火车到了。在车厢里，夏洛叹了一口心满意足的气。车轮的每一转使他离开这该咒的地方更远一步，每一转代表一些更大的自由。

他去坐在一个很威严的先生旁边，那先生在阅报，夏洛可以顺便借借光。他耸过头去就吓了一跳，他看见在第一张上印着他穿着囚衣的肖像。人家悬赏捉拿他。这位置真不好。他立起身来。但同时，他的邻人定着眼在望他，夏洛看见他的背心上佩带着侦探的襟章。只好硬硬头皮装做若无其事的样子。

旅行竟没有预想那般的舒服。夏洛急着要快些到。下一站就下车罢。

车子没有完全停妥，夏洛已经跳了下去。他刚刚呼了一口气，一个又胖又大，穿黑衣服的人迎上来向他行礼。夏洛，稍稍不安地，回敬了。那个人申述来意；这是教堂里的香伙，特地前来迎候今天应该到任的新牧师。

夏洛没有话说。这个角色还得一直扮演到底。但是那一个真正的牧师，就要到来。

人家送来一个电报，是给香伙的。可是他没有眼镜是读不了的。恭恭敬敬地，他就请可尊敬的牧师先生替他念一念电报。

夏洛读完，乐不可支。

这是新任牧师的电报，说他有事要暂缓到任。

夏洛把电报读做："你等待的包裹；还要过几天到。"香伙莫名其妙。但他重重的谢了可尊敬的牧师。牧师，乖巧地，把电报撕了。

香伙告诉牧师这里的教徒们热心得不耐烦，都聚集在教堂里恭候他的大驾。

上路。

整个村子的人都集合着要拜识他。他进入教堂，大家站起。随后唱赞美诗。香伙同他的小沙弥倒很有念头。他们开始募化，夏洛仔细留神着。没有人敢拒绝。夏洛很高兴。

此刻全体都静默了。香伙和小沙弥去坐着，交叉着手，诚心诚意地。夏洛学他们样。"好古怪的职业，"夏洛想。香伙咳嗽，夏洛也学着咳嗽。香伙向他做手势，夏洛也回报他手势。他站起身来，夏洛也站起。

"你可以布道了，"香伙和他说，"授给他一本《圣经》。"

这，夏洛倒没有想起。他向他们讲些什么呢？很窘，夏洛望着香伙揭开着的《圣经》。

大卫与哥里阿德。好，就讲大卫与哥里阿德罢。

"从前有一次，"夏洛开始说，"有两队人打来打去纠缠不清。于是他们决定要爽爽快快打个分明。可是这却使两方面都为难，他们想找一个取巧的方法。

"有一天，一个凶狠的大汉子，向梭尔一派去挑战，辱骂他们。'没有胆量的小鬼，来一个和我较一较手，我们就饶恕了你们。'

"大汉子这样地咒骂了四十天，梭尔一派中没有一个人敢向前请他吃一个耳刮子。但是梭尔一派中有一个小人儿，叫做大卫，他觉得那大汉子未免过分了。

"他使我的耳朵热起来了，这家伙。

"他拿起皮制的弹弓，等大汉走近来，一颗大石子打在他的臭嘴上。

"大汉，叫做哥里阿德，一下子就给弹了开去。小大卫割下他的头。你们要讲他回来后的……"

虽然觉得奇怪，信徒们对于这个故事究竟很感兴味，一致表示满意。

“行了，”夏洛想。

他回过来向大家行礼，丢吻，好像他看见人家对什么明星们做的那样子。

这很美，成功了，但一笔丰富的收入却更妙。夏洛，做着最自然的神气，挟了竹筒，走了。

香伙跟在他后面跑。募来的钱不是为可尊敬的牧师的，而是为教堂的。夏洛失望了。

信徒们走来和他握手。夏洛很和气，可是这些人并不见得怎样可爱。……他判断得太快了。不是来了一个金发少女，由她的母亲陪着吗？她微笑，夏洛挤一下眼睛。

母亲请问可尊敬的牧师愿意不愿意赏光到她家里去喝一杯茶。

“哼，说得好听，”夏洛想。他答应了。

由少女和她的母亲陪着，夏洛穿过小城。大家全向他们行礼。夏洛挺一挺身子。走过酒吧间的前面，两个女人眼睛低下来。夏洛却恨不得去转一转。

他的脚步突然急促起来，帽子也拉得很低。他刚认出了一个他牢狱里的同伴。但这位朋友并没给夏洛这手法瞒过；他认出了夏洛，和他打招呼。夏洛记起了他们在监里的谈话。这家伙的生活，是偷窃。他偷，像他呼吸一般平常。夏洛悲戚地想又要遇到什么倒霉的事，唯恐立刻要发生什么变故，在这种情形之内，人家会把他俩一起抓去。贼远远地跟着他们。幸而他们到了少女的家，夏洛希望他至少不会有胆量跟进来。

已经在预备茶了。使可尊敬的牧师先生不致厌烦起见，人家给他看藏有全个家庭的照片的册子：祖母，一个高贵的太太，她爱花草，尤其是玫瑰，她织得一手好袜子，一个女神……姚叔叔，一个又好又勇敢的人，天国里的猎人，瞧，他的枪还挂在火炉架子上面……小雅各，可怜的孩子，在十四岁上发了一个凶险的寒热死了，他是那样地勤谨，用功，老是很乖，很听话，一个温和的小天使……还有爱米姑母……伊达姨母……夏洛把照相册一页页更快地翻过去：“哀弟斯嫂嫂，于梨耶表姊，耶纳娘舅，杰姆堂兄！……"

有人按门铃。

这是好邻人，西特男好医生，来做他每天访问的功课，他的可爱的夫人和活宝贝似的小孩一起跟来了。

人家讲这个，讲那个。把城中重要的事情都告诉了牧师。东家生了一个小克拉克，西家的少女和南家的少男订婚。高莱伯伯把屋子重新油漆了。

"不是很好玩吗，这小宝贝？"

于是人家把小宝贝送上来向牧师先生请安。这小孩，把他抱在膝上真好。他玩起来了，抓夏洛的头发，小手小脚在他身上乱打乱蹴。一个爱神。但牧师还是劝他去看他的好爸爸。不幸好爸爸尝够了小拳头，把孩子又送给牧师先生。又是一顿小拳头。

"去，看你妈妈去，我的小爱神。"

小爱神走向妈妈去。她在织绒线，小爱神高兴极了。他找到了一个新的玩意儿。他拉绒线，用力的拉。拉过来了。拉，再拉。勇敢的小孩。此刻他玩起阳伞来了，顶着爸爸的帽子到厨房里去了。有人按铃：有一位先生要求见牧师，据他说是"牧师的朋友"。

这是监狱里的朋友来了。

"我已经预感到有好生意经了，"喃喃向夏洛说。

一番介绍。

那位朋友仔仔细细看着屋子。

"很好，你们这屋子。"

他多么和气！大家一齐微笑。

这可爱的人却很古怪。他不脱帽子，他一段又一段的抽着雪茄屁股。大城市里的举动，一定的。不比乡村里守旧。

西特男医生告辞了。但，老是大意的，这可怜的医生把帽子丢了。客室里，饭厅里，上天下地的寻。没有法子找到这该咒的帽子。

绝望地。医生秃着头走了。小爱神一声不响。

"滚得好，"夏洛想。

开始喝茶了。永远可爱的牧师，帮着少女预备一个出色的布丁，上面满布着香草奶油。

"牧师先生，请你赏光割布丁。"

没有法子。布丁硬得像木头一样。牧师用尽力气割下去。盆子朝天，布丁跳起。医生的帽子接着弹了出来。

大家都笑。可怜又可爱的医生。老是这么大意。点心吃完了。要预备房间。牧师的朋友有没有在宿店里开了房间？没有？留他住下。朋友的房间是空的。牧师竭力辞谢。真是识趣的，可爱的人！但是东道之谊是神圣的。我们乡下还是老规矩，应得留客。

夏洛愈来愈不安了，但朋友很高兴。他留神观察。他随随便便拉开抽屉。他大概要一把刀或一只茶匙，多么识趣！不要怕搅扰我们啊。

太太和小姐格外殷勤。他们有这两位上客，感到蓬荜生辉地荣幸。永远忘不掉的回忆。

但夏洛却提防着。他静听。他的朋友等了几分钟，幽幽地下楼去偷他刚才在一只抽屉里看到的钱。夏洛赶下去要阻止他。一场争战。太太和小姐恐怕有何意外，追下来了。两位战士，若无其事的样子，只是在辩论。他们都热心研究神学。重复安定了。

这一次贼动手得更快了。他趁着夏洛一不小心就偷着钱逃了。

但是女主人们觉察了失窃，她们绝望。她们全部的积蓄都盗去，她们要被人逐出这所屋子了。

夏洛发誓要替她们找回钱来。他奔去。

当地的村长得了警察署的通知来捉拿冒充的牧师。他到处搜寻。

夏洛在酒吧间里把贼寻获了。

他玩一下假手枪的戏法，叫他的同伴举起臂，在他袋里搜到了原赃。

立刻他急急忙忙把钱送还给金发少女。

但他落在村长手里。

该死。

人家把他拘捕了。

村长押着他。

夏洛倒霉。算了。

他给手枪威逼着走。他想也许在这村子里的生活很舒服，在这金发少女旁边。他可以每星期布道。但他的梦都飞散了。路底就是监狱。

村长把他的梦惊醒。

"你瞧见那块路牌吗？"

"是，"夏洛回答，"这是一块边界的牌子。"

夏洛想着那小村子。

"喂，"村长说，"你瞧见那边的田野没有？那是墨西哥。"

"是，"夏洛答道，"那是墨西哥。"

他重新再走。

"去，到那边去替我把那朵美丽的花摘来。"

"好，"夏洛答应着，"他已经懂得尊重纪律了。"

他听了命令去摘花。但他回来的时候，村长已不在了。他在几公尺之外。夏洛大声喊。

村长回头来，耸一耸肩，一脚把夏洛踢到墨西哥。

这一次夏洛明白了。村长是一个好人。

夏洛得救了，他自由了。他可以安宁了。

一阵枪声。有人在打他。有人在追他。墨西哥人当他是一个牧师。他只得重新逃入美国。

可是美国对于他是牢狱。只有自己小心，于是夏洛在边界上踱来踱去。

他梦想着。他踱了很久。

第十二章　爱情与黄金

夏洛困苦颠连了长久。他又饥又渴。他足够了。他要变成富翁，于是有一天他上船往黄金国去。

怎样的天气！雪，泥，雪。寒冷。夏洛狼狈地走着。他跟着神气上似乎知道一切的人们。大半都是疯子。他们害怕。他们唯恐人家窥探了他们的秘密，可是饥饿等着他们。他们不会笑了，他们都生了黄金病。他们走，夏洛跟着。走，走……

夜和雪同时降下。什么都不能作准了。那些人变得凶野。

夏洛敲一家门。他想烘几分钟火。人家不收留浪人。

还得走，走。饿态到处乱逛。夏洛试着撬开一所小屋的门。人家咒骂，抵住着。夏洛拼命的推。没有办法。可是来了又大又强壮的人帮他一臂，门开了，屋子里的人不得不招待那些客人，因为现在他们比他更强。

小屋子里很暖，但夏洛有些不安。饿的幽灵出现了。

夏洛望望他同伴们的又长又白的牙齿。他知道他是三个人中最小最弱的一个。

要吃。

大家拈阄，决定谁应该去寻觅食物。阄落在那个不愿意接待过客的人手里。他去了。可是他会回来吗？

夏洛想出一个念头来了。他望望他的皮靴，向同伴提议把它煮汤。极好的计策。极坏的一餐。饥饿没有平息。它叫起来了。

有人在门上爬。也许他有粮食？夏洛和他的同伴，高高兴兴的跑去开门，门开了，两人都吓得往后退。这是一头熊。

但饥饿比恐惧更强。大家杀了熊，把它吃了。这一次饥饿可赶跑了。

于是夏洛的同伴诉说起他的秘事来了。他讲他找到一座金矿，和夏洛解释。夏洛，快活极了，听着并且祝贺他的同伴。

酣睡过后，两个同伴分别了。一个往金矿去，一个往不知何处去。

一晚，夏洛到一个木头和铁皮的城。照例在下雪。永久的冬天，冷得厉害。光微弱而又悲惨。

幸而有一个跳舞场。由他的朋友——一条狗陪着，夏洛走向音乐，音乐使他暖和；走向酒，酒使他微笑，走向热闹。大家跳舞。

夏洛看着，有些很漂亮的女人，穿着发光的长裙。其中有一个是那样的美，使其余的都不见了。

有人叫她。她的名字是乔琪亚。

喃喃地，夏洛再三的喊：“乔琪亚。乔琪亚。”

他向她做一个他最动人的微笑。奇迹！她答应了他；他微笑。乔琪亚。她还微笑。夏洛对着他的幸福，竟不敢相信。

他回头来。一个大家伙在他后面做一个小小的手势。夏洛觉得这种冒昧的举动很可恼。他望着乔琪亚，要告诉他这心理。

哟可怜！她不是向夏洛微笑，而是向这个混蛋，强壮得像一头公牛。

音乐使光亮旋转。

人家忘记了雪，冷，风。在这热度中只有音乐，跳舞，酒精。乔琪亚走近夏洛。她要跳舞，她的臃肿的大家伙不愿意。夏洛上前自荐，她悲哀地接受了。

夏洛微笑。他要讨他舞伴的欢喜。但她不望他。她的眼睛盯住了酒吧间，他的情人正在牛饮。

夏洛在碰运命。

他努力要跳得好，但是陡然。他的带子断了，他觉得裤子慢慢地在往下坠。他微笑。舞伴和气地答应他。慢慢地，可是确确实实地，他的裤子往下溜。

他看见地下躺着一根绳，他得救了。他请求原谅，停止了跳舞，敏捷地抓起绳，结住了裤子。哎哟！这条绳原是一端系着一条睡着的狗的皮带。

狗动起来了，拼命的拉，把舞男拉倒在地下。

夏洛觉得自己的可笑。大家在嘲弄他，哄堂大笑。只有乔琪亚和婉地望着他，可是这是因为她可怜他。

夏洛发怒了。

他走了。走了几步，可是不，他宁愿成为可笑的人而再去看乔琪亚。

跳舞场快关门了，乔琪亚不见了。

明天，以后几天，夏洛回到跳舞场去。可是这样是不能使他发财的。他很幸福，因为有时候，这个美妙的女人和他谈话。

当他一个人在小屋子里的时候，在寂静和雪中，他想她，他等待天黑以便回到跳舞场去看她，他从小房间里望着门外一白无际的平原在出神。他梦着。一个雪球打在他脸上。大声的笑把他完全惊醒了。他辨别出乔琪亚的声音。

是她和几个朋友在散步，掷雪为戏。人家告诉他他刚才受到的一个雪球原来是掷乔琪亚的。

他微笑。

他的屋子很荣幸，大家进来瞻仰，但这是为的嘲笑他。只有乔琪亚温柔地望他，这样的温柔，使他大胆起来：

"八天以后便是圣诞节，你们愿意在我这里吃圣诞餐，使我十二分的快乐吗？"

所有的少妇都笑起来。但乔琪亚答道："很乐意。"她去了。

夏洛快活得跳起来。他想跳舞，想捣乱一切。他抓住耳朵把它摇。羽毛在飞，雪又降了。夏洛，为预备圣诞餐的钱，去高高兴兴地工作。捎着一把铲，他一家一家的跑去请求替他们打扫门槛。他工作了一整天。十二月二十四日，袋里装着赚来的钱，去采办东西。随后，在约定时间的老早以前，他回到他的小屋子，安排筵席。他急匆匆的赶。虽然夏洛很不耐烦，但时间过得仍旧很快。终于到了半夜缺一刻。夏洛点起蜡烛，心突突的跳，他望着。每一个客人都有一件礼物，但最好的却躺在乔琪亚的盆子里。他在桌子上也安置了许多金光灿烂的装饰，盆子旁边有精致的小面包。一切都预备好了。

夏洛坐着，他梦想，等一会……

哦，她们来了。她们进来吗？她们幽幽地来，一些声响也没有。她们已经在桌子周围坐下，她们已经瞻仰一切装饰，乔琪亚已经在微笑，好像只有她一个人才懂得微笑。

大家好好地乐一下子。

小屋里跳起舞来真是太小了。能够怎样作乐就怎样作乐罢。夏洛在他脑子里寻找。他要显一些小本领给她们看，他用叉和小面包装成舞女的腿。

小面包和叉变成了小舞女，会跳极难的步子。小面包跳舞了。

乔琪亚和其余的同伴都拼命的笑。成功了。

夏洛抬起头。一个人也没有。蜡烛烧去了四分之三。一个人也没有，一个人也没有。

这是清早二点钟。夏洛明白他做了梦。她们没有来。她们寻他开心。夏洛耸耸肩，望着桌子，礼物，小面包，蜡烛。还是往跳舞场去的好。乔琪亚在那里跳舞，乔琪亚在那里笑。

站在门口，进去之前，他迟疑。但是乔琪亚的回忆推着他。他听见音乐和歌声。他推门。所有的老朋友都在。他们鼓掌，为他们中间最老的，跳得很好的一个喝采。音乐改换了。它此刻奏一曲二十年前的老调，他们年轻的时候，离开冷，风，黄金很远的时代的老调。有几个人在沉思，有的忘记了一切，有的微笑。夏洛，他，只看见乔琪亚一个人。她很悲哀，于是夏洛不再恨她了。

他望着她，不敢走近去。

而且老是有那个大汉子向她讲话。他在发怒。他要打她。夏洛跑过去威吓他。大汉子嘲笑他为无用的小人，但是夏洛并不胆怯，他为了乔琪亚和他打。

大汉抓住他的喉咙把他骨碌骨碌的转。他终于挣脱了，重新冲上去。他的怒气把他的敌人猛烈地撞在墙上，猛烈得把一架大钟撞下来碰在大汉头上。全场喝采。夏洛打胜了。

他走近乔琪亚。

但是这个时候……

真是夏洛没有运气。另外一个大汉，从前他在茅屋里遇到，两个人都饿极的那人，刚走进门。他瞥见夏洛就上去抓住他不肯放手。他述明来意。

"你还记得吗，那个茅屋离开我的金矿极近？领我去。我失掉了记忆力。有人要打我。我不知道我的金矿在哪里了。这是一笔横财啊……"

他吼着。这是一个疯子。

夏洛记起来了。然而他不愿意离开乔琪亚。

"我送你半个金矿，你将变成几兆兆的大富翁。"

乔琪亚大笑。

夏洛记起来了：他望望乔琪亚。他领疯子到金矿去，他就成了富翁，令人出惊的富翁，他再回来寻乔琪亚。

"我们明天动身，"夏洛说。

疯子大怒。

"不，立刻，"像熊一般强，他挟着夏洛推了他出门。

他们走了好几点钟。夏洛认识路。雪照常的下着，也许比往常下得更凶。

末了，他们瞥见小屋子。他们去休息一会。风在外面尽力的吹。这是一阵风暴。不能再出去了。

光阴流逝。饥饿开始令他们感觉了。在这该死的屋子里，永远是肚子饿。风暴还是那样猛烈。听到它的吼，嘶。

饿了，老是饿。

大家咬咬牙齿。老疯子骚乱了。他很饿，愈来愈饿。他望望夏洛，用眼睛估量他。他看他很可一吃。他的肉应该和鸡肉差不多，很嫩。

疯子慢慢走近夏洛。夏洛退，疯子进，夏洛往后跳了一大段。他开着门逃。风暴已经停止，现在天晴了。

夏洛逃，逃。他到了金矿前面。

看啊，黄金。

老疯子忘记了他的饥饿。看啊黄金。这是财运。

夏洛从来没有这般的富。他愿望什么就做什么。他很忙。他旅行。芝加哥，纽约，派姗皮区。日子用着发狂一般的速度在飞过。夏洛不晓得先干什么好。

然而他已经够了。他要到欧洲去和他的朋友一同休息，这恰好和他一样富有的，没有记忆力的疯子。

特等舱。雪茄。修指甲，威士忌酒。人家在他们周围忙碌地侍奉着。新闻记者请问他们有何印象。几百兆的富翁。一个照相师向他提出问题。夏洛答应穿着他寻黄金时的衣服摄影。大家到有阳光的地方去。这是三等舱。很有本地风光。

也有一个少女在孤独的哭。夏洛去安慰她。

他认出她了。

"乔琪亚，乔琪亚，乔琪亚。"

他向照相师宣布他们结婚了，照相师祝贺他们，替他们摄影。

别了纽约！

第十三章　微笑的影子

有凄凉的日子。于是夏洛不见了，仿佛冬天的鸟儿。当奇遇和爱情消失的时候，夏洛走远了。

这是大地荒漠的时代，鸟兽低垂着头，屋子里保持着静默的节季。嘴里所传出来的只是哀丧的声音；树上，天空，只有灰色的鸟；水味也变得苦。没有人再有勇气哭。

纽约的银行家倒闭，日本与智利在地震，不列颠帝国森林最茂的郡邑中汽车肇祸，丹麦的海上船只沉没……

日子一天天的过去，没有一个孩子敢笑。但是一晚，幸运啊；偶然地人家看见夏洛在天际出现了。

一个一个地，世界上所有的欢乐苏醒起来。有拂晓的欢乐，有黄昏的欢乐，有星的欢乐，有马的欢乐，有红球的欢乐，有蒸汽机的欢乐。人家到处看到微笑。有人在山边笑，有人在湖边笑。雪，亮晶晶的，海，像镜子一样，一道阳光俯在树上，张开着喉咙歌唱。

夏洛在响露水中前进。他的影子渐渐增大。

（很远，在田野中，城市里，点起晚上的灯火。）

他的影子渐渐增多，映在粉墙上，映在刚洗过的被单上，映在满满的月光中。

有几处地方并没受到感染。人们不愿意笑。他们不知道把他们的悲哀与怨恨忘掉一分钟。邻人的笑声使他们痛苦。他们伏在他们的书上，好像俯在镜子前面。更远处，老是更远处，有人想着格林兰特冰岛，澳洲南边的太斯码尼岛，夏洛的影子愈加长大。欢乐和夜同时上升。时间一下一下的敲过。世界显得缩小了，人类走近来互相挨紧。大家在说话。

像一阵清风，像一片热流，同情心注入各个人群。夏洛散布的单纯的欢乐，闪闪着飞，像雪花般落下来，布满整个的地面。日蚀。鱼，发疯的草，白云，露水，松鼠，以及夏洛曾经受过一天，一小时，一分钟的一切东西。大家称为"微笑"的周游世界的狂热的途程，似乎留下磨灭不掉的痕迹。从他经过之后，这里，那里，不敢笑的许多人的忧郁病痊愈了。他们做手势，他们吐出言辞，他们喃喃地……

是夏洛（被一群人跟着）在向前。他笔直的往前走，手里拿着杖，帽子戴在头角上。

他走。

他生活。

他笑。

但是在他周围，许多影子骚乱起来。人家在他们的步履上认出是永久的幽灵。第一有一个巨大的人，太胖，太凶。他像他的高大一般的卑怯，像他的肥胖一般的残忍。当他确定他自己是最强的时候，他滥用他的强力。他总是尽力的打。他到处都在，人家在城市里，乡下遇到他，早上，晚上，夜里。他舞动他的长臂吓人，有时候他的影子把他自己也吓了。

他恨恨地追逐夏洛，因为夏洛弱小而且并不恶。

在他后面，另外一个胀满胸脯在走；他很美，尤其他自己相信这样。他鬈曲着须，用藐视的神气看他周围的一切；这是破碎人家的心的人，为一切女人爱慕的诱惑者。他知道只要在眼睛里望一个女人，就可使她倒在他的臂抱里。夏洛羡慕他，是他最憎恨的人。他要把他驱逐出地面；因为在他旁边有一个小女有时哭，有时笑。是她，他愿意被她打败的。是她，夏洛爱的。是她，夏洛想奉献幸福，富贵，温柔。她全知道，然而她喜欢粗暴的人，自私的，蠢的但是美的。夏洛追逐着这个逃避他的影子，有时候他追到她的时候，她令他失望；但虽然失望，他宁愿在旁边看她；她的夏洛在她身上织成的梦是那样的不同，使夏洛也走远了，去找另外一个影子，老是那个，那个。

是重新看到这些人物，这些云彩的时候，夏洛在微笑中含着要哭的意念。人是不应当感伤的，但是忧患，生活的习惯，硬留在那些想忘掉一切的人的记忆里。

夏洛到每个地方去探险。他努力要保持他的宁静，避免他的生命屡次用以缠绕他的重复。徒然。他觉得土地好似布满了男人，女人，光明，阴暗，快乐，微笑和影子的一个球。

第十四章　永恒的星

　　年光消逝。它扫荡一切确实的事物。没有一件东西能够不为时间的运动所摇撼，黄金，爱情，往事，都支撑不住。

　　地球转着。欧罗巴，亚细亚，亚美利加。已经好几年了，夏洛重新获得他的自由，这困顿和孤独的姊妹。他迎着日子向前，像空气般自由。他忘了他已往的一切。

　　他跟随着风，他追逐他的影子，或窥伺命运的神秘的记号。

　　一天，他在一个城里散步；又一天，他到乡下去。他逃，他飘流，他生活，他是自由的。

　　从今以后，他相信，没有一件东西再能羁绊他。他甚至对金发女人也不信任了。饥饿重新做他的同伴。但他知道应该靠偶然；因为它是一切人类之主。

　　夏洛有一天听见群众的单调的声音。他向着声音前进。在城里有一个大节会，希奇古怪的戏法，猪油的味道中杂着碳酸气。白天也到处点着灯，像假的首饰一般在发亮。男人女人闲荡着。他们大张着嘴，惊讶地叹赏会得叫的画片，商人们讨欢喜的腔调。天空中，旗帜给音乐和群众的嚣声震动着，飘扬着想去和云儿握手。

夏洛让潮水般的人把他拥着向前。有时他在活动肉铺子前面停留，鉴赏香肠和小面包。

有一个卖肉的劝他吃一客火腿夹面包，正在闹饥荒的夏洛本能地伸出手，但随即缩了回来，因为他记起袋里没有一文钱。

有人，喔真是寻开心，试着来扒他的衣袋。扒手转起坏念头来。夏洛微笑。夏洛没有被窃，正是相反。一个警察看见扒手在夏洛袋里摸，勒令他把他的皮夹还了夏洛。夏洛道谢。他买了一条香肠，然而他良心上总是不安稳，他宁愿走开。

夏洛从来不大爱警察。他一看见他们的制服就跑，本能地。这真是笨极了。笨极了，因为这样一跑就使人注意他。人家以为——也不完全真，也不完全假——他做了什么心虚事。

警察们正接到了警告，大张着眼睛。有人报告说有一队扒儿手到了城里。

看到夏洛遇到他们总是逃，警察就监视他了，其中一个在后面跟着他。

夏洛跑，警察跑，愈来愈相信他是一个贼，或竟是一个杀人犯。夏洛使乖。他跑进一座奇怪的屋子，走廊黑暗得厉害，一阵阵冷风吹着，楼梯歪来倒去的，有时候房间太狭，有时候天花板太低，客厅里的墙壁上挂着的镜子，配得那样古怪，教人再也摸不着出路，一个人一霎时变成了四五个。在这里警察追上了夏洛。夏洛看见他给五个警察包围着。

这真是太多了。但那些警察也给迷昏了，扑向夏洛的时候，他们一头撞在镜子上。

夏洛逃脱了。

他还跑。他在一个大篷帐四周跑，但瞥见了永久的警察的影子，他溜进了马戏场。野兽在吼。一阵兽粪的臭味笼罩着这个奇怪的国土，内面放着球，金属的零件，绳索，鞭子……一面完全是金光灿烂的世界，一面是污秽恶臭的悲惨世界。人们急急忙忙的走过,喘气也来不及,也有人在一隅睡着。

"你来干么？"马戏班主喝着问。

"我来寻一些差使,"他回答。

"你会做什么？"

"样样都会一些……"

"好,"班主说,"等着。"

夏洛等着。他看看周围。一个年轻的女郎,浑身披着白纱,悲哀地走过。

"她是谁,"夏洛问。

"女骑师。"

夏洛十分赞赏她。

班主收留了他,令他做一切最脏的工作。他并不抱怨。他疲乏了,望望在练习武艺的女骑师。

"喂！那边的家伙,你是来做工的。"

晚上,夏洛很高兴不出钱看白戏。人家教他帮着搬应用的器具。但人家忘记给他制服。算了,他老是有他的小杖使他显得很尊严。

看客慢慢地来了。戏快开场。乐队奏着序曲。铜器响了。灯也亮了。

夏洛传接器具。

在机器匠们预备着天空体操的家伙时,夏洛被任传接各种魔术家的用具。可是他不大有习惯搬运这类东西,不幸也没有人肯告诉他留神些。他那样的毛手毛脚把魔术家的西洋镜拆穿了。他看见藏着桌子里的兔子乱窜,一只木箱里的鸭满场跑,他第一个就叫起来。他追鸭子,寻兔子。看客们望着夏洛傻头傻脑的神气,乐不可支。哄堂大笑。有的人以为是一个新小丑上台,开始喝采。很威严地,夏洛行礼答谢。掌声像春雷似的爆发。

夏洛又行了一个礼,下台了。

他回到后台同伴们嘲笑他。

"喂！朋友，看你要挨老板的臭骂。"

老板走近来。他一声不响。他望一望夏洛和小丑头目说：

"教他扮奇奥默丹尔的儿子。"

夏洛不晓得谁是奇奥默，更不认识他的儿子。

他不耐烦地等着。

"喂，夏洛，跟我们来。"

小丑们出场了。可是夏洛看见了女骑师，想着别的事情。小丑喊他。

"夏洛！"

他赶上去。

他一上场，台下就热烈地拍掌。很荣幸，夏洛微笑，行礼。他试着去帮助小丑，但虽然他尽力的干，总是手脚太慢。

看客笑得很厉害。

"还好，夏洛说，他们看不出我还外行。"

他扮奇奥默丹尔的儿子。

他不懂这幕戏。人家把一只香蕉放在他头上。他拿掉它。小丑们怒极了。但是看客笑得愈加起劲了。

"一切都齐备了。"小丑们喊。

夏洛回头去望。闯祸。得重新来过。看客拍手。

夏洛又行礼，香蕉可滚下来了。夏洛看见全场的人都在笑，他想今天晚上他们倒开心得很。

终于演完了。夏洛，心里明白他做得很蠢，回到后台。小丑们出台行礼的时候，他跑去藏着，他恐怕给人家叱骂。夏洛想他把那出戏弄糟了；他们要这样的嘲笑他！

群众拍手。

"夏洛，"看客喊，"夏洛……"

乖巧地，夏洛躲着不动。他听见班主在喊：

"夏洛！"

夏洛缩得很小。

"畜生，"班主骂。

"我该怎样的倒霉啊，"夏洛想。

终于班主看见他了。

"去行礼，混蛋。要是你不马上去，他们要把一切都捣烂了。"

夏洛，半死不活地，回到台上。

狂热的欢迎。

人家喝采捧他，叫好。他四周一望。这真是成功了。他瞥见女骑师在笑，在鼓掌。

他快活得跳起来，走到少女前面去。有人喊他。

班主急急忙忙走前来。

"我和你订两年合同。你每星期可赚五块金洋。但是你每天晚上，得照着今天所做的，完全一样的做。"

"真是怪物，这些戏子！"夏洛想。每个晚上他重新开始。人家很热烈的欢迎他。白天，他继续他的工作。人家教他做最吃苦，最脏的事情。他很快乐。他的生活不单调，女骑师又对他很和气。他可以帮她不少忙，有时候和她谈话，常常安慰她，因为她不是幸福的。她的父亲，马戏班主，是一个非常强暴的人。他打她好像他打一切不敢违拗他的人。至于他，夏洛，他不能抱怨。班主让他很安宁。的确他教他做许多工，他监视他，但他不打他。

夏洛不懂为何他得到这种优待。是他的朋友，女骑师，替他解释明白了。

"你不觉得，"她有一天和他说，"当他在料理喂马的干草的时候，你不觉得他在利用你。靠了你的成功，他发了一笔横财。你的名字已经可以使马戏场每夜客满。但他不给钱。你是一个大艺术家，但他给你最下等的马夫工钱。你不知道他真怕你走掉……"

夏洛放下割草的家伙。他想不明白。他，一个大艺术家！他笑了。

"喂，"他的朋友又说，"试一试。和他说好如他不多给你钱，你要走……"

一阵呼喝的声音把女骑师的说话截断了。班主，粗暴的家伙，藏在离开那里不远的地方，听到他女儿的最后一句话。发疯似的震怒，举起短鞭，他扑向他的女儿。

夏洛，吓呆了，试着去挽回老板的怒气，拿起他的割草刀。忘记了他的女儿，班主开始追夏洛，并且威吓他要把他勒死。

可是夏洛对于追逐的玩艺儿，颇有经验。他很可以逃掉这疯子。他躲着。可是他走近了。夏洛逃。一面退，一面走进了一辆游方车，用力关上了门。现在他可平安了。

他回头一看。哎哟！

这辆车原来是狮子笼。"亚历山大，山野之王，亚非利加之恐怖者，世界上最凶猛的狮子"在他前面。夏洛望望亚历山大，亚历山大望望夏洛。一个心里怕，一个肚里饿。狮子打呵欠。这是他吃东西的时候了。它舔着嘴唇。夏洛不敢喊救命，他没有叫喊的力气。他发抖。

一秒钟之内夏洛重新看见了他的生活。他想起他看见过的一切地方，他爱过的一切女人，他尝过的一切失望……他没有什么遗憾。但他为了那少女，还想生活一回。

她来了。

她看见他在栅栏里，在狮子前面。她呼救，她喊。被这许多声音惊扰了，狮子站起来。终于驯服狮子的人赶来了，救出夏洛。

他好险啊。

无疑的，这是他一生遇到的最大的危险。

一切都好，结果也好。夏洛跑去谢救他的也是他救的女友。他走近篷帐，她不在。大家都集在门口。铁线之王，世界上最有名的走绳索家到了。

女骑师在他旁边，她鉴赏着他，向他微笑。

哦，他不见得如何讨人欢喜。他恐怕是一个滑头。夏洛宁愿走开。

演戏的时刻到了。乐队，灯光，喝采声。

班主宣布在完场的时候，有一幕世界上最危险的玩艺。轮到夏洛了。他很受欢迎，但比以前要差些。看客不耐烦地等待铁线之王。

夏洛下场。女骑师在那里。是他，她在等他。好幸福！他向着她走去。她和铁线之王谈话，他愈漂亮了。女骑师替他们介绍。他行礼。但是走绳索的不屑地望着小丑。

夏洛尊严地走开了。

铁线之王博得极大的成功。夏洛承认他那出表现的确安排得很好，但不应得吹得过分，他不见得如何了不起。

他穿装得很美，夏洛又注意到这一层，这是一切女人所爱好的。

夏洛注意他的修饰。

一天一天，夏洛发觉女骑师对铁线之王显得亲热起来。夏洛，可怜的他，一晚，决定去向她诉说他的爱情了。演完了戏，他要去看她，准备伏在她的脚下。

他发现她在铁线之王的臂抱里。夏洛走远了。他想离开马戏班。他没有勇气。希望还没死灭。他要重新去争回女骑师。铁线之王不是正经的人。他知道总有一天他会遗弃她。希望他愈早遗弃她愈好。她可以打破她的幻梦！诱惑她的，是他的美丽的衣服……

悲哀的日子。应该艰苦忍耐。班主待夏洛不比从前和气了。他再没有从前那样博得看客的欢迎。

夏洛细细想。他要胜过他。晚上他很卖力。他要做得古怪。拼命的要令人发笑。

没有人再笑了。他徒然旋转他的小杖，镇静地行礼。一个人也不笑了。

人家不再喝他的采。班主和他说：

"你已经完了，我的孩子。你简直不古怪了……"

夏洛坐在一隅。这是真的,一切都完了。他只有走。

但他们今晚为何这般骚扰?他们都显得呆了。他们失掉了铁线之王。再也找不到他。他失踪了。

夏洛很开心。

班主,狂怒着在叫喊。

"他们捣烂一切了。"

看客们不耐烦起来。他们顿足。他们大声的呼啸。

"谁愿意代替这混帐的家伙?"

夏洛,很镇静的,走过去说:

"我……"

班主祝贺他。

"去穿扮起来。"

夏洛穿起大礼服。"我非凡的美了,"他想。他走过女骑师身旁。她替他发抖。

"当心,"她和他说,——接着又说:"不要干这个……"

"这不见得怎样的难,你知道。"

夏洛觉得这个答语很不坏。看客一见他上场都狂热的喝采。夏洛认识这个群众的声音。

他望群众,望面上显得惶急的小丑们。他又看到一颗白点。这是女骑师望着他。她合着手,替他捏一把汗。

他往铁线上安放一只脚,接着放上另外一只脚。他靠着秋千架向前。看客们叫好。

"这些混蛋看不见我的把戏……好罢。"

没有上去之前,夏洛在裤带上系了一根铁线,细得看不出的线,把它提着。

夏洛轻飘地向前。可是那些拉着铁线的蠢汉,拉得太用力了。他的裤带开始格格地作响。

夏洛想回头来走。他做记号叫人家拉得松些，但那些蠢汉以为是还要拉得紧些。裤带断了。提着他的铁线远去了……夏洛闭上眼睛。他听见亚历山大的吼声。他记起那狮笼。他想他曾经好好的逃了出来，但这一次……

而且是他自己愿意的。

"而且，讲到末了，这也许更好，"夏洛想，"我已经没有希望了。终是那一回事。"

他慢慢地走着，很艰难地。再二十步他就出险了。

"什么东西在抓我的腿？什么东西在呵我痒？"

一个猴子从笼里溜出来，走上铁线，还有一头也跟来了，开始和夏洛玩。它们抓他的头发，咬他的鼻子。

这一次，真是末日了。

他听见人家的叫喊。看客们发觉了这个危险的情形。女人们晕过去了。夏洛向前走着，只有绝望导引他。

他走的时候，大声的叫喊祝贺他。他得救了。他明早醒来，人家告诉他的一个消息便是寻到了铁线之王。

和这个马戏班竞争的班子，要使这个班子的表演不得成功，把他绑走了，他在夜里才脱身逃掉。

报信的人还说：

"你要知道那小妮子才怎么高兴呢！"

夏洛悲哀地微笑。

他又睡去。刺激把他的心刺伤了。他醒来时，马戏场已经拆掉，一切都准备动身了。

班主决定离开这个地方，到别个大城市的近郊去。

夏洛思索着。马戏班发动了，班主领首，他向着夏洛喊：

"那么，喂，快些呢，混蛋。"

戏子们的车子慢慢地走过。他瞥见铁线之王坐在女骑师身旁。他们谈话，互相微笑。手挽着手。女骑师看见了他，把车子停下。她来找夏洛。铁线之王，很可爱地，也再三的邀他。

"走罢，"夏洛说，"我会跟上来的。"

游方车动了。马戏班走过了。一阵灰尘的云飞起，夏洛就在这云里消失了。

马戏班走远了。灰尘重新飞回地上。夏洛望望他的周围。一辆车也没有。天际，已经很远了，一阵灰尘遮掩了游四方的戏班子。夏洛一个人站在他曾经演过戏的场中间。只有些微痕迹，一个圆形，差不多没有了。

夏洛望着这空处。他脚下一件东西在发光。他拾起来。是一个插在女骑师头上的星，她遗忘了的。

夏洛回头。在他后面，马戏班向着它的运命趱奔去了，在他前面，一片无垠的原野与青天。

他站起，他一个人了。他走，他走向永恒。

第十五章　终局

　　一切夏洛所猜测到的未来，展开在他前面像一幅大风景。很远，在北方，他看见终点，他再不能笑的那一天。因此，他应当躲藏，努力遗忘，既然人家要遗忘他。有时他的名字会在一个老人口上提起，这些字音的回声会传到他的耳边，使他痛苦，像一个创伤。

　　遗忘对于他成了一个问题。他只知道回忆，这是他最大的弱点。他可是并不希求光荣，也不希求名誉。他已经见过群众的任性，如儿童一般，他已认得他们的脾气的古怪的行动。他已用不到任何人，但他还要依赖男人，女人，使自己不致完全倒下。一切散布在生命上的灰烬，像生根的菌一般牢固，它已经啃住了夏洛。因为夏洛不晓得什么时候他要死。他不相信他的灵魂会永生。他知道，在他以前，有过许多人曾经周游世界去探寻使他们肯定自己的微笑，许多人曾经失掉了记忆，他们坠入虚无。

　　夏洛往何处去？他自己苦闷地追问着。他愿望孤独地一个人，但幽灵一动，便使他害怕，害怕寂寞，因为那些无名幽灵，在他周围，长大，絮语，他不敢认识他们。他想否定他们的存在，但他不能禁止自己去怕他们，爱他们。

夏洛知道他令人笑，但令人笑有什么好处，既然他不相信快乐，也不相信幸福。他也一般骗追寻微笑的人，不由自主地。他不能阻止自己不使人笑，只要他的名字能够在人们的面貌上，浮现这个鬼脸。大家都要笑，而夏洛，当他显示出他的苦难，他的悲哀，人类运命的残酷之时，就令人爆发这个可羞的快乐，使孩子，大人，老年纪的，都乐得忘形。

笑……

好像是唤起已经忘掉的悲哀与快乐一段复唱的歌词，这个名词——笑——使夏洛骇怕。能不能避免这个需要，能不能逃遁？他想着一种上天的报仇，奇特的破坏。他忘记了温柔，为的是只去看残忍。他把笑和愤怒相比，因为他知道笑的人是粗暴，自私，残忍的笑，他想，这是看了别人的不幸而作乐，这是要纠正他们治不好的笨拙。而夏洛知道他是笨拙的，糊涂的，惶惑的。

使他骚动而奇怪的，是在人类的视觉之外，他有时正向着一个不认识的世界前进。这个路程使他迷失了，使他遗忘了眼前的需求。他踉踉跄跄，他迟疑，他失足，而这种使他突然向后转的踌躇使看见他的人觉得好玩，无数的看客赏玩他的笨拙。

机械一样地，预备鼓掌的张开的手已经在合拢来了，同情会远离他。他更不敢去干犯冷淡，恶意，嘲弄，他宁愿受人家的笑，虽然使他憎恨，使他对着整个世界失望。

他得继续走他的路，去寻一千零一种的笑。他只有永远走，还要受苦，跌，挨打，被凶恶的命运追迫使大家快乐。

他没有无挂无碍的能耐。但他不愿惶惑。他的命运已经定了。为他的生命，只得算了。他是有一天生在一个已经没有名字的地方——至少对于他。他的生活单调地消逝，又寂寞。他的命运，他认识，想象，同时又不晓得。他很愿意人家在他下葬的时候哭，但他知道这些治丧的人将要很高兴，他们生平第一次的快乐，因为他们记起这个死尸往昔曾经活动，拿着一根小杖，他很古怪，那样的古怪。

在他墓上，真可以宣读一篇如何美妙的祭文：

"这是一个人类中从未诞生过的最好笑，最可笑的人。看了他的后影，人家不能不微笑。

"他死了，我们还在微笑，因为我们的回忆陪着他。这个回忆，像死者一样，戴一顶小圆顶帽，穿一双太重笨的靴……"

于是在场的人，重新看到他们儿时见过的夏洛，温和地笑起来，遗忘了的慢慢地沉入地下的死者。也许断一根绳，也许掘墩的工人喝醉了酒，也许他将来最后爱的一个女人，将要想起在地下等着她的情人，也许……？

死人有时也会很古怪的。他想着一个夜里有人会来，在埋着他的遗骸的石上，镌着这几个又凶恶又温柔，又感恩又报复的字……

　　这里永息着一个曾

　　使全世界发笑的人

以后人家也不懂这意思了，而夏洛平平的腐烂。死对于他真会变成一种报复。是在这个时候，人家开始懂得他曾经是那样地残忍，因为他只晓得笑，而有些人或将猜到夏洛是一个和其余的人同样的人，只是少些虚荣心，既然他不愿意认真，他的极端的笨拙也只是一种最聪明的伶俐。

幸福之路

［英］罗素　著

译者弁言

　　人尽皆知戏剧是综合的艺术；但人生之为综合的艺术，似乎还没被人充分认识，且其综合意义的更完满更广大，尤其不曾获得深刻的体验。在戏剧舞台上，演员得扮演种种角色，追求演技上的成功，经历悲欢离合的情绪。但在人生舞台上，我们得扮演更多种的角色，追求更多方面的成功，遇到的局势也更光怪陆离，出人意外。即使在长途的跋涉奔波，忧患遍尝之后，也不一定能尝到甘美的果实，——这果实我们称之为人生艺术的结晶品，称之为幸福。

　　症结所在，就如本书作者所云，有内外双重的原因。外的原因是物质环境，现存制度，那是不在个人能力范围以内的；内的原因有一切的心理症结，传统信念，那是在个人能力之内而往往为个人所不知或不愿纠正的。精神分析学近数十年来的努力，已驱除了不少内心的幽灵；但这种专门的科学智识既难于普遍，更难于运用。而且人生艺术所涉及的还有生物学，伦理学，社会学，历史，经济，以及无数或大或小的智识和——尤其是——智慧。能综合以上的许多观点而可为我们南针的，在近人著作中，罗素的《幸福之路》似乎是值得介绍的一部。他的现实的观点，有些人也许要认为卑之无甚高论，但我认为正是值得我们紧紧抓握的关键。现实的枷锁加在每个人身上，大家都沉在苦恼的深渊里无以自拔；我们既不能鼓励每个人都成为革命家，也不能抑压每个人求生和求幸福的本能，那末如何在现存的重负之下挣扎出一颗自由与健全的心灵，去一尝人生的果实，岂非当前最迫切的问题？

在此我得感谢几位无形中促使我译成本书的朋友。我特别要感激一位年青的友人，使我实地体验到：人生的暴风雨和自然界的一样多，来时也一样的突兀；有时内心的阴霾和雷电，比外界的更可怕更致命。所以我们多一个向导，便多一重盔甲，多一重保障。

这是我译本书的动机。

一九四二年一月译者

我想我能变成动物，和它们为伴，它们是那么恬静那么矜持，

我站着，久久的望着它们。

它们不为儿女作牛马，也不为儿女哀号，

它们不在黑暗里睁眼失眠，为了它们的罪过啼泣，

它们不喋喋讨论对上帝的责任，使我头晕脑胀，

没有一个不满，没有一个为了占有欲而癫狂，

没有一个向另一个屈膝，也不对几千年前的祖先跪拜，

在整个的地球上没有一个有什么身份，也没有一个忧郁哀伤。

——惠特曼 Walt Whitman

序

　　这部书不是献给博学之士的，也不是给那般把实际问题作为谈助的人的。在以下的篇章内，既无高深的哲理，也无渊博的征引。我只把通情达理的一些意见归纳起来。配合这张献给读者的方子时，我所采取的学说都是由我自己的经验和观察证实过的，而且我每次遵从这些学说时都曾增加我的幸福的。为了这个缘故，我敢希望在无数感着忧郁之苦而不自溺于忧郁的男女中间，能有一部分在此找到他们的病案和逃避之法。因为相信不少烦恼的人凭着适当的努力可以变得幸福，所以我才写下这部书。

上编　不幸福的原因

一　什么使人不快乐?

动物只要不生病,有足够的食物,便快乐了。我们觉得人类也该如此,但在近代社会里并不然,至少以大多数的情形而论。倘使你自己是不快乐的,那你大概会承认你并非一个例外的人。倘使你是快乐的,那末试问你朋友中有几个跟你一样。当你把朋友们检讨一番之后,你可以学学观望气色的艺术;平常日子里你遇到的那些人的心境,你不妨去体味体味看。英国诗人勃莱克(Blake)说过:

> 在我遇到的每张脸上都有一个标记,
> 弱点和忧患的标记。

虽然不快乐的种类互异,但你总到处和它碰面。假定你在纽约,那是大都市中现代化到最标准的一个啰。假定你在办公时间站在一条热闹的街上,或在周末站在大路上,再不然在一个夜舞会中;试把你的"自我"从脑子里丢开，让周围的那些陌生人一个一个的来占据你的思想，你将发现每组不同的群众有着不同的烦恼。在上工时间的群众身上，你可看到焦虑，过度的聚精会神，消化不良，除了斗争以外对什么都缺少乐趣，没有心思玩，全不觉得有他们的同胞存在。在周末的大路上，你可看到男男女女，全都景况很好，有的还很有钱，一心一意的去追逐欢娱。大家追逐时都采着同样的速度，即是坐着慢到无可再慢的车子鱼贯而行；坐车的人要看见前面的路或风景是不可能的，因为略一旁视就会闯祸；所有的车中的所有的乘客，唯一的欲望是越过旁人的车辆，而这又为了拥挤而办不到；倘若那般有机会不自己驾驶的人，把心思移到别处去时，那末立刻有一种说不出的烦闷抓住他们，脸上印着微微懊恼的表情。一朝有一车黑人胆敢表露出真正的快乐时，他们的荒唐的行为就要引起旁人的愤慨，最后还要因为车辆出了乱子而落到警察手里：假日的享乐是违法的。

再不然，你去端相一下快乐的夜会里的群众。大家来时都打定了主意要寻欢作乐，仿佛咬紧牙齿，决意不要在牙医生那里大惊小怪一般。饮料和狎习，公认是欢乐的大门，所以人们赶快喝，并且竭力不去注意同伴们怎样的可厌。饮料喝到相当的时候，男人们哭起来了，怨叹说，他们在品格上怎样不配受母亲的疼爱。酒精对他们的作用，是替他们挑起了犯罪意识，那是在健全的时间被理性抑捺着的。

这些种类不同的不快乐，一部分是由于社会制度，一部分是由于个人心理，——当然，个人心理也大半是社会制度的产物。如何改变社会制度来增进幸福的问题，我从前已写有专书。关于消灭战争，消灭经济剥削，消灭残忍与恐怖的教育等等，都不是我在本书里想谈的。要发现一个能避免战争的制度，对我们的文化确是生死攸关的问题；但这种制度决无成功之望，因为今日的人们那样的烦闷，甚至觉得互相毁灭还不及无穷尽的捱延日子来得可怕。要是机器生产的利益，能对那般需要最切的人多少有所裨益的话，那当然应该阻止贫穷的延续；但若富翁本身就在苦恼，那末教每个人做富翁又有何用？培养残忍与恐怖的教育是不好的，但那批本人就做了残忍与恐怖的奴隶的人，又能有什么旁的教育可以给？以上种种考虑把我们引到个人问题上来：此时此地的男男女女，在我们这患着思乡病的社会里，能有什么作为，可替他们或她们本身去获取幸福？在讨论这个问题时，我将集中注意在一般并不受着外界的苦难的人身上。我将假定他们有充分的收入，可以不愁吃不愁住，有充分的健康可以作普通的肉体活动。大的祸害，如儿女死尽，遭受公众耻辱等等，我将不加考虑。关于这些题目，当然有许多话好说，而且是挺重要的，但和我在此所要讨论的属于两类。我的目的，是想提出一张治疗日常烦闷的方子，那烦闷是文明国家内大多数人感着痛苦的，而且因为并无显著的外因，所以更显得无可逃避，无可忍受。我相信，这种不快乐大部分是由于错误的世界观，错误的伦理学，错误的生活习惯，终于毁掉了对一般可能的"事物"的天然的兴致和胃口，殊不知一切的快乐，不问是人类的或野兽的，都得以这些事物为根基。观念和习惯等等，都是在个人权力范围以内的，所以我愿提出若干改革的方案，凭了它们，只要你有着中等的幸运，就有获得幸福的可能。

几句简单的自我介绍，或许对我所要辩护的哲学可以做一个最好的楔子。我不是生来快乐的。童时，我最爱的圣诗是"世界可厌，负载着我深重的罪孽"那一首。五岁时，我曾想如果我得活到七十岁，那末至此为止我不过捱了全生涯的十四分之一，于是我觉得长长地展开在我面前的烦闷，几乎不堪忍受。少年时，我憎恨人生，老是站在自杀的边缘上，然而想多学一些数学的念头阻止了我。如今，完全相反了，我感到人生的乐趣；竟可说我多活一年便多享受一些。这一部分是因为我发现了自己最迫切的欲望究竟是什么，并且慢慢地实现了不少。一部分是因为我终于顺顺利利地驱除了某些欲望，——例如想获得关于这个那个的确切的智识——当做根本不可求的。但最大部分，还须归功于一天天的少关心自己。像旁的受过清教徒教育的人一样，我惯对自己的罪过，愚妄，和失败，作种种的冥想。

我觉得自己是——当然是准确地——一个可怜的标本。慢慢地，我学会了对自己和自己的缺陷不再介介于怀；而对外界的事物，却一天天的集中我的注意：譬如世界现状，知识的各部门，以及我抱有好感的个人等。不错，对外界的关切也会有各别的烦恼带给你：世界可能陷入战争，某种知识可能难于几及，朋友可能死亡。但这一类的痛苦，不像因憎恶自己而发生的痛苦那样，会破坏人生的主要品质。再则，每种对外的兴趣，都有多少活动分配给你；而兴趣活泼泼地存在到多久，这活动就能把苦闷阻遏到多久。相反地，对自己的关切绝对不能领你去作任何进取的活动。它可以鼓励你记日记，把自己作心理分析，或者去做修士。但一个修士，必得在修院的功课使他忘掉自己的灵魂的时光，才会幸福。他以为靠了宗教得来的幸福，其实靠着清道夫的行业一样可以得到，只要他真正做一个清道夫。有一般人是因为深陷在"自我沉溺"之中而无可救药的，对于他们，外界的纪律确是一条引向幸福的路。

"自我沉溺"种类繁多。我们可以挑出"畏罪狂""自溺狂""自大狂"三种最普通的典型。

我说"畏罪狂"，并非说那些人真正犯罪：罪恶是人人犯的，也可说没有人犯的，要看我们对社会所下的界说而定。我指的乃是沉溺于犯罪意识的人。他永远招惹着自己的厌恶，假令他是信教的话，还要把这种自我憎恶认作神的憎恶。他认为自己应该如何如何，这幅理想的图画，却和他所知的实际的他，不断发生冲突。即使在清明的思想里他早已把在母亲膝上学来的格言忘得一干二净，他的犯罪感觉可能深埋在潜意识内，只在醉酒或熟睡时浮现。但一切东西都可引起这味道。他心里依旧承认他儿时的诫条。赌咒是恶的；喝酒是恶的；普通生意上的狡狯是恶的；尤其，性行为是恶的。当然他并不会割弃这些娱乐，但这些娱乐为他是全部毒害了，毫无乐趣可言，因为他觉得自己是为了它们而堕落的。他全灵魂所愿望的一种乐趣，是受着母亲的宽容的抚爱，为他记得在童时经历过的。既然此种乐趣不可复得，他便觉得一切都乏味；既然他不得不犯罪，他就决意痛痛快快的犯罪了。当他堕入情网时，他是在寻找慈母式的温柔，但他不能接受，因为，心中存着母亲的图像，他对任何与他有性关系的女子，感不到丝毫敬意。失望之余，他变得残忍，随又忏悔他的残忍，重新出发去兜着那幻想的罪过和真正的悔恨的凄惨的圈子。多少表面看来是狠心的浪子，其心理状态就是如此。把他们诱入迷途的，是对于一个无法到手的对象的崇拜（母亲或母亲的代替物），加上早年所受的可笑的伦理教训。从早年信仰和早年情爱中解放出来，是这批"孺慕"德性的牺牲者走向快乐的第一步。

"自溺狂"在某个意义上是普通的犯罪意识的反面；特征是惯于自赞自叹，并希望受人赞叹。在某程度内，这情操无疑是正常的，无所用其惋惜；它只在过度的时候才成为一桩严重的祸害。有许多女子，特别在富有社会里，爱的感觉力完全消失了，代之而兴的是一股强烈的欲望，要所有的男人都爱她们。当这种女子确知一个男人爱她时，她便用不着他了。同样的情形，在男子方面也有，不过较为少见罢了。虚荣心到了这个高度时，除了自己以外，对任何人都感不到兴趣，所以在爱情方面也没有真正的满足可以得到。可是旁的方面的趣味，失败得还要悲惨。譬如，一个自溺狂者，被大画家所受到的崇拜鼓动之下，会去做一个艺术学生；但既然绘画之于他不过是达到一个目标的手段，技巧也就从来引不起他的兴味，且除了和他自身有关的以外，别的题材都不会给他看到。结果是失败和失望，期待的是恭维，到手的是冷笑。还有那般老把自己渲染成书中的英雄的小说家，也是蹈了同样的复辙。工作上一切真正的成功，全靠你对和工作有关的素材抱有真正的兴趣。成功的政治家，一个一个的倒台，这悲剧的原因是什么呢？因为他把自溺狂代替了他对社会的关切，代替了他素来拥护的方策。只关怀自己的人并不可赞可羡，人家也不觉得他可赞可羡。因此，一个人只想要社会钦仰他而对社会本身毫不感到旁的兴味时，未必能达到他的目的。即使能够，他也不能完全快乐，因为人类的本能是从不能完全以自我为中心的。自溺狂者勉强限制自己，恰如畏罪狂者的强使自己给犯罪意识控制。原始人可能因自己是一个好猎手而感到骄傲，但同时也感到行猎之乐。虚荣心一过了头，把每种活动本身的乐趣毁掉了，于是使你不可避免地无精打彩，百无聊赖。原因往往是缺少自信，对症的药是培养自尊心。但第一得凭着客观的兴趣去做进取性的活动，然后可以获得自尊心。

"自大狂"和自溺狂的不同之处，是他希望大权在握而非动人怜爱，他竭力要令人畏惧而非令人爱慕。很多疯子和历史上大多数的伟人，都属这一类。权力的爱好，正和虚荣一样，是正常的人性中一个强有力的分子，只要不出人性这范围，我们是应该加以容纳的；一朝变得过度，而且同不充分的现实意识联接一块时，那才可悲了。在这等情形下，一个人或是忧郁不快，或是发疯，或竟两样都是。一个自以为头戴王冠的疯子，在某种意义上也许是快乐的，但他的快乐决非任何意识健全的人所艳羡的那一种。亚历山大大帝，心理上便和疯子同型，虽然他赋有雄才大略，能够完成疯子的梦。然而他还是不能完成他自己的梦，因为他愈成功，他的梦也愈扩大。当他眼见自己是最伟大的征略者时，他决意要说自己是上帝了。但他是不是一个幸福的人呢？

他的酗酒，他的暴怒，他的对女人的冷淡，和他想做神明的愿望，令人猜想他并不幸福。牺牲了人性中一切的分子来培植一个分子，或把整个世界看作建造一个人的自我的显赫的素材，是决无终极的快慰可言的。自大狂者，不问是病态的或名义上说来是健全的，通常是极度的屈辱的产物。拿破仑在学校里，在一般富有的贵族同学前面感到自惭形秽的苦恼，因为他是一个粗鄙的苦读生。当他后来准许亡命者 [①] 回国时，看着当年的同学向他

---

① 按系指法国大革命后逃亡国外的贵族。

鞠躬如也时，他满足了。多幸福！依旧是这种早年的屈辱，鼓动他在沙皇^①身上去寻求同样的满足，而这满足把他送到了圣·赫勒拿^②。既然没有一个人是全能的，一场完全被权力之爱所控制的人生，迟早要碰到无可克服的难关。要自己不发觉这一点，唯有假助于某种形式的疯狂才办得到，虽然一个人倘有充分的威权，可以把胆敢指出这种情形的人禁锢起来，或者处以极刑。政治上的与精神分析学上所谓的抑止^③，便是这样地一代一代传下来的。只消有任何形式较显的"抑止"（心理分析上的抑止）出现，就没有真正的幸福。约束在适当的范围内的权势，可大大地增加幸福，但把它看作人生唯一的目标时，它就闯祸了，不是闯在外表，就是闯在内心。

不快乐的心理原因，显然是很多的，而且种类不一。但全都有些共同点。典型的不快乐者，是少年时给剥夺了某些正常的满足的人，以致后来把这一种满足看得比一切其余的满足更重要，从而使他的人生往着单一的方向走去，并且过于重视这一种满足的实现，认为和一切与之有关的活动相反。然而这现象还有更进一步的发展，在今日极为常见。一个人所受的挫折可能严重到极点，以致他不再寻求满足，而只图排遣和遗忘。于是他变成了一个享乐狂。换言之，他设法减少自己的活力来使得生活容易挨受。例如，醉酒是暂时的自杀；它给你的快乐是消极的，是不快乐的短时间的休止。自溺狂者和自大狂者相信快乐是可能的，虽然他们所用的寻快乐的方法或许错误；但那寻找麻醉的人，不管是何种形式的麻醉，除掉希望遗忘之外，确已放弃了一切的希望。在这情形中，首先该说服他幸福是值得愿望的。忧郁的人像失眠的人一样，常常以此自豪。也许他们的骄傲好似失掉了尾巴的狐狸的那种；如果如此，那末救治之道是让他们明白怎样可以长出一

---

① 按系指俄皇亚历山大一世。

② 按系拿翁被囚之岛名。

③ 即是说早年曾有某种欲望被抑止。

条新的尾巴。我相信，倘有一条幸福之路摆在眼前，很少人会胸有成竹地去选择不快乐。我承认，这等人也有，但他们的数目无足重轻。因此我将假定读者是宁取快乐而舍不快乐的。能否帮助他们实现这愿望，我不知道，但尝试一下总是无害的。

二　浪漫底克的忧郁

现在，像世界史上许多别的时代一样，有一种极流行的习尚，认为我们之中的智慧之士都看破了前代的一切热诚，觉得世界上再没什么东西值得为之而生活。抱着这等见解的人真是抑郁不欢的，但他们还以此自豪，把它归咎于宇宙的本质，并认为唯有不欢才是一个明达之士的合理的态度。他们对于"不欢"的骄傲，使一般单纯的人怀疑他们"不欢"的真诚性，甚至认为以苦恼为乐的人实在并不苦恼。这看法未免太简单了；无疑的，那些苦恼的人在苦恼当中有些"高人一等"和"明察过人"的快感，可以稍稍补偿他们的损失，但我们不能说他们就是为了这快感而放弃较为单纯的享受的。我个人也不以为在抑郁不欢中间真有什么较高的道理。智慧之士可能在环境容许的范围内尽量快乐，倘他发觉对宇宙的冥想使他有超过某程度的痛苦时，他会把冥想移转到别处去。这便是我在本章内所欲证明的一点。我愿读者相信，不论你用何种论据，理性决不会阻遏快乐；不但如此，我且深信凡是真诚地把自己的哀伤归咎于自己的宇宙观的人，都犯了倒果为因的毛病：实际是他们为了自己尚未明白的某些缘故而不快乐，而这不快乐诱使他们把世间某些令人不快的特点认作罪魁祸首。

表示这些观点的，在现代的美国有著作《近代心情》的胡特·克勒区（J.Wood Krutch）；在我们祖父的一代里有拜伦；各时代都可适用的，有《旧约》里《传导书》的作者。克勒区的说法是："我们的案子是一件败诉的案子，自然界里没有我们的地位，虽然如此，我们并不以生而为人为憾。与其像野兽一般活着，毋宁做了人而死。"拜仑说：

> 当早年的思想因感觉的衰微而逐渐凋零时，
> 世界所能给的欢乐决不能和它所攫走的相比。

《传道书》的作者说：

> 因此我赞叹那早已死去的死人，远过那还活着的活人，
> 并且我以为比这两等人更强的，是那从未存在，从未见过日光之
> 下的恶事的。

这三位悲观主义者，都把人生的快乐检阅过后，获得这些灰色的结论。克勒区氏处于纽约最高的智识阶级群里；拜仑一生有过无数的情史；《传道书》的作者在快乐的追求中还要花样繁多：他曾尝试美酒，尝试音乐，以及"诸如此类"的东西，他挖造水池，蓄有男女仆役，和生长在他家里的婢仆。即在这种环境内，智慧也不会和他分离。并且他发觉一切都是虚空，连智慧在内。

> 我又专心考察智慧、狂妄和愚昧，乃知道也令人沮丧。
> 因为多有智慧就多有烦恼，加增知识就加增忧伤。

照上面这段看来，他的智慧似乎使他受累；他用种种方法想摆脱而不能。

> 我心里说，来罢，我用音乐试试你，你好享福，谁知道也是虚空。

由此可见他的智慧依旧跟着他。

我就心里说，愚昧人所遇见的，我也必遇见；那末我比人更有智慧又为何来？我心里说：这也是虚空。

我所以憎恨生命，因为在日光之下所行的事我都以为烦恼；因为一切皆空，一切令人沮丧。

现在的人不再读古代的作品，算是文人的运气，否则再写新书一定要被读者认为空虚之至了。因为《传道书》派的主义是一个智慧之士所能归趋的唯一的结论，所以我们不惮烦地来讨论一心境（即抑郁不快）的各时代的说法。在这种论辩内，我们必须把"心境"跟心境的"纯智的表现"分清。一种心境是无从争辩的；它可能因某些幸运的事故或肉体的状况而变更，可不能因论辩而变更。我自己常有"万事皆空"的心境；但我摆脱这心境时，并非靠了什么哲学，而是靠了对于行动感到强烈的需要。倘使你的儿女病了，你会不快乐，但决不感到一切皆空；你将觉得不问人生有无终极的价值，恢复孩子的健康总是一件当前的急务。一位富翁，可能而且常常觉得一切皆空，但若遇到破产时，他便觉得下一餐的饭决不是虚空的了。空虚之感是因为天然的需要太容易满足而产生的。人这个动物，正和别的动物一样，宜于作相当的生存斗争，万一人类凭了大宗的财富，毫不费力地满足了他所有的欲望时，幸福的要素会跟着努力一块儿向他告别的。一个人对于某些东西，欲望并不如何强烈，却很轻易的弄到了手：这种事实能使他觉得欲望之实现并不带来快乐。如果这是一个天赋有哲学气分的人，他就将断言人生在本质上是苦恼的，既然一切欲望都能实现的人仍然是抑郁不欢。他却忘记了缺少你一部分想望的东西才是幸福的必不可少的条件。

以心境而论是如此。但《传道书》派的人仍然有纯智的论据。

　　　　江河都往海里流，海却不曾满，

　　　　太阳之下并无新事，

　　　　已经过去的事情无人纪念。

　　　　我恨我在日光之下所作的一切劳碌，因为我将把得来的留给后人。

　　假若我们把这些论据用现代哲学的文体来复述一遍的话，大概是：人永远劳作，物永远动荡，可没有一件东西常在，虽然后来的新东西跟过去的并无分别。一个人死了，他的后裔来收获他劳作的果实；江河流入大海，但江河的水并不能长留大海。在无穷尽而无目标的循环里，人与物生生死死，日复一日，年复一年，并无进步，并无永久常存的成就。江河倘有智慧，必将停在它们的所在。苏罗门[①]倘有智慧，一定不种果树来让他的儿子享用果实。

　　但在另一心境内，这些说话将显得完全两样了。太阳之下无新事？那末，摩天楼，飞机，政治家的广播演说，将怎么讲？关于这些，苏罗门曾经知道些什么？倘他能从无线电里听到示巴[②]女王在游历他的领地回去以后对臣民的训话，他不能在虚枉的果树和水塘中间感到安慰么？倘有一个剪报社，把新闻纸上关于他的殿堂的壮丽，宫廷的舒适，和他敌对的哲人的词穷理屈等等的记载剪下来寄给他，他还会说太阳之下无新事么？也许这不能完全医好他的悲观主义，但他将因之而用新的说法来表现他的悲观。的确，克勒区氏的怨叹中，就有一项是说太阳之下新的事情太多了。没有新的事情令人烦闷，有了新的事情同样令人烦闷：可知失望的真原因并不在此。再拿《传道书》所举的事实来说："江河都往海里流，海却不满；江河从来处来，仍向来处去。"这等见解当作悲观主义的论据说来，是认为旅行不是一桩愉快的事。人们暑天到疗养地去，临了仍向来处回去。这

———————————

①　原注：传道书当然不是苏罗门王所作，兹从俗用以指传道书的作者。

②　古国名。

却并不证明到疗养地去是枉空的。假如流水能有感觉，对于那种探险式的循环往复也许会觉得好玩，有如雪莱诗中的云彩①一般。至于把遗物留给后裔的痛苦，那是可以从两个观点来看的：拿后裔的观点来说，这种递嬗显然不是如何不吉的事。世间万物都得消逝这事实，本身也不足为悲观主义的根据。假令现有的事物将被较劣的事物来承继，那倒可能做悲观主义的凭藉，但若将来的事情是较优的话，岂不反使我们变得乐天？倘真如苏罗门所说，现在的事物将由同样的事物替代，那我们又该怎么想？难道这就使整个的递嬗成为虚空了么？当然不！除非循环里面各个不同的过程是给人痛苦的。（那么所谓变化非但换汤不换药，且还增加苦难：要变化做甚？）瞻望未来而把"现在"的整个意义放在它所能带来的"未来"上面：这种习惯是有害的。倘部分没有价值，整个也不能有价值。在戏剧里，男女主角遭着种种难于置信的危难，然后吉庆终场：人生可不能用这种观念去设想的。我过我的日子，我有我的日子，我的儿子承继下去，他有他的日子，将来再有他的儿子来承继他。在此种种里面，有什么可以造成悲剧呢？相反，倘我得永远活下去，人生的欢乐临了倒势必要变得乏味。唯其因为人生有限，人生的乐趣才永远显得新鲜。

> 我在生命之火前面烘我的双手；
> 等到火熄时，我就准备离去。

这种态度实在和对死亡表示愤慨同样合理。因此，如果心境可由理智决定，那末使我们欢悦的理由，当和使我们绝望的理由一样多。

《传道书》派是悲痛的；克勒区氏的《近代心情》是凄怆的。他的悲哀，骨子里是因为中古时代的确切无疑的事情，以及较为近代的确切无疑之事

---

① 按雪莱有一首诗题目就叫做《云》。

一齐崩溃了的缘故。他说："至于现在这个不快乐的时代，一方面充满着从死的世界上来的幽灵，一方面连自己的世界还未熟悉；它的困境正和青年人的困境相仿：他除了把童年所曾经历的神话作为参考之外，尚未知道在世界上如何自处。"把这种论见来应用在某一部分的智识阶级身上是对的。换言之，有些受过文学教育的人，对近代世界茫无所知，并因青年时惯于把信仰建筑在感情上，所以如今无法摆脱那为科学的世界不能满足的"安全"与"保障"的幼稚欲望。克勒区氏，如大半的文人一样，心中老是有一个念头，认为科学不曾履行它的诺言。当然他不曾告诉我们所谓诺言究竟是什么，但他似乎认定，六十年前像达尔文、赫胥黎辈的人，对于科学固曾期望一些事情而今日并未实现。我想这完全是一种幻象，上了一般作家和教士的当，他们因为不愿人家把他们的专长当作无足重轻，所以张大其辞的助成这幻象。眼前世间有许多的悲观主义者，固是事实。只要在多数人的收入减少的时候，总会有大批悲观主义者出现。不错，克勒区是一个美国人，而美国人的收入是因上次大战而增加的，这似乎与我上面的说话冲突；然而在整个欧罗巴的大陆上，智识阶级的确大大地受了灾难，再加大战使每个人有不安定的感觉。这等社会原因之于时代的心境，其作用之大，远过于以世界的本质作根据的悲观理论。虽然克勒区惋惜不置的信仰，在十三世纪的确被大多数人（除了帝王和意大利少数的贵族）维护着，可是历史上究竟很少时代像十三世纪那样令人绝望的了。罗杰·培根[1]就说过："我们这时代的罪恶横流，远过于以往的任何时代；而罪恶与智慧是不两立的。让我们来看看世界上的一切情形罢：我们将发现无法无天的堕落，尤其是在上者……淫欲使整个的宫廷名誉扫地，贪得无厌主宰了一切……在上的是如此，在下的还用说么？瞧那般主教之流，他们怎样的孜孜逐利而忘记了救治灵魂啊！……再看那些教会的宗派：我简直一个都不

---

① Roger Bacon 十三世纪时英国僧侣，中古时代实验哲学的代表之一。

放在例外。它们离经叛道到何等田地。即是新成立的教派（托钵僧）也已大大地丧失了初期的尊严。所有的教士专心一意于骄傲、荒淫、悭吝：只要他们举行什么大会，不问在巴黎或牛津，他们之间的斗争，诟骂，以及其他的劣迹，使所有教外的人痛心疾首……没有一个人顾虑自己的行为，也不问用的是什么手段，只消能满足贪欲。"述及古代的 [①] 异教哲人时，他说："他们的生活强似我们的程度，直不可以道里计，不论在廉耻方面，在轻视人世方面，在喜乐、财富、荣誉等方面；那是我们可在亚里斯多德、柏拉图、苏格拉底各家的著作中读到的，他们就是这样地获得了智慧的秘钥，发现了一切的知识。"罗杰·培根的见解，也便是与他同时代的全体文人的见解，没有一个人欢喜他所处的时代的。我从不相信这种悲观主义有什么形而上的原因。原因只是战争、贫穷与暴行。

克勒区氏的最悲怆的篇章之一，是讨论爱情问题的。仿佛十九世纪维多利亚时代的人把爱情看得很高，但我们用着现代的错杂的目光把它看穿了。"对于维多利亚时代大半的怀疑主义者，爱情还代表神执行着一部分的工作。神，他们早已不信；但面对着爱情，连心肠最硬的人也会立时染上神秘色彩。任何旁的东西都不能唤醒他们崇敬的感觉，爱情却能；他们从心灵深处觉得，绝对的忠诚是应该献给爱情的。他们以为爱情和上帝一样，需要一切的牺牲；但也像上帝一样，爱情酬赏信徒的辰光，会对人生的现象赋予一种无从分析的意义。我们对于一个无神的宇宙，比他们更觉习惯，但我们尚未习惯一个无爱的宇宙。而我们不到这一步，就不会明白无神论的真正意义。"奇怪的是：所谓维多利亚时代 [②]，在我们此时的青年人心目中，和生在当时的人的心目中，面目完全两样。我记得有两位我年轻时很熟的老太太，都是那时代某些特征的代表人物。一个是清教徒，一

---

① 按系指希腊古代。

② 按系指一八三八年起至十九世纪末叶英国维多利亚女皇御极的时代。

个是服尔德派。前者叹息"多少的诗歌都以爱情为对象，不知爱情是一个毫无趣味的题材"。后者的意见却是："没有人能议论我什么长短，但我一向说破坏第七诫①不像破坏第六诫②那样罪孽深重，因为那至少要得到对方同意。"这两种见解，和克勒区氏当作典型维多利亚风而描绘下来的都不尽同。克氏的观念，显然是从某些根本与环境不融和的作家身上推演出来的。最好的例子，我可以举出劳白脱·勃鲁宁③。然而我不免相信他所设想的爱情多少有些迂腐。

> 感谢上帝，他的造物之中最平庸的也以具有两副脸相自豪，
>
> 一副用以对付社会，一副用以对付他所爱的女人！

意思之中，这无异说战斗是对付一般社会的唯一可能的态度。为什么？因为社会是残酷的，勃鲁宁会说。因为社会不愿照着你自己的估价而容纳你，我们会说。一对夫妇可能形成两个互相钦佩的伴侣，像勃鲁宁夫妇④那样。有一个人在你身旁，随时准备来赞美你的工作，不管它配不配，那当然是挺愉快的。当勃鲁宁声色俱厉的指斥斐次奇娄特⑤胆敢不赞赏勃鲁宁夫人的大作《奥洛拉·兰格》时，他一定觉得自己是一个出色的，有丈夫气的男子。这种夫妇双方都把批评精神收藏起来的办法，我总不觉得可以佩服。那是表现畏惧的心理，想躲避大公无私的冷酷的批评。许多老年的独身者躲在火炉旁边，其实也是为了同样的理由。我在维多利亚时代过的日子太

---

① 按系戒淫。

② 按系戒杀。

③ 一八一二—一八八九英国诗人。

④ 按勃罗宁夫人为有名女作家，夫妇爱情弥笃，素为文坛佳话。

⑤ 十九世纪英国诗人。

长了，决不能照着克勒区的标准成为一个现代人。我毫未失去对爱情的信仰，但我所信仰的爱情绝非维多利亚时代的人所赞美的那种；说明白些，是含有冒险意味而又带着明察的目光的爱情，它尽管使人认识善，可不连带宽恕恶，它也不自命为神圣或纯洁。从前，受人赞叹的爱情，所以被加上"神圣""纯洁"等等的德性，实在是性的禁忌的后果。维多利亚时代的人，深信大半的性行为是恶的，故不得不在他们所拥护的那种性行为上面，装点许多夸大的形容词。性的饥渴，在当时远比现在为强烈，这就促使一般人把性的重要性大大地夸张，正如禁欲主义者的老办法一样。如今我们正逢着一个浑沌的时代，许多人一方面推翻了旧标准，一方面还没获得新标准。这情形给他们招致了各式各种的烦恼，且因他们的潜意识依旧相信着旧标准，所以一朝烦恼来时，就产生了绝望、内疚、和玩世主义。我不以为这种人在数量上值得我们重视，但他们确是在今日最会叫嚷的一群里面。假令我们把现代的和维多利亚时代的小康的青年人通扯着来考察一下，可以发现从爱情方面得到的幸福，今日远比六十年前为多，对于爱情的价值，今日也比六十年前有更真切的信仰。某些人的所以玩世不恭，实在因为他们的潜意识始终受着旧观念的霸主式的控制，因为缺少那种可以调整行为的合理的伦理观。救治之道并不在于呻吟怨叹，思念以往，而是要勇敢地接受当前的局势，下决心把名义上已经丢弃了的迷信，从暧昧的隐处连根拔去。

何以我们重视爱情这问题，要简短地说明是不容易的；可是我仍想尝试。爱情，首先应认作本身便是欢乐之源，——这虽非爱情的最大的价值，但和它的其余的价值比较起来，确是最主要的。

> 喔爱情！他们大大地诬蔑了你，
> 说你的甜蜜是悲苦，
> 殊不知你的丰满的果实，
> 要比什么都更甘美。

写这几句诗的无名作家并不有意为无神论寻求答案，或寻求什么宇宙的秘钥；他只是娱乐自己罢了。爱情不但是欢乐之源，并且短少了它还是痛苦之根。第二，爱情之应受重视，因为它增进一切最美妙的享受，例如音乐，山巅的日出，海上的月夜等。一个从未和他所爱的女子一同鉴赏美妙景物的男人，就从未充分领受到神奇的景物所能给予的神奇的力量。再则，爱情能戳破"自我"这个坚厚的甲壳，因为它是生物合作的一种，在这合作中间，双方都需要感情来完成对方本能的目标。世界上各个时代有各种提倡孤独的哲学，有的很高尚，有的稍逊。禁欲派和早期的基督徒相信，一个人可不藉旁人帮助，单凭自己的意志而达到人类所能达到的至善之域；另一般哲人则把权力看做生命的终极，又有一般却看做纯粹个人的享受。这些都是提倡孤独的哲学，因为它们认定善不但在或大或小的人群中可以完成，即每个孤立的个人也能实现。在我看来，这是错误的，不但在伦理上说，就以我们本能中最优秀的一部的表现来说，也是错误的。人有赖于合作，而且自然赋予我们——固然很不完美——本能的器官，合作所不可或缺的"友谊"就从这本能里肇始的。爱情是导向合作的最原始最普通的形式，凡是强烈地经验过爱情的人，断不愿接受那宣称人之至善和他所爱者的至善不相关涉的哲学。在这一点上，父母对子女的感情或许还要强烈，但父母爱子女的最高表现，乃是父母之间相爱的结果。我不说爱情在最高的形式上是有普遍性的，但我断言，爱情在最高的形式上的确表显出任何旁的东西无法表显的价值，并且它本身就有一种不受怀疑主义影响的价值，虽然一般不能获得爱情的怀疑主义者，会强把自己与爱情无缘的责任推在怀疑主义头上。

> 真正的爱情是一堆长久的火，
> 永远在心中燃烧，

　　从不病弱，从不死亡，从不冷却，

　　从不转变它的方向。

在此我追随着克勒区氏关于悲剧的论见了。他声言（在这一点上我完全同意），易卜生的《群鬼》不及莎士比亚的《李尔王》。"没有一种更强的表现力，没有一种对于词藻的更大的运用，能把易卜生变成莎士比亚。后者所用以创造他的作品的素材——他的对于人的尊严的观念，对于人的热情的重视，洞察人生广大的目光，——不曾也不能在易卜生心中存在，不曾也不能在易卜生同代的人心中存在。上帝，人，自然界，在莎士比亚与易卜生之间的几百年中，全都缩小了；不但因为近代艺术的写实信条促使我们去寻出平凡的人，且也因为世态的变化使我们注意到人生的'平凡'，——而艺术上写实理论的发展便是这世态的变化促成的，我们对世界的观点也唯有靠了这写实理论才能证实。"为了这个缘故，把王子和王子的悲哀做中心的旧式悲剧，不复适合我们这个时代，而若我们用同样的手法去描写一个默默无闻的平常人时，其效果也势必完全两样。然而这原因并不是我们把人生看低之故，相反，倒是我们不再把某些人看做世间的伟人，不再承认唯有他们才配具有悲壮的热情，一切其余的人只配操劳茹苦的替这少数人缔造光华。莎士比亚说：

　　乞丐死时不会有彗星出现，

　　苍穹只替王子的凋亡发光。

在他的时代，这种情操即使不是人间绝对的信念，至少是普遍的，且是莎士比亚自己深信的观点。因此，诗人西那①之死是喜剧的，凯撒、勃罗托、

――――――――――――――――

① 按系法国十七世纪悲剧家高尔乃伊的名作之一。

卡细司等的死便是悲剧的了。一个"个人"的死，为我们早已失去宇宙性，因为我们不但在外表上，而且在内心里已经变为民主主义者了。现代，崇高的悲剧所应关涉的是集团而非个人。我可举出恩斯德·托勒的《集体人》为例。它可以媲美过去最优秀的时代里的最优秀的作品：高尚，深刻，实在，处理着英雄式的行为，并像亚里斯多德所说的"把读者从怜悯和恐怖中间洗炼出来"。这一类的现代悲剧，例子还很少，因为旧的技术和传统必须放弃而不能单用陈调滥套去替代。要写悲剧，必须感觉悲剧。要感觉悲剧，必须意识到自己所生活的世界，不但在头脑里，而且在血管里肌肉里去意识到。克勒区氏在全书中不时提及绝望，他英勇地接受一个荒凉的世界，这种精神的确令人感动，但这荒凉是由于他和大半的文人尚未学会怎样用适应新刺激的方式去体验旧情绪。刺激是有的，可不在文学社团里。文学社团和集体生活没有活泼的接触，而这接触是必不可少的，倘若人类的感觉要求严肃与深刻：悲剧和真正的幸福即是渊源于严肃与深刻的。对于那些老觉得世界上无事可为而彷徨的优秀青年，我要说："丢开写作，竭力想法不要动笔。进入世界，做一个海盗也好，做一个婆罗洲上的王也好，做一个苏俄的劳动者也好；去过一种生活，使低级的生理需求几乎占去你全部的精力。"我并不把这种行动路线推荐给每个人，我只介绍给那般因生活需求太易满足而觉得苦恼的人。我相信，这样的生活经过了几年之后，一个人会发觉写作的冲动再也抑捺不住，那时，他的写作一定不致在他心目中显得虚空了。

三　竞争

假如你问随便哪个美国人或英国商人，妨害他的人生享受最厉害的是什么，他一定回答说是"生活的斗争"。他这么说确是很真诚，并且相信是如此。这解释，在某一意义上是对的；在另一极重要的意义上是错的。不用说，生活斗争这件事是有的。只要不运气，我们之中谁都会遇到。康拉特小说中的主角福克就是一个例子：在一条破船上的水手中，只有他和另一个同伴持有火器；而船上是除了把别的没有武器的人作为食粮以外再没东西可吃了。当两人把能够同意分配的人肉吃完以后，一场真正的生活斗争开始了。结果，福克打倒了对手，但他从此只好素食了。然而现在一般事业家口中的生活斗争，完全不是这么一回事。那是他信手拈来的一个不准确的名词，用来使根本微末不足道的事情显得庄严的。你试问问他，在他的阶级里，他认识有几个人是饿死的。问问他，他的朋友们一旦破产之后遭遇到什么。大家都知道，一个破产以后的事业家，在生活的舒适方面，要比一个从来不会有钱到配破产的人好得多多。所以一般所谓的生活的斗争，实际是成功的斗争。他们从事战斗时所惧怕的，并非下一天没有早餐吃，而是不能耀武扬威盖过邻人。

可怪的是很少人明白下面这个道理：他们并非被一种机构紧抓着而无可逃避，无可逃避的倒是他们所踹着的踏车，因为他们不曾发觉那踏车不能使他们爬上更高的一层。当然，我是指那些比较高级的事业场中的人，已有很好的收入足够藉以生活的人。但靠现有的收入过活，他们是认为可耻的，好比当着敌人而临阵脱逃一般；但若你去问他们，凭着他们的工作对公众能有什么贡献时，他们除了一大套老生常谈，替狂热的生活作一番宣传之外，定将瞠目不知所答。

假定有一个人，他有一所可爱的屋子，一个可爱的妻子，几个可爱的儿女。我们来设想一下他的生活看看。清早，全家好梦犹酣的时候，他就得醒来，匆匆的赶到公事房。在此，他的责任要他表显出一个大行政家的风度；他咬紧牙床，说话显得极有决断，脸上装得又机警又庄重，使每个人——除了公事房听差以外——都肃然起敬。他念着信稿叫人用打字机打下来，和各种重要人物在电话中接谈，研究商情，接着去陪着和他有买卖或他希望谈判一件买卖的人用午餐。同类的事情在下午继续进行。他疲倦不堪的回家，刚刚赶上穿衣服吃夜饭的时间。饭桌上，他和一大批同样疲乏的男人，不得不装做感到有妇女作伴的乐趣，她们还不曾有机会使自己疲倦呢。要几个钟点以后这个男人才获赦免，是无法预料的。末了他终于睡了，几小时内，紧张状态总算宽弛了一下。

　　这样一个男子的工作生活，其心理状态恰和百码竞走的人的相同；但他的竞走终点是坟墓，所以为百码的途程刚刚适配的精力集中，对于他却迟早要显得过分了。关于儿女，他知道些什么？平日他在办公室里；星期日他在高尔夫球场上。关于妻子，他知道些什么？他早上离开她时，她还睡着。整个的晚上，他和她忙着交际应酬，无法作亲密的谈话。大概他也没有心中契重的男友，虽然他对许多人装着非常亲热。他所知的春季和收获的秋季，不过是能够影响市场这一点；他也许见过外国，但用着厌烦得要死的眼睛去看的。书本于他是废物，音乐使他皱眉。他一年年的变得孤独，注意日益集中，事业以外的生活日益枯索。我在欧洲见过这一类的美国人在中年以后的境况。他带着妻子和女儿游历，显然是她们劝服这可怜的家伙的，教他相信已经到了休假的时候，同时也该使娘儿们有一个观光旧大陆的机会。兴奋出神的母女环绕着他。要他注意吸引她们的特色。极度疲乏极度烦闷的家长，却寻思着此时此刻公事房里或棒球场上所能发生的事情。女伴们终于对他绝望了，结论说男人是俗物。她们从未想到他是她们的贪婪的牺牲者；实在这也并不如何准确，好似欧洲人对印度殉节妇女的看法并不如何准确一样。大概十分之九的寡妇是自愿殉夫的人，准备为了光荣，为了宗教的立法而自焚；美国事业家的宗教与光荣是多多的赚钱；所以他像印度寡妇一样，很乐意的忍受苦恼。这种人若要过得快乐一些的话，先得改变他的宗教。倘他不但愿望成功，并且真心相信"追求成功是一个男子的责任，凡是不这样做的人将是一个可怜的造物"；那末他总是精神过于集中，心中过于烦愁，决计快活不了。拿一件简单的事来说罢，例如投资。几乎个个美国人都不要四厘利息的比较稳当的投资，而宁愿八厘利息的比较冒险的投资。结果常有金钱的损失以及继续不断的烦虑和恼恨。至于我,我所希望于金钱的,不过是闲暇而安全。但典型的现代人所希望于金钱的,却是要它挣取更多的金钱,眼巴巴地望着的是场面,光辉,盖过目前和他并肩的人。美国的社会阶梯是不固定的,老是在升降的。因此,一切势利的情绪,远较社会阶级固定的地方为活跃,并且金钱本身虽不足使人伟大,但没有金钱确乎难于伟大。再加挣钱是测量一个人的头脑的公认的标准。挣一笔大钱的人是一个能干的家伙;否则便是蠢汉。谁乐意被认为蠢汉呢?所以当市场动荡不稳时,一个人的感觉就像青年人受考试时一样。

一个事业家的焦虑内,常有恐惧破产的后果的成分,这恐惧虽不合理,却是真切的。这一点我们应该承认。亚诺·倍纳德 ① 书中的克莱亨格,尽管那样的富有,老是在担心自己要死在贫民习艺所里。我很知道,那些幼年时代深受贫穷的苦难的人,常常惧怕他们的孩子将来受到同样的苦难,觉得尽管挣上几百万的家私也难于抵御贫穷那大灾祸。这等恐惧在第一代上大抵是不可避免的,但从未尝过赤贫滋味的人就不会这样了。无论如何,惧怕贫穷究竟还是问题里面较小的与例外的因子。

过于重视竞争的成功,把它当作幸福的主源:这就种下了烦恼之根。我不否认成功的感觉使人容易领会到人生之乐。譬如说,青年时代一向默默无闻的一个画家,一朝受人赏识时,似乎要快乐得多。我也不否认金钱在某程度内很能增进幸福;但超过了那个程度就不然了。我坚持:成功只能为造成幸福的一分子,倘牺牲了一切其余的分子去赢取这一分子,代价就太高了。

这个弊病的来源,是事业圈内得势的那种人生哲学。在欧洲,别的有声威的团体的确还有。在有些国家,有贵族阶级;在一切的国家,有高深的技术人员;除了少数小国以外,海陆军人又是受到尊敬的人物。虽然一个人无论干何种职业总有一个争取成功的元素,但同时,被尊敬的并非就是成功,而是成功赖以实现的卓越(excellence)。一个科学家可能挣钱,

① Arnold Benett 英国近代小说家,以描写工业区域的题材著。

也可能不挣钱；他挣钱时并不比他不挣钱时更受尊敬。发现一个优秀的将军或海军大将的贫穷是没有人惊奇的；的确，在这种情形之下的贫穷，在某一意义上还是一种荣誉。为了这些理由，在欧洲，纯粹逐鹿金钱的斗争只限于某些社团，而这些社团也许并非最有势力或最受尊敬的。在美洲，事情就不同了。公役在国民生活中的作用太小了，毫无影响可言。至于高深的技术，没有一个外行能说一个医生是否真正懂得很多医学，或一个律师是否真正懂得很多法律，所以从他们的生活水准上来推测他们的收入，再用收入来判断他们的本领学识，要容易得多。至于教授，那是事业家雇用的仆人，所以不比在较为古老的国家内受人尊敬。这一切的结果是，在美国，专家模仿事业家，却绝不能像在欧洲那样形成一个独立的社团。因此在整个的小康阶级内，那种为金钱的成功所作的艰苦的斗争，没有东西可以消解。

美国的男孩子，从很小时起就觉得金钱的成功是唯一重要的事，一切没有经济价值的教育是不值一顾的。然而教育素来被认为大部分是用以训练一个人的享受能力的，我在此所说的享受，乃是指全无教育的人所无法领略的，比较微妙的享受。十八世纪时，对文学、绘画、音乐能感到各别的乐趣，算是"缙绅先生"的特征之一。处于现代的我们，尽可对他们的口味不表同意，但至少那口味是真实的。今日的富翁却倾向于一种全然不同的典型。他从不看书。假如他为了增高声名起计而在家里造一间绘画陈列室时，他把选画的事完全交托给专家；他从画上所得的乐趣并非是观赏之乐，而是旁的富翁不复能占有这些图画之乐。关于音乐，碰到这富翁是犹太人的话，那他可能有真正的欣赏；否则他在这方面的无知，正如他在旁的艺术方面一模一样。这种情形，结果使他不知如何应付他的闲暇。既然他越来越富，挣钱也越来越容易，最后，一天五分钟内所挣来的钱，他简直不知怎样消费。一个人成功的结果，便是这样的彷徨失措。"把成功作为人生的目标"这观念在你心中存在多久，悲惨的情形也存在多久。成功的实现势必令你挨受烦闷的煎熬，除非你先懂得怎样去处置成功。

　　竞争的心理习惯，很易越出范围。譬如，拿看书来说。看书有两个动机，一个是体会读书之乐；另外一个是作夸口之用。美国有一种风气，太太们按月读着或似乎读着某几部书；有的全读，有的只读第一章，有的只读杂志上的批评，但大家桌上都放着这几部作品。可是她们并不读巨著。读书俱乐部从未把《哈姆雷德》或《李尔王》列入"每月选书"之内，也从没一个月显得需要认识但丁。因此她们的读物全是平庸的现代作品而永远没有名著。这也是竞争的后果之一，不过这或者并不完全坏，因为这些太太们，倘不经指导，非但不会读名著，也许会读些比她们的文学牧师或文学大师代选的更糟的书。

　　现代生活所以如是偏重于竞争，实在和文化水准的普遍的低落有关，就像罗马帝国时代奥古斯丁大帝以后① 的情形一般。男男女女似乎都不能领会比较属于灵智方面的乐趣。譬如，一般的谈话艺术，为十八世纪的法国沙龙磨炼到登峰造极的，距今四十年前还是很活泼的传统。那是一种非常优美的艺术，为了一些渺茫空灵的题材，使最高级的官能活跃。但现代谁还关切这样有闲的事呢？在中国，十年以前这艺术还很昌盛，但恐民族主义者的使徒式的热诚，近来早已把它驱出了生活圈。五十年或一百年前，优美的文学智识，在有教育的人中间是极普遍的，如今只限于少数教授了。一切比较恬静的娱乐都被放弃。曾经有几个美国学生陪我在春天散步，穿过校旁的一座森林，其中满着鲜艳的野花，但我的向导中间没有一个叫得出它们的名字，甚至一种野花都不认识。这种智识有什么用呢？它又不能增加任何人的收入。

　　病根不单单伏在个人身上，所以个人也不能在他单独的情形内阻止这病象。病根是一般人所公认的人生哲学，以为人生是搏斗，是竞争，尊敬是属于胜利者的。这种观点使人牺牲了理性和思悟，去过度的培养意志。或许我们这么说是倒果为因。清教徒派的道学家，在近代老是大声疾呼的提倡意志，虽然他们原本着重的是信仰。可能是，清教徒时代产生了一个

────────────

① 按系公元一世纪后。

113

种族，它的意志发展过度，而理性与思悟却被抛在一边，所以这种族采取了竞争的哲学，以为最适合它的天性。不问竞争的起源究竟如何，这些爱权势不爱聪明的现代恐龙，的确有了空前的成功，普遍地被人模仿：他们到处成为白种人的模型，这趋势在以后的百年中似乎还要加强。然而那般不迎合潮流的人大可安慰，只要想到史前的恐龙最后并未胜利；它们互相残杀，把它们的王国留给聪明的旁观者承受。我们现代的恐龙也在自杀。平均而论，他们之中每对夫妇所生的儿女不到两个；他们对于人生并没有相当的乐趣可使他们愿望生男育女。在这一点上，他们从清教徒派的祖宗那里承袭下来的过度的狂热哲学，似乎并不适合这个世界。那批对人生的瞻望使他们如是不快，以致不愿生孩子的人，在生物学上看来是受了死刑的宣判。多少年后，他们一定要被更快乐更欢畅的人替代。

竞争而当作人生的主体，确是太可怕，太执拗，使肌肉太紧张，意志太专注；倘用作人生的基础的话，决不能持续到一二代。之后，定会产生神经衰弱，各种遁世现象，和工作同样紧张同样困难的寻欢作乐，（既然宽弛已成为不可能，）临了是因不育之故而归于灭亡。竞争哲学所毒害的，不止工作而已；闲暇所受到的毒害也相等。凡能恢复神经的，恬静的闲暇，在从事竞争的人看来是厌烦的。继续不断的加速度变得不可避免了，结果势必是停滞与崩溃。救治之道是在"保持生活平衡"这个观念之下，接受健全而恬静的享受。

四 烦闷与兴奋

烦闷，以人类行为的一个因子而论，我觉得太不受人重视了。我相信，它曾经是历史上各时代中重要动力之一，在今日尤其是如此。烦闷似乎是人类独有的情绪。野兽被拘囚时，固然是无精打彩，踱来踱去，呵欠连连；但在自然的情态中，我不信它们有类乎烦闷的境界。它们大半的时间用在搜索敌人或食物，或同时搜索两者；有时它们交配，有时设法取暖。但即使它们在不快乐的辰光，我也不以为它们会烦闷。也许类人猿在这一点上像在许多旁的事情上一样同我们相似，但我既从未和它们一起过活，也就无从实验了。烦闷的特色之一，是眼前摆着"现状"，想象里又盘旋着"另外一些更愉快的情状"，两者之间形成一个对照。烦闷的另一要素，是一个人的官能必不专注于一事一物。从要你性命的敌人那里逃跑，我想当然是不愉快的，但决不令人纳闷。一个人逢到引颈待戮的时候不会觉得烦闷，除非他有超人的勇气。在类似的情形中，没有人在初进上院的处女演说中间打呵欠，——除了已故的特洪夏公爵，他是为了这件出人意料的举动而赢得上院同僚的敬重的。烦闷在本质上是渴望发生事故，所渴望的不一定是愉快的事情，只要是一些事情，能使烦闷的人觉得这一天和别一天有些不同就行。一言以蔽之，烦闷的反面不是欢娱，而是兴奋。

兴奋的欲望在人类心中是根深蒂固的，尤其是男性。我猜想，这欲望在狩猎社会的阶段里要容易满足得多。行猎是兴奋的，战争是兴奋的，求偶是兴奋的。一个野蛮人，遇到一个身旁有丈夫睡着的女人，就会设法犯奸，虽然他明知丈夫一醒他便要送命。此情此景，我想决不令人纳闷。但人类进入农业阶段时，生活就开始变得黯淡乏味了，只有贵族还留在狩猎的阶段直到如今。我们听到很多关于机械管理如何可厌的话，但我想旧式耕作的农业至少也同样可厌。的确，我和一般博爱主义者抱着相反的见解，以为机械时代大大地减少了世界上的烦闷。以薪水阶级论，工作时间是不孤独的，夜晚又可消磨在各种娱乐上面，而这在老式的乡村中是不可能的。再看中下阶级的生活变化。从前，晚饭以后，当妻女们把一切洗涤打扫完后，大家团团坐下，来享受那所谓"快乐的家庭时间"。那就是:家长矇眬入睡，妻子编织着活计，女儿们却在暗暗赌咒，宁愿死去或者到北非洲去。她们既不准看书，又不准离开房间，因为在理论上说，那时间是父亲和女儿们谈话的，而谈话必然是大家的乐趣所在。倘使运气，那末她们终于嫁了人，有机会使她们的孩子挨受一个和她们挨受过来的同样黯淡的青春。倘使不运气，她们便慢慢地走上老处女的路，也许最后变成憔悴的淑媛贤女，——这种残酷的命运，和野蛮人赏给他们的牺牲者的毫无分别。估量百年前的社会时，我们必然感到这副烦闷的重担，并且在过去越追溯上去，烦闷的程度也越厉害。想想中古时代一个村落里的冬天的单调罢。人们不能读，不能写，天黑以后只有蜡烛给他们一些光，只有一个房间不算冷得彻骨，却满着炉灶的烟。乡里的路简直无法通行，所以一个人难得看见别个村子里的什么人。"赶女巫"的游戏，成为消遣严冬的唯一的方法，促成这种游戏的原因固然很多，但烦闷一定是其中重要的一个。

我们不像我们祖先那样烦闷得厉害，但更加怕烦闷。我们终于知道，更准确地说是相信：烦闷并非一个人自然的命数，而是可以逃避的，逃避之法便是相当强烈地去追求刺激。现在，少女们自己谋生，而且赚很多的钱，为要能在晚上寻求刺激，逃避当年祖母们不得不忍受的"快乐的家庭时间"。凡是能住在城里的人都住在城里；在美国，不能住在城里的却有一辆汽车，或至少是摩托车，把他们载往电影院。不用说，他们家里都有收音机。青年男女的会面，远没从前困难了；琪恩·奥斯丁①的女主角在整部小说里巴望着的刺激，现在连女仆都可以希望每周至少有一次。我们在社会阶梯上越往上爬，刺激的追逐便越来越剧烈。凡有能力追逐的人，永远席不暇暖的到处奔波着，随身带着欢悦、跳舞、吃喝，但为了某些缘故，他们老希望在一个新的地方享用得更痛快。凡是不得不谋生的人，在工作时间内势必要有他们的一份烦闷，但一般富有到可以毋需工作之辈，就过着远离烦闷的生活，算做他们的理想了。这的确是一个美妙的理想，我也决不加以非议，但我怕像别的理想一样，这桩理想的难于实现，远非理想家始料所及。总之，越是隔夜过得好玩，越是明朝显得无聊。而且将来还有中年，

---

① 十八世纪英国女小说家。

可能还有老年。在二十岁上，人们以为到三十岁生活便完了。我现在已经五十八岁，却再不能抱这种观念。也许把一个人的生命资源当做经济资源般消费是不智的。也许烦闷之中的某些元素是人生必不可少的因子。逃避烦闷的愿望是天然的；不错，个个种族在有机会时都表现出这个愿望。当野蛮人初次在白种人手里尝到酒精时，他们毕竟找到了一件法宝，可以逃避年代久远的烦闷了，除非政府干涉，他们会狂饮以死。战争，屠杀，迫害，都是逃避烦闷的一部分；甚至跟邻居吵架似乎也比长日无事要好过些。所以烦闷是道学家所应对付的主要问题，因为人类的罪恶至少半数是从惧怕烦闷来的。

虽然如此，我们不该把烦闷当作完全是坏的。烦闷有两种：一种是生产的，一种是令人愚蠢的。生产的那一种是由于不麻痹（不麻痹方有烦闷）；令人愚蠢的一种是由于缺乏有生机的活动（缺乏有生机的活动亦是造成烦闷的原因）。我不说"麻痹"不能在生活中发生任何良好的作用。譬如，一个明哲的医生有时要在药方上开列麻醉剂，而这种时候，我想要远比倡禁用论者所想象的为多。但渴望麻痹决不是一件可以听任自然的冲动而不加阻遏的事情。一个惯于麻醉的人在缺乏麻醉时所感到的烦闷，只有时间可以消解。

可以造用于麻痹的理论，同样可适用于各种刺激。兴奋过度的生活是使人筋疲力尽的生活，它需要不断加强的刺激来使你震动，到后来这震动竟被认为娱乐的主要部分。一个惯于过度兴奋的人，仿佛一个有胡椒瘾的人，谁都受不住的分量，在他简直连味道都不曾尝到。烦闷，有一部分是和逃避过度的兴奋有密切关连的，而过度的兴奋不但损害健康，抑且使口味对一切的快感变得麻木，酥软代替了感官的酣畅的满足，巧妙代替了智慧，参差不齐代替了美。我并不想把反对兴奋的议论推之极端。分量相当的兴奋是滋补的，但像几乎所有的东西一般，分量对于利弊有着极大的出入。刺激太少，产生病态的嗜欲；刺激太多，使人精力枯竭。所以忍受烦闷的能耐，对于幸福生活是必要的，是应该教给青年人的许多事情之一。

一切伟大的著作含有乏味的部分，一切伟大的生活含有沉闷的努力。假定《旧约》是一部新的原稿，初次送到一个现代美国出版家手里，他的批评我们不难想象得之。关于谱系部分，他大概会说："亲爱的先生，这一章缺少刺激；你不能希望一大串事迹讲得极少的人名引起读者兴味。你的故事用了很优美的风格开场，我承认，最初我颇有些好印象，但你太想把故事全盘托出了。取出精华，删掉废料，等你把全书的篇幅节略到合乎情理时，再拿回给我罢。"现代出版家这么说着，因为他识得现代读者的畏惧烦闷。对于孔子的名著，《可兰经》，马克思的《资本论》，以及一切销行最广的经典，他都可说同样的话。而且不止神圣的典籍，一切最好的小说都有沉闷的篇章。一本从头至尾光芒四射的小说，几乎可断定不是一部佳作。即是伟人们的生活，除了少数伟大的时期以外，也很少令人兴奋的地方。苏格拉底不时可以享用一顿筵席，且当毒药在肚里发作的时候，他的确从和门徒的谈话里得到很大的满足①，但他大半的生涯，是和妻子俩安静地过着日子，下午作一次散步，路上或者遇到几个朋友。康德相传终生未尝走出故乡十里以外。达尔文周游世界以后，余下的时间都是在家里消磨的。马克思掀动了几处革命以后，决意在不列颠博物馆中度他的余年。从全体看来，安静的生活是大人物的特征，他们的喜乐也不是外人心目中认为兴奋的那一种。一切伟大的成就必须历久不懈的工作，其精神贯注与艰难的程度，使人再没余力去应付狂热的娱乐；在假日用来恢复体力的运动当然除外，攀登阿尔卑斯便是一个最好的例。

忍受单调生活的能力，应该自幼培养。在这一点上，现代父母大大该受责备；他们供给儿童的被动的娱乐实在太多，例如电影与珍馐之类，他们不懂得平淡的日子对儿童是如何重要，过节一般的日子只好难得有的。

---

① 译者按：苏格拉底被判死刑后是仰毒的，但他饮了毒酒以后，仍和门徒谈笑自若。

儿童的娱乐，在原则上应当让他用一些努力和发明，从他的环境中自己去创造出来。凡是兴奋的，同时不包括体力运动的娱乐，如观剧等等，决不可常有。刺激在本质上便是麻醉品，使人的瘾越来越深，而兴奋时间的肉体的静止，又是违反本能的。倘使让一个孩子，像一株植物一般在本土上自生自发，其长成的结果一定极其圆满。太多的旅行，太多复杂的印象，不适宜于青年人，徒然使他们长大起来不耐寂寞，殊不知唯寂寞才能生产果实。我不说寂寞本身有何优点；我只说某些美妙的事物，没有相当的寂寞单调就不能享受。譬如拿华斯华斯的名诗《序曲》来说，每个读者都能觉得，这首诗在思想与感觉上的价值，一个心思错杂的都市青年决不能领会。一个男孩子或青年人，若抱着严肃而有建设性的目标，一定甘心情愿的忍受大量的烦闷，要是必需的话。但若过着一种心思散漫，纵情佚乐的生活，一个青年人的头脑里就难于孕育有建设性的目标；因为在此情形中，他的念头所贯注的将是未来的欢娱，而非遥远的成就。为了这些缘故，不能忍受烦闷的一代，定是人物渺小的一代，和自然的迟缓的进行脱去了连系，每个有生机的冲动慢慢地枯萎，好比瓶花那样。

我不爱用神秘玄妙的词藻，但我心中的意思，倘不用多诗意而少科学意味的句子，简直难于表白。不论我们如何想法，我们总是大地之子。我们的生活是大地生活之一部，我们从大地上采取食粮，与动植物一般无二。自然生活的节奏是迟缓的；对于它，秋冬之重要一如春夏，休息之重要不下于动作。必须使人，尤其是儿童，和自然生活的涨落动定保持接触。人的肉体，经过了多少年代，已和这个节奏合拍，宗教在复活节的庆祝里就多少包含着这种意义。我小时候一向被养在伦敦，两岁时初次给带到绿野去散步，时节是冬天，一切潮湿而黯淡。在成人的目光中，这种景色毫无欢乐可言，但孩子的心却沉浸在奇妙的沉想中了；我跪在潮润的地上，脸孔紧贴着草皮，发出不成音的快乐的呼声。那时我所感到的快乐是原始的、单纯的、浑然一片的。这种官能的需要是非常强烈的，凡是在这方面不获满足的人难得是一个完全健全的人。许多娱乐，本身没有这种与大地接触的成分，例如赌博。这样的娱乐一朝停止时，一个人就感到污浊与不满，似乎缺少了什么，但缺少的究竟是什么，连他自己也不知道。可能称做"欢悦"的成分，这种娱乐决不能给你。反之，凡使我们接触大地生活的游戏，本身就有令人深感快慰的成分；它们停止时，带来的快乐并不跟着消灭，虽然它们存在时，快乐之强烈不及更为兴奋的行乐。这种区别，从最单纯的到最文明的行为，都一样存在。我刚才提及的两岁的孩子，表现着与大地生活合一的最原始的形式。但在较高级的形式上，同样的情境可在诗歌中发现。莎士比亚的抒情诗所以卓绝千古，就因为其中充满着和两岁的幼儿拥抱绿草时同样的欢乐。"听，听，那云雀"，这种名句里面，不就包含着和婴孩只能用不成音的叫喊来表现的相同的情绪？或者，再考虑一下爱情和单纯的性行为中间的区别。爱情使我们整个的生命更新，正如大旱之后的甘霖对于植物一样。没有爱的性行为，却全无这等力量。一刹的欢娱过后，剩下的是疲倦，厌恶，以及生命空虚之感。爱是自然生活之一部，没有爱的性行为可不是的。

现代都市居民所感受的特殊的烦闷，即和脱离自然生活有着密切的关系。脱离了自然，生活就变得燠热，污秽，枯燥，有如沙漠中的旅行。在那些富有到能够自择生活的人中间，不可忍受的烦闷，是从——不管这种论调显得如何奇特——惧怕烦闷来的。为了逃避那富有建设性的烦闷，他们反而堕入另一种更可怕的烦闷。幸福的生活，大半有赖于恬静，因为唯有在恬静的空气中，真正的欢乐才能常住。

五　疲劳

疲劳有许多种，从妨害幸福一点上着眼，有几种疲劳要比别的几种更严重。纯粹肉体的劳顿，只要不过度，倒多少是快乐的因子；它使人睡眠酣畅，胃口旺盛，对于假日可能有的娱乐觉得兴致勃勃。但劳顿过度时就变成严重的祸害了。除了最进步的社会以外，地球上到处的农家妇女三十岁上便老了，被过度的劳作弄得筋疲力尽。工业社会的早期，儿童的发育受着阻碍，往往在幼年就劳役过度而夭折。在工业革命上还是新进的中国和日本，这种事情现在还有；在某程度内，连美国南方的几州也仍不免。超过了相当限度的肉体劳作，实在是残酷的刑罚，而事实上常有那样的苦役，使人生几于无法挨受。虽然如此，在现代世界上最进步的几个地方，由于工业状况之改进，肉体的疲劳已大为减轻。今日，进步的社会里最严重的一种疲劳，乃是神经的疲劳。奇怪的是，抱怨这种疲倦的呼声，最多来自小康阶级，事业家，和劳心者，在薪工阶级里倒反而少。

要在现代生活中逃避神经的疲惫，是一件极难的事。第一，在整个的工作时间，尤其在工作时间与在家时间的空隙内，一个都市工作者老是受着声音的烦扰，固然，大半的吵闹他已学会不去理会，但仍旧免不了受它磨折，特别因为他潜意识里努力想不去听它之故。还有我们不觉察的别的令人疲惫的事情，就是永远遇着生人。像别的动物一般，人的本能永远暗中窥探着和他同种族的生客，以便决定用友善的抑敌意的态度去对付。但在忙碌时间在地下铁道上旅行的人，不得不把这本能抑压下去，抑压的结果，使他对一切不由自主要接触到的陌生人感到无限的愤怒。此外还有赶早车的匆忙，连带着消化不良。所以等到进公事房，一天的工作刚开始时，这个穿黑衣服的工作者，神经已经疲惫，很易把人类看做厌物了。抱着同样心境到来的雇主，绝对不去消除雇员的这种倾向。为了惧怕开差，他们只得装着恭顺的态度，但这勉强的举动使神经格外紧张。倘若雇员可以每周扯一次雇主的鼻子，用另一种态度把他们心里对他的想法讲出来，那末他们紧张的神经或会松弛下来，但为雇主着想，这办法仍旧解决不了问题，因为他也有他的烦恼。恐惧破产之于雇主，正如恐惧开差之于雇员。固然，颇有一般地位稳固、毋庸担心的人，但要爬到这样高的位置，先得经过多少年狂热的斗争，在斗争期间对社会各部门的事故必须了如指掌，对竞争者的计谋不断地挫败。这一切的结果是，等到完满的成功来到时，一个人的神经早已支离破碎，长时间的惯于操心，使他在无需操心时仍旧摆脱不掉那习惯。富翁的儿子们，固然可以说是例外了，但他们往往自己制造出烦虑，和自己并未生而富有时所将感到的痛苦一样。由于赌博，他们招致父亲的憎厌；由于追逐欢娱而熬夜，他们糟蹋身体；等到一朝安定下来时，已经和从前父亲一样没有能力享受快乐了。有的甘心情愿，有的不由自主，有的咎由自取，有的迫不得已，总之，现代的人大半过着神经破裂的生活，永远疲劳过度，除了乞灵于酒精之外，不复能有所享受。

且把这批疯癫的富翁丢过一边，让我们来谈谈为了谋生而疲乏的比较普遍的情形罢。在这等情形内，疲劳大部分是由烦恼而来，而烦恼是可用较为高明的人生哲学和较多的精神纪律来免除的。多数男女极缺少控制自己思想的能力。我的意思是说，他们不能在对烦恼之事无法可施的时候停止思想。男人把事业上的烦恼带上床；夜里照理应该培养新鲜的力量去应付明日的难题，他们却把眼前一无法想的题目在脑筋里左思右想，盘算不休，而这思想的方式，又不是替明日的行为定下清楚的方针，而是失眠时所特有的病态的胡思乱想。半夜疯狂的残余，一直留到下一天早上，把他们的判断力弄迷糊了，把他们的心情弄坏了，一不如意就大发雷霆。一个明哲之士，只在有目的时才思索他的烦恼；在旁的时候，他想着旁的事情；倘使在夜里，他就什么都不想。我并不说，在大风潮中，当倾家荡产显得不可避免时，或一个丈夫明知妻子欺骗了他时，仍可能（除非少数特别有纪律的头脑）在无计可施时停止思想。但很可能把日常生活中的日常烦恼，在需要应付的时间以外，置之脑后。在适当的时间思索一件事情，而不在任何时间胡思乱想：培养这么一副有秩序的头脑，对于幸福与效率两者都能有惊人的作用。当你需要把一个困难的或令人愁虑的问题下一决断时，全部的材料一到手，就立刻运用你最好的思想去应付并且决定；决定之后，除非再有新事实发现，再勿重新考虑。迟疑不决最是磨折人，也最是无裨实际。

另一个方法可以消除多数的烦恼，就是明白那使你操心的事根本无关重要。我曾有一时作着无数的公共演讲；最初，每一场听众都令我害怕，慌张的心绪使我讲得很坏；对此窘境的惧怕，竟使我老是希望在讲演之前遇到什么意外，讲过以后我又因神经紧张而疲倦不堪。慢慢地，我教自己觉得我演讲的好坏根本无足重轻，宇宙决不因我演说的优劣而有所改变。于是我发觉，越是不在乎讲得好或坏，我越是讲得不坏，神经紧张慢慢减退，几乎完全没有了。许多的神经疲惫，可以用这种方法对付。我们的行为并不像我们假想的那么重要；归根结蒂，我们的失败或成功并没什么了不得。甚至刻骨铭心的忧伤也打不倒我们；似乎要结束我们终生幸福的烦恼，会随着悠悠的岁月而黯淡，后来连烦恼的锋利也几乎淡忘了。但在这些自我中心的考虑以外，还有一项事实应得注意，即一个人的"自我"并非世界上一个重要的部分。一个人而能把希望与思念集中在超越自己的事情上，必能在日常生活的烦恼中获得安息，而这是纯粹的唯我主义者所办不到的。

可能称做神经卫生的问题，一向被研究得不够。工业心理学，的确在疲劳方面用过探讨功夫，并用详细的统计来证明，倘若一件事情做得相当长久，结果必令人疲乏，——其实这结果是毋须那么多的科学炫耀便可猜想而知的。心理学家的疲劳研究，主要只限于肌肉的疲劳，虽然他们也考虑若干学童的疲劳问题。然而这些研究中没有一种触及重要的题目。在现代生活里成为重要的一种疲倦，总是属于情绪方面的；纯粹的智力疲惫，如纯粹的肌肉疲惫一样，可因睡眠而获救济。无论哪一个劳心者，倘他的工作不涉感情（譬如计算工作），那末每夜的睡眠总可把每天的疲劳一扫而尽。归咎于过度劳作的弊害，实在并不应该由过度的劳作负责，产生弊害的乃是某种烦恼与焦虑。情绪的疲惫所以困人，是因为它扰乱休息。一个人愈疲乏，就愈不能停止。神经衰败的前兆之一，是相信自己的工作重要无比，一休息就要闯祸。假如我是一个医生，定将教一切觉得自己的工作重要的病人去休假。在我个人知道的例子中，表面上似由工作促成的神经衰败，实在都是情绪困惫所致，神经衰败的人原是为了逃避这种困惫才去埋头工作的。他不愿放弃工作，因为放弃之后，再没东西可以使他忘记他的不幸了。当然，他的烦恼可能是惧怕破产，那末，他的工作是和烦恼直接有关的了，但在当时，他的忧虑诱使他长时期的劳作，以便蒙蔽他的判断力，仿佛他工作一减少，破产就会来得更早一般。总而言之，使人心力崩溃的是情绪的骚乱而非工作。

　　研究"烦虑"的心理学并不简单。我已提及精神纪律，即在适当的时间思索事情。这是自有它的重要性的，第一因为它可让人少费心思而做完日常工作，第二因为它可以治疗失眠，第三因为它可以促进决断时的效率和智慧。但这一类的方法不能达到潜意识界或无意识界，而当一桩烦恼是很严重的时候，凡是不能深入到意识之下的方法就决无用处。心理学家曾大大研究过潜意识对于意识的作用，但很少研究意识对于潜意识的作用。而这在心理卫生上是非常重要的，并且，倘使合理的信念果能在潜意识领域内发生作用的话，那末这个作用实在应该懂得。这一点，特别适用于烦虑这问题。一个人很容易在心中思忖，说某种某种的不幸，万一遇到，并不如何可怕，但这种念头单单留在意识界里，就不能在夜间的思虑上起作用，也不能阻止恶梦的来临。我的信念是，一个意识界里的念头可以种植到潜意识界里去，只消这念头有相当的强烈和力量。潜意识界所包含的，大半是早先非常明显的、情绪方面的、有意识的思想，现在却是给埋藏起来了。要有意的去做这番埋藏的手续，是可能的，即在这方式之下，我们可使潜意识做许多有益的工作。譬如，我曾发现，倘我要写一篇题目较难的文章，最好的方法，莫如聚精会神——竭尽所能的聚精会神——的把题目思索几小时或几天，然后把工作丢到下意识里去进行。几个月后，我再用清楚的意识回到那个题目上去时，我发觉作品已经完成。在未曾发现这个技巧之前，我往往把中间的几个月消耗在烦虑上面，因为工作没有进步；可是我并不能因烦虑而把问题早些解决，中间的几个月反而浪费掉；至于现在，我却可以把这个时间另作别用。同样的方法可适用于种种的忧虑。当你受着某种灾祸威胁时，且好好地，深思熟虑地推敲一下，究竟有什么最恶劣的情形会发生。对此可能的灾祸正视过后，再寻出一些正当的理由，使你相信终究这也不见得是什么大祸。这种理由终归有的，因为即使一个人遇到最恶劣的事情，也决无影响宇宙的重要性，等你在若干时间内把可能的恶事坚毅地瞩视过了，抱着真切的信念自忖道，"也罢，毕竟也没有什么了不得"，那时你将发觉你的烦虑消失了一大部分。这种办法可能需要重复几遍，但若你考虑最恶劣的可能性时不曾有所规避，你定会发现你的烦虑全部消灭，代之而兴的是一种酣畅的喜悦。

这是解除"恐惧"的一种更广泛的技巧里的一部分。烦虑是恐惧的一种，而一切的恐惧都产生疲劳。一个人而能学会不觉恐惧，就发觉日常生活的疲劳大为减少。恐惧之来，以为害最大的形式来说，是因为有些我们不愿正视的危险。在特殊的时间，一些可怕的思想闯入我们的头脑里；思想的内容因人而异，但几乎人人都有潜藏的恐惧。有的人怕癌症，有的人怕经济破产，有的怕不名誉的秘密泄露，有的被嫉妒的猜疑所苦，有的在夜里老想着童时听到的地狱之火或许真有。大概所有这批人都用了错误的方法对付他们的恐惧；恐惧一闯入他们的脑海，他们立即试着去想旁的事情；他们用娱乐，用工作，用一切去转移自己的念头。因为不敢正视，每种恐惧越变得严重。转移思想的努力，恰恰把你存心规避的幽灵加强了可怕性。对付无论何种的恐惧的正当办法，是集中精神，合理地、镇静地把恐惧想一个彻底，直到你和它完全熟习为止。熟习的结果，可怕性给磨钝了；整个题目将显得无聊，于是我们的念头自会转向别处，但这一次的转移并不像从前那样的出于意志与努力，而是对题目不复感到兴趣所致。当你发觉自己倾向于对某些事情作沉想时，不管是什么事情，最好是把它仔细思索过，甚至比你本来愿意想的还要想得多，直到这件事情的不健全的魔力终于消失为止。

现代伦理学最大的失败之一，便是恐惧问题。固然我们属望男人有肉体的勇敢，尤其在战争中，但并不希冀他们有别的勇敢；对于女人，根本不希望她们有任何种的勇敢。一个勇敢的女子假如愿意男人们爱她，就得把她的勇敢藏起来。一个男人的勇敢倘不限于体力方面，也将被认为不善良。譬如，漠视舆论是被认为挑衅，群众将竭尽所能来惩戒这个胆敢藐视他们的权威的家伙。这种种全是不对的。各式各种的勇敢，不问在男人或女人身上，应该像军人的英勇一样受到赞美。青年男子的肉体的勇敢是常见的，足证勇敢可以应舆论的要求而产生。只要增多勇气，就可减少烦虑，跟着也减少疲劳；因为现在男男女女所感受的神经疲惫，大部分是由于有意识的或无意识的恐惧。

疲劳的来源，往往由于太爱兴奋。一个人倘能用睡眠来消磨余暇，就可保持身体康健，但他的工作时间是乏味的，所以需要在自由时间寻些快活。为难的是，容易得到的和表面上最引人的娱乐，大半是磨蚀神经的。渴望兴奋，超过了某一点，就表示一种不正常的天性，或表示某种本能的不满足。在一场完满的婚姻的早期，多数男人觉得毋需兴奋，但现代社会里，婚姻往往展缓到那么长久，以致等到经济上有力量结婚时，兴奋已经成为一种习惯，绝对不能受长时期的抑止了。假若舆论允许男人在二十一岁上结婚而不受现在的婚姻所附带的经济重负，那末，将有许多男人不要求和工作同样累人的娱乐了。虽然如此，这种提议是不道德的，只看前几年林特赛法官的榜样就可知道。他一生清白，临了却受人咒骂，只因为他想把青年们从老辈的固执所造成的不幸中解救出来。可是我现在不预备讨论下去，因为那是下一章《嫉妒》里面的题目。

个人既无法改变法律与制度，要应付高压的道学家所创造而保存的局面，当然不易。然而我们不难觉察，兴奋的欢娱不是一条幸福之路；虽是在更可满意的欢乐不得到手的时候，一个人总觉得除非乞灵于刺激，生活简直难以挨受。在这种情形之下，一个谨慎之士所能做的，是限制自己的食量，勿使自己享有过度的累人的娱乐，以致损害他的健康或工作。对于青年人的烦虑困恼，彻底的治疗是改变公众的道德观。目前，一个青年最好想到他最后终是要结婚的；假如目前的生活方式会使以后的快乐婚姻不可能，便是不智，因为神经衰敝，不能领受较温和的娱乐，那还能有快乐的婚姻可以希望？

神经疲惫的最恶劣的现象之一，是它仿佛在一个人与外界之间挂了一重帘幕。他感受的印象是模糊的，声音微弱的；他不复注意四周的人物，除非被人用小手段或怪习气激怒的时候；他对于饮食与阳光毫无乐趣，只念念不忘地想着一些问题，对其余的全不理会。这种情形使人无法休息，以致疲劳有增无减，终而至于非请教医生不可。这种种，实在都是和大地失去接触的惩罚（在上一章内我已提到）。但在现代大都市的群众集团里，怎样去保持这种接触，却绝对难于看到。在此，我们又迫近了广大的社会问题的边缘，而这不是我在本书内所欲讨论的。

六　嫉妒[①]

不快乐的许多最大的原因中，烦恼以次当推嫉妒。嫉妒是最普遍，根子最深的情欲之一。儿童未满一岁，即有这种表现，教养的人必须出以温

---

① 译者按：英文 envy 一字，作嫉他人之所有，妒自己之所无解；jealousy 一字则作恐己之所有被人侵占或分享解。但中文之嫉妒、妒羡、妒忌、艳羡等词，皆无 jealousy 之涵义。而 jealousy 与 envy 一部分意义相同，一部分又相异，故遇原文以此二字并列时，译者浅学，殊无适当之词可以迻译。兹姑以嫉妒译 envy，戒忌译 jealousy。（但在日用语文中，envy 与 jealousy 之分野并不如此严格。）

柔谨慎的态度。在一个孩子前面露出些少对于另一孩子的偏爱时，那个被冷落的孩子立刻会觉察而且憎恨。因此凡有儿童的人务必保持分配平均的公道，且要绝对的、严格的、一成不变的公道。但孩子在表现嫉妒与戒忌（那是特殊形式的一种嫉妒）方面，不过比成人稍稍露骨而已。这种情绪在成人身上和在儿童身上同样普遍。譬如拿女仆为例：我记得我们的女仆之中曾有一个是已婚的，当她怀孕时，我们就说她不能再举重物，立刻所有的女仆都不举重物了，结果这一类的工作只好由我们亲自动手。嫉妒也是民主制度的基础。古希腊哲学家希拉克利多斯①说所有的伊弗琐②公民都该缢死，因为他们说"我们之中不许有一个凌驾众人的人"。希腊各邦的民主运动，定是大半受这种情欲的感应。近代的民主政体也是如此。固然有一种观念派的理论，把民主政体当作最完满的政府形式。我个人也以为这理论是对的。但若观念论有充分的力量足以产生大变化时，实际政治也没有存在的余地了；大变化发生的时候，那些替大变化辩护的理论，只永远是遮蔽情欲的烟幕罢了。而推动民主理论的那股情欲，毫无疑问是嫉妒。罗兰夫人③素来被认为高尚的夫人，完全抱着献身民众的意念；但你去读她的回忆录时，就可发现使她成为这样一个热烈的民主主义者的，是她曾经在一个贵族的宫堡中被带到下房里接见。

在一般的善良妇女身上，嫉妒具有非常大的作用。要是你坐在地道车内，有一个衣服华丽的女子在车厢旁边走过时，你试试留神旁的女子的目光罢。她们之中，除了比那个女子穿着更华美的以外，都将用着恶意的眼光注视着她，同时争先恐后的寻出贬抑她的说话。欢喜飞短流长的谈论人家的阴私，就是这种一般的恶意的表现：对别一个女人不利的故事，立刻

---

① Heraclitus 公元前六世纪至五世纪人。

② 小亚细亚古城名。

③ 按即十八世纪法国女革命家，倡不自由毋宁死之口号。

被人相信，哪怕是捕风捉影之谈。一种严峻的道德观也被作着同样的用处：那些有机会背叛道德的人是被妒忌的，去惩罚这等罪人是被认为有功德的。有功德当然就是道德的酬报了。

同样的情形同样见之于男人，不过女人是把一切旁的女人看做敌手，而男人普通只对同行同业才这样看法。我要一问读者，你曾否冒失到当着一个艺术家去称赞另一艺术家？曾否当着一个政治家去称赞同一政党的另一政治家？曾否当着一个埃及考古家去称赞另一埃及考古家？假如你曾这样做，那末一百次准有九十九次你引起妒火的爆发。在莱布尼兹[1]与赫近斯[2]的通讯中，多少封信都替谣传的牛顿发疯这件事悲叹。他们互相在信里写着："这个卓绝的天才牛顿先生居然失掉理性，岂不可悲？"这两位贤者，一封又一封的信，显然是津津有味地流了多少假眼泪。事实上他们假仁假义的恍惜之事并不真实，牛顿不过有了几种古怪的举动，以致引起谣言罢了。

普通的人性的一切特征中，最不幸的莫如嫉妒；嫉妒的人不但希望随时（只要自己能逃法网）给人祸害，抑且他自己也因嫉妒而忧郁不欢。照理他应该在自己的所有中寻快乐，他反而在别人的所有中找痛苦。如果能够，他将剥夺人家的利益；他认为这和他自己占有利益同样需要。倘听任这种情欲放肆，那末非但一切的优秀卓越之士要受其害，连特殊巧艺的最有益的运用也将蒙其祸。为何一个医生可以坐着车子去诊治病人，而劳工只能步行去上工？为何一个科学实验家能在一间温暖的室内消磨时间，而别人却要冒受风寒？为何一个赋有稀有才具的人可毋须躬操井臼？对这些问题，嫉妒找不到答案。幸而人类天性中还有另一宗激情——钦佩——可以作为补偿。凡祝望加增人类的幸福的人，就该祝望加增钦佩、减少嫉妒。

---

[1] 十七世纪德国大哲学家。

[2] Huyghens 十七世纪荷兰天文学家、几何学家。

治疗嫉妒有什么方法？以圣者而论，他有对"自私"的治疗，可是对别的圣者不见得绝对没有嫉妒。我怀疑，倘若圣·西曼翁·斯蒂里德①得悉另有什么圣者，在一根更窄的柱上站得更长久的话，是否完全快慰。但丢开圣者不谈，一般男女的嫉妒的唯一的治疗，是快乐；为难的便是嫉妒本身便是快乐的大阻碍。我认为嫉妒是大大地受着童年的不幸鼓动的。一个孩子发觉人家在他面前偏爱他的兄弟姊妹，就养成了嫉妒的习惯，等他进入社会时，他便搜寻那侵害他的不公平：假如真有，他会立刻找到；假如没有，他用想象来创造。这样一个人必然是不快乐的，在朋友心目中成为一个厌物，因为他们不能永远记着去避免他想象之中的轻视。他一开场便相信没有一个人喜欢他，终于他的行为把他的信念变为了事实。还有一种童年的不幸可以产生同样的后果，即是遇到缺乏慈爱的父母。一个孩子，虽没有被宠幸的兄弟姊妹，却觉察到别的家庭里的别的孩子比他更受父母疼爱。这使他憎恨别的孩子和他自己的父母，长大起来觉得自己是一个社会的放逐者。有几种快乐是一个人天赋的权利，倘被剥夺，必致乖戾与怨恨。

但嫉妒的人曾说："告诉我快乐可治嫉妒有什么用？在我继续嫉妒时，我便找不到快乐；而你却和我说我只能在找到快乐时方能停止嫉妒。"但实在的人生并不如是合于逻辑。单单发觉自己嫉妒的原因，在疗治嫉妒上讲是绕了远路。用"比较"的观念去思想，是一个致人死命的习惯。遇到什么愉快的事情，我们应当充分的享受，切勿停下来去想：比起别人可能遇到的欢娱时我的一份就并不愉快了。嫉妒的人曾说："是的，这是阳光炮烂的日子，是春天，鸟在歌唱，花在开放，但我知道西西利岛上的春天

---

① 按系公元五六两世纪时三位圣者之总称，彼等一生皆站在石柱上修行，故有下列比喻。

要比眼前的美过一千倍，爱列康^①丛林中的鸟要唱得曼妙得多，沙伦^②的玫瑰比我园子里的更可爱。"当他转着这些念头时，阳光暗淡了，鸟语变成了毫无意义的啁啾，鲜花也似乎不值一盼。对旁的人生乐事，他都用同样的态度对付。他会自忖道："是的，我心上的女子是可爱的，我爱她，她也爱我，但当年的示巴女王比她要艳丽多少啊！哟！要是我能有苏罗门的机缘的话^③！"所有这等比较是无意义的，痴愚的；不问使我艳羡的是示巴女王抑邻居，总是一样的无聊。一个智慧之士决不因旁人有旁的东西而就对自己的所有不感兴趣。实在，嫉妒是一种恶习，一部分属于精神的，一部分属于智力的，它主要是从来不在事情本身上看事情，而在他们的关系上着眼。假定说，我赚着一笔可以满足我的需要的工资，我应该满意了，但我听见另一个我认为绝对不比我高明的人赚着两倍于我的薪金。倘我是一个有嫉妒气分的人，立刻，我本来的满足变得暗淡无光，不公平的感觉缠绕着我的心。救治这一切的病症，适当之法是培养精神纪律，即不作无益之想。归根结蒂，还有什么比幸福更可艳羡的呢？我若能医好嫉妒，我就获得幸福而被人艳羡。比我多挣一倍工资的人，无疑的也在为了有人比他多挣一倍薪金而苦恼，这样一直可以类推下去。你若渴望光荣，你可能嫉妒拿破仑。但拿破仑嫉妒着凯撒，凯撒嫉妒着亚历山大，而亚历山大，我敢说，嫉妒着那从未存在的赫叩利斯^④。因此你不能单靠成功来解决嫉妒，因为历史上神话上老是有些人物比你更成功。享受你手头的欢娱，做你应当做的工作，勿把你所幻想的——也许是完全错误地——比你更幸运的人来和自己比较：这样你才能摆脱嫉妒。

---

① 按系神话中文艺女神居住之山名。

② 美国宾雪凡尼亚州之一城。

③ 按《圣经》载，示巴女王慕苏罗门王智慧，亲率臣役来求觐见。

④ Hercules 希腊神话中最大的英雄，邱比特之子。

　　不必要的谦卑，对于嫉妒大有关系。谦卑被认为美德，但我很怀疑极度的谦卑是否配称美德。谦卑的人非常缺少胆子，往往不敢尝试他们实在胜任的事业。他们自认为被常在一处的人压倒了，所以特别倾向于嫉妒，由嫉妒而不快乐而怨恨。我却相信我们应该想尽方法，把一个男孩子教养得使他自认为一个出色的家伙。我不以为任何孔雀会嫉妒别只孔雀的尾巴，因为每只孔雀都以为自己的尾巴是世界上最美的。因为这个缘故孔雀才是一种性情和平的鸟类。倘若孔雀也相信"自满"是不好的，试想它的生活将如何不快乐。它一看见旁的孔雀开屏时，将立刻自忖道："我切不可想像我的尾巴比它的美，那是骄傲的念头；可是我多希望能够如此啊！这头丑鸟居然那样的自信为华美！我要不要把它的翎毛拉下几根来呢？也许这样以后，我毋须怕相形见绌了。"或者它会安排陷阱，证明那为它嫉妒的孔雀是一只坏的孔雀，行为不检，玷辱了孔雀的品格，到领袖前面去告发它。慢慢地它得到了一项原则，说凡是尾巴特别美丽的孔雀总是坏的；孔雀国内的明哲的统治者，应当去寻出翎毛丑恶的微贱的鸟来。万一这种原则被接受了，它将把一切最美的鸟置于死地，临了，一条真正华美的尾巴只将在模糊的记忆中存在。假借"道德"①之名的"嫉妒"，其胜利的结果是如此。但每只孔雀自认为比别的更美时，就毋须这些迫害了。它们都希望自己在竞争中获得头奖，而且相信真是获得了头奖，因为每只孔雀总重视它的配偶②。

　　嫉妒，当然和竞争有密切的关连。凡是我们以为绝对无法到手的一宗幸运，我们决不嫉妒。在社会阶级固定的时代，在大家相信贫富的分野是上帝安排的时代，最低微的阶级绝不嫉妒上面的各阶级。乞丐不嫉妒百万

---

① 按即指假借谦卑。

② 按重视配偶即认为自己的雌孔雀是最美的，而自己之能获得最美的配偶，即证明它自己是最美的。

富翁，虽然他们一定嫉妒比自己收获更多的别的乞丐。近代社会情势的不稳定，民主主义与社会主义的平等学说，大大地扩大了嫉妒的界限。这种绪果，在眼前是一桩弊害，但是为达到一个更公平的社会制度计不得不忍受。"不平等"被合理地思索过后，立刻被认为"不公平"，除非这不平等是建筑在什么卓越的功绩之上。而不平等被认为不公平后，自然而然会发生嫉妒，要救治这种嫉妒，必先消灭不公平。所以我们的时代，是嫉妒扮演着特别重要的角色的时代。穷人妒忌富人，比较贫穷的民族妒忌比较富有的民族，女人妒忌男人，贤淑的女子妒忌那些虽不贤淑但并不受罚的女子。的确，嫉妒是一股主要的原动力，导引不同的阶级，不同的民族，不同的性别，趋于公平；但同时，预期可以凭着嫉妒而获得的那种公平，可能是最糟糕的一种，即是说那种"公平"，倾向于减少幸运者的欢悦，而并不倾向于增进不幸运者的欢悦。破坏私人生活的情欲，一样的破坏公共生活。我们不能设想，像嫉妒这么有害的情欲里面，可能产生什么善的结果。因此，谁要以观念论的立场来祝祷我们社会制度发生大变化，祝祷社会公道的增进，就该希望由嫉妒以外的别的力量来促成这些变化。

一切恶事都是互相关连的，无论哪一桩都可成为另一桩的原因；特别是疲劳，常常成为嫉妒的因子。一个人觉得不胜任分内之事的时光，便一肚子的不如意，非常容易对工作较轻的人发生妒忌。因此减少疲劳也是减少妒忌之一法。但更重要的是保有本能满足的生活。似乎纯粹职业性的嫉妒，其实多数是由于性的不满足。一个在婚姻中，在孩子身上获得快慰的人，不致于怎样的妒忌旁人有更大的财产或成功，只消他充分的财力能把孩子依照他认为正当的途径教养。人类的幸福，其原素是简单的，简单的程度竟使头脑错杂的人说不出他们缺少的究竟是什么，上文提及的女人，怀着妒意去注视一切衣服丽都的女人，一定在本能生活上是不快乐的。本能的快乐，在说英语的社会内是稀有之事，尤其在妇女界。在这一点上，文明似乎入了歧途。假如要减少嫉妒，就得设法补救这种情形；倘找不到补救之法，我们的文明就有在仇恨的怒潮中覆灭的危险。从前，人们不过妒忌邻居，因为对于旁的人们很少知道。现在，靠了教育和印刷品，他们抽象地知道很多广大阶级的人类之事，实际他们连其中的一个都不曾认识。靠了电影，他们以为知道了富翁的生活，靠了报纸，他们知道很多外国的坏事，靠了宣传，他们知道一切和他们皮色不同的人都有下流行为。黄种人恨白种人，白种人恨黑种人，以此类推。你可能说，所有这些仇恨是被宣传煽动起来的，但这多少是皮相之谈，为何煽动仇恨的宣传，比鼓励友善的宣传容易成功得多？这理由，显而易见是：近代文明所造成的人类的心，根本偏向于仇恨而不偏向友善。它的偏向仇恨，是因为它不满足，因为它深切地，或竟无意识地觉得它多少失去了人生的意义，觉得也许旁的人倒保有着"自然"给人享受的美妙事物，而我们却独抱向隅。在一个现代人的生活里，欢娱的总量无疑的要比那较原始的社会里为多，但对于可能有的欢娱的意识，增加得更多。无论何时你带孩子上动物园，你可以发现猿猴只要不在翻筋斗、练武艺、或咬核桃时，它的眼睛里就有一副古怪的悲哀的表情。竟可说它们是觉得应该变为人的，但不知道怎样变人。它们在进化的路上迷了路；它们的堂兄弟往前去了，它们却留在后面。同样的悲哀与愤懑似乎进入了文明人的灵魂。他知道有些比他自己更优美的东西在他手旁，却不知究竟在哪里，怎样去寻找。绝望之下，他就恼怒和他一样迷失一样不快乐的同胞。我们在进化史上到达的一个阶段，并非最后的一个。我们必须快快走过，否则，我们之中一大半要中途灭亡，而另外一些则将在怀疑与恐惧的森林中迷失。所以，嫉妒尽管害人，它的后果尽管可怕，并不完全属于魔道。它一部分是一种英雄式的痛苦的表现；人们在黑夜里盲目地摸索，也许走向一个更好的归宿，也许走向死亡与绝灭：所谓英雄式的痛苦即是指这种人的心境而言。要从这绝望中寻出康庄大道来，文明人必须扩张他的心，好似他曾经扩张他的头脑一般。他必须学会超越自我，由超越自我而自由自在，像宇宙一样的无挂无碍。

七　犯罪意识

关于犯罪意识，我们在第一章里已经有所阐述，但我们现在必须作更周密的探讨，因为成人生活的不快乐有许多潜在的心理原因，而犯罪意识是其中最重要的一个。

有一种传统的、宗教观的犯罪心理学，为现代的心理学家所无法接受的。据这派传统的说法，尤其是基督新教一派，认为良心会告诉每个人，什么时候他所跃跃欲试的事情是犯罪的；犯了这种行为之后，一个人可能感到两种难堪之一：一种叫做懊丧，那是没有报酬的，一种叫做痛悔，那是可以洗涤罪愆的。在新教国家内，连那些已经失掉信仰的人，仍旧多少接受着这种正统派的犯罪观。在我们的时代，一部分也靠了精神分析的力量，我们的情形恰恰相反：不但反正统的人排斥这种旧的犯罪观，连那般仍旧自命为正统派的人也是如此。良心不复成为什么神秘之物，因此也不再被认为是上帝之声。我们知道良心所禁止的行为，在世界上是各处不同的，而且广义地说，它总和各部落的风俗一致。那末，当一个人受着良心戳刺的时候，究竟是什么回事呢？

良心这个名词，实在包括好几种不同的感觉；最简单的一种是害怕被人发觉。读者，我当然相信你过着一种无可责备的生活，但若你去问一个曾经做过倘被发觉就要受罚的事的人，就可发现当破案似乎不可避免的时候，这个当事人便后悔他的罪过了。我这样说是并不指职业的窃贼，他是把坐牢当作买卖上必须冒的危险的，我是指可称为"体面的"罪人，例如在紧急关头挪用公款的银行行长，或被情欲诱入什么性的邪恶的教士。当这种人不大容易被人窥破罪过时，他们是能够忘记的，但当他们被发觉了或有被发觉的危险时，他们便想当初是应该更端方更清正一些的，这个念头使他们清清楚楚的觉得他们的罪恶之大。和这种感觉密切关连的是害怕成为社会的放逐者。一个以赌博来诈欺取财的人，或赖去赌债的人，一朝被发觉时，良心上是找不出什么理由可以抵挡社会对他的憎厌的。他不像宗教革新家，无政府党，或革命党，可以不问目前的命运如何，总觉得未来是属于他们的，现在越受诅咒，将来越有光荣。这一类的人，虽然受着社会嫉视，可并不觉得自己有罪；但是承认社会的道德而再作违背道德之事的人，一失掉自己的品级 ①，就将大为苦闷了；并且对这种灾害的恐惧，或灾害临到时的苦难，很容易使他把他的行为本身认作有罪。

但是犯罪意识以最重要的形式而论，来源还要深远得多。它生根在下意识里，不像对公众厌恶的畏惧那样浮现于意识界。在意识界内，有几种行为被标明为"罪恶"，虽在反省上并无显著的理由可寻。一个人做了这一类的行为，便莫名其妙的感到不安。他但愿自己曾经和旁人一样，置身于他信为罪恶的事情之外。道德方面的钦佩，他只能给予那般他认为心地纯洁的人。他多少怀着怅惘悔恨的心思，承认圣者的角色轮不到自己；的确，他对圣贤的观念，是日常生活中几乎办不到的那一种。所以他一生离不了犯罪感觉，觉得自己不配列入上品，极度忏悔的时间才是他生命中最高洁的时间。

在所有的例子中，这种种情形的来源，是一个人六岁以前在母亲或保姆怀中所受到的道德教训。在那时以前，他已经知道：发誓是不好的，不文雅的说话是不可用的，只有坏人才喝酒，烟草也不能和最高的德性并立。他知道一个人永远不该撒谎。尤其重要的是：对性的部分发生兴趣是丑恶的行为。他知道这些是他母亲的见解，相信就是上帝的见解。受母亲或保姆亲热的对待，是他生命中最大的乐趣；而这乐趣唯有他不触犯道德律时方能获得。因此他慢慢地把母亲或保姆憎恨之事，同一些隐隐约约的可怕之事，连在一起。慢慢地，他一边长大，一边忘记了他道德律的来处，忘记了当初违反道德律时所受的惩罚究竟为何物，但他并不把道德律丢掉，

---

① 按系指社会上的。

且继续感到倘使触犯它，便会发生一些可怕的祸事。

这种童年的道德教训有一大部分全无合理的根据，决不能适用于普通人的普通生活。譬如，一个人用了所谓"粗野"的言语，在合理的观点上看，绝对不比一个不用这种言语的人坏。可是，实际上人人以为圣者的特色是不发誓。从理智上说，这种看法是愚蠢的。关于烟酒，亦然如是。南方各国，酒精的饮用是没有犯罪感的；而且认饮酒为犯罪的确有些亵渎神明的成分，因为大家知道我们的"主"和"使徒"喝葡萄酒的。至于烟草，比较容易从反面立论而加以排斥了，既然一切最大的圣者都生在烟草尚未出现的时代。但这儿也没有合理的论据。根据分析的结果，圣者似乎不曾做一桩单单给他快感的事：于是人们便说圣者不见得会抽烟。日常道德中的这个禁欲成分，差不多已变成了下意识，但它在各方面都发生作用，使我们的道德律变为不合理。在一种合理的伦理学中，给任何人（连自己在内）以快感，都该受到称赞，只要这快感没有附带的痛苦给自己或旁人。假如我们要排除禁欲主义，那末理想的有德之士，一定容许对一切美妙事物的享受，只要不产生比享受分量更重的恶果。再拿撒谎来说。我不否认世界上谎言太多，也不否认增加真理可使我们善良得多，但我的确否认撒谎在任何情势之下都不足取，我这个观点，一切有理性的人都会同意。我有一次在乡间小路上，看见一头筋疲力尽的狐狸还在勉强奔跑。一忽儿后，我看见一个猎人。他问我曾否看见狐狸，我答说看见的。他问我它往那条路跑，我便撒谎了。倘使我说了实话，我不以为我将是一个更好的人。

但早期道德教训的祸害，尤其是在性的范围内。倘若一个孩子受过严厉的父母或保姆的旧式管教，在六岁以前就构成了罪恶与性器官的联想，使他终生无法完全摆脱。加强这个感觉的，当然还有奥地帕斯症结[①]，因为

---

① Oedipus complex 按神话载：奥地帕斯无意中弑父娶母，近代心理学用以指儿童爱恋其母的变态心理。

在童时最爱的女人，是不可能与之有性的自由的女人。结果是许多成年的男子觉得女人都因了性而失掉身分，他们只尊敬憎厌性交的妻子。但有着冷淡的妻子的丈夫，势必被本能驱使到旁的地方地寻找本能的满足。然而即使他暂时满足了本能，他仍不免受犯罪意识的毒害，以致同任何女子（不问在婚姻以内或以外）都不觉快乐。在女人一方面，如果人家郑重其事的把"何为纯洁"教给了她，也有同样的情形发生。跟丈夫发生性关系时，她本能地退缩，唯恐在其中获得什么快感。虽然如此，女人方面的这种情形，今日比五十年前已大为减少。我敢说，目前有教育的人群中，男人的性生活，比女人的更受犯罪意识的歪曲与毒害。

传统的性教育对于儿童的害处，现在一般人已开始普遍地感到，虽然当局方面还是漠然。正当的办法是很简单的：在一个儿童的春情发动期以前，无论何种的性道德都不要去教他或她，并须小心避免，勿把天生的肉体器官有什么可憎的观念灌输他们。等到需要给予道德教育的时候，你的教训必须保持合理化，你所能说的每一点都得有确实的根据。但我在本书内所欲讨论的并非教育。可是不智的教育往往给人犯罪的意识，所以我这里所关切的是成人怎样设法去减少这种影响的问题。

这里的问题，和我在前几章内检讨过的正复相同，即是把控制我们意识界的合理信念，强迫下意识去留神。人们不可听任自己受心境的推移，一忽儿相信这个，一忽儿相信那个。当清明的意志被疲劳、疾病、饮料，或任何旁的原因削弱时，犯罪意识特别占着优势。一个人在这些时间（除了喝酒的时间以外）所感到的，常常被认为较高级的"自我"的启示。"魔鬼病时，亦可成圣。"但荒唐的是：认为疲弱的时间会比健旺的时间使你更加明察。在疲弱的时间，一个人很难抗拒幼稚的提议，但毫无理由把这等提议看做胜于成人在官能健旺时的信念。相反，一个人元气充沛时用全部的理智深思熟虑出来的信念，对于他，应当成为任何时间所应相信的标准。运用适当的技巧，很可能制服下意识的幼稚的暗示，甚至可能变换下意识的内容。无论何时，你对一桩你的理智认为并不恶的事情感到懊丧时，你就应该把懊丧的原因考察一下，使你在一切细枝末节上都确信这懊丧是荒谬的。使你意识界的信念保持活泼与力量，以便你的无意识界感受到强烈的印象，足以应付你的保姆或母亲给你的印象。切不可一忽儿合理，一忽儿不合理。密切注视无理之事，决意不尊重它，不让它控制你。当"无理"把愚妄的念头或感觉注入你的意识界时，你当立刻把它们连根拔出，审视一番，丢掉它们。勿让你做一个摇晃不定的人，一半被理智控制，一半被幼稚的痴愚控制。勿害怕冒犯那些曾统治你的童年的东西。那时，它们在你心目中是强有力的，智慧的，因为你幼稚而且痴愚；现在你既不幼稚也不痴愚了，应该去考察它们的力量与智慧；习惯使你一向尊敬着它们，如今你该考虑它们是否仍配受你尊敬。慎重地问问你自己，世界是否因了那给予青年的传统道德教训而变好了些。考虑一下，一个习俗所谓的有德之士，他的道具里有多少纯粹的迷信；再可想到，一切幻想的道德危险，固然有想入非非的愚妄的禁令为预防，但一个成人所冒的真正的道德危险，反而一字未提。普通人所情不自禁的实在有害的行为，究竟是什么？法律所不惩戒的商业上的狡黠行为，对雇员的刻薄，待妻儿的残酷，对敌手的恶毒，政治冲突上的狠心，——这些都是真正有害的罪，在可尊敬而被尊敬的公民中间屡见不鲜的。一个人以这些罪孽在四周散布灾祸，促成文明的毁灭。然而他并不因此在倒楣时自认为放逐者，并不觉得无权要求神的眷佑。他也不会因此在恶梦中看见母亲用责备的目光注视他。为何他潜意识的道德观，这样地和理性背离呢？因为他幼时的保护人所相信的伦理是愚妄的；因为那种伦理并不以个人对社会的责任做出发点；因为它是由于不合理的原始禁忌形成的；因为它内部包含着病态的原素，而这原素即是罗马帝国灭亡时为之骚乱不宁的精神病态演变出来的。我们名义上的道德，是由祭司和精神上已经奴化的女人们定下的。如今，凡要在正常生活中获取正常的一份的人，应该起来反抗这种病态的愚妄了。

但若希望这"反抗"能替个人获致幸福，使一个人始终依着一项标准而生活，不在两种标准之间游移不定，那末，他的理智告诉他的说话，他必须深切地体会到。大半人士把童年的迷信在表面上丢开以后，认为大功已经告成。他们并没觉察，这些迷信仍旧潜伏在下意识界。当我们获得一宗合理的信念时，我们必须锲而不舍，紧随着它的演化，在自己内心搜寻还有什么和新信念枘凿的信念存在；而当犯罪意识很强烈时（这是不时会遇到的），切勿把它视为一种启示，一种向上的召唤，而要看作一种病，一种弱点，除非促成犯罪感的行为确是合理的伦理观所指斥的。我并不建议一个人可以无须道德，我只说他应排除迷信的道德，这是一件全然不同的事。

但即使一个人干犯了他合理的道德律，我也不以为犯罪感是能使他生活改善的好方法。犯罪意识里面有些卑贱的成分，缺少自尊心的成分。可是丧失自尊心从不能对任何人有裨益。合理的人，对自己的要不得的行为，和对别人的同样看法，认为是某些情势的产物；避免之法，或者由于更充分的觉察这行为的要不得，或者由于在可能时避免促成这行为的情势。

以事实论，犯罪意识非但不能促成良好的生活，抑且获致相反的结果。它令人不快乐，令人自惭形秽。为了不快乐他很可能向别人去要求过分的事情，以致他在人与人的交接之间得不到快感。为了自惭形秽，他对优越的人心怀怨恨。他将发觉嫉妒很容易，佩服很困难。他将变成一般地不受欢迎的人，越来越孤独。对旁人取着豁达大度，胸襟宽广的态度，不但给人家快乐，抑且使自己快乐，因为他将受到一般的爱戴。但一个胸中盘旋着犯罪意识的人，就难能做到这个态度。它是均衡与自信的产物；它需要精神的完整，——就是说，人的天性的各组成分子，意识，潜意识，无意识，一同和谐地工作而决不永远冲突。这种和谐，在大多数的例子中可由明哲的教育造成，但遇到教育不智的时候就为难了。精神完整的形成，是心理分析家所尝试的事业，但我相信在大多数的例子中，病人可以自己做到，只在比较极端的情形中才需专家帮助。切勿说："我没有闲暇做这些心理工作；我的生活忙得不开交，不得不让我的下意识自己去推移。"一个跟自己捣乱的、分裂的人格，最能减少幸福和效率。为了使人格各部分产生和谐而化费的光阴，是化费得有益的。我不劝一个人独坐一隅，每天作一小时反省功夫。我认为这绝不是好方法，它只能增加自我沉溺，而这又是应当治疗的病症；因为和谐的人格是应该向外发展的。我所提议的是：一个人对于他合理的信念，应立志坚决永远不让那不合理的相反的信念侵入而不加扑灭，或让它控制自己，不管控制的时间如何短暂。这种功夫，在他情不自禁地要变成幼稚的时候，不过是一个思索的问题罢了，但这思索如果做得充分有力的话，也是很快的，所以为此而消费的时间也很少。

有许多人心里对理性抱着厌恶，遇着这等人，我刚才所说的一切，势必显得离了本题而无关重要了。有一种观念，以为理性倘被放任，便将灭绝较为深刻的情绪。这个念头，我觉得是对于理性在人类生活中的作用完全误解所致。孵育感情原非理智的事情，虽然它一部分的作用，可能是设法阻止那些为害福祉的情绪。寻出减少仇恨与嫉妒的方法，无疑是理性心理学的一部分功能。但以为在减少这些情欲[①]的时候，同时也减少了理性并不排斥的热情的力量，却是误解。在热烈的恋爱中，在父母的温情中，在友谊里，在仁慈里，在对科学或艺术的虔诚中，丝毫没有理智想要减少的成分。当合理的人感到这些情绪中的无论何种时，定将非常高兴而决不设法去减弱它们的力量，因为所有这些情绪都是美好的人生之一部，而美好的人生便是对己对人都促进幸福的一种。在以上所述的那些情绪里，全无不合理的分子，只有不合理的人才感到最无聊的情欲。谁也无须害怕，说在使自己变得合理的时候，生活就会变得暗淡无聊。相反，唯其因为"合

---

① 按即指仇恨与嫉妒。

理"是存在于内心的和谐之上,所以到达这个境界的人,在对世界的观照上,在完成外界目标的精力运用上,比起永远被内心的争执困扰的人来,要自由得多。最无聊的莫过于幽囚在自身之内,最欢畅的莫过于对外的注意和努力。

我们的传统道德,素来太过于以自己为中心,罪恶的观念,便是这不智的"自己中心"的一部。为那些从未受伪道德的训练而养成主观心情的人,理性可以无须。但为那些得了病的人,在治疗上理性是必不可少的。而得病也许是精神发展上一个免不了的阶段。我想,凡是藉理性之力而度过了这一关的人,当比从未害病也从未受过治疗的人高出一级。我们这时代流行的对理性的憎恨,大半由于不曾把理性的作用从完全基本的方面去设想。内心分裂的人,寻找着刺激与分心之事;他的爱剧烈的情欲,并不为了健全的理由,而是因为可以暂时置身于自己之外,避免思想的痛苦。在他心中,任何热情都是麻醉,而且因为他不能设想基本的幸福,他觉得唯有借麻醉之力才能解除苦恼。然而这是一种痼疾的现象。只要没有这种病症,最大的幸福便可和最完满的官能运用同时出现。唯有头脑最活跃,毋须忘记多少事情的时候,才有最强烈的欢乐可以享受。的确,这是幸福的最好的试金石之一。需要靠无论何种的麻醉来获致的幸福是假的,不能令人满足的。我们的官能必须全部活跃,对世界必须有最完满的认识,方能有真正令人快慰的幸福。

八　被虐狂

极度的被虐狂,公认为疯癫的一种。有些人妄想人家要杀害他们,禁锢他们,或对他们施行什么旁的严重的迫害。想防御幻想的施虐者的念头,常使他们发为暴行,逼得人家不得不限制他们的自由。像许多别种形式的疯狂一样,这一种疯狂也不过是某种倾向的夸大,而那种倾向在正常的人也是不免的。我不预备来讨论它极端的形式，那是心理分析学家的事情。我要考虑的乃是它较为温和的表现，因为它常常是不快乐的原因，也因为它尚未发展为真正的疯癫，还可能由病人自己来解决，只消他能准确地诊断出他的病状，并且看到它的来源即在他自身而不在假想的旁人的敌意或无情。

大家都知道有一等人，不分男女，照他们自己的陈述，老是受到忘恩负义、刻薄无情的迫害。这类人物善于花言巧语，很容易使相识不久的人对他们表示热烈的同情。在他们所叙述的每桩单独的故事中，普通并无什么难以置信的地方。他们抱怨的那种迫害，毫无疑问有时是确实遭遇的。到末了引起听的人疑惑的，是受难者竟遇到这样多的坏蛋这回事。依照"大概"的原则，生在一个社会里的各式人物，一生中遇到虐害的次数大约是相仿的。假如一个人在一群人里面受到普遍的（照他自己所道）虐害，那末原因大概是在他自己身上：或者他幻想着种种实际上并未受到的侵害，或者他无意识中的所作所为，正好引起人家无可克制的恼怒。所以，对于自称为永远受着社会虐待的人，有经验的人士是表示怀疑的；他们因为缺乏同情心的缘故，很易使不幸的家伙更加证实自己受着大众的厌恶。事实上，这种烦恼是难以解决的，因为表示同情与不表示同情，都是足以引起烦恼的原因。倾向于被虐狂的人，一朝发觉一件厄运的故事被人相信时，会把这故事渲染得千真万确；而另外一方面，倘他发觉人家不相信时，他只是多得了一个例子，来证明人家对他的狠心。这种病只能靠理解来对付，而这理解，倘使我们要完成它的作用的话，必须教给病人。在本章内，我的目标是提议几种一般的思考，使每人可借以在自己身上寻出被虐狂（那是几乎个个人多少有着的）的原素，然后加以排斥。这是获致幸福的一部分重要工作，因为倘我们觉得受着大众虐待，那是决计没有幸福可言的。

"不合理性"的最普遍的形式之一，是每个人对于恶意的饶舌所取的态度。很少人忍得住议论熟人的是非，有时连对朋友都难免；然而人们一听到有什么不利于自己的闲话时，立刻要骇愕而且愤愤了。显而易见，他们从未想到，旁人的议论自己，正如自己的议论旁人。这骇愕愤懑的态度还是温和的，倘使夸张起来，就可引上被虐狂的路。我们对自己总抱着温柔的爱和深切的敬意，我们期望人家对我们也是如此。我们从未想到，我们不能期待人家的看待我们，胜于我们的看待人家，而我们所以想不到此的缘故是，我们自身的价值是大而显明的，不像别人的价值，万一是有的话，只在极慈悲的眼光之下显现。当你听到某人说你什么难堪的坏话时，你只记得你曾有九十九次没有说出关于他的最确当最应该的批评，却忘记了第一百次上，一不小心你说过你认为道破他的真相的话。所以你觉得：这么长久的忍耐倒受了这种回报！然而在这个观点上，他眼中的你的行为，恰和你眼中的他的行为一样：他全不知你没有开口的次数，只知你的确开口的第一百次。假令我们有一种神奇的本领，能一目了然的看到彼此的思想，那末，我想第一个后果是：所有的友谊都将解体；可是第二个后果倒是妙不可言，因为独居无友的世界是受不了的，所以我们将学会彼此相悦，而无须造出幻想来蒙蔽自己，说我们并不以为彼此都有缺点①。我们知道，我们的朋友是有缺点，但大体上仍不失为我们惬意的人。然而我们一发觉他们也以同样的态度对付我们时，就认为不堪忍受了。我们期望他们以为我们不像旁人一样，确是毫无瑕疵的。当我们不得不承认有缺点时，我们把这明显的事实②看得太严重了。谁也不该希望自己完满无缺，也不该因自己并不完满而过分的烦恼。

过于看高自己的价值，常常是受虐狂的根子。譬如说，我是一个剧作家；在公平的人眼中，我显然是当代最显赫的剧作家。可是为了某些理由，

---

① 按此句之意即：倘彼此的思想都能明白看到，我们就可坦然承认彼此的缺点而相交了。

② 按即人皆有过之谓。

我的剧本难得上演，即使上演也不受欢迎。这种奇怪的情形怎么解释呢？明明是剧院经理，演员，批评家，为了这个或那个理由，联合着跟我捣乱。而这个理由，当然是为我增光的：我曾拒绝向戏剧界的大人物屈膝；我不肯奉承批评家；我的剧本包含着直接痛快的真理，使得被我道破心事的人受不了。因此我的卓越的价值不能获得人家承认。

然后，还有从不能使人对他的发明的价值加以审察的发明家；制造家墨守成法，不理会任何的革新；至于少数进步分子，却有着他们自己的发明家，他们又永远提防着不让未成名的天才闯入；尤其古怪的是，专门的学会，把你手写的说明书原封不动的退回来，或竟遗失；向个人的呼吁又老是没有回音。这种种情形怎么解释呢？显然是有些人密切勾结着，想把发明上所能获得的财富由他们包办，不跟他们一伙的人是无人问津的。

然后，还有从事实上受到真正苦难的人，把自己的经验推广开去，终于认为他个人的不幸就是转捩乾坤的关键。譬如说，他发觉了一些关于秘密警察的黑幕，人们一向是为了政府的利益而秘不宣泄的。他找不到一个出版家肯披露他的发现，最高尚的人物也袖手旁观，不肯来纠正他义愤填胸的坏事。至此为止，事实的确和他所说的相符。但他到处遭受的失意给了他一个那么强烈的印象，使他信为一切有权有势之辈都专心致志的从事于掩盖罪恶，因为他们的权势就建筑在这些罪恶之上。他的观察一部分是真确的，所以他的信念特别顽固；他个人接触到的事情，自然要比他没有直接经验的大多数的事情给予他更深的印象。由是，他弄错了"比例"这个观念，把也许是例外而非典型的事实过于重视。

另一种常见的被虐狂者，是某一等特殊的慈善家，永远违反着对方的意志而施惠于人，一旦发觉人家无情无义时，便骇愕而且悚然了。我们为善的动机实在难得像我们想象中的那么纯洁，爱权势的心理是诡诈非凡的，有着许多假面具，我们对人行善时所感到的乐趣，往往是从爱权势来的。并且，行善中间还常有别的分子搀入。对人"为善"普通总要剥夺人家多少乐趣：或是饮酒，或是赌博，或是懒惰，不胜枚举。在这情形内，就有道德色彩特浓的成分，即我们为要保持朋友的尊敬而避免的罪过，他们倒痛痛快快的犯了，使我们不由不嫉妒。例如那般投票赞成禁吸纸烟法律（这种法律在美国好几州内曾经或仍旧存在）的人，当然是不吸烟者，旁人在烟草上感到的乐趣为他们恰是因嫉妒而痛苦。假如他们希望已经戒除纸烟的以前的瘾君子们，到代表会来感谢他们超拔，那他们准会失望。然后他们将想到自己为了公众福利而奉献了生命，而那般最应当感激他们的善举的人，竟最不知道感激。

同样的情形可以见诸于主妇于女仆的态度，因为主妇自以为应当负责监护女仆的道德。但现在仆役问题已变得那样的尖锐，以致对女仆的这种慈爱也日渐少见了。

在高级的政治上也有类似的情形。一个政治家逐渐集中所有的精神力量，以便达到一个高尚的目标，他因之而摒弃安适，进入公共生活的领域，可是无情义的群众忽然翻过脸来攻击他了，那时他当然不胜其惊愕。他从未想到他的工作除了"为公"以外还会有别的动机；从未想到控制大局的乐趣在某程度内确曾鼓励他的活动。在讲坛上和机关报上用惯的套语，慢慢在他心目中变成了真理，同一政党的人互相标榜的词藻，也误认作动机的真正的分析了。一朝憎厌而且幻灭之后，他将摒弃社会（其实社会早已摒弃了他），并且后悔竟是做了一件像谋公众福利那样不讨好的事情。

这些譬喻牵引出四条概括的格言，如果这些格言的真理被彻底明了的话，大可阻止被虐狂的出现。第一条是：记住你的动机并不常常像你意想中的那么舍己达人。第二条是：切勿把你自己的价值估得太高。第三条是：切勿期望人家对你的注意，像你注意自己一样关切。第四条是：勿以为多数的人在密切留神你，以致有何特殊的欲望要来迫害你。我将对这些格言逐条申说几句。

博爱主义者和实行家，特别需要对自己的动机采取怀疑态度；这样的人常有一种幻象，以为世界或世界的一部是应该如何如何的；而他们觉得（有时准确地有时不准确地）在实现他们的幻象时，他们将使人类或其中的一部分得到恩惠。然而他们不曾充分明白，受到他们行为的影响的人，每个人都有同等的权利来幻想他所需要的社会。一个实际行动的人确信他的幻象是对的，任何相反的都是错的。但这种主观的真确性并不能提供证据，说他在客观上也是对的。何况他的信念往往不过是一种烟幕，隐藏在烟幕之下的，是他眼见自己力能左右大局而感到快慰。而在爱好权势之外，还加上另一项动机，就是虚荣心，那是在这等情形中大有作用的。拥护议会的高尚的理想家，——在此我是凭经验说话——听到玩世不恭的投票人，说他只是渴望在名字上面加上"国会议员"的头衔，定将大为诧怪。但当争辩过后，有余暇思索的时光，他会想到归根结蒂，也许那玩世派的说话是对的。理想主义使简单的动机穿上古怪的服装，因此，现实的玩世主义的多少警句，对我们的政治家说不大会错。习俗的道德所教人的一种利他主义，其程度是人类天性难于做到的，那般以德性自傲之辈，常常妄想他们达到了这个不可达到的理想。甚至最高尚的人的行为，也有绝大多数含着关切自己的动机，而这也毋须惋惜，因为倘不如是，人类这个种族早已不能存在。一个眼看人家装饱肚子而忘了喂养自己的人，定会饿死。当然，他可以单单为了使自己有充分的精力去和邪恶奋斗而饮食，但以这种动机吞下去的食物是否会消化，却是问题，因为在此情形之下所刺激起来的涎液是不够的。所以一个人为了口福而饮食，要比饮食时单想着公众福利好得多。

可以适用于饮食的道理，可以适用于一切旁的事情。无论何事，若要做得妥善，必有赖于兴致，而兴致又必有赖于关切自己的动机。从这一观点上说，凡是在敌人面前保卫妻儿的冲动，也当列入关切自己的动机之内。这种程度的利他主义，是人类正常天性之一部，但习俗道德所教训的那种程度却并不是，而且很少真正达到。所以，凡是想把自己卓越的德性来自豪的人，不得不强使自己相信，说他们已达到实际并未达到的那种程度的

不自私；由是，追求圣洁的努力终于一变而为自欺自骗，更由是而走上被
虐狂的路。

四格言中的第二项，说高估你自己的价值是不智的这一点，在涉及道
德一方面，可以包括在我们已经说过的话内。但道德以外的价值同样不可
估高。剧本始终不受欢迎的剧作家，应镇静地考虑它们是否坏剧本；他不
该认定这个假定不能成立。如果他发觉这假定与事实相符，他就当像运用
归纳法的哲学家一样，接受它。不错，历史上颇有怀才不遇的例子，但比
起鱼目混珠的事实来不知要少几倍。假若一个人是时代不予承认的一个天
才，那末他不管人家漠视而固执他的路线是对的。另一方面，假若他是没
有才具而抱着虚荣心妄自尊大的人，那末他还是不坚持为妙。一个人如果
自以为创造着不获赏识的杰作而苦恼，那是没有方法可以知道他究竟属于
两者之中的那一种。属于前者的时候，你的固执是悲壮的；属于后者的时候，
你的固执便是可笑的了。你死去一百年后，可能猜出你属于那一类。目前，
要是你疑心自己是一个天才而你的朋友们认为并不的话，也有一个虽不永
远可靠但极有价值的测验可以应用。这测验是：你的产生作品，是因为你
感到迫切需要表白某些观念或情绪呢，抑或你受着渴望赞美的欲念鼓动？
在真正的艺术家心中，渴望赞美的欲念尽管很强烈，究竟处于第二位，这
是说：艺术家愿意产生某一种作品，并希望这作品受到赞美，但即使没有
将来的赞美，他也不愿改变他的风格。另一方面，求名成为基本动机的人，
自身之内毫无力量促使他觅得特殊的一种表现，所以他的做这一桩工作正
如做另一桩全然不同的工作一样。像这类的人，倘若不能凭他的艺术来博
得彩声的话，还是根本罢手为妙。再从广泛的方面讲，不问你在人生中占
着何种等级，若果发觉旁人估量你的能力，不像你自己估量的那般高，切
勿断定错误的是他们。你如这样想，便将信为社会上有一种共同的密谋要
抑压你的价值，而这个信念准可成为不快乐的生活的因子。承认你的功绩
并不如你所曾希望的那般大，一时可能是很痛苦的，但这是有穷尽的痛苦，

等它终了以后，快乐生活便可能了。

我们的第三条格言是切勿苛求于人。一般有病的妇女，惯于期望女儿中间至少有一个完全牺牲自己，甚至把婚姻都牺牲掉，来尽她的看护之责。这是期望人家具有违反天性的利他心了，既然利他者的损失，远较利己者的所得为大 [①]。在你和旁人的一切交接中，特别是和最亲近的与最心爱的，极重要而不常容易办到的事，是要记住：他们看人生时所用的，是他们的角度和与他们有关的立场，而非你的角度和与你有关的立场。你对谁都不能希望他为了别人之故而破坏他生活的主要动向。有时候，可能有一种强烈的温情，使最大的牺牲也出之于自然，但当牺牲非出之于自然的辰光，就不该作此牺牲，而且谁也不该因此而受责备。人家所抱怨的别人的行为，很多只是一个人天然的自私自利，对另一人超出了界限的贪得无厌，表示健全的反应罢了。

第四条格言是，要明白别人想到你的时间，没有你想到你的时间多。被虐狂患者以为各式各种的人，日夜不息的想法来替一个可怜的狂人罗织灾难；其实他们自有他们的事情，他们的兴趣。被虐狂症较浅的人，在类似的情形中看到人家的各种行为都与自己有关，而其实并不然。这个念头，当然使他的虚荣心感到满足。倘他是一个相当伟大的人物，这也许是真的。不列颠政府的行动，许多年中都为挫败拿破仑而发。但当一个并不特别重要的人妄想人家不断地想着他的时候，定是走上了疯狂的路。譬如，你在什么公共宴会上发表了一篇演说。别的演说家中，有几人的照片在画报上披露了，而你的并不在内。这将如何解释呢？显而易见不是因为旁的演说家被认为比你重要；一定是报纸编辑的吩咐，特意不让你露面的。可是他们为何要这样吩咐呢？显而易见因为他们为了你的重要而怕你。在这种思想方式之下，你的相片的未被刊布，从藐视一变而为微妙的恭维了。但这一类的自欺，

---

① 按此处所言利他者指女儿，利己者指母亲。

不能使你走向稳固可靠的快乐。你心底里明明知道事实完全相反，为要把这一点真理尽量瞒住你自己起计，你将不得不发明一串越来越荒唐的臆说。强使自己相信这些臆说，结果要费很大的气力。并且，因为上述的信念中间还含有另一信念，以为整个社会仇视你，所以你为保全自尊心计，不得不忍受另一种痛苦的感觉，认为你与社会不睦。建筑在自欺之上的满足，没有一种是可靠的；而真理，不管是如何的不愉快，最好还是一劳永逸的加以正视，使自己与之熟习，然后依照了真理把你的生活建造起来。

九　畏惧舆论

很少人能够快乐，除非他们的生活方式和世界观，大致能获得与他们在社会上有关系的人的赞同，尤其是和他们共同生活的人的赞同。近代社会有一种持色，即是它们分成许多道德观和信仰各各不同的派别。这种情形肇始于宗教改革，或者应该说源自文艺复兴，从那时以后，事态就愈趋愈分明。先是有旧教徒和新教徒之分，他们不但在神学上，抑且在不少比较实际的问题上歧异。再有贵族和中产阶级之别，前者可以允许的各种行为，后者是绝对不能通融的。又有自由神学派和自由思想者，不承认奉行宗教规则的义务。我们今日，在整个欧洲大陆上，社会主义者和非社会主义者之间又有极大的分野，不独限于政治，抑且涉及生活的各部门。在用英语的国土内，派别多至不可胜计。艺术被有些集团所崇拜，被另一些集团认为魔道，无论如何现代艺术总被认为邪恶。在某些集团中，尽忠于帝国是最高的德性，在别的集团中却是一桩罪行，又有些集团认为是蠢事的一种。狃于习俗的人把奸淫看作罪大恶极，但极多人认为即使不足恭维至少也是可以原谅的。离婚在旧教徒中间是绝对禁止的，但多数非旧教徒以为那是婚姻制度必需的救济。

由于这些不同的看法，一个有某些嗜好与信念的人，处于一个集团中时可能觉得自己是一个放逐者，而在另一集团中被认为极其普通的人。多数的不快乐，尤其在青年中间，都是这样发生的，一个青年男子或女子，道听途说的撷拾了一些观念，但发觉这些观念在他或她所处的特殊环境中是被诅咒的，青年人很容易把他们所熟识的唯一的环境认作全社会的代表。他们难得相信，他们为了怕被认为邪恶而不敢承认的观点，在另一个集团或另一个地方竟是家常便饭。许多不必要的苦难，就是这样地由于对世界的孤陋寡闻而挨受的，这种受苦有时只限于青年时期，但终生忍受的也不在少。这种孤独，不但是痛苦之源，还要浪费许多精力去对敌意的环境维持精神上的独立，并且一百次有九十九次令人畏怯，不敢贯彻他们的思想以达到合理的结论。勃朗德姊妹 ① 在印行作品之前从未遇到意气相投的人。这一点对于英雄式的、气魄雄厚的爱弥丽·勃朗德固然不生影响，但对夏洛蒂·勃朗德当然颇有关系了，她虽有才气，大部分的观点仍不脱管家妇气派。同时代的诗人勃莱克，像爱弥丽一样，也过着精神极度孤独的生活，但也像她一样，有充分的强力足以消除孤独的坏影响，因为他永远相信自己是对的，批评他的人是错的。他对公众舆论的态度，读下面几行就可知道。

> 我认识的人中唯一不使我作呕的，
>
> 是斐赛利：他又是回教徒又是犹太人，
>
> 那末亲爱的基督徒，你们又将如何？ ②

但在内心生活里具有这等毅力的人是不多的。友好的环境，几乎为每个人的快乐都是必需的。当然，大多人都处在同情的环境之内。他们青年

---

① 十九世纪英国女作家，三姊妹皆以小说名世。

② 译者按：回教徒与犹太人皆为基督徒所恶，但勃莱克却认为唯有这种人不使他憎厌，足见他的蔑视公共舆论。

时习染了流行的偏见，本能地承受了周围的信念与风俗。但另有一批少数的人物，其中包括着一切有些灵智的或艺术的价值的人，绝对不能取这种俯首帖耳的态度。假定有一个生在小乡镇里的人，从幼年起就发觉在他精神发展上必不可少的东西，全都遭受周围的白眼。假定他要念一些正经的书，别的孩子们就瞧不起他，教师们告诉他这类书是涡惑人心的。假如他关心艺术，伴侣们就认为他没有丈夫气，长辈又认为他不道德。假如他渴望无论怎样体面的前程，只消在他的集团里是不经见的，人们便说他傲慢，并说对他父亲适配的事应该对他也适配。倘他对父母的宗教主张或政治党派发表批评，很可能招惹严重的是非。为了这许多理由，在多数具有特殊价值的青年男女，少年时期是一个非常不快乐的时期。为一般比较平凡的伴侣，这倒是一个快活和享受的辰光；至于他们，却热望着一些更严肃的事情，可是在他们特殊的社会集团内，在前辈和平辈身上都找不到这严肃的东西。

这等青年进入大学时，大概能发现一些气味相投的知己，享几年快乐生活。运气好的话，他们离开大学之后可以找到一项工作，使他们仍可能选择一般契合的伴侣；一个住在像伦敦、纽约那样的大都市里的聪明人，普通总可找到一个情投意合的集团，可毋需受什么约束或装什么虚伪。但若他的工作迫使他住在一个较小的地方，尤其不得不对普通人士保持尊敬的时候，例如律师和医生的职业就得如此，那末他可能终生对大半日常遇见的人，瞒着他真正的嗜好和信念。这种情形在美国特别真切，因为幅员广大。在你最意料不到的地方，东、南、西、北，你会发现一些孤寂的人，从书本上得知在有些地方他们可能不孤独，但是没有机会住到那边去，即是知心的谈话也是绝无仅有。在这等情势之下，凡是性格不像勃莱克那么坚强的人，就不能享有真正的幸福。假使要真正的幸福成为可能，那必须找到一些方法来减轻公众舆论的专横或逃避它，而且借助了这方法，使聪明的少数分子能彼此认识而享受到互相交往之乐。

在好多情形中，不必要的胆怯使烦恼变得不必要的严重。公众舆论对那些显然惧怕它的人，总比对满不在乎的人更加横暴。狗对怕它的人，总比对不理不睬的人叫得更响，更想去咬他；人群也有同样的特点。要是你表示害怕，保准你给他们穷追，要是你若无其事，他们便将怀疑他们的力量而不来和你纠缠了。当然，我并不鼓吹极端的挑衅。倘你在肯新吞①主张在俄罗斯流行的见解，或在俄罗斯揭橥在肯新吞很平常的观点，你一定要受到后果。我所说的并非这样的极端，而是温和得多的背叛习俗的行为，例如衣冠不整，或是不隶属于某些教堂，或是不肯读优秀的书等等。这一类的背叛，要是出之于不拘小节与和悦的态度，出之于自然而非挑衅的气概，那么即使最拘泥的社会也会容忍。久而久之你可取得大众承认的狂士地位，在别人身上不可原恕的事情，在你倒可毋容禁忌。这大部分是性情温良与态度友好的问题。守旧的人所以要愤愤然的攻击背弃成法，大半因为他们认这种背弃无异是对他们的非议。假如一个人有充分的和悦与善意，令最愚蠢的人都明白他的行为全无指责他们的意思，那末很多违反习俗之事可以得到原谅。

然而这种逃避物议的方法，为那般以趣味或意见之故而绝对不能获得周围同情的人，是没有用处的。周围的缺少同情，使他们忐忑不安，常常取着好斗的态度，即使他们表面上证明，或设法避免任何尖锐的争执，也是徒然。因此，凡与自己集团中的习俗不和协的人，常倾向于锋芒外露，心神不安，缺少胸怀开朗的好心情。这些人一旦走到另一个集团，走到他们的观点并不被认为奇怪的派别中去时，他们的性格似乎完全改变了。他们能从严肃、羞怯、缄默，一变而为轻快和富有自信；能从顽强一变而为和顺易与；能从自我中心一变而为人尽可亲。

所以凡是与环境不融洽的青年，在就业的时候，当尽量选取一桩能有气味相投的伴侣可以遇到的事业，即使要因之而减少收入也在所不顾。往

---

① 按系伦敦市区之一。

往他们不知道这是可能的，因为他们对社会的认识有限，很容易把他们在家里看惯的偏见，误认为普天下皆是。在这一点上，老一辈的人应该能予青年人很多助力，既然最重要的是对人类具有丰富的经验。

当此精神分析盛行的时代，极普通的办法是，认定一个青年和环境龃龉时，原因必在于什么心理上的骚乱。在我看来，这完全是一桩错误。譬如，假定一个青年的父母相信进化论是邪说。在这个情形之下，使他失去父母同情的，唯有"聪明"二字。与环境失和，当然是一桩不幸，但并非一定应该不惜任何代价去避免的不幸。遇到周遭的人愚蠢，或有偏见，或是残忍的时候，同他们失和倒是德性的一种标记。而上述的许多缺点，在某种程度内几乎在所有的环境中都存在。伽利莱①与凯不勒②有过像日本所称的"危险思想"，我们今日最聪明的人也大半如是。我们决不该祝望，社会意识发展的程度，能使这样的人物惧怕自己的见解所能引起的社会仇视。所当祝望的，是寻出方法来把这仇视的作用尽量减轻和消灭。

在现代社会里，这个问题极大部分发生于青年界。倘然一个人一朝选择了适当的事业，进入了适当的环境，他大概总能免受社会的迫害了；但当他还年轻而他的价值未经试炼时，很可能被无知的人摆布，他们自认为对于一无所知的事情有资格批判，若使一个年纪轻轻的人胆敢说比有着多少人情世故的他们更懂得一件事情的话，他们便觉得受了侮辱。许多从无知的专制之下终于逃出来的人，会经历那么艰苦的斗争，挨过那么长时期的压迫，以致临了变得满腔悲苦，精力衰敝。有一种安慰人心的说法，说天才终归会打出他自己的路，许多人根据了这个原则便认为对青年英才的迫害，并不能产生多少弊害。但我们毫无应该接受这原则的论据。那种说数很像说凶手终必落网的理论。显然，我们所知道的凶手都是被捕的，但

---

① 十六七世纪意大利天文家。

② 十七世纪德国天文家。

谁能说我们从未知道的凶手究有多少？同样，我们听到过的天才，固全都战胜了敌对的环境，但毫无理由说：并没无数的天才在青年时被摧残掉。何况这不但是天才问题，亦且是优秀分子的问题，这种才具对于社会也是同样重要啊。并且这也不但是好歹从舆论的专制之下挣扎出来就算的问题，亦且是挣扎出来时心中不悲苦，精力不衰竭的问题。为了这些理由，青春时期的生活不可过于艰苦。

老年人用尊重的态度对付青年人的愿望，固然是可取的，但青年人用尊重的态度对付老年人的愿望却并不可取。理由很简单，就是在上述两种情形内，应该顾到的是青年人的生活，而非老年人的生活。但当青年人企图去安排老年人的生活时，例如反对一个寡居的尊亲再度婚嫁等，那末其荒谬正和老年人的企图安排青年人的生活一样。人不问老少，一到了自由行动的年纪，自有选择之权，必要时甚至有犯错误的权利。青年若是在任何重大的事情上屈服于老年人的压迫，便是冒失。譬如你是一个青年人，意欲从事舞台生活，你的父母表示反对，或者说舞台生活不道德，或者说它的社会地位低微。他们可能给你受各式各种的压力，可能说倘你不服从就要把你驱逐，可能说你几年之后定要后悔，也可能举出一连串可怕的例子，叙述一般青年莽莽撞撞的做了你现在想做的事，最后落得一个不堪的下场。他们的认为舞台生活与你不配，或许是对的；或者你没有演剧的才能，或者你的声音不美。然而倘是这种情形，你不久会在从事戏剧的人那边发现的，那时你还有充分的时间改行。父母的论据，不该成为使你放弃企图的充分的理由。倘你不顾他们的反对，竟自实现了你的愿望，那末他们不久也会转圜，而且转圜之快，远出于你的和他们的意料之外。但若在另一方面，有专家的意见劝阻你时，事情便不同了，因为初学的人永远应当尊重专家的意见。

我认为，以一般而论，除了专家的意见之外，大家对别人的意见总是过于重视，大事如此，小事也如此。在原则上，一个人的尊重公共舆论，只应以避免饥饿与入狱为限，逾越了这个界限，便是自愿对不必要的专制屈服，同时可能在各方面扰乱你的幸福。譬如，拿化钱的问题来说。很多人的化钱方式，和他们天生的趣味完全背驰，其原因是单单为了他们觉得邻居的敬意，完全靠着他们有一辆华丽的车子和他们的能够供张盛宴。事实是，凡是力能置备一辆车子，但为了趣味之故而宁愿旅行或藏书的人，结果一定比着附和旁人的行为更能受人尊敬。这里当然谈不到有意的轻视舆论；但仍旧是处于舆论的控制之下，虽然方式恰恰是颠倒。① 但真正的漠视舆论是一种力量，同时又是幸福之源。并且一个社会而充满着不向习俗低首的男女，定比大家行事千篇一律的社会有意思得多。在每个人的性格个别发展的地方，就有不同的典型保存着，和生人相遇也值得了，因为他们决不是我们已经遇见的人的复制品。这便是当年贵族阶级的优点之一，因为境遇随着出身而变易，所以行动也不致单调划一。在现代社会里，我们正在丧失这种社会自由的源泉，所以应当充分明白单纯划一的危险性。我不说人应当有意行动怪僻，那是和拘泥守旧同样无聊。我只说人应当自然，应当在不是根本反社会的范围之内，遵从天生的趣味。

由于交通的迅速，现代社会的人不像从前那样，必须依赖在地理上最接近的邻居了。有车辆的人，可把住在二十里以内的任何人当作邻居。因此他们比从前有更大的自由选择伴侣。在无论那一个人烟稠密的邻境，一个人倘不能在二十里之内觅得相契的心灵，定是非常不幸的了。在人口繁盛的大中心，说一个人必须认识近邻这个观念早已消灭，但在小城和乡村内依旧存在。这已经成为一个愚蠢的念头，既然我们已无须依赖最近的邻居做伴。慢慢地，选择伴侣可能以气质相投为主而不以地域接近为准。幸福是由趣味相仿、意见相同的人的结合而增进的。社交可能希望慢慢往这条路上发展，由是也可能希望现在多少不随流俗的人的孤独逐渐减少，以

---

① 按：一种是怕舆论，另一种是迎合舆论。其为舆论所役则一。

至于无。毫无疑问，这可以增进他们的快乐，但当然要减少迂腐守旧的人的快乐，——目前他们确是以磨折反抗习俗的人为乐的。然而我并不以为这一种的乐趣需要加以保存。

畏惧舆论，如一切的畏惧一样，是难堪的，阻碍发育的。只要这种畏惧相当强烈，就不能有何伟大的成就，也不能获得真正的幸福所必需的精神自由，因为幸福的要素是，我们的生活方式必渊源于我们自己的深邃的冲动，而非渊源于做我们邻居或亲戚的偶然的嗜好与欲念。对近邻的害怕，今日当然已比往昔为少，但又有了一种新的害怕，怕报纸说话。这正如中古时代的妖巫一样的骇人。当报纸把一个也许完全无害的人选做一匹代罪的羔羊时，其结果将非常可怕。幸而迄今为止，对这种命运，多数的人还能因默默无闻之故而幸免；但报纸的方法日趋完备，这新式的社会虐害的危险，也有与日俱增之势。这是一件太严重的事情，受害的个人决不能以藐视了之；而且不问你对言论自由这大原则如何想法，我认为自由的界限，应当比现有的毁谤法律加以更明确的规定，凡使无辜的人难堪的行为，一律应予严禁，连人们实际上所作所为之事，也不许用恶意的口吻去发表而使当事人受到大众的轻视。然而，这个流弊的唯一最后的救济，还在于群众的多多宽容。增进宽容之法，莫如使真正幸福的人增多，因为唯有这等人才不会以苦难加诸同胞为乐。

下编　幸福的原因

一〇　快乐还可能么？

至此为止，我们一直研究着不快乐的人；如今我们可有较为愉快的工作，来研究快乐的人了。某些朋友的谈话和著作，几乎老是使我认为在现代社会里，快乐是一件不可能的事。然而我发觉由于反省，国外旅行，和我的园丁的谈话，上述的观点正在慢慢趋于消减。我的文艺界朋友的忧郁，在前面已经讨论过；在这一章里，我愿把我一生中遇到的快活人作一番考察。

快乐虽有许多等级，大体上可以分成两类；那可以说是自然的快乐和幻想的快乐，或者说是禽兽的快乐和精神的快乐，或者说是心的快乐和头脑的快乐。在这些名称中拣哪一对，当然是看你所要证明的题目而定。目前我并不要证明什么题目，不过想加以描写罢了。要描写这两种快乐之间的不同点，最简单的方法大概是说：一种是人人都可达到的，另一种是只有能读能写的人方能达到。当我幼年的辰光，我认识一个以掘井为业的极其快乐的人。他生得高大逾恒，孔武有力，但是目不识丁，当一八八五年他拿到一张国会选举票时，才初次知道有这样的制度存在。他的幸福并不有赖于智力方面的来源，也不依靠信仰自然律令，或信仰物种进化论，或公物公有论，或耶稣再生论，或是智识分子认为享受人生所必需的任何信念。他的快乐是由于强健的体力，充分的工作，以及克服在穿石凿井方面的并非不可克服的困难。我的园丁的快乐也属于这一类；他永久从事于扑灭兔子的战争，提起它们时的口吻，活像苏格兰警场中人的提起布尔雪维克；他认为它们恶毒，奸刁，凶残，只能用和它们同样的诡谲去对付。好似华哈拉的英雄们[①] 每天都猎得一匹野熊一般，我的园丁每天都得杀死几个敌人，不过古英雄夜里杀的熊明天早上会复活，而园丁却毋需害怕敌人下一天会失踪。虽然年纪已过七十，他整天工作着，来回骑着自行车走六十里山路；但他欢乐的泉源简直汲取不尽，而供给这欢乐之源的就是"它们这些兔子"。

但你将说，这些简单的乐趣，对于像我们这样高等的人是无缘的。向如兔子般微小的动物宣战，能有什么快乐可言？这个论据，在我看来是很可怜的。一匹兔子比一颗黄热病的微菌大得多了，然而一个高等的人照样可在和微菌的战争里觅得快乐。和我园丁的乐趣完全相同的乐趣，以情绪的内容来讲，连受最高教育的人都能领受。教育所造成的差异，只在于获取乐趣时的活动差异。因完成一件事情而产生的乐趣，必须有种种的困难，在事前似乎绝无解决之望，而结果总是完成。也许就为这个缘故，不高估自己的力量是一种幸福之源。一个估低自己的人，永远因成功而出惊；至于一个估高自己的人，却老是因失败而出惊。前一种的出惊是愉快的，后一种是不愉快的。所以过度自大是不智的，虽然也不可过度自卑以致减少进取心。

社会上教育最高的部分内，目前最快乐的是从事科学的人。他们之中

---

① 按华哈拉为斯干地那维神话中英雄所居地。

最优秀的分子，多数是情绪简单的，他们在工作方面获得那么深邃的满足，以致能够在饮食与婚姻上寻出乐趣来。艺术家与文人认为他们在结婚生活中不幸福是当然的，但科学家常常能接受旧式的家庭之乐。原因是，他们的智慧的较高部分，完全沉溺在工作里面，更无余暇去闯入它们无事可为的领域。他们在工作内能够快乐，因为在近代社会里科学是日新月异的，有权力的，因为它的重要性无论内外行都深信不疑。因此他们无需错杂的情绪，既然较简单的情绪也不会遇到障碍。情绪方面的症结好比河中的泡沫。必须有了阻碍，破坏了平滑的水流才会发生。但只消生命力不受阻滞，就不会在表面上起皱纹，而生命的强力在一般粗心大意的人也不觉明显。

幸福的一切条件，在科学家的生活中全都实现了。他的活动使他所有的能力充分应用出来，他成就的结果，不但于他自己显得重要，即是完全茫然的大众也觉得重要无比。在这一点上，他比艺术家幸运多了。群众不能了解一幅画或一首诗的时候，就会断定那是一幅坏画或一首坏诗。群众不能了解相对论的时候，却断定（很准确地）自己的教育不够。所以爱因斯坦受到光荣，而最出色的画家却在顶楼上挨饿，所以爱因斯坦快乐而画家们不快乐。在只靠自己主张来对抗群众的怀疑态度的生活里，很少人能真正快乐，除非他们能躲在一个小集团里忘掉冷酷的外界。科学家可毋需小组织，因为他除了同事以外受到个个人的重视。相反，艺术家所处的地位是很苦恼的，或是被人轻鄙，或是成为可鄙：他必须在此两者之间选择其一。假如他的力量是属于第一流的，若是施展出来，就得被人鄙视；若是不施展出来，就得成为可鄙的人物。但这并非永远如此到处如此。有些时代，即使一般最卓越的艺术家，即使他们还年轻，便已受到尊重。于勒二世①虽然可能虐待弥盖朗琪罗，却从不以为他不能作画。现代的百万富翁，虽然可能对才力已衰的老艺术家大量资助，可从不会把他的工作看做和自

---

① 按系十六世纪时教皇。

己的一般重要。也许就是这些情形使艺术家通常不及科学家幸福。

　　我以为，西方各国最聪明的青年人在这一方面的不快乐，是由于他们最好的才具找不到适当的运用。但在东方各国,情形就不然了。聪明的青年,如今在俄国大概比在世界上任何旁的地方都要快活些。他们在那边有一个新世界要创造，有一股为创造新世界所必需的热烈的信仰。老的人物被处决了，饿死了，放逐了，或者用什么旁的方法消毒过了，使他们不能像在西方国家那样，再去强迫青年在做坏事和一事不做之间拣一条路走。在头脑错杂的西方人眼中，俄国青年的信仰可能显得不成熟，但这究竟有什么害处呢？他正创造着一个新世界；而新世界是一定投合他的嗜好的，一朝造成之后，几乎一定能使普通的俄国人比革命以前更幸福。那或者不是头脑错杂的西方知识分子能够幸福的世界，但他们用不到在那里过活啊。所以不论用何种实际主义的测验，青年俄罗斯的信仰总是显得正当的，至于用不成熟这名词来贬斥它，却只在理论上成立。

　　在印度、中国、日本，外部的政治情势常常牵涉着年青的独立思想家的幸福，但是没有像西方那样的内部的阻碍。只要在青年眼中显得重要的活动成功，青年就觉得快乐。他们觉得自己在民族生活里有一个重要的角色得扮演，于是竭力追求着这个虽然艰难但仍可能实现的目标。在西方受有最高教育的男女之间，玩世主义是极其流行的，而这玩世主义是"安乐"与"无能"混合起来的产物。"无能"令人感到世界上事事不足为，这个感觉当然是痛苦的，但因为有"安乐"在旁边，所以这痛苦并不尖锐到难以忍受的地步。在整个东方，大学生可以希望对公共舆论发生相当的影响，这是在现代的西方办不到的，但他在物质收入方面就远不及在西方那末有把握了。既不无能，又不安乐，他便变成一个改造家或革命党，但决不是玩世者。改造家或革命党的快乐，是建筑在公共事业的进展上面的，但即使他在被人处决的时候，也许他还要比安乐的玩世主义者享受到更真实的快乐。我记得有一个中国青年来参观我的学校，想回去在中国一个反动的地区设立一个同样的学校。当时他就预备好办学的结果是给人砍掉脑袋。然而他那种恬适的快乐使我只有羡慕的分儿。

虽然如此，我不愿意说这些高傲的快乐是唯一可能的快乐。它们实际上只有少数人士可以几及，因为那是需要比较少有的才能和广博的趣味的。但在工作里面得到乐趣，并不限于出众的科学家，而宣扬某种主张的乐趣也不限于领袖的政治家。工作之乐，随便那个能发展一些特殊巧技的人都能享受，只消他无须世间的赞美而能在运用巧技本身上获得满足。我认得一个从少年时代起就双腿残废的人，享着高寿，终身保持着清明恬适的快乐；他的达到这个境界，是靠着写一部关于玫瑰害虫的五大册的巨著，在这个问题上我一向知道他是最高的权威。我从来不认识多少贝壳学家，但从和他们有来往的人那边得知，贝壳研究的确使他们快慰。我曾记得一个世界上最优秀的作曲家，为一切追求新艺术的人所发现的；他的欢悦，并不因为人家敬重他的缘故，而是因为修积这项艺术就是一种乐趣，有如出众的舞蹈家在舞蹈本身上感到乐趣一样。我也认得一批作曲家，或是擅长数学，或是专攻景教古籍，或是楔形文字，或是任何不相干而艰深的东西。我不曾发觉这些人的私生活是否快乐，但在工作时间内，他们建设的本能确是完全满足了。

大家往往说，在此机械时代，匠人在精巧工作内所能感到的乐趣已远不如前。我绝对不敢断言这种说法是对的：固然，现在手段精巧的工人所做的东西，和中古时代匠人所做的完全两样，但他在机械经济上所占的地位依旧很重要。有做科学仪器和精细机械的工人，有绘图员，有飞机技师，有驾驶员，还有无数旁的行业可以无限制地发展巧艺。在比较原始的社会里，一般农业劳动者和乡下人，在我所能观察到的范围以内，不像一个驾驶员或引擎管理员一样的快活。固然，一个自耕农的劳作是颇有变化的：他犁田，播种，收割。但他受着物质原素的支配，很明白自己的附庸地位；不比那在现代机械上工作的人感到自己是有威力的，意识到人是自然力的主宰而非奴仆。当然，对于大多数的机械管理员，反复不已的做着一些机械的动作而极少变化，确是非常乏味的事，但工作愈乏味，便愈可能用一座机器去做。机械生产的最终鹄的，——那我们今日的确还差得远——原是要建立一种体制，使一切乏味之事都归机械担任，人只管那些需要变化和发动的工作。在这样一个世界里，工作的无聊与闷人，将要比人类从事农耕以来的任何时代都大为减少。人类在采用农业的时候，就决意接受单调与烦闷的生活，以减少饥饿的危险。当人类狩猎为生时，工作是一件乐事，现代富人们的依旧干着祖先的这种营生以为娱乐，便是明证。但自从农耕生活开始之后，人类就进入长期的鄙陋、忧患、愚妄之境，直到机械兴起方始获得解救。提倡人和土地的接触，提倡哈代小说中明哲的农人们的成熟的智慧，对一般感伤论者固然很合脾胃，但乡村里每个青年的欲望，总是在城里找一桩工作，使他从风雪与严冬的孤寂之下逃出来，跑到工厂和电影院的抚慰心灵而富有人间气息的雾围中去。伙伴与合作，是平常人的快乐的要素，而这两样，在工业社会里所能获得的要比农业社会里的完满得多。

对于某件事情的信仰，是大多数人的快乐之源。我不只想到在被压迫国家内的革命党，社会主义者和民族主义者；我也想到许多较为微末的信仰。凡相信"英国人就是当年失踪的十部落"的人，几乎永远是快乐的，至于相信"英国人只是哀弗拉依和玛拿撒的部落"①的人，他们的幸福也是一样的无穷无极。我并不提议读者去接受这种信仰，因为我不能替建筑在错误的信仰之上的任何种快乐作辩护。由于同样的理由，我不能劝读者相信人应当单靠自己的癖好而生活，虽然以我观察所及，这个信念倒总能予人完满的快乐。但我们不难找到一些毫不荒诞之事，只要对这种事情真正感到兴趣，一个人在闲暇时就心有所归，不再觉得生活空虚了。

---

① 按以上所云皆出《圣经》典故。

　　和尽瘁于某些暗晦的问题相差无几的，是沉溺在一件嗜好里面。当代最卓越的数学家之一，便是把他的时间平均分配在数学和集邮两件事情上面的。我猜想当他在数学方面没有进展的时候，集邮一定给他不少安慰。集邮所能治疗的悲哀，并不限于数学方面证题的困难；可以搜集的东西也不限于邮票。试想，中国古瓷，鼻烟壶，罗马古钱，箭镞，古石器等等所展开的境界，何等的使你悠然神往。固然，我们之中有许多人是太"高级"了，不能接受这些简单的乐趣；虽然我们幼年时都曾经历过来，但为了某些理由，以为它们对成人是不值一文的了。这完全是一种误解；凡是无害于他人的乐趣，一律都该加以重视。以我个人来说，我是搜集河流的：我的乐趣是在于顺伏尔加而下，逆扬子江而上，深以未见南美的亚马孙和俄利诺科为憾。这种情绪虽如此单纯，我却并不引以为羞。再不然，你可考察一下棒球迷的那种兴奋的欢乐：他迫切地留心着报纸，从无线电中领受到最尖锐的刺激。我记得和美国领袖文人之一初次相遇的情形，从他的画里我猜想他是一个非常忧郁的人。但恰巧当时收音机中传出棒球比赛的最关紧要的结果；于是他忘记了我，忘记了文学，忘记了此世的一切忧患，听到他心爱的一队获得胜利时不禁欢呼起来。从此以后，我读到他的著作时，不再因想到他个人的不幸而觉得沮丧了。

　　虽然如此，在多数，也许大多数的情形中，癖好不是基本幸福之源，只是对现实的一种逃避，把不堪正视的什么痛苦暂时忘记一下。基本的幸福，其最重要的立足点是对人对物的友善的关切。

　　对人的友善的关切，是爱的一种，但并非想紧抓、想占有、老是渴望对方回报的那一种。这一种常常是不快乐的因子。促进快乐的那种关切，是喜欢观察他人，在他人的个性中感到乐趣，愿意使与自己有接触的人得有机会感到兴趣与愉快，而不想去支配他们或要求他们热烈崇拜自己。凡真用这等态度去对待旁人的人，定能产生快乐，领受到对方的友爱。他和旁人的交际，不问是泛泛的或严肃的，将使他的兴趣和感情同时满足；他不致尝到忘恩负义的辛酸味，因为一则他不大会遇到，二则遇到时他也不以为意。某些古怪的特性，使旁人烦躁不耐，但他处之泰然，只觉得好玩。在别人经过长期的奋斗而终于发觉不可达到的境界，他却毫不费力的达到了。因为本身快乐，他将成为一个愉快的伴侣，而这愈益加增了他的快乐。但这一切必须出之于自然，决不可因责任的意识心中存在着自我牺牲的观念，再把这个观念作为关切旁人的出发点。责任意识在工作上是有益的，但在人与人的关系上是有害的。人愿意被爱，却不愿被人家用着隐忍和耐性勉强敷衍。个人的幸福之源固然不少，但其中最主要的一个恐怕就是：自动地而且毫不费力地爱许多人。

我在上一节里也曾提到对物的友善的关切。这句话可能显得勉强；你可以说对物的友善的关切是不可能的。然而，一个地质学家之于岩石，一个考古学家之于古迹，那种关切里面就有友善的成分。我们应当用以对付个人或社会的，也许就是这种关切。对物的关切，可能是恶意的而非善意的。一个人可能搜集有关蜘蛛产生地的材料，因为他恨蜘蛛而想住到一个蜘蛛较少的地方去。这种兴趣，决不会给你像地质学家在岩石上所得到的那种满足。对于外物的关切，在每个人的快乐上讲，虽或不及对同胞的关切那么可贵，究竟是很重要的。世界广大，人力有限。假定我们全部的幸福完全限制在我们个人的环境之内，那末我们就很难避免向人生过事诛求的毛病。而过事诛求的结果，一定使你连应得的一份都落空。一个人能凭藉一些真正的兴趣，例如德朗会议 [①] 或星辰史等，而忘记他的烦虑的话，当他从无人格的世界上旅行回来时，定将发觉自己觅得了均衡与宁静，使他能用最高明的手段去对付他的烦虑，而同时也尝到了真正的、即使是暂时的幸福。

幸福的秘诀是：让你的兴趣尽量的扩大，让你对人对物的反应，尽量

① 　按系十六世纪时旧教会议。

的倾向于友善。

这是对于幸福的可能性的初步考察，在以后各章中，我将把这考察加以扩充，同时提出一些方案，来避免忧患的心理方面的原因。

一一 兴致

在这一章里，我预备讨论我认为快乐人的最普通最显著的标记——兴致。

要懂得何谓兴致，最好是把人们入席用餐时的各种态度考察一下。有些人把吃饭当做一件厌事；不问食物如何精美，他们总丝毫不感兴味。从前他们就有过丰盛的饭食，或者几乎每顿都如此精美。他们从未领略过没有饭吃而饿火中烧的滋味，却把吃饭看做纯粹的刻板文章，为社会习俗所规定的。如一切旁的事情一样，吃饭是无聊的，但用不到因此而大惊小怪，因为比起旁的事情来，吃饭的纳闷是最轻的。然后，有些病人抱着责任的观念而进食，因为医生告诉他们，为保持体力起计必须吸收一些营养。然后，有些享乐主义者，高高兴兴的开始，却发觉没有一件东西烹调得够精美。然后又有些老饕，贪得无厌地扑向食物，吃得太多，以致变得充血而大打其鼾。最后，有些胃口正常的人，对于他们的食物很是满意，吃到足够时便停下。凡是坐在人生的筵席之前的人，对人生供应的美好之物所取的各种态度，就像坐在饭桌前对食物所取的态度。快乐的人相当于前面所讲的最后一种食客。兴致之于人生正如饥饿之于食物。觉得食物可厌的人，无异受浪漫的克忧郁侵蚀的人。怀着责任心进食的人不啻禁欲主义者，饕餮之徒无殊纵欲主义者。享乐主义者却活像一个吹毛求疵的人，把人生半数的乐事都斥为不够精美。奇怪的是，所有这些典型的人物，除了老饕以外，都瞧不起一个胃口正常的人而自认为比他高一级。在他们心目中，因为饥饿而有口腹之欲是鄙俗的，因人生有赏心悦目的景致，出乎意料的阅历而享受人生，也是不登大雅的。他们在幻灭的高峰上，瞧不起那些他们视为愚蠢的灵魂。以我个人来说，我对这种观点完全不表同情。一切的心灰意懒，我都认为一种病，固然为有些情势所逼而无可避免，但只要它一出现，就该设法治疗而不当视为一种高级的智慧。假定一个人喜欢杨梅而一个人不喜欢；后者又在那一点上优于前者呢？没有抽象的和客观的证据可以说杨梅好或不好。在喜欢的人，杨梅是好的；在不喜欢的人，杨梅是不好的。但爱杨梅的人享有旁人所没有的一种乐趣；在这一点上他的生活更有趣味，对于世界也更适应。在这个琐屑的例子上适用的原则，同样可适用于更重大的事。以观看足球赛为乐的人，在这个限度以内要比无此兴趣的人为优胜。以读书为乐的人要比不以此为乐的人更加优胜得多，因为读书的机会较多于观足球赛的机会。一个人感有兴趣的事情越多，快乐的机会也越多，而受命运播弄的可能性也越少，因若他失掉一样，还可亡羊补牢、转到另一样上去。固然，生命太短促，不能对事事都感兴趣，但感到兴趣的事情总是多多益善，以便填补我们的日子。我们全都有内省病的倾向，仅管世界上万千色相罗列眼底，总是掉首不顾而注视着内心的空虚。但切勿以为在内省病者的忧郁里面有何伟大之处。

从前有两架制肠机，构造很精巧，用来把猪肉制成最精美的香肠的。其中的一架保持着对猪肉的兴致，制造着无数的香肠；另一架却说："猪肉于我何用哉？我自身的工作要比任何猪肉都更奇妙都更有味。"于是它丢开猪肉，专事研究自己的内部。当它摒弃了天然的食粮之后，它的内部就停止工作，而它越研究内部越发觉它的空虚与愚妄。一向把猪肉制成香肠的机械依旧存在，但它彷徨无措，不知这副机械能做些什么。这第二架制肠机就像失去兴致的人，至于第一架则像保留着兴致的人。头脑是一架奇特的机器，能把手头的材料用最惊人的方式配合起来，但没有了外界的素材就一无能力，且不像制肠机那样拿它现成的材料就行，因为外界事故只有在我们对之感到兴味时才能化作经验：倘事故不能引起我们趣味，就对我们毫无用处。所以一个注意力向内的人发觉没有一件事情值得一顾，而一个注意力向外的人，偶然反省自己的心灵时，会发觉种种繁复而有意思的分子都被剖解了，重新配成美妙的或有启迪性的花样。

兴致的形式，多至不可胜计。我们记得，福尔摩斯 ① 在路上拾得一顶帽子。审视了一会之后，他推定这帽子的主人是因酗酒而堕落的，并且失掉了妻子的爱情。对偶然的事故感到如此强烈的兴味的人，决不会觉得人生烦闷。试想在乡村走道上所能见到的各种景色罢。一个人能对禽鸟发生兴味，另一个可能对草木发生兴味，再有人关心地质，还有人注意农事，诸如此类，不胜枚举。这些东西里面随便那样都是有味的，只要它使你感到兴味，而且因为其余的东西都显得不分轩轾了，所以一个对其中之一感到兴味的人要比不感到兴味的人更适应世界。

再有，各种不同的人对待同族同类的态度又是怎样的歧异。一个人，在长途的火车旅行中完全不会注意同路的旅客，而另一个却把他们归纳起来，分析他们的个性，巧妙地猜测他们的境况，甚至会把其中某几个人的最秘密的故事探听出来。人们对旁人的感觉各各不同，正如对旁人的猜测各各不同一样。有的人觉得几乎个个人可厌，有的人却对遇到的人很快很容易地养成友好之感，除非有何确切的理由使他们不如是感觉。再拿像旅行这样的事来说：有些人可能游历许多国家，老是住在最好的旅馆里，用着和在家完全相同的饭餐，遇到和本地所能遇到的相同的有闲的富人，谈着和在家里饭桌上相同的题目。当他们回家时，因为化了大钱的旅行终于无聊地挨受完结，而感到如释重负一般的快慰。另外一些人，却无论走到那里都看到特别的事物，结识当地的典型人物，观察着一切有关历史或社会的有味的事，吃着当地的饭食，学习当地的习惯和语言，满载着愉快的思想回家过冬。

---

① 按即指陶里爵士所著福尔摩斯侦探小说中之主角。

在所有这些不同的情景内，对人生有兴致的人总比没有兴致的人占便宜。对于他，连不愉快的经验都有用处。我很高兴曾经闻到中国平民社会和西西利乡村的气味，虽然我不能说当时真感有什么乐趣。冒险的人对于沉船，残废，地震，火灾，以及各式各种不愉快的经历都感到兴味，只要不致损害他的健康。譬如，他们在地震时会自忖道："哦，地震原来是这么一回事，"并且因为这件新事增进了他们的处世经验而快乐。要说这样的人不受运命支配，自然是不确的，因若他们失掉了健康，他们的兴致很可能同时化为乌有，——但也并不一定如此。我曾认识一般在长期受罪之后死去的人，他们的兴致几乎保持到最后一刻。有几种的不健康破坏兴致。有几种却并不。我不知生物化学家能否分别这些种类。也许当生物化学更进步时，我们可以服用什么药片来保持我们对一切事物的兴趣；但在这样的一天倘未来到时，我们只能凭藉对人生的合乎常理的观察，来判断究竟是什么原因使某些人事事有味而某些人事事无味。

兴致有时是一般的，有时是专门化的。的确，它可能非常的偏于一方面。读过鲍洛[①]的著作的人，当能记忆在《拉凡格罗》一书中的一个人物。他丧失了一生敬爱的妻子，在一时期内觉得人生完全空虚。但他的职业是茶商，为使生活易于挨受起计，他独自去读在他手里经过的茶砖上的中国字。结果，这种事情使他对人生有了新的兴味，热诚地开始研究一切有关中国的东西。我曾认识一些人专事寻觅一切基督教初期的邪说，又有些人的主要兴味却是校勘霍勃[②]的原稿和初版版本。要预先猜出何物能引起一个人的兴味是绝对不可能的，但大多数人都能对这样或那样感到极强烈的兴趣，而这等兴趣一朝引动之后，他们的生活就脱离了烦闷。然而在促进幸福的功用上，极其特殊的兴致总不及对人生的一般的兴致，因为它难以

---

① 　按系十九世纪英国游历家。

② 　按系十七世纪英国哲学家。

填补一个人全部的时间，关于癖好的特殊事物所能知道的事情，可能在末了全部知道，使你索然兴尽。

还须记得，在我们列举的各种食客中间，包括着饕餮者，那是我们不预备加以赞扬的。读者或将认为，在我们赞美的有兴致的人和饕餮者中间并无确切的区别。现在我们应当使这两个典型的界限格外显明。

大家知道，古人把中庸之道看做主要德性之一。在浪漫主义和法国大革命的影响之下，许多人都放弃了这个观点而崇拜激昂的情绪，即使像拜仑的英雄们所有的那种含有破坏性和反社会性的激情，也一样受人赞美。然而在这个问题上，显然古人是对的。在优美的生命中，各种不同的活动之间必须有一个均衡，决不可把其中之一推到极端，使其余的活动不可能。饕餮者把一切旁的乐趣都为了口腹之欲而牺牲，由是减少了他的人生快乐的总量。除了口腹之欲以外，很多旁的情欲都可同样的犯过度之病。约瑟芬皇后①在服饰方面是一个饕餮者。初时拿破仑照付她的成衣账，虽然附加着不断的警告。终于他告诉她实在应该学学节制，从此他只付数目合理的账了。当她拿到下一次的成衣服时，曾经窘了一下，但立即想出了一个计划。她去见陆军部长，要求他从军需款项下拨款支付。部长知道她是有把他革职之权的，便照她的吩咐办了，结果是法国丢掉了热那亚。这至少在有些著作里说的，虽然我不敢担保这件故事完全真确。但不问它是真实的或夸张的，对于我们总是同样有用，因为由此可见一个女人为了服饰的欲望，在她能够放纵时可以放纵到怎样的田地。嗜酒狂和色情狂是同类的显著的例子。在这等事情上面的原则是非常明显的。我们一切独立的嗜好和欲望，都得和人生一般的组织配合。假如要使那些嗜好和欲望成为幸福之源，就该使它们和健康，和我们所爱的人的感情，和我们社会的关系，并存不悖。有些情欲可以推之任何极端，不致超越这些界限，有些情欲却

---

① 按系指拿破仑发妻。

不能。譬如说，假令爱好下棋的人是一个单身汉，有自立的能力，那么他丝毫不必限制他的棋兴；假令他有妻子儿女，并且要顾到生活，那他必得严格约束他的嗜好。嗜酒狂与饕餮者即使没有社会的束缚，在他们自身的利害上着想也是不智的，既然他们的纵欲要影响健康，须臾的快乐要换到长时期的苦难。有些事情组成一个基本的体系，任何独立的情欲都得生活在这个体系里面，倘使你不希望这情欲变成苦难的因子。那些组成体系的事是：健康，各部官能的运用，最基本的社会责任，例如对妻子和儿女的义务等。为了下棋而牺牲这一切的人，其为害不下于酒徒。我们所能为他稍留余地的唯一的理由，是这样的人不是一个平凡之士，唯有多少秉赋不寻常的人才会沉溺于如此抽象的游戏。希腊的节制教训，实际上对这些例子都可应用。相当的爱好下棋，以致在工作时间内想望着夜晚可能享受的游戏，这样的人是幸运的，但荒废了工作去整天下棋的人就丧失了中庸之德。据说托尔斯泰在早年颓废的时代，为了战功而获得十字勋章，但当授奖的时候，他方专心致志于一局棋战，竟至决定不去领奖。我们很难在这一点上批评托尔斯泰不对，因为他的得到军事奖章与否是一桩无足重轻的事，但在一个较为平凡的人身上，这种行为就将成为愚妄了。

为把我们才提出的中庸主义加以限制起计，必须承认有些行为是被认为那样的高贵，以致为了它们而牺牲一切旁的事情都是正当的。为保卫国家而丧生的人，决不因他把妻儿不名一文的丢在世上而受到责难。以伟大的科学发现或发明为目标而从事实验工作的人，也决不因为他使家族熬受贫穷而受到指摘，只消他的努力能有成功之日。虽然如此，倘若他始终不能完成预期的发现或发明，他定将被舆论斥为狂人，而这是不公平的，因为没有人能在这样一件事业里预操成功之券。在基督纪元的最初千年内，一个遗弃了家庭而隐遁的人是被称颂的，虽然今日我们或许要他留些活命之计给家人。

我想在饕餮者和胃口正常的人中间，总有些深刻的心理上的不同。一个人而听任一种欲望放肆无度，以致牺牲了一切别的欲望时，他心里往往有些根子很深的烦恼，竭力设法避免着幽灵。以酒徒来说，那是很明显的：他们为了求遗忘而喝酒。倘他们生活之中没有幽灵，便不致认为沉醉比节制更愉快。好似传说中的中国人所说的："不为酒饮，乃为醉饮"。这是一切过度和单方面的情欲的典型。所寻求的并非嗜好物本身的乐趣，而是遗忘。然而遗忘之道亦有大不相同的两种，一是用愚蠢的方法获致的，一是以健全的官能运用获致的。鲍洛的那个朋友自修汉文以便忍受丧妻之痛，当然是在寻求遗忘，但他藉以遗忘的是毫无坏处的活动，倒反能增进他的智力和智识。对于这一类方式的逃避，我们毫无反对的理由。但对于以醉酒、赌博，或任何无益的刺激来求遗忘的人，情形便不同了。固然，还有范围更广的情形。对一个因为觉得人生无聊而在飞机上或山巅上愚妄地冒险的人，我们又将怎么说？假如他的冒险是有裨于什么公众福利，我们能赞美他，否则我们只认为他比赌徒和酒鬼略胜一筹罢了。

真正的兴致（不是实际上寻求遗忘的那种），是人类天然的救济物的一部分，除非它被不幸的境遇摧毁。幼年的儿童对所见所闻的一切都感到兴致；在他们看来，世界充满着惊奇的东西，他们永远抱着一腔热诚去追求智识，当然不是学校里的知识，而是可使他们和吸引他们注意的东西厮熟的知识。动物，即使在成年之后，只消在健康状态中，依旧保持着它们的兴致。一头猫进入一间陌生的屋子，坐下之前必先在屋角四周嗅遍，看有什么耗子的气味闻到。一个从未受到重大阻逆的人，能对外界保持兴致，而只要能保持兴致，便觉得人生愉快，除非他的自由受到什么过分的约束。文明社会里的丧失兴致，大部分是由于自由被限制，而这种限制对于我们的生活方式倒又是必要的。野蛮人饥饿时去打猎，他这样做的时候是凭着直接的冲动。每天清早在一定的钟点上去上工的人，基本上也是由于同样的冲动，就是说他需要保障生活；但在他的情形内，冲动并不对他直接起作用，而且冲动发生的时间与他行动的时间也不一致：对他，冲动是间接地由于空想、信念、和意志而起作用。在一个人出发工作时，他并不觉得饥饿，既然他才用过早餐。他只知道饥饿会重临，去上工是为疗治将来的饥饿。冲动是不规则的，至于习惯，在文明社会里却是有规则的。在野蛮人中，连集团的工作也是自发的，由冲动来的。一个部落出发作战时，大鼓激起战斗的热情，群众的兴奋使每个人感到眼前的活动是必需的。现代的工作可不能用这种方法来安排。一列火车将要起程时，决不能用野蛮人的音乐来煽动脚伕、司机和扬旗手。他们的各司其事只是因为事情应得做；换言之，他们的动机是间接的：他们并无要做这些活动的冲动，只想去获得活动的最后酬报。社会生活中一大部分都有同样的缺陷。人们互相交接，并非因为有意于交接，而是因为希望能从合作上获得些最后的利便。因冲动的被限制，使文明人在生活中每一刹那都失去自由：假如他觉得高兴，他不可在街上唱歌或舞蹈，假如他悲哀，他不可坐在阶上哭泣，以免妨碍行人交通。少年时，他的自由在学校里受限制，成年时，在工作时间内受限制。这一切都使兴致难以保存，因为不断的束缚产生疲劳与厌倦。然而没有大量的束缚加于自发的冲动，就不能维持一个文明社会，因为自发的冲动只能产生最简单的社会合作，而非现代经济组织以需要的错综复杂的合作。要凌驾这些阻碍兴致的东西，一个人必须保有健康和大量的精力，或者，如果他幸运的话，有一桩本身便有趣的工作。据统计所示，近百年来健康在一切文明国内获有迅速的进步，但精力就不易测量了，并且我怀疑在健康时间内的体力是否和从前一样强。在此，大部分是社会问题，为我不预备在本书内讨论的。但这问题本身也有个人的和心理的一方面，为我们在论列疲劳时已经检讨过的。有些人尽管受着文明生活的妨碍，依然保存着兴致，而且很多人能做到这一步，仿佛他们并无内心的冲突使他们消耗大部分的精力。兴致所需要的，是足以胜任必要工作以上的精力，而精力所需要的又是心理机械的运用裕如。至于怎样促进心理机械的运用，当在以后几章内再行详论。

在女人方面，由于误解"体统"之故，大大地减少了兴致，这种情形现在虽比从前为少，但依旧存在。大家一向认为女人不该很显露的关切男人，也不该在大众前面表示过分的活跃。她们学着对男子淡漠，就学着对一切的事情淡漠，至多只关心举止端方这一点。教人对人生取停滞和后退的姿态，明明是教人和兴致不两立，鼓励自我沉溺，这是极讲体统的女人的特征，尤其是那般未受教育的。她们没有普通男人对运动的兴趣，没有对政治的兴趣，对男人取着远避的态度，对女人抱着暗暗仇视的心思，因为她们相信旁的女子不像自己那么规矩。她们以离群索居自豪，就是说以对于同族同类的漠不关心为品德。当然，我们不应责备她们这些；她们只是接受流行了数千年的女子的道德教训罢了。然而她们做了压迫制度的牺牲品，连这个制度的不公平都不曾觉察。她们认为，一切的偏狭是善的，一切的宽宏慷慨是恶的。在她们的社会圈内，她们竭力去做一切毒害欢乐之事，在政治上她们欢喜采高压手段的立法。幸而这种典型日渐少见，但仍占着相当的优势，远非生活在解放社团内的人所能想象。谁要怀疑这个说数，可以到若干寄宿舍里去走一遭，注意一下那些女主人。你将发现她们的生活建筑在"女德"这个观念之上，其要点是摧毁一切对人生的兴致，结果是她们的心和脑的萎缩。在合理的男德和女德之间，并无差别，无论如何并无传统所说的那种差别。兴致是幸福和繁荣的秘诀，对男人如此，对女人亦然如此。

一二　情爱

缺少兴致的主要原因之一，是一个人觉得不获情爱；反之，被爱的感觉比任何旁的东西都更能促进兴致。一个人的觉得不被爱，可有许多不同的理由。他或者自认为那么可憎，以致没有人能爱他；他或者在幼年时受到的情爱较旁的儿童为少；或者他竟是无人爱好的家伙。但在这后面的情形中，原因大概在于因早年的不幸而缺少自信。觉得自己不获情爱的人，结果可能采取各种不同的态度。他可能用拼死的努力去赢取情爱，或许用非常热爱的举动做手段。然而在这一点上他难免失败，因为他的慈爱的动机很易被受惠的人觉察，而人类的天性是对最不要求情爱的人才最乐意给予情爱。所以，一个竭力用仁慈的行为去博取情爱的人，往往因人类的无情义而感到幻灭。他从未想到，他企图获得的温情比他当作代价一般支付出去的物质的恩惠，价值要贵重得多，然而他的行为的出发点就是这以少博多的念头。另外一种人觉得不被爱之后可能对社会报复，或是用煽动战争与革命的方法，或是用一支尖刻的笔，像斯威夫特[①]那样。这是对于祸害的一种壮烈的反动，需要刚强的性格方能使一个人和社会处于敌对地位。很少人能达到这样的高峰；最大多数的男女感到不被爱时，都沉溺在胆怯的绝望之中，难得遇有嫉妒和捉弄的机会便算快慰了。普通这样的人的生活，总是极端以自己为中心，而不获情爱又使他们觉得不安全，为逃避这不安全感起计，他们本能地听任习惯来完全控制他们的生活。那般自愿作刻板生活的奴隶的人，大抵是由于害怕冷酷的外界，以为永远走着老路便可不致堕入冷酷的外界中去。

凡是存着安全感对付人生的人，总比存着不安全感的人幸福得多，至少在安全感不曾使他遭遇大祸的限度之内[②]。且在大多数的情形中，安全意识本身就能助人避免旁人必不可免的危险。倘你走在下临深渊的狭板之上，你害怕时比你不害怕时更容易失足。同样的道理可应用于人生。当然，心无畏惧的人可能遇着横祸，但他很可能渡过重重的难关而不受伤害，至于一个胆怯的人却早已满怀怆恫了。这一种有益的自信方式的确多至不可胜数。有的人不畏登山，有的人不畏渡海，有的人不畏航空。但对于人生一

---

① 按斯氏在英国文人中为最强悍之笔战家。

② 按意为太存着安全感，亦能令人以懈怠而致大祸。

般的自信①，比任何旁的东西都更有赖于获得一个人必不可少的那种适当的情爱。我在本章内所欲讨论的，便是把这种心理习惯当作促成兴致的原动力看待。

产生安全感觉的，是"受到的"而非"给与的"情爱，虽在大多数的情形中是源于相互的情爱。严格说来，能有这作用的，情爱之外还有钦佩。凡在职业上需要公众钦佩的人，例如演员，宣道师，演说家，政治家等等，往往越来越依靠群众的彩声。当他们受到应得的群众拥护的酬报时，生活是充满着兴致的；否则他们便满肚皮的不如意而变得落落寡合。多数人的广大的善意之于他们，正如少数人的更集中的情爱之于另一般人。受父母疼爱的儿童，是把父母的情爱当做自然律一般接受的。他不大想到这情爱，虽然它于他的幸福是那末重要。他想着世界，想着所能遭逢的奇遇，想着成人之后所能遭逢的更美妙的奇遇。但在所有这些对外的关切后面，依旧存着一种感觉，觉得在祸害之前有父母的温情保护着他。为了什么理由而不得父母欢心的儿童，很易变成胆怯而缺乏冒险性，充满着畏惧和自怜的心理，再也不能用快乐的探险的心情去对付世界。这样的儿童可能在极低的年龄上便对着生、死和人类命运等等的问题沉思遐想。他变成一个内省的人，先是不胜悲抑，终于在哲学或神学的什么学说里面去寻求非现实的安慰。世界是一个混乱无秩序的场合，愉快事和不愉快事颠颠倒倒的堆在一块。要想在这中间理出一个分明的系统或范型来，骨子里是由恐惧所致，事实上是由于害怕稠人广众的场合，或畏惧一无所有的空间。一个学生在书斋的四壁之间是觉得安全的。假如他能相信宇宙是同样的狭小，那末他偶然上街时也能感到几乎同样的安全。这样的人倘曾获得较多的情爱，对现实世界的畏惧就可能减少，且也毋须发明一个理想世界放在信念里了。

虽然如此，绝非所有的情爱都能鼓励冒险心。你给予人的情爱，应当

---

① 按自信与无畏在此为同义字。

本身是强壮的而非畏怯的，希望对方卓越优异的心理，多于希望对方安全的心理，虽不是绝对不顾到安全问题。倘若胆怯的母亲或保姆，老对儿童警告着他们所能遇到的危险，以为每条狗会咬，每条牛都是野牛，那末可能使孩子和她一般胆怯，使他觉得除了和她挨在一起之外便永远不安全。对于一个占有欲过分强烈的母亲，儿童的这种感觉也许使她快慰：她或者希望他的依赖她，甚于他有应付世界的能力。在这情形中，孩子长大起来，或竟会比完全不获慈爱的结果更坏。幼年时所养成的思想习惯可能终身摆脱不掉。许多人在恋爱时是在寻找一个逃避世界的托庇所，在那里他们确知即在不值得钦佩时也能受到钦佩，不当赞美时也能受到赞美。家庭为许多男人是一个逃避真理的地方，恐惧和胆怯使他们感到结伴之乐，因为在伴侣之间这些感觉可以抑压下去。他们在妻子身上寻找着从前在不智的母亲身上可以得到的东西，可是一朝发觉妻子把他们当作大孩子看时，他们倒又惊愕起来了。

要把最妥善的一种情爱下一界说，决不是容易的事，因为显而易见其中总有些保护的成分。我们对所爱的人受到的伤害不能漠不关心。然而我以为，对灾患的畏惧，不能和对实在灾患表示同情相比，它应该在情爱里面占着极小的部分。替旁人担心，仅仅比替自己担心略胜一筹。而且这种种是遮饰占有欲的一种烟幕。我们希望引起他们的恐惧来使他们更受自己控制。当然这是男子欢喜胆怯的女人的理由之一，因为他们从保护她们进而占有她们。要说多少分量的殷勤关切才不致使受惠者蒙害，是要看受惠者的性格而定的：一个坚强而富有冒险性的人，可以担受大量的温情而无害，至于一个胆怯之士却应该让他少受为妙。

受到的情爱具有双重的作用。至此为止我们把它放在安全一块讨论着，但在成人生活中，它还有更主要的生物学上的目标，即是做父母的问题。不能令人对自己感到性爱，对任何男女是一桩重大的不幸，因为这剥夺了他或她人生所能提供的最大的欢乐。这种丧失几乎迟早会摧毁兴致而致人于孤寂自省之境。然而往往早年所受的灾祸造成了性格上的缺陷，成为日后不能获得爱情的原因。这一点或在男人方面比在女人方面更真切，因为大体上女人所爱于男人的是他们的性格，而男人所爱于女人的是她们的外表。在这方面说，我们必得承认男人显得不及女人，因为男人在女人身上认为可喜的品质，还不如女人在男人身上认为可喜的品质来得有价值。可是我决不说好的性格比着好的外表更易获得；不过女人比较能懂得获致好的外表的必要步骤，而男人对获致好的品格的方法却不甚了解。

至此为止，我们所谈的情爱是以人为客体的，即是一个人受到的情爱。现在我愿一谈以人为主体的，即是一个人给予的情爱。这也有两种，一种也许最能表现对人生的兴致，一种却表现着恐惧。我觉得前者是完全值得赞美的，后者至多不过是一种安慰。假如你在晴好的日子沿着秀丽的海岸泛舟游览，你会赏玩海岸之美，感到一种乐趣。这种乐趣是完全从外展望得来的，和你任何急迫的需要渺不相关。反之，倘使你的船破了，你向着海岸泅去时，你对海岸又感到一种新的情爱：那是代表波涛中逃生的安全感，此时海岸的美丑全不相干了。最好的情爱，相当于一个人的船安全时的感觉，较次的情爱，相当于舟破以后逃生者的感觉。要有第一种情爱，必须一个人先获安全，或至少对遭遇的危险毫不介意；反之，第二种情爱是不安全感的产物。从不安全感得来的情爱，比前一种更主观，更偏于自我中心，因为你所爱的人是为了他的助力而非为了他原有的优点。可是我并不说这一种的温情在人生中没有正当的作用。事实上，几乎所有真实的情爱都是由上述两种混合而成的，并且只要温情把不安全感真正治好的时候，一个人就能自由地对世界重新感到兴趣，而这兴趣在危险与恐怖的时间是完全隐避着的。但即使承认不安全感所产生的情爱在人生也有一部分作用，我们还得坚持它不及另一种有益，因为它有赖于恐惧，而恐惧是一种祸害，也因为它令人偏于自我集中。在最好的一种情爱里，一个人希望着一桩新的幸福，而非希望逃避一件旧的忧伤。

最好的一种温情是双方互受其惠的；彼此很欢悦的接受，很自然的给予，因为有了互换的快乐，彼此都觉整个的世界更有趣味。然而，还有一种并不少见的情爱，一个人吸收着另一个的生命力，接受着另一个的给予，但他这方面几乎毫无回报。有些生机旺盛的人便属于这吸血的一类。他们把一个一个的牺牲者的生命力吸吮净尽，但当他们发扬光大时，那些被榨取的人却变得苍白，阴沉而麻木了。这等人利用旁人，把他们当作工具来完成自己的目标，却从不承认他们也有他们的目标。他们一时以为爱着什么人，其实根本不曾对这个人发生兴趣；他们只关心鼓舞自己活动的刺激素，而所谓他们的活动也许是完全无人格性的那种。这种情形显然是从他们性格的缺陷上来的，但这缺陷既不易诊断也不易治疗。它往往和极大的野心相连，且也由于他们把人类幸福之源从单方面去看的缘故。情爱，在两人真正相互的关切上说，不单是促成彼此福利的工具，且是促成共同的福利的工具，是真正幸福的最重要因素之一。凡是把"自我"拘囚在四壁之内不令扩大的人，必然错失了人生所能提供的最好的东西，不论他在事业上如何的成功。一个人或是少年时有过忧伤，或是中年时受过侵害，或是有任何足以引起被虐狂的原因，才使他对人类抱着愤懑与仇恨，以致养成了纯粹的野心而排斥情爱。太强的自我是一座牢狱，倘你想完满地享受人生，就得从这牢狱中逃出来。能有真正的情爱，便证明一个人已逃出了自己的樊笼。单单接受情爱是不够的；你受到的情爱，应当把你所要给予的情爱激发起来；唯有接受的和给予的两种温情平等存在时，温情才能完成最大的功能。

妨碍相互情爱的生长的，不问是心理的或社会的阻碍，都是严重的祸害，人类一向为之而受苦，直到现在。人们表示钦佩是很慢的，因为恐怕不得其当；他们表示情爱也是很慢的，因为恐怕或者他们向之表示情爱的人，或者取着监视态度的社会，可能使他们难堪。道德教人提防，世故也教人提防，结果是在涉及情爱的场合，慷慨与冒险性都气馁了。这一切都能产生对人类的畏怯和愤懑，因为许多人终身错失了真正基本的需要，而且十分之九丧失了幸福的必要条件，丧失了对世界的胸襟开旷的态度。这并非说，所谓不道德的人在这一点上优于有道德的人。在性关系上，几乎全没可称为真正情爱的东西；甚至怀着根本敌意的也有。各人设法不使自己倾心相与，各人保留着基本的孤独，各人保持着完整，所以毫无果实。在这种经验内，全无重大的价值存在。我不说应该小心避免这等经历，因为在完成它们的过程中，可有机会产生一种更可贵而深刻的情爱。但我的确主张，凡有真价值的性关系必是毫无保留的，必是双方整个的人格混合在一个新的集体人格之内的。在一切的提防之中，爱情方面的提防，对于真正的幸福或许是最大的致命伤。

一三　家庭

从过去传到我们手里的一切制度里面，在今日再没像家庭那样的紊乱与出轨的了。父母对子女和子女对父母的情爱，原可成为最大的幸福之源之一，但事实上，如今父母与子女的关系十分之九是双方都感到苦恼的来源，百分之九十九是至少双方之中的一方感到苦恼的原因。造成我们这时代的不快乐的原因当然不一，但最深刻的一种是家庭未能予人以基本的快慰。成人若要和自己的儿女维持一种快乐的关系，或给予他们一种快乐的生活，必得对为人父母的问题深思熟虑一番，然后贤明地开始行动。家庭的问题太广大了，本书只能把它涉及幸福的部分加以讨论。而且即在这个部分内，我们也得固定讨论的范围，就是我们所说的改善，必须在个人的权力以内而无须改变社会组织。

当然，这是把题目限制得非常狭小了，因为今日的家庭苦恼，原因是极繁复的，有心理的，有经济的，有社会的，有教育的，有政治的。以社会上的优裕阶级来说，有两个原因使女人觉得为人父母是一件比从前沉重得多的担负。这两个原因是：一方面是单身女子的能够自力谋生，一方面是仆役的服务远不如前。在古老的日子，女人的结婚是处女生活难以挨受所促成的。那时一个少女不得不在经济上仰给于父母，随后再仰给于心中不甚乐意的兄弟。她没有事情可以消磨日子，在家宅以外毫无自由可以享受。她既没机会也没倾向作性的探险，她深信婚姻以外的性行为都是罪孽。要是她不顾一切的防御，受着什么狡狯的男子诱惑而丧失了贞操，那末她的境况就可怜到极点。高斯密斯在题作《韦克斐特的副牧师》的小说中把这种情景描写得非常真切：

能遮饰她罪孽的方法，

能到处替它遮羞的，

能使她的情夫忏悔，而使他中心哀痛的，——唯有一死。

在此情形中，现代的少女却并不认为死是唯一的出路了。假如受过教育，她不难谋得优裕的生计，因此毋需顾虑父母的意见。自从父母对女儿丧失了经济威权以后，就不大敢表示他们道德上的反对；去埋怨一个不愿听受埋怨的人是没有多大用处的。所以目前职业界中的未婚女子，只消有着中人的姿色和中人的聪明，在她没有生儿育女的欲望的期间，尽可享受一种完全愉快的生活。但若儿女的欲望战胜了她时，她就不得不去结婚，同时丧失她的职业。她的生活水准也要比她一向习惯的降低，因为丈夫的收入可能并不比她前此所赚的为多，而他却需要维持一个家庭，不像她从前只消维持一个单身的女子。过惯独立生活之后，再要去问别人需索必不可少的零钱，在她是非常烦恼的。为了这许多理由，这一类的女人往往迟疑着，不敢贸然尝试为父母的滋味。

倘若一个女子不顾一切而竟自下水的话，那末和前几代的女人比较之下，她将遇到一个新的恼人的问题，即是难以找到适当的仆役。于是她不得不关在家里，亲自去做无数乏味的工作，和她的能力与所受的训练完全不相称的琐事，或若她不亲自动手的话，又为了呵责不称职的仆役而弄坏心情。至于对儿童的物质上的照顾，她若肯费心了解这方面的事情，又必觉得把孩子交给仆人或保姆是件危险的事，甚至最简单的清洁与卫生的照料也不能交给旁人，除非有力量雇一个受过学校训练的保姆。肩荷着一大堆琐事而不致很快地丧失她所有的爱娇和四分之三的聪明，那她真是大幸了。这样的女子往往单为亲操家政之故，在丈夫眼中变得可厌，在孩子眼中显得可憎。黄昏时，丈夫从公事房回来，唠叨着一天的烦恼的女人是一个厌物，不这样唠叨的女人是一个糊涂虫。至于对儿女的关系，她为了要有儿女而作的牺牲永远印在头脑里，以致她几乎一定会向孩子要求过分的酬报，同时关心琐事的习惯使她过事张皇，心地狭小。这是她不得不受的损害之中的最严重的：就是因为尽了家庭责任而丧失了一家之爱；要是她不管家事而保持着快乐与爱娇，家人们也许倒会爱她[①]。

这些纠纷主要是属于经济的，另一桩几乎同样严重的纠纷也是属于这个性质。我是指因大都市的人口密集而引起的居住困难。在中世纪，城市和今日的乡村同样的空旷。现在儿童还唱着那支老歌：

> 保禄尖塔上立着一株树，
> 无数的苹果摇呀摇，
> 伦敦城里小娃娃，
> 拿着拐杖跑来就把苹果敲，
> 敲下苹果翻篱笆，
> 一跑直跑到伦敦桥。

[①] 原注：这个问题在特别关涉职业界的方面，约翰·爱林氏在避免做父母一书中讨论得非常精警恰当。

圣保禄的尖塔是没有了，圣保禄和伦敦桥中间的篱垣也不知何时拆掉了。像儿歌里所说的伦敦小娃娃的乐趣，已经是几百年前的事情，但并不很久以前，大群的人口还住在乡下。那时城市并不十分大；出城容易，就在城内找些附有园子的住屋也很平常。目前，英国的城市居民和乡居的比较之下占着压倒的多数。在美国，畸形状态还没如此厉害，但在日趋严重。如伦敦，纽约一流的都市，幅员辽阔，需要很多时间才能出城。住在城里的人通常只能以一个楼而为满足，当然那是连一寸的土地都接触不到的，一般绌于财力的人只能局促于极小的空间。倘有年幼的儿童，在一层楼上过活是很不舒服的。没有房间给他们玩，也没有房间好让父母远离他们的喧扰。因此职业界的人一天天的住到近郊去。替儿童着想，这无疑是很好的，但大人的生活更加辛苦了，他在家里的作用也因奔波之故而大为减少。

　　然而这种范围广大的经济问题不是我所欲讨论的对象，我们的题目只是：此时此地个人能有什么作为去觅取幸福。当我们涉及今日父母与子女的关系中的心理纠葛时，难题就近了。而这类心理纠葛实是民主主义所引起的难题的一部分。从前有主人和奴隶之分：主人决定应做之事，在大体上是喜欢他们的奴隶的，既然奴隶能够供给他们幸福。奴隶可能憎恨他们的主人，不过这种例子并不像民主理论所臆想的那末普遍。但即使他们恨主人，主人可并不觉察，无论如何主人是快乐的。民主理论获得大众拥护的时候，所有这些情形就不同了：一向服从的奴隶不再服从了；一向对自己的权利深信不疑的主人，变得迟疑不决了。摩擦于以发生，双方都失去了幸福。我并不把这些说话来攻击民主主义，因为上述的纠纷在任何重要的过渡时代都免不了。但在过渡尚在进行的期间，对妨害社会幸福的事实掉首不顾，确是毫无用处的。

　　父母与子女的关系变更，是民主思想普遍蔓延的一个特殊的例子。父母不敢再相信自己真有权利反对儿女，儿女不再觉得应当尊敬父母。服从的德性从前是天经地义，现在变得陈腐了，而这是应当的。精神分析使有教育的父母惴惴不安，唯恐不由自主的伤害了孩子。假如他们亲吻孩子，可能种下奥地帕斯症结；假如不亲吻，可能引起孩子的妒火。假如他们命令孩子做什么事情，可能种下犯罪意识；不命令吧，孩子又要习染父母认为不良的习惯。当他们看见幼儿吮吸大拇指时，他们引伸出无数可怕的解释，但他们彷徨失措，不知怎样去阻止他。素来威势十足的父母身分，变得畏怯、不安，充满着良心上的疑惑。古老的、单纯的快乐丧失了，同时：由于单身女子的获得自由，女子在决意做母亲的时光，得准备比从前作更多的牺牲。在这等情形之下，审慎周详的母亲对子女要求太少，任意使性的母亲对子女要求太多。前者抑压着情爱而变得羞怯；后者想为那不得不割弃的欢乐在儿女身上找补偿。在前一种情形内，儿女闹着情爱的饥荒；在后一种情形内，儿女的情爱受着过度的刺激。总而言之，在无论何种情势之下，总没有家庭在最完满的情状中所能提供的，单纯而自然的幸福。

看到了这些烦恼以后，还能对生产率的低落感到惊异么？在全部人口上生产率降低的程度，已显示不久人口将要趋于减缩，但富裕阶级早已超过这个程度，不独一个国家如此，并且实际上所有最文明的国家都是如此。关于富裕阶级的生产率，没有多少统计可以应用，但从我们上面提及的约翰·爱林的著作内，可以征引两件事实。一九一九至一九二二年间，斯托克霍姆的职业妇女的生产量，只及全部人口生产量的三分之一；而美国惠斯莱大学的四千毕业生中，在一八九六至一九一三年间生产的儿童总数不过三千，但为阻止现在的人口减缩，应当有毫无夭殇的八千儿童。毫无疑问，白人的文明有一个奇怪的特征，就是越是吸收这种文明的男女，越是不生育。最文明的人最不生育，最不文明的人最多生育；两者之间还有许多等级。现在西方各国最聪明的一部分人正在死亡的路上。不到多少年以后，全部的西方民族要大为减少，除非从文明较逊的地域内移民去补充。而一当移民获得了所在国的文明时，也要比较减少生育。具有这种特征的文明显然是不稳固的；除非这文明能在数量上繁殖，它迟早要被另一种文明所替代，而在此替代的文明里面，做父母的冲动一定保存得相当强烈，足以阻止人口减退。

在西方每个国家内，世俗的道学家们竭力用着激励和感伤性来对付这个问题。一方面，他们说儿女的数量是上帝的意志，所以每对夫妇的责任是尽量生育，不问生下来的子女将来能否享有健康与幸福。另一方面，教士们唱着高调，颂扬母性的圣洁的欢乐，以为一个患病与贫苦的大家庭是幸福之源。政府再来谆谆劝告，说相当数量的炮灰是必要的，因为倘没有充分的人口留下来给毁灭，所有这些精巧奇妙的毁灭械器又如何能有适当的运用？奇怪的是，当父母的即使承认这些论据可应用于旁人，但一朝应用到自己身上时就装聋了。教士和爱国主义者的心理学完全走错了路。教士只有能用地狱之火来威吓人的时候才会成功，但现在只剩少数人把这威吓当真了。一切不到这个程度的威吓，决计不能在一件如是属于私人性质的事情上控制人的行为。至于政府，它的论据实在太残酷了。人们曾同意由别人去供给炮灰，但决不高兴想到自己的儿子将来派此用场。因此，政府所能采取的唯一的办法，是保留穷人的愚昧，但这种努力，据统计所示，除了西方各国最落后的地方以外，遭受完全的失败。很少男人或女人会抱着公共责任的念头而生育子女，即使真有什么公共责任存在。当男女生育时，或是因为相信子女能增加他们的幸福，或是因为不知道怎样避免生育。这后面的理由至今还有很大的作用，但它的力量已经在很快的减退下去[①]。教会也好，政府也好，不论它们如何措置，总不能阻止这减退的继续。所以倘白种人要存活下去，就得使做父母这件事重新能予父母以幸福。

当一个人丢开了现下的环境，来单独观察人类天性时，我想一定能发现做父母这件事，在心理上是能够使人获得最大而最持久的幸福的。当然，这在女人方面比在男人方面更其真切，但对男人的真切，也远过于现代化多数人士所想象的程度。天伦之乐是现代以前的全部文学所公认的。希古

----

① 　按此疑隐指现代人渐知节育避孕而言。

巴①对于儿女要比对丈夫关切得多；玛克特夫②对儿女也比对妻子更重视。在《旧约》里，男女双方都极热心的要传留后裔；在中国和日本，这种精神一直保持到今日。大家说这种欲望是由祖先崇拜来的。但我认为事实正相反，就是祖先崇拜是人类重视血统延续的反映。和我们前此所述的职业妇女相反，生男育女的冲动一定非常强烈，否则决没有人肯作必要的牺牲去满足生育冲动。以我个人来说，我觉得做父母的快乐大于我所曾经历的任何快乐。我相信，当环境诱使男人或女人割弃这种快乐时，必然留下一种非常深刻的需要不曾满足，而这又产生一种愤懑与骚乱，其原因往往无法知道。要在此世幸福，尤其在青春消逝之后，一个人必须觉得自己不单单是一个岁月无多的孤立的人，而是生命之流的一部分——它是从最初的细胞出发，一直奔向不可知的辽远的前程的。这若当作一种用固定的字句来申说的有意识的情操，那末它当然是极端文明而智慧的世界观，但若当作一种渺茫的本能的情绪，那末它是原始的，自然的，正和极端文明相反。一个人而能有什么伟大卓越的成就，使他留名于千秋万世之后的，自然能靠着他的工作来满足生命持续的感觉；但那般并无奇材异能的男女，唯一的安慰就只有凭藉儿女一法。凡是让生育冲动萎缩的人，已把自己和生命的长流分离，而且冒着生命枯涸之险。对他们，除非特别超脱之辈，死亡就是结束一切。在他们以后的世界与他们不复关涉，因此他们觉得所作所为都是一片空虚而无足重轻。对于有着儿孙，并且用自然的情爱爱着他们的男女，将来是重要的，不但在伦理上或幻想上觉得重要，抑且自然地本能地觉得重要。且若一个人能把兴趣扩张到自身之外，定还能把他的兴致扩张到更远。如亚伯拉罕那样，他将快慰地想到他的种子将来是去承受福地的，即使要等多少代以后才能实现；他将因这种念头而感到满足。而且

---

① 按系神话中赫叩利斯之母。

② 苏格兰传说中人物。

由于这等感觉，他才不致再有空虚之感把他所有的情绪变得迟钝。

家庭的基础当然是靠父母对亲生子女的特殊感觉，异于父母之间相互的感觉，也异于对别的儿童的感觉。固然有些父母很少或竟毫无慈爱之情，也有些女子能对旁人的儿女感到如对自己的一般强烈的情爱。虽然如此，大部分总是父母的情爱是一种特别的感觉，为一个正常的人对自己的孩子感有的，而对一切旁人都没有的。这宗情绪是我们从动物的祖先那里承袭下来的。在这一点上，弗洛伊特的观点似乎不曾充分顾到生物学上的现象，因为你只要观察一头为母的动物怎样对待它的幼儿，就可发现它对它们的态度，和它对着有性关系的雄性动物，是完全属于两种的。而这种差别，一样见于人类，虽形式上略有变更，程度也不像动物那么显著。假如不是为了这特种的情绪，那末把家庭当作制度看时，几乎没有什么话好说了，因为孩子大可以付托给专家照顾。然而以事实论，父母对子女的特殊情爱（只要父母的本能发展健全），确于父母与子女双方都有重大的价值。在子女方面说，父母的情爱比任何旁的情爱都更可恃。你的朋友为了你的优点而爱你；你的爱人为了你的魅力而爱你；假如优点或魅力消失了，朋友和爱人便可跟着不见。但在患难的时候，父母却是最可信赖的人，在病中，甚至在遭受社会唾弃的时光，假如父母真有至性的话。当我们为了自己的长处而受人钦佩时，我们都是觉得快乐的，但我们之中多数心里很谦虚[①]，会觉得这样的钦佩是不可靠的。父母的爱我们，是为了我们是他们的子女，而这是一个无可变更的事实，所以我们觉得他们比谁都可靠。在万事顺利时，这可能显得无足重轻，但在潦倒失意时，那就给你任何地方都找不到的一种安慰和庇护。

在一切人与人的关系上，要单方面快乐是容易的，要双方都幸福就难了。狱卒可能以监守囚犯为乐；雇主可能以殴击雇员为乐；统治者可能以

---

① 按意为我们觉得自己的长处不可靠。

铁腕统治臣民为乐；老式的父亲一定以夏楚交加的灌输儿子道德为乐。然而这些都是单方面的乐趣；在另一方面看，情形就不愉快了。我们已感到这些片面的乐趣不能令人满足；我们相信人与人间良好的关系应当使双方满足。这特别适用于父母与子女的关系，结果是，父母从子女身上得到的乐趣远比从前为少，子女从父母身上感到的苦恼也远比从前为少。我不以为父母在子女身上得到的乐趣比从前少真是有何理由，虽然目前事实如此。我也不以为有何理由使父母不能加增子女的幸福。但像现代社会所追求的一切均等关系一般，这需要一种相当的敏感与温柔，相当的尊敬别人的个性，那是普通生活中的好斗性所决不鼓励的。我们可用两个观点来考虑这父母之乐，第一从它生物的要素上讲，第二从父母以平等态度对付儿女以后所能产生的快乐来讲。

父母之乐的最初的根源是双重的。一方面是觉得自己肉体的一部分能够永久，使它的生命在肉体的其余部分死灭之后延长下去，而这一部分将来可能以同样方式再延长一部分的生命，由是使细胞永生。另一方面有一种权力与温情的混合感。新的生物是无助的，做父母的自有一种冲动要去帮助他，这冲动不但满足了父母对儿童之爱，抑且满足了父母对权力之爱。只要婴儿尚在无助的状态，你对他表示的情爱就不能免除自私的成分，因为你的天性是要保护你自己的容易受伤的部分的。但在儿童年纪很小时代，父母的权力之爱，和希望儿女得益的欲念就发生了冲突，因为控制儿童的权力，在某限度内是自然之理，而儿童在各方面学会独立也是愈早愈妙的事，可是这对于父母爱权力的冲动就不愉快了。有些父母从来不觉察这种冲突，永远专制下去，直到儿童反叛为止。然而有些父母明明觉察，以致永远受着冲突的情绪磨折。他们做父母的快乐就在这冲突里断送了。当你对儿童百般爱护以后，竟发觉他们长大起来完全不是父母所希望的样子，那时你势必有屈辱之感。你要他成为军人，他偏成为一个和平主义者，或像托尔斯泰一般，人家要他成为和平主义者，他偏投入了百人团^①。但难题并不限于这些较晚的发展。你去喂一个已能自己饮食的孩子，那末你是把权力之爱放在孩子的幸福之上了，虽你本意不过想减少他麻烦。假如你使他太警觉地注意危险，那你可能暗中希望他依赖你。假如你给予他露骨的情爱而期待着回报，那你大概想用感情来抓住他。在大大小小无数的方式之下，父母的占有冲动常使他们入于歧途，除非他们非常谨慎或心地非常纯洁。现代的父母，知道了这些危险，有时在管理儿童上失去了自信，以致对儿童的效果反不如他们犯着自然的错误时来得好；因为最能引起儿童心理烦虑的，莫如大人的缺乏把握和自信。所以与其小心谨慎，毋宁心地纯洁。父母若是真正顾到儿女的幸福甚于自己对儿女的威权的话，就用不到任何精神分析的教科书才能知道何者当做，何者不当做，单是冲动便能把他们导入正路。而在这个情形中，父母与子女的关系是从头至尾都和谐的，既不会使孩子反抗，也不致使父母失望。但要达到这一步，父母方面必须一开始便尊重儿女的个性，——且这尊重不当单单是一种伦理的或智识的原则，并当加以深刻的体验，使它几乎成为一种神秘的信念，方能完全排除占有和压迫的欲望。当然这样的一种态度不独宜于对待子女，即在婚姻中，友谊中，也一样的重要，虽然在友谊中比较容易办到。在一个良好的社会里，人群之间应当普遍地建立一种政治关系，不过这是一种极其遥远的希望，决不能引颈以待。但这一类的慈爱，需要既如是其普遍，至少在涉及儿童的场合应该促其实现，因为儿童是无助的，因为他们以幼小和娇弱之故受到俗人轻视。

回到本书的主题上来，在现代社会里要获得做父母的完满的乐趣，必须深切地感到前此所讲的对儿童的敬意。这样的人才毋须把权力之爱苦恼地抑压下去，也毋需害怕像专制的父母一般，当儿女自由独立之日感到悲

---

① 按此系指托氏早年从军事。

苦的失望。他所能感到的欢乐，必远过于专制的父母在对儿女的威权上所能感到的。因为情爱经温柔把一切趋于专制的倾向洗刷干净之后，能给人一种更美妙更甜蜜的欢悦，更能把粗糙的日常生活点铁成金般炼做神秘的欢乐，那种情绪，在一个奋斗着、挣扎着、想在此动荡不定的世界上维持他的优势的人，是万万梦想不到的。

我对于做父母的情绪虽如此重视，但我决不像普通人一样，从而主张为母的应当尽可能亲自照顾子女的一切。这一类的习俗之见，在当年关于抚育儿女之事茫无所知，而只靠年老的把不科学的陈法传给青年人的时代，是适用的。抚育儿童之事，现在有一大部分在唯有在专门学院作过专门研究的人才做得好。但这个道理，仅在儿童教育内相当于时下所谓的"教育"的那一部分，才得到大众承认。人家决不期望一个母亲去教她的儿子微积分，不问她怎样的爱他。在书本教授的范围内，大家公认儿童从一个专家去学比从一个外行的母亲学来得好。但在照顾儿童的许多别的部门内，这一点尚未获得公认，因为那些部门所需要的经验尚未被人公认。无疑的，某些事情是由母亲做更好，但孩子越长大，由别人做来更好的事情就越加多。假如这个原则被人接受的话，做母亲的便可省却许多恼人的工作，因为她们在这方面全然外行。一个有专门技能的女子，最好即在做了母亲以后仍能自由运用她的专门技能，这样她和社会才两受其益。在怀孕的最后几月和哺乳期间，她或者不能如此做，但一个九个月以上的婴儿，不当再成为他母亲职业活动的障碍。但逢社会要求一个母亲为儿子作无理的牺牲时，这为母的倘不是一个非常的人，就将希望从孩子身上获得分外的补偿。凡习俗称为自我牺牲的母亲，在大多数的情形中，对她的孩子总是异乎寻常的自私；因为做父母这件事的所以重要，是由于它是人生的一个要素，若把它当作整个人生看时，就不能令人满足了，而不满足的父母很可能是感情上贪得无厌的父母。所以为子女和母亲双方的利益计，母性不当使她和一切旁的兴趣与事业绝缘。如果她对于抚育儿童真有什么宏愿，并具有充分的智识能把自己的孩子管理很适当，那末，她的技能应该有更广大的运用，她应该专门去抚育有一组可包括自己的孩子在内的儿童。当然，一般的父母，只要履行了国家最低的要求，都可自由发表他们的意见，说他们的儿童应如何教养，由何人教养，只消指定的人有资格负此责任。但决不可有一种成见，要求每个母亲都得亲自去做别个女子能做得更好的事情。对着孩子手足无措的母亲（而这是很多的），当毫不迟疑的把孩子交给一般宜于做这种事情而受过必要训练的女子。没有一种天赐的本能把如何抚养儿童的事情教给女人，而超过了某种限度的殷勤又是占有欲的烟幕，许多儿童，在心理上都是被为母的无知与感伤的管教弄坏的。父亲素来被认为不必对子女多操心的，可是子女之乐于爱父亲正如乐于爱母亲一样。将来，母亲与子女的关系当一步一步的类似今日的父亲，必如是，女人的生活才能从不必要的奴役中解放出来，必如是，儿童才能在精神和肉体的看护方面，受到日有增进的科学知识之惠。

一四　工作

工作应该列在快乐的原因内还是列在不快乐的原因内，或者是一个疑问。的确有许多工作是极端累人的，过度的工作又永远是很痛苦的。可是我认为，只要不过分，即是最纳闷的工作，对于大多数人也比闲荡容易消受。工作有各种等级，从单单解闷起一直到最深邃的快慰，看工作的性质和工作者的能力而定。多数人所得做的多数工作，本身是无味的，但即是这等工作也有相当的益处。第一，它可以消磨一天中许多钟点，不必你决定做些什么。大多数人一到能依着自己的选择去消磨他们的闲暇时，总是惶惶然想不出什么够愉快的事情值得一做。不管他们决定做的是什么，他们总觉得还有一些更愉快的事情不曾做，这个念头使他们非常懊恼。能够聪明地填补一个人的闲暇是文明的最后产物，现在还很少人到此程度。并且"选择"这个手续，本身便是令人纳闷的，除了一般主意特别多的人以外。通常的人总欢喜由人家告诉他每小时应做之事，但求这命令之事不要太不愉快。多数有闲的富人感受着无可言喻的烦闷，仿佛为他们的免于苦役偿付代价一般。有时他们可在非洲猎取巨兽，或环游世界一周，聊以排遣，但这一类惊心动魄之事是有限的，尤其在青春过去以后。因此比较聪明的富翁尽量工作，好似他们是穷人一般，至于有钱的女人，大多忙着无数琐屑之事，自以为那些事情有着震撼世界的重要性。

所以工作是人所愿望的，第一为了它可免除烦闷，一个人做着虽然乏味但是必要的工作时，固然也感到烦闷，但决不能和百无聊赖、不知怎样度日的烦闷相比。在这一种的工作利益之上，还有另一种利益，就是使得假日格外甘美。一个人只消没有过分辛苦的工作来摧残他的精力，定会对于自由的时间，比一个成日闲荡的人有更浓厚的兴致。

在大半有酬报的工作和一部分无酬报的工作内，第二桩利益是它给人以成功的机会和发展野心的利便。多数工作的成功是以收入来衡量的，在我们这资本主义社会继续存在时，这是无法避免的事。唯有遇到最卓异的工作，这个尺度才失去效用。人们的愿望增加收入，包含着两层意义，一是愿望成功，二是愿望以较多的收入来获致额外的安适。不管怎样无聊的工作，只消能赖以建立声名，不问在广大社会里的或自己的小范围里的声名，这件工作就挨受得了。目的之持续，终究是幸福的最重要原素之一，而这在大多数人是主要靠了工作而实现的。在这方面说：凡以家政消磨生活的妇女，比起男人或户外工作的女人来，要不幸得多了。管家的女子没有工资，无法改善她的现状；丈夫认为她的操劳是分内之事，实际上也看不见她的成绩，他的重视她并非由于她的家庭工作而是由于她的别的优点。当然，凡是相当优裕能把屋舍庭园布置得美丽动人，使邻居嫉羡的女子，上述的情形是不曾有的；但这类女子比较少见，而且大多数的家事，总不能像别种工作之于男人或职业妇女那样的令人满足。

多数工作令人感到消磨时间的快慰，使野心得有纵使局促也仍相当的出路，且这两点足以使一个即使工作极无味的人，也比一个毫无工作的人在大体上快乐得多。但若工作是有趣的话，它给人的满足将远比单纯的消遣为高级。凡多少有些趣味的各种工作，可依次列成一个系统。我将从趣味比较平淡的工作开始，一直讲到值得吸收一个伟人全部精力的工作。

使工作有趣的有两个原素：第一是巧技的运用，第二是建设性。

每个练有什么特殊本领的人，总乐于施展出来，直到不足为奇或不能再进步的时候为止。这种行为的动机，在幼年时就开始：一个能头朝地把身子倒竖的男孩子，在头向天正式立着的辰光，心里是不甘愿的。有许多工作予人的乐趣，和以妙技为戏得来的乐趣相同。一个律师或政治家的工作，其包含的乐趣一定还要美妙得多，正如玩造桥戏^①时的趣味一样。虽然，这里不但有妙技的运用，抑且有和高明的敌手勾心斗角之乐。即在没有这种竞争原素的场合，单是应付一桩艰难的工作也是快意之事。一个能在飞机上献本领的人感到其乐无穷，以致甘愿为之而冒生命之险。我猜想一个能干的外科医生，虽然他的工作需要在痛苦的情势之下执行，照样能以手术准确为乐。同样的乐趣可在一大批比较微末的工作上获得，不过强烈性较差而已。我甚至听到铅管工匠也以工作为乐，虽然我不曾亲身遇见一个这样的人。一切需要巧技的工作可能是愉快的，只消它有变化，或能精益求精。假如没有这些条件，那末一个人的本领学到了最高点时就不再感到兴趣。一个三英里的长跑家，一过了能打破自己纪录的年龄，就不复感到长跑之乐。幸而在无数的工作内，新的情势需要新的技巧，使一个人能一天天的进步，至少直到中年为止。有些巧妙的工作，例如政治，要在六十至七十岁间方能施展长才，因为在这一类的事业中，丰富广博的人情世故是主要的关键。因此成功的政治家在七十岁时要比旁人在同年龄时更幸福。

---

① 按系现代欧美最流行的纸牌戏。

在这方面，只有大企业的领袖堪和他们相比。

然而最卓越的工作还有另一原素，在幸福之源上讲，也许比妙技的运用更加重要，就是建设性。有些工作（虽然绝非大多数的工作）完成时，有些像纪念碑似的东西造起。建设与破坏之别，我们可用下列的标准去判辨。在建设里面，事情的原始状态是紊乱的，到结局时却形成一个计划；破坏正是相反，事情的原始状态是含有计划的，结局倒是紊乱的，换言之，破坏者的用意是产生一种毫无计划的事态。这个标准可应用于最呆板最明显的例子，即房屋的建造与拆毁。建造一所屋子是依照一预定的计划执行的，至于拆毁时谁也不曾决定等屋子完全拆除后怎样安放材料。固然破坏常常是建设的准备；在此情形中，它不过是一个含有建设性的整体中的一部分。但往往一个人所从事的活动，以破坏为目标而毫未想到以后的建设。他大抵把这点真相瞒着自己，自信只做着扫除工作以便重新建造，但若这真是一句托辞的话，我们不难把它揭穿，只要问问他以后如何建造就行。对这个问题，他的回答必是模糊的，无精打彩的，不比他提及前此的破坏工作时说话又确切又有劲。不少的革命党徒，黩武主义者，以及别的暴力宣传家，都是如此。他们往往不知不觉受着仇恨的鼓动；破坏他们所恨的东西是他们真正的目的，至于以后如何，他们是漠不关心的。可是我不能否认在破坏工作内和建设工作内一样可有乐趣。那是一种更犷野的，在当时也许是更强烈的欢乐，但不能给人深刻的快慰，因为破坏的结果很少有令人快慰的成分。你杀死你的敌人，他一咽气，你的事情便完了，因胜利而感到的快意也不会久存。反之，建设的工作完成时，看了令人高兴，并且这工作的完满也不会到达无以复加的田地。最令人快慰的计划，能使人无限制地从一桩成功转入另一桩成功，永不会遇到此路不通的结局；由此我们可发现，以幸福之源而论，建设比破坏重要多多。更准确地说，凡在建设中感到快慰的人的快慰，要大于在破坏中感到快慰的人的快慰，因为你一朝充满了仇恨之后，不能再像旁人一般在建设中毫不费力地获得乐趣。

同时，要治疗憎恨的习惯，也莫如做一桩性质重要的建设工作。

因完成一件巨大的建设事业而感到快慰，是人生所能给予的最大快慰之一，虽然很不幸地这种登峰造极的滋味只有奇才异能之士方能尝到。因完满成就一件重要作业而获得的快乐，绝对没有丧失的危险，除非被人证明他的工作终究是恶劣的。这类的快慰，形式很多。一个人用灌溉的计划使一片荒田居然百花盛开，他的乐趣是最实在的。创造一个机构可能是一件重要无比的工作。少数的政治家鞠躬尽瘁的在混乱中建立秩序的工作便是这样的，在近代，列宁是一个最高的代表。最显著的例子还有艺术家和科学家。莎士比亚在提起他的诗作时说："人类能呼吸多久或眼睛能观看多久，这些东西就存在多久"。毫无疑问，这个念头使他在患难中感到安慰。在他的十四行诗里面，他极力声言思念朋友使他和人生重新握手，但我不由得不疑心，在这一点上他写给朋友的十四行诗比朋友本身更有效力。大艺术家和大科学家做着本身就可喜的工作；他们一边做着，一边获得有价值的人的尊敬，这就给与他们最基本的一种权力，即是控制人们思想与感觉的权力。他们也有最可靠的理由来珍视自己。这许多幸运的情况混合起来，一定足以使任何人都快乐的了。可是并不。譬如弥盖朗琪罗是一个绝对忧郁的人，而且坚持（我不信这是真的）说假如没有穷困的家族向他逼钱，他决不愿费心去制作艺术品。产生大艺术品的力量，往往，虽不是常常，和气质上的忧郁连在一块，那忧郁之深而且大，使一个艺术家倘非为了工作之乐便会趋于自杀之途。因此我们不能断言最伟大的工作即能使一个人快乐；我们只能说它可以减少一个人的不快乐。然而科学家在气质上的忧郁，远不及艺术家那样的常见，而一般致力于伟大科学工作的人总是快乐的，不用说，那主要是由工作来的。

现下知识分子的不快乐的原因，特别是有文学才具的一辈，是由于没有机会独立运用他们的技能，受雇于法利赛人主持的富有的团体，迫令他们制作着荒谬的毒物。假若你去问英国和美国的记者，对他们所隶属的报纸的政策是否信仰，你将发现只有少数人作肯定的回答；其余的都是为了生计所迫，出卖他们的技能去促成他们认为有害的计划。这等工作绝无快慰可言，一个人勉强做着的时候，会变成玩世不恭，以致在任何事业上都不能获得心满意足的快感。我不能责备一个从事于这等工作的人，因为饥饿的威胁太严重了，但我想只要可能做满足建设冲动的工作而不致挨饿，那末为他自己的幸福着想，明哲之道还是采取这一种工作而舍弃酬报优越、但他认为不值得做的事情。没有了自尊心就难有真正的幸福。而凡以自己的工作为羞的人就难有自尊心。

建设工作的快慰，虽如事实所示，或许是少数人的特权，但此少数人可能非常广大。在自己的工作上不受他人支配的人，能够感到这一点；凡是一切认为自己的工作有益而需要很多技巧的人都能感到。产生满意的儿童是一件艰难的建设工作，能予人深切的快慰。能有这等成就的女人定能感到，以自己劳作的结果而论，世界包含着些有价值的东西，那是没有这等成就决计不会有的。

人类在把生活视为一个整体的倾向上面大有差别。在有些人心目中，这种看法是很自然的，而且认为能以相当快慰的心情来做到这一步是幸福的关键。在另一些人，人生是一串不相连续的事故，既谈不到有趣的动作，也谈不到统一性。我认为前一种人生观比后一种更可能获得幸福，因为那种人会慢慢地造成他们能够快慰和自尊的环境，不像后一种人随着情势的推移，东一下西一下的乱撞，永远找不到什么出路。视人生为一整体的习惯，无论在智慧方面在真道德方面，都是主要的一部分，应该在教育上加以鼓励。始终一致的目标不足以使生活幸福，但几乎是幸福生活的必要条件。而始终一致的目标，主要就包括在工作之内。

一五　闲情

　　我在本章内所欲探讨的，不是生活赖以建立的重要兴趣，而是那些消磨闲暇的次要兴趣，使人在从事严肃的事务之余能够宽弛一下。普通人的生活里面，妻子儿女，工作与经济状况，占据了他关切惶虑的思想的主要部分。即使他在婚姻以外还有爱情，他对此爱情的关注，也远不如对此爱情可能对他家庭生活发生的影响来得深切。与工作密切有关的兴趣，我在此不认为是闲情逸兴。例如一个科学家，必须毫不放松地追随着他的研究。他对这等研究的感觉，其热烈与活泼表示那是和他的事业密切关连的，但若他披览本行以外的另一门科学研究时，他的心情便完全两样了，既不用专家的目光，也不那末用批评的目光，而采取比较无关心的态度。即使他得运用脑力以便追随作者的思想，他的这种阅览依旧是有宽弛的作用，因为它和他的责任渺不相关。倘若这本书使他感到兴趣，他的兴趣也是闲逸的，换言之，这种兴趣是不能用在与他自己的题目有关的书本上的。在本章内所欲讨论的，便是这类在一个人主要活动以外的兴趣。

　　忧郁、疲劳、神经紧张的原因之一，便是对于没有切身利害的东西不能感到兴趣。结果是有意识的思想老是贯注在少数问题上面，其中每一问题也许都含有一些焦心和困恼的成分。除了睡眠之外，意识界的思想永远不能休息下来听任下意识界的思想去慢慢地酝酿智慧。结果弄得非常兴奋，缺少敏感，烦躁易怒，失去了平衡的意识。这一切是疲劳之因，也是疲劳之果。一个人疲乏之余，对外界就兴趣索然，因为兴趣索然就不能从这种兴趣上面得到宽弛，于是他更加疲乏，这种恶性的循环使人精神崩溃真是太容易了。对外的兴趣所以有休息的功能，是它的不需要任何动作。决断事情，打主意，都是很累人的，尤其在匆促之间就要办了而得不到下意识界帮助的时候。有些人在作一件重大的决断之前，觉得必须"睡一觉再说"，真是再对也没有。但下意识思想的进展，并不限于睡眠时间。当一个人有意识的思念转在别方面时，照样可完成这个步骤。一个人工作完了能把它遗忘，直到下一天重新开始时再想起，那末他的工作，一定远胜于在休息时间念念不忘地操心着的人的工作。而要把工作在应当忘记时忘记，在一个在工作以外有许多其他的兴趣的人，要比一个无此兴趣的人容易办到。可是主要的是，这些闲情逸兴不可以运用已被日常工作弄乏了的官能。它们当毋须意志，毋须当机立断，也不当如赌博一般含有经济意味，且也不可过于刺激，使感情疲倦，使下意识和上意识同样的不得空闲。

有许多娱乐都能符合上述的条件。看游戏，进剧场，玩高尔夫球，都是无可訾议的。对于一个有书本嗜好的人，那末披览一些和他本身的活动无关的书籍也是很好。不问你所烦恼的是一件如何重大的事情，总不该把全部清醒着的时间化在上面。

在这一方面，男人和女人有很大的差别。大概男子比女子容易忘记他们的工作。在工作就是家政的女子，难于忘记是很自然的，既然她们不能变更场合，如男子离开公事房以后可改换一下心情那样。但若我的观察不错的话，在家庭以外工作的女子，在这方面和男子的差别，几乎也同在家庭以内工作的女子一样。她们觉得要对没有实用的事情感到兴味非常困难。她们的目的控制着她们的思想和活动，难得能沉溺在完全闲逸的兴趣里面。我当然承认例外是有的，但我只以一般情况来讲。譬如在一所女学校内，倘无男子在场，女教员们晚上的谈话总是三句不离本行，那是男学校里的男教员们所没有的情形。在女人眼中，这个特点表示女子比男子更忠于本分，但我不信这忠于本分久后能改进她们工作的品质。这倒反养成视线的狭小，慢慢趋向于偏执狂。

一切的闲情逸兴，除了在宽弛作用上重要之外，还有许多旁的裨益。第一，它们帮助人保持均称的意识。我们很易沉溺于自己的事业，自己的小集团，自己的特种工作，以致忘却在整个的人类活动里那是如何渺小，世界上有多少事情丝毫不受我们的所作所为影响。也许你要问：为何我们要记起这些？回答可有好几项。第一，对世界应有真实的认识，使它和必要的活动相称。我们之中每个人在世之日都很短促，而在此短促的期间需要对这个奇异的星球，以及这星球在宇宙中的地位，知道一切应当知道的事情。不知道求知的机会，等于进戏院而不知听戏。世界充满了可歌可泣，光怪陆离之事，凡不知留意舞台上的形形色色的人，就丧失了人生给予他的一种特权。

再则，均称的意识很有价值而且有时很能安慰人心。我们所生活的世界的一隅，我们生与死中间的一瞬，常使我们过于重视，以致变得过于兴奋，过于紧张。这种兴奋和过度的重视自己，毫无可取的地方。固然那可使我们工作更勤苦，但不能使我们工作更好。产生善果的少许工作，远胜于产生恶果的大量工作，虽然主张狂热生活的使徒抱着相反的意见。那般极端关切自己工作的人，永远有堕入偏执狂的危险；特别记得一件或两件要得的事而忘了其余的一切，以为在追求这一两件事情的时候对于旁的事情的损害是不重要的，要预防这种偏执的脾气，最好莫如对人的生活及其在宇宙中的地位抱着广大的观念。从这一点上看来，均称意识的确包括着很重大的问题，但除此特殊作用以外，它本身即有很大的价值。

近代高等教育的缺陷之一，是太偏于某些技能的训练，而忘了用大公无私的世界观去扩大人类的思想和心灵。假定你专心一志的从事于政治斗争，为了你一党的胜利而辛辛苦苦的工作。至此为止，一切都很好。但在斗争的途中可能遇到一些机会，使你觉得用了某种在世界上增加仇恨、暴力和猜疑的方法，就能达到你的胜利。譬如你发现实现胜利的捷径是去侮辱某个外国。倘使你的思想领域以现在为限，倘使你习染着效率至上的学说，你就会采取这等可疑的手段。由于这些手段，你眼前的计划是胜利了，但将来的后果可能非常悲惨。反之，假使你头脑里老摆着人类过去的历史，记得他从野蛮状态中蜕化出来时如何迟缓，以及他全部的生命和星球的年龄比较起来是如何短促等等，——假使这样的念头灌注在你的感觉里，你将发现，你所从事的暂时的斗争，其重要性决不至值得把人类的命运去冒险，把他重新推到他费了多少年代才探出头来的黑暗中去。不但如此，且当你在眼前的目的上失败时，你也可获得同样的意识① 支持而不愿采用可耻的武器。在你当前的活动之下，你将有些遥远的，发展迟缓的目标，在其中你不复是一个单独的个人，而是领导人类趋于文明生活的大队人马中的一分子。若是你到达了这个观点，就有一股深邃的欢乐永远追随着你，不管你个人的命运如何。生命将变为与各个时代的伟人的联络，而个人的死亡也变为无足重轻的细故。

倘我有权照着我的意思去制定高等教育的话，我将设法废止旧有的正统宗教，——那只配少数的青年，而且往往是一般最不聪明与最仇视文明的青年——代以一种不宜称为宗教的东西，因为那不过是集中注意于一些确知的事实罢了。我将使青年清清楚楚的知道过去，清清楚楚的觉察人类的将来极可能远比他的过去为长久，深深的意识到地球的渺小，和在地球上的生活只是一件暂时的细故；在提供这些事实使他们确知个人的无足重轻以外，同时我更将提出另一组事实，使青年的头脑感受一种印象，领会到个人能够达到的那种伟大。斯宾挪莎早就论列过人类的界限和自由；不过他的形式与语言使他的思想除了哲学学生以外难能为大众领悟，但我要表白的要旨和他所说的微有不同。

一个人一朝窥见了造成心灵的伟大的东西之后，——不问这窥见是如何短暂如何简略，——倘仍然渺小，仍然重视自己，仍为琐屑的不幸所困惑，惧怕命运对他的处置，那他决不能快乐。凡是能达到心灵的伟大的人，会把他的头脑洞开，让世界上每一隅的风自由吹入。他看到的人生、世界和他自己，都将尽人类可能看到的那么真切；他将觉察人类

---

① 即失败也是暂时的意识。

生活的短促与渺小，觉察已知的宇宙中一切有价值的东西都集中在个人的心里。而他将看到，凡是心灵反映着世界的人，在某意义上就和世界一般广大。摆脱了为环境奴使的人所怀有的恐惧之后，他将体验到一种深邃的欢乐，尽管他外表的生活变化无定，他心灵深处永远不失为一个幸福的人。

丢开这些范围广大的思考，回到我们更接近的题目上来，就是闲情逸致的价值问题，那末还有别项观点使它大有助于幸福。即是最幸运的人也会遇到不如意之事。除了单身汉以外，很少人不曾和自己的妻子争吵；很少父母不曾为了儿女的疾病大大地操心；很少事业家不曾遇到经济难关，很少职业中人不曾有过一个时期给失败正眼相视。在这等时间，能在操心的对象以外对旁的事情感到兴趣，真是天赐的恩典。那时候，虽有烦恼眼前也无法可施，有的人便去下棋，有的人去读侦探小说，有的人去沉溺在通俗天文学里，还有人去披览巴比伦的发掘报告。这四种人的行动都不失为明哲，至于一个绝对不肯排遣的人，听让他的难题把他压倒，以致临到需要行动的时候反而更没应付的能力。同样的论点可应用于某些无可补救的忧伤，例如至爱的人的死亡等。在此情形之下，沉溺在悲哀里是对谁都没有好处的。悲哀是免不了的，应当在意料之内的，但我们当竭尽所能加以限制。某些人在患难之中榨取最后一滴的苦恼，实际不过是满足他们的感伤气氛。当然我不否认一个人可能被忧伤压倒，但我坚持每个人应尽最大的努力去逃避这个命运，应当寻一些消遣，不管是如何琐屑的，但求它不是有害的或可耻的就行。在我认为有害或可耻的消遣之中，包括酗酒和服用麻醉品，那是以暂时毁灭思想为目标的。适当的方法并不是毁灭思想，而是把思想引入一条新路，或至少是一条和当前的患难远离的路。但这一点决难做到，倘使一个人的生活素来集中在极少数的兴趣上，而这少数的兴趣又被忧伤挡住了路。患难来时要能担受，明哲的办法，是在平时快乐的辰光培养好相当广大的趣味，使心灵能找到一块不受骚乱的地方，替它唤引起一些别的联想和情绪，而不致只抱着悲哀的联想和情绪，使"现在"难以挨受。

一个有充分的生机与兴致的人战胜患难的方法，是在每次打击以后对人生和世界重新发生兴趣，在他，人生与世界决不限制得那么狭小，使一下的打击成为致命。被一次或几次的失败击倒，不能认为感觉锐敏而值得赞美，而应认为缺少生命力而可怜可叹。我们一切的情爱都在死神的掌握之中，它能随时打倒我们所爱的人。所以我们的生活决不可置于狭隘的兴趣之上，使我们人生的意义和目的完全受着意外事故的支配。

为了这些理由，一个明哲地追求幸福的人，除了他藉以建立生命的主要兴趣之外，总得设法培养多少闲情逸兴。

一六　努力与舍弃

中庸之道是一种乏味的学说，我还记得当我年轻时曾用轻蔑和愤慨的态度唾弃它，因为那时我所崇拜的是英雄式的极端。然而真理并非永远是有趣的，而许多事情的得人信仰就为了它的有趣，虽然事实上很少别的证据足为那些事情张目。中庸之道便是一个恰当的例子：它可能是乏味的学说，但在许多方面是真理。

必须保持中庸之道的场合之一，是在于努力与舍弃之间的维持均势。两项主张都曾有极端的拥护者。主舍弃说的是圣徒与神秘主义者；主努力说的是效率论者和强壮的基督徒。这两个对峙的学派各有一部分真理，但不是全部的。我想在本章内寻出并固定一个折衷点，我的探究将先从努力这方面开始。

除了极少的情形之外，幸福这样东西不像成熟的果子一样，单靠着幸运的机会作用掉在你嘴里的。所以本书的题目叫做《幸福之征服》①。因为

①　按译者改译为《幸福之路》以求晓畅，但在此亦可有同样含义。

世界上充满着那末多的可免与不可免的厄运，疾病，心理纠纷，斗争，贫穷，仇恨，一个男人或女人若要幸福，必须觅得一些方法去应付在每个人头上的不快乐的许多原因。在若干希有的场合，那可以毋须多大努力。一个性情和易的男人，承袭了一笔巨大的财产，身体康健，嗜好简单，可以终生逍遥而不知骚扰惶乱为何物；一个美貌而天性懒散的女子，倘若嫁了一个富裕的丈夫毋须她操劳，倘若她婚后不怕发胖，那一样可以享受懒福，只消在儿女方面也有运气。但这等情形是例外的。大多数人没有钱；很多人并不生来性情和易，也有很多人秉受着骚乱的热情，觉得宁静而有规则的生活可厌；健康是无人能有把握的福气，婚姻也非一成不变的快乐之源。为了这些理由，对于大多数男女，幸福是一种成就而非上帝的恩赐，而在这件成就里面，内的与外的努力必然占有极大的作用。内的努力可能包括必要的舍弃；所以目前我们只谈外的努力。

不问男女，当一个人要为生活而工作时，他的需要努力是显而易见的，用不到我们特别申说。不错，印度的托钵僧不必费力，只要伸出他的盂钵来接受善男信女的施舍就能过活，但在西方各国，当局对于这种谋生之道是不加青眼的。而且气候也使这种生活不及比较热而干燥的地方来得愉快：无论如何，在冬季，很少人懒到宁在室外闲荡而不愿在温暖的室内作工的。因此单是舍弃在西方不是一条幸运之路。

在西方各国大部分的人，光是生活不足以造成幸福，因为他们还觉得需要成功。在有些职业内，例如科学研究，一般并无优厚收入的人可能在成功的感觉上得到满足；但在大多数职业内，收入变成了唯一的成功尺度。从这方面看，舍弃这个原素在大多数情形中值得提倡，因在一个竞争的社会内，卓越的成功只有对少数人可能。

努力在婚姻上是否必要，当视情形而定。当一个性别的人处于少数方面时，例如男子之在英国，女子之在澳洲，大抵无须多大努力就可获得满意的婚姻。然而处于多数方面的性别，情形正相反之。当女人的数量超过男子时，她们为了婚姻所费的努力与思想是很显著的，只要研究一下妇女杂志里的广告便可知道。当男子占在多数方面时，他们往往采取更迅速的手段；例如运用手枪。这是自然的，因为大多数男人还站在文明的边缘上。假如一种专门传染女子的瘟疫使英国的男子变成了多数，我不知他们将怎么办；也许会一反往昔殷勤献媚的态度吧。

养育儿女而求成绩完满，显然需要极大的努力，无人能够否认。凡是相信舍弃，相信误称为"唯心的"人生观的国家，总是儿童死亡率极高的国家。医药，卫生，防腐，适当的食物：不预先征服这个世界是不能到手的；它们需要对付物质环境的精力与智慧。凡把这问题当作幻象看待的人，对污秽不洁也会作同样的想法，结果是致他们的儿童于死亡。

更一般地说，每个保有天然欲望的人都把某种权力作为他正常的与合法的目标。至于愿望何种权力是看他最强烈的热情而定的；有的人愿望控制别人行动的权力，有的愿望控制别人思想的权力，有的愿望控制别人情感的权力。一个人渴望改变物质环境，另一个却渴望从智力的优越上来的权力。每桩公众工作都包含着对某种权力的欲望，除非它只以营私舞弊而致富为目标。凡目击人类的忧患而痛苦的人，倘他的痛苦是真诚的话，定将愿望减少忧患。对权力完全淡漠的人，只有对于同族同类完全淡漠的那种人，所以某几种权力欲，可以认为一般能建造良好社会的人的一部分配备。而每种权力欲，只要不受阻挠，都包含着一种相应的努力。以西方人的气质来看，这个结论或已是老生常谈，但西方国家不少人士方在跟所谓"东方的智慧"调情，正当东方人开始把它丢弃的时候。对这一般人，我们刚才的说数可能显得成为问题，若果如此，我们的把老生常谈再说一遍还是不虚的。

虽然如此，在幸福的征服上，舍弃也有它的作用，且其重要性不下于努力。明哲之士虽不愿对着可免的灾难坐以待毙，但也不愿为着不可免的患难虚耗精力与时间，而且即使对某些可免的患难，他也宁愿屈服，假如去避免这等不幸所作的努力会妨害他更重要的追求的话。很多人为了一切细小的不如意而烦恼或暴怒，以致浪费了许多有用的精力。即使对付真正重要的目标，也不宜过于动感情，以致想到一切可能的失败而永远扰乱精神的和平。基督教以服从上帝的意志为训，即使一般不能接受这种说数的人，他们的一切行动里也当有些与此相仿的信念存在。在实际作业上，效率往往不能和我们对这件作业所抱的感情相称；的确，感情有时倒妨害效率。适当之法是尽我所能，然后把成败付诸命运。舍弃有两种，一是源于绝望，一是源于不可克服的希望。前者是不好的；后者是好的。一个人受着那么彻底的失败，以致对一切重大的成就抛弃希望时，可能学会了绝望的舍弃，若果如此，他将放弃一切重要的活动。他可能用宗教的词句，或借着冥想才是人类真正目标的学说，来掩饰他的绝望，但不问他采用何种遁词来遮蔽他内心的失败，他总是一无所用而且彻底不快乐的了。把舍弃建筑在不可克服的希望之上的人，行动是完全两样的。希望而成为不可克服，一定是很大而不属于个人性质的。不论我个人的活动为何，我可能被死亡或某种疾病所战败；我可能被敌人克服；我可能发觉走上了一条不智而不能成功的路。在千千万万的方式之下，纯粹个人的失败会无法避免，但若个人的目标是对于人类的大希望中的一部分时，那么失败来时不会怎样的不可救药了。愿望有大发现的科学家可能失败，或可能因什么急病而放弃工作，但若他深切地渴望科学的进步而不单希望自己的参与，那他决不会如一个纯出自私动机的科学家那样感到绝望。为着某些极迫切的改革而工作的人，可能发觉全部的努力被一场战争挤入了岔路，也可能发觉他勉力以赴的事情不能在他生前成功。但他毋须为之而绝望，只消他关切着人类的前途而不斤斤于自己的参加。

以上所说的舍弃都是最难的，但在许多别的事情里，舍弃比较容易得多。在这等情形内，只是次要的计划受到挫折，人生主要的计划依旧有成功之望。譬如一个从事于重大作业的男人，倘因婚姻的不快乐而困恼，那他就是不能在应该舍弃的地方舍弃；倘他的工作真足以使他沉溺，他应该把那一类偶发的纠纷看做像潮湿的天气一般，当作一件不值得大惊小怪的厌事。

某些人不能忍受一些琐碎的烦恼，殊不知那些烦恼可以充塞生活的大部分。他们错失火车时大发雷霆，晚饭煮得恶劣时恼怒不堪，火炉漏烟时陷于绝望，洗衣作送货误了时间便对整个的工业界赌咒要报复。这种人在小烦恼上所化的精力，假使用得明哲的话，足以建造帝国或推翻帝国。智慧之士不会注意女仆不曾拂拭的尘埃，厨子不曾煮好的番薯，和扫帚不曾扫去的煤灰。并非说他不曾设法改善这些事情，只消他有时间；我只说他对付它们时不动感情。烦虑，惶乱，愤怒，是毫无作用的感情。凡强烈感到这些情绪的人，会说他们无法加以克制，而我不知除了上面提及的基本舍弃之外，还有什么方法可以克制这类情绪。集中精神于若干伟大的而非个人的希望，固然能使一个人忍受个人的失败，或夫妇生活的不谐，但也能使他在错失火车或把雨伞掉在污泥中时耐心隐忍。假如他是一个天性易怒的人，我不知此外还有何种治疗可以应用。

摆脱了烦扰的人，将发觉以后的生活远比他一直恼怒的时候轻快得多。熟人们的怪癖，以前会使他失声而呼的，现在只觉好玩了。当某甲把台尔·弗谷主教的故事讲到第三百四十七次时，他将以注意次数的纪录为乐，不复企图用自己肚里的故事去岔开对方的话头了。当他匆匆忙忙正要去赶早车时忽然断了鞋带，在临时补救之后，他将想到在宇宙史中这件小事究竟没有什么重要。当他在求婚时节忽然被一个可厌的邻居的访问打断时，他将想到所有的人都能遇到这一类的厄运，唯一的例外也许是亚当，但连亚当也有烦恼。对琐屑的不幸，用什么古怪的比喻或特殊的类似点来安慰自己是没有限制的。每个文明的男子或女子，我想，都各各把自己构成一幅图画，逢着什么事情来破坏这幅图画时就要懊恼。最好的补救是，不要只有一幅图画，而有整个的画廊，使你可以随着情势而作适当的选择。假如那些肖像中有些是可笑的，那末更好；一个人整天把自己看作悲剧中的英雄是不智的。我不说一个人得永远自视为喜剧中的小丑，那将格外可厌；但必须有机巧去选择一个适合情势的角色。当然，如果你能忘掉自己而不扮任何角色，那是再好没有。但若扮演角色之事已成为第二天性的话，得想到你是在演各种不同的戏码，所以要避免单调。

许多长于活动的人认为些少的舍弃，些少的幽默，足以破坏他们做事的精力，破坏他们自以为能促进成功的定见。我以为他们错了。值得做的工作，即在那般既不把工作之重要性也不把工作的轻而易举来欺蒙自己的人，也一样可以做成。凡是只靠自欺而工作的人，最好先停下来学一学忍受真理，然后继续他们的事业，因为靠自欺来支持工作的需要，迟早对工作非徒无益而又害之。而有害之事还是不做为妙。世界上有益的工作，一半是从事于消灭有害的工作的。为辨别事实所化的少许时间不是浪费的，以后所做的工作大概不致再有什么害处，像一般老是需要自吹自捧来刺激精力的人的工作那样。某种舍弃是在于愿意正视自己的真相；这一种舍弃，虽然最初会给你痛苦，结果却给你一种保障，——唯一可能的保障——使你不致像自欺的人一般，尝到失望与幻灭的滋味。令人疲倦而长久之下令人气恼的事，莫过于天天要努力相信一些事情，而那些事情一天天的变得不可信。丢开这种努力，是获取可靠与持久的幸福的必要条件。

一七　幸福的人

幸福，显然一部分靠外界的环境，一部分靠一个人自己。在本书里我们一直论列着后一部分，结果发觉在涉及一个人本身的范围以内，幸福的方子是很简单的。许多人，其中可包括我以前评述过的克勒区氏，认为倘没有一种多少含有宗教性的信仰，幸福是不可能的。还有许多本身便是不快乐的人，认为他们的哀伤有着错杂而很高的理智根源。我可不信那是幸福或不幸福的真正原因，我认为它们只是现象而已。不快乐的人照例会采取一宗不快乐的信仰，快乐的人采取一宗快乐的信仰；各把各的快乐或不快乐归纳到他的信念，不知真正的原因完全在另一面。对于大多数人的快乐，有些事情是必不可少的，但那是些简单的事情：饮食与居处，健康，爱情，成功的工作，小范围里的敬意。为某些人，儿女也是必需的。在缺少这些事情的场合，唯有例外的人才能幸福，但在他们并不缺少或可能用正确的努力去获取的场合，而一个人仍然不快乐，那必有些心理上的骚乱，假如这骚乱很严重的话，可能需要一个精神分析学家帮助，但在普通的情形中，骚乱可由病人自疗，只消把事情安排适当。在外界的环境并不极端恶劣的场合，一个人应该能获得幸福，唯一的条件是，他的热情与兴味向外而非向内发展。所以，在教育方面和在我们适应世界的企图方面，都该尽量避免自我中心的情欲，获取那些使我们的思想不永远贯注着自身的情爱与兴趣。大多数人的天性决不会在一所监狱里觉得快乐，而把我们幽闭在自己之内的情欲，确是一所最可怕的监狱。这等情欲之中最普通的是：恐惧，嫉妒，犯罪意识，自怜和自赞。在这一切激情里，我们的欲望都集中在自己身上：对外界没有真正的兴趣，只是担心它在某种方式之下来损害我们，或不来培养我们的"自我"。人们的不愿承认事实，那样的急于把荒唐的梦境像温暖的大氅般裹着自己，主要的原因是恐惧。但荆棘会戳破大氅，冷风会从裂缝里钻进来，惯于温暖的人便受苦了，且远甚于一个早先炼好身体、不怕寒冷的人。何况一个自欺的人往往心里知道自欺，老是提心吊胆，怕外界什么不利的事故迫使他们有何不愉快的发现。

自我中心的激情的最大弊病之一，是它的使生活变得单调。一个只爱自己的人，固然不能被人责备说他情爱混杂，但结果势必因膜拜的对象没有变化而烦闷不堪。因犯罪意识而痛苦的人，是受着特殊的一种自我爱恋的痛苦。在此广大的宇宙中，他觉得最重要的莫如自己的有德。鼓励这种特殊的自溺，是传统宗教所犯的最严重的错误。

幸福的人，生活是客观的，有着自由的情爱[①]，广大的兴趣，因为这些兴趣与情爱而快乐，也因为它们使他成为许多别人的兴趣和情爱的对象而快乐。受到情爱是幸福的一个大原因，但要求情爱的人并非受到情爱的人。广义说来，受到情爱的人是给予情爱的人。但有作用的给予，好似一个人为了生利而放债一般，是无用的，因为有计谋的情爱不是真实的，受到的人也觉得不是真实的。

那么，一个因拘囚于自己之内而不快乐的人又将怎么办呢？倘若他老想着自己不快乐的原因，他就得永远自我集中而跳不出这个牢笼；跳出去的方法唯有用真实的兴趣，而非当作药物一般接受的冒充的兴趣。困难虽是实在的，他究竟还能有许多作为，如果他能真正抉发出自己的病源。譬如他的忧郁是源于有意识的或无意识的犯罪意识，那末他可先使自己的意识界明白，他并没理由感到有罪，然后照着我们以前陈说的方法，把合理的信念种入无意识界，一面从事于多少中性的活动。假令他在制服犯罪意识上获有成就，大概真正客观的兴趣会自然而然地浮现的。再若他的病源是自怜，他可先令自己相信在他的环境内并无特别的不幸，然后用以上所述的步骤做去。如果恐惧是他的不快乐之源，那末他可试作增加勇气的练习。战场上的勇气，从已经记不起的时代起就被认为重要的德性，男孩子和青年们的训练，一大部分是用来产生不怕打仗的性格的。但精神的和智慧的勇气不曾受到同样的注意；可是同样有方法培养。每天你至少承认一桩令你痛苦的真理；你将发觉这和童子军的日课一般有益。你得学会这个感觉：即使你在德性上聪明上远不及你的朋友们（实际上当然不是如此），人生还是值得生活。这等练习，在几

---

① 按即不是自我中心的。

年之后终于使你能面对事实而不畏缩，由是把你在许多地方从恐惧之中解放出来。

至于你克服了自溺病以后能有何种客观的兴趣，那是应当听任你的天性和外界环境去自然酝酿的。别预先对你自己说"假使我能沉溺在集邮里面，我便该快活了"的话，而再去从事集邮，因为你可能发觉集邮完全无味。唯有真正引起你趣味的东西才对你有益，但你可确信，一朝你不再沉溺在自己之内时，真正客观的兴趣自会长成。

在极大的限度内，幸福的生活有如善良的生活。职业的道学家太偏重于克己之道，由是他们的重心放错了地方。有意识的自制，使一个人陷于自溺而强烈地感到他所作的牺牲；因此它往往在当前的目标和最后的目标上全归失败。我们所需要的不是自制而是那种对外的关切；凡只顾追逐自己的德性的人，用了有意识的克己功夫所能做到的行动，在一个关切外界的人可以自然而然地做到。我用着行乐主义者的态度写这本书，就是说我仿佛把幸福认做善，但从行乐主义者的观点所要提倡的行为，大体上殊无异于一个健全的道学家所要提倡的。然而道学家太偏于（当然不是全体如此）夸张行为而忽视心理状态。一件行为的效果，依照当事人当时的心理状态可以大有出入。倘使看见一个孩子淹溺，你凭着救助的直接冲动而去救援他，事后你在道德上丝毫无损。但若你先自忖道："救一个无助的人是道德的一部，而我是愿意有德的，所以应当救这孩子"，那末事后你将比以前更降低一级。适用在这个极端的例子上的道理，同样可应用于其他较为隐晦的情形。

在我和传统的道学家提倡的人生态度之间，还有一些更微妙的区别。譬如，传统的道学家说爱情应当不自私。在某意义内，这是对的，换言之，爱情不当超过某程度的自私，但无疑的它必须有相当程度的自私，使一个人能因爱情的成功而获得快乐。假如一个男人向一个女子求婚，心中热烈祝望她幸福，同时以为这是自我舍弃的机会，那末我想她是否觉得完全满意是大成问题的。不用说，我们应愿望所爱的人幸福，但不当把他的幸福代替自己的一份。"克己说"包含着自我与世界的对立。但若我们真正关切身外的人或物的时候，这种对立便消灭了。由于这一类的对外关切，我们能感到自己是生命之流的一部分，而不是像台球般的一个独立的个体，除了击撞（台球之与台球）以外，和旁的个体更无关系。一切的不幸福都由于某种的破裂或缺乏全部的一致；意识界与无意识界缺少了相互的联络，便促成自身之内的破裂；自己与社会不曾由客观的兴趣和情爱之力连结为一，便促成了两者之间的缺少一致。幸福的人决不会感到这两神分离的苦痛，他的人格既不分裂来和自己对抗，也不分裂来和世界对抗。这样的人只觉得自己是宇宙的公民，自由享受着世界所提供的色相和欢乐，不因想起死亡而困惑，因为他觉得并不真和后来的人分离。如是深切的和生命的长流结合之下，至高至大的欢乐方能觅得。

文明

[法]杜哈曼　著

译者弁言

假如战争是引向死亡的路，战争文学便是描写死亡的文学。这种说法，对《文明》似乎格外真切。因为作者是医生，像他所说的，是修理人肉机器的工匠。医院本是生与死的缓冲地带，而伤兵医院还有殡殓与墓地的设备。

伤兵撤离了火线，无须厮杀了，没有了眼前的危险；但可以拼命的对象，压抑恐惧的疯狂，也随之消灭。生与死的搏斗并没中止，只转移了阵地：从庞大的军事机构转到渺小的四肢百体，脏腑神经。敌人躲在无从捉摸无法控制的区域，加倍的凶残，防御却反而由集团缩为个人。从此是无穷尽的苦海，因为人在痛苦之前也是不平等的。有的"凝神壹志使自己尽量担受痛苦"；有的"不会受苦，像一个人不会说外国话一样"[1]；有的靠了坚强的意志，即使不能战胜死亡，至少也暂时克服了痛楚；有的求生的欲望和溃烂的皮肉对比之下，反而加增了绝望。到了忍无可忍的时候，死亡变成解放的救星，不幸"死亡并不肯俯从人的愿望，它由它的意思来打击你：

---

[1]　按系作者在另一著作《殉难者行述》中语。

时间，地位，都得由它挑。"——这样的一部战争小说集，简直是血肉淋漓的死的哲学。它使我们对人类的认识深入了一步，"见到了他们浴着一道更纯洁的光，赤裸裸的站在死亡前面，摆脱了本能，使淳朴的灵魂恢复了它神明的美。"

可是作者是小说家，他知道现实从来不会单纯，不但沉沦中有伟大，惨剧中还有喜剧。辛酸的讽喻，激昂的抗议，沉痛的呼号，都抑捺不了幽默的微笑。人的愚蠢、怪僻、虚荣，以及偶然的播弄，一经他尖刻辛辣的讽刺（例如《葬礼》《纪律》《装甲骑兵居佛里哀》），在那些惨淡的岁月与悲壮的景色中间，滑稽突梯，宛如群鬼的舞蹈（Dance macabre）。

作者是冷静的心理分析者，但也是热情的理想主义者。精神交感的作用，使他代替杜希中尉挨受临终苦难。没有夸张，没有嚎恸，两个简单的对比，平铺直叙的刻划出多么凄凉的悲剧。"这个局面所有紧张刺激的部分，倒由我在那里担负，仿佛这一大宗苦难无人承当就不成其为人生。"

有时，阴惨的画面上也射入些少柔和的光，人间的嬉笑教读者松一口气。例如《邦梭的爱情》：多少微妙的情绪互相激荡、感染；温馨美妙的情趣，有如华多的风情画。剖析入微的心理描写，用的却是婉转蕴藉的笔触：本能也罢，潜意识也罢，永远蒙上一层帷幕，微风飘动，只透露一些消息。作者是外科医生，知道开刀的时候一举一动都要柔和。轻松而端庄的喜剧气氛，也是那么淡淡的，因为骨子里究竟有血腥味；战争的丑恶维持着人物的庄严。还有绿衣太太那种似梦似幻的人物，连爱国的热情也表现得那么轻灵。她给伤兵的安慰，就像清风明月一样的自然，用不到费心，用不到知觉就接受了。朴素的小诗，比英勇的呼号更动人。

然而作者在本书中尤其是一个传道的使徒。对死亡的默想，对痛苦的同情，甚至对长官的讽刺，都归结到本书的题旨，文明！个人的毁灭，不但象征一个民族的，而且是整个文明的毁灭。"我用怜悯的口气讲到文明，是经过思索的，即使像无线电那样的发明也不能改变我的意见……今后人类滚下去的山坡，决不能再爬上去。"他又说："文明，真正的文明，我是常常想到的，那应该是齐声合唱着颂歌的一个大合唱队……应该是会说'大家相爱''以德报怨'的人。"到了三十年后的今日，无线电之类早已失去魅力，但即使像原子能那样的发明，我相信仍不能改变作者对文明的意见。

《文明》所描写的死亡，纵是最丑恶的场面，也有一股圣洁的香味。但这德性并不是死亡的，而是垂死的人类的。就是这圣洁的香味格外激发了生命的意义。《文明》描写死亡，实在是为驳斥死亡，否定死亡。

一九四二年四月我译完这部书的时候，正是二次大战方酣的时候。如今和平恢复了快二年，大家还没意思从坡上停止翻滚。所以本书虽是第一次大战的作品，我仍旧化了一个月的功夫把旧译痛改了一遍。

译者一九四七年三月

作者略传

乔治·杜哈曼（Georges Duhamel）一八八四年六月三十日生于巴黎，是八个兄弟姐妹中的第七个，他的父亲一生颠沛，到五十一岁才得到医学博士学位。离开巴黎大学才两年，小儿子乔治也进了校门。那位自学成功的老医生天性烦躁，不耐定居；乔治记得曾经跟父母搬过四十一次家。清贫而骚乱的童年，便是杜哈曼初期的经历。

一九〇二年，乔治·杜哈曼十八岁，中学毕业，专攻的科目是文学和数学。

从二十到三十岁（一九〇四——一九一四）杜哈曼在巴黎大学同时修习医科与理科，写最初的几册诗集与戏剧，徒步旅行欧洲，在"寺院"干印刷工作，在公立医院临诊，维持生活。

所谓"寺院"是几个青年学生的理想集团，大半是诗人，梦想过一种公共的隐遁生活，一面从事各人的研究与写作，一面把印刷作为自食其力的生计。他们在巴黎近郊克莱端伊（Créteuil）租下一所有大花园的屋子，设立印刷工场，承印书籍。大门上标着十六世纪拉勃莱的名句："这里，请进来……这里，有的是栖枝和堡垒，可以抵御那可恶的谬误……进来，大家来锻炼深刻的信仰……"不久经济问题逼倒了这个理想集团，十几个月的历史，存留下来的只有一二十册印成的书，和许多现在已经成名的作家，如于勒·罗曼、查理·维特拉克与杜哈曼等。杜氏也在那边认识了白朗希·亚巴纳小姐，他未来的夫人。

一九〇八年，杜哈曼理科毕业；一九〇九年，又修完医科学程，得博士学位。从此到一九一四，他做着实验室工作，同时热烈从事文学活动：每年一部作品，三年中有三部剧本问世。

一九一四年大战爆发，杜哈曼志愿入伍（按第一次大战时，法国尚许医生免除军役），被任为二等助理军医。在五十七个月的长期军役内，五十个月都在前线，先在第一军的救护队，继而在自动救护队，终于升为外科队主任。

大战结束的时候，杜氏成绩是：经他救护的伤兵：四千名；由他亲手开刀的：二千三百名；三部战争文学：《殉难者行述》《文明》《动乱中的谈话》；一部默想录：《世界之占有》。

《殉难者行述》在一九一四——一九一六年间写成，过了九个月方始印行；《文明》的完稿期是一九一七年，一九一八年初版时用但尼·丹佛南（Denis Thevenin）的假名，据说一半是为书中有批评军事长官的地方，恐怕引起纠纷。结果这两册书都获得极大的成功，《文明》更受到一九一八年的龚果尔奖，立刻被译成各国文字，畅销一时的情形，仅次于巴比塞的战争小说：《火线下》。

他的重要作品，是以一个人物为研究中心的五部小说：（出版于一九二〇——一九三二年间）《午夜忏悔录》《两人》《萨拉伐日记》《里昂街上的俱乐部》《如此内心》，总称叫做《萨拉伐历险记》。内容偏重于心理分析，描写一个没有力量控制潜意识的人，据作者自白，是"发掘一个人的隐蔽世界，——精神领域。"短篇小说集最著名的有，《被遗弃的人们》。戏剧有《光明》《战争》等五种。批评集有《诗与诗人》等三种。诗集有《伴侣》与《挽歌》两种。游记有《莫斯科游记》、《未来生活的景象》（美国游记）等。迄二次大战为止，杜哈曼全部的著作共计五十种左右。

一九三五年，杜氏被选为法兰西学士院会员。

面貌

　　轮廓秀美的宽广的额角，深沉而又天真的目光，下巴上有着酒窝，颇有威风的短髭，嘴巴的表情显得痛苦而并不消沉，你这张法国人的脸，我永远记得，虽然只瞧见一刹那，在一支火柴蹦跳的微光之下。

　　从夏隆到圣德－曼纳坞的火车，全部熄了灯，在秋夜里往上开。时间是一九一六。平静无事的香巴桌战线，像火山口一样在我们左边打盹，瞌睡中充满恶梦，惊悸，和闪电。我们冲破黑暗，慢慢穿入一片凄凉的田野，——说不定被狰狞的战具捣乱得更不像样了。小火车蹒跚向前，哼呀哼的，带些迟疑的神气，仿佛一个认得路的瞎子。

　　我假满回营；因为不舒服，横在长凳上。对面，三个军官在谈天。他们的声音是青年人的，作战的经验是老年人的。他们也回到自己的部队去。

　　"这个战区，此刻还安静，"其中有一个说。

　　"当然罗，"另一个说，"咱们可以安宁到春天。"

　　一片静默，只有钢轨被车轮辗压的声音。于是一个尖锐的、年青的、快乐的声音，差不多是低低的说：

　　"噢！等不到春天，咱们还一定要干一下呢……"

他立刻接下去说：

"那要轮到我第十二次冲锋了。但是侥幸得很！我只挂了一次彩。"

两句话还在我耳朵里响，说话的人划起一支火柴，抽起烟来微光一闪，照出一张可爱的脸。他是一个有名的部队里的。青年军官所能获得的最高奖章，在他土黄色的军服上发光。整个的气度显出他的勇敢是冷静的，经过思虑的。

黑暗重新占领了空间。可是还有什么黑暗，其浓密的程度能够抹去我在一闪之下窥见的形象？还有什么静默，其沉重的程度能够掩盖我在隆隆的车声之下听到的两句喁语？

从此以后，我时常想起它们，每当我像那天晚上一样，抱着一腔的悲痛与热爱，对这些法国人的过去与将来轮番瞻望的时候，——这些法国人，我的成千累万的同胞，在从容就义的时候，仍不肯不说出心头的话；他们心灵的伟大，奔放的智慧，动人的天真，都是大家不曾真切领会的。

我又怎么能不想到那副面貌和那些话呢，当一个优秀的民族，熬着长期的苦难，独自在无边的黑夜中寻找秩序与救星的时候？

勒沃的病房

在勒沃的病房里你不会无聊的。战争的吼声，运输队的行进，排炮的癫狂的震动，杀人机器的一切气吁吁的和尖叫的声音，一直传到窗下，摇撼窗户的威势已经是强弩之末，好比洋面上的暴风把有气无力的回声传送到海湾底里。但大家已经听熟了这种声音，就像悲惨世界本身的脉搏，而且在勒沃的病房里你不会觉得无聊的。

那是一间狭长的屋子，四张床，四个人；可是大家叫做勒沃的病房，因为满屋子都是他的气息，直到门口。病房刚刚和勒沃相配，再服贴没有，好比一件定做的衣衫。十一月初，伍长丹太使尽了卑鄙的诡计要把勒沃更换病房，目的达到了，可怜的人给送到楼上一个二十只床位的大房间，令人头晕眼花的大沙漠，毫无亲切感，一片剧烈而无情的亮光席卷了一切。三天之内，由于身心双方自发的决心，勒沃病势逆转的程度令人着了慌，不得不把他急急忙忙重新抬下楼，安置在他的门背后，在他的病房底上，那边，冬天的日光经过了渗滤，非常和善的。

事情照例是这样的：人家送到一个真正的重伤兵，一个出奇出怪的家伙时，得立刻去请鲍刚太太跟勒沃"谈判"。

勒沃总是先推托一会，然后说：

"哇。我乐意的哇！是呀，我是乐意的！把他放在我的房里罢，这家伙。"

而勒沃的病房老是客满的。要住到这儿来，光靠一些小玩艺是不行的：一只打坏的脚，或是胳膊上的什么小疙瘩，都够不上资格。必得有些"蹊跷古怪的花样"，譬如小肠开裂，或是脊髓改道，再不是"脑壳给压瘪，或是小便出来的地方跟打仗以前不同了"等等。

"这儿，"勒沃高傲地说，"大家受的伤都是少有的。"

一个名叫桑特拉，"在腰里开了窟窿来大小便的"，他是矮小的北方人，鼻子滚圆像新番薯，生着一对柔和美丽的灰色眼睛。他受过三次伤，每天早上总得说一遍："那些德国鬼子不见了我，一定要出惊咧。"

一个叫做勒缪索，胸脯伤了一大块，老是呼呼，啦呜呜，呼呼，啦呜呜……勒沃第一天就问：

"你闹的好古怪的声音哇！是不是你的嘴巴？"

另一个哑着嗓子，唏唏嘘嘘的回答道：

"是我的气从肋骨里溜出来哪。"

末了还有曼利，给手榴弹炸断了脊骨，"整个的下半身都失了知觉，好似不是他的一样。"

这一小群人都过着仰躺的生活，各在各的床位上，种种的气味和声音混在一起，有时还有思想的交流。彼此多半是凭声音认得的，不是靠面孔。桑特拉来了整整的一星期，才在某次抬去换绷带的时候，担架跟勒沃的床沿平齐，第一次和他照了面；勒沃忽然嚷道：

"咦，桑特拉，你，你的脑袋生得好古怪！再说，又是好古怪的头发。"

鲍刚太太八点钟到，一进来便立刻埋怨道：

"难闻得很。噢，噢！可怜的勒沃，我打赌你又……"

勒沃把问题支开去：

"嗯，我睡得还好。那，没有话说，的确睡得还好。"

于是鲍刚太太把被单一抽，一股秽浊的气味向鼻子猛扑过来，这位好女人嘀咕道：

"噢，勒沃！你真不乖！你竟老是忍不住！"

勒沃再也掩饰不了，便冷静地承认了：

"哦，不错！又是满满的一大包，有什么办法？好嫂子，我没法子改呀！"

鲍刚太太来来回回，拿水，拿被褥，开始替勒沃洗呀弄呀，像照顾孩子似的，她凭着天生的勇气，带着埋怨的神情，把美丽的小手捞那些脏东西。

"我相信你是忍得住的，勒沃，瞧，多倒楣的工作！"

他突然之间又是羞惭，又是绝望，呻吟着说：

"鲍刚太太，别埋怨我；不曾当兵的时候我不是这样的……"

鲍刚太太笑了，勒沃也立刻接上来笑了，因为他整个的面貌和灵魂是为笑而生的，并且他又爱笑，即使在最苦的苦难中间。

勒沃看见这句回答博得了她的欢心，便时常拿来应用，他对谁承认他的毛病时，总是说："不曾当兵的时候我不是这样的，你知道。"

一天早上，替曼利铺床的时候，鲍刚太太叫了起来；这个瘫子也浸在便溺中间。

"怎么！曼利！你也来了，可怜的朋友！"

曼利，过去是一个又精壮又健美的乡下汉子，瞪着他僵死的两眼，叹道：

"说不定，太太，我什么知觉都没得了。"

可是勒沃得意啦。一早上他都嚷着："不光是我！不光是我！"没有人责备他的快乐，因为一朝掉入了毁灭的深渊，发觉有些伙伴究竟是足以安慰的。

最妙的妙语，灵效的时间也不会久。机灵的勒沃，明明觉得已经到了一个时候，不能光咬定这句话了："不曾当兵的时候不是这样的。"那是他收到父亲来信的时节，正是早上，煞风景得很。人家才把勒沃洗过脸，把高卢式的长髭好玩地修成美国式，全院的人排了队在门口过，要瞻仰一下勒沃那副绅士害了重病的模样。他的给劳作与苦难磨得变了样的手指，把信翻来覆去的捻弄，然后不安地说："写这封信来算啥个意思呢？"

勒沃已经结了婚；但六个月来得不到妻子的消息，他对自己的孤独也将就对付过去了。他躺在病房里，在他的门背后，跟谁都不淘气。那末干么人家要寄信给他呢？

"啥个意思呢？"他反复的说。

他把信授给鲍刚太太，让她念。

是勒沃的父亲写来的。整整齐齐的十行，笔迹有粗有细，有花体，有花押式的签名；老人说不久要来看看儿子，日子没有定。

勒沃重新找到了笑，找到了他的命根。他整天把玩着信，对谁都很乐意的拿出来，边说：

"有客要来了，我的父亲要来看咱们了。"

然后，他补上几句心腹话：

"我的父亲很体面，你知道，但他吃过不少苦。你可以看到我的父亲，他有许许多多本领呢，这老头儿，并且，他还戴一条硬领。"

后来，勒沃竟把父亲的人品完全拿硬领做凭证了。他说：

"我的父亲，你们瞧着罢，他戴一条硬领呢。"

多少日子过去了，勒沃尽讲尽讲着父亲，临了竟弄不清父亲来过了还是不曾来。总算老天慈悲，勒沃从没发觉父亲始终没来；但以后，他提到这个了不得的时期，竟想出一些庄严的字句，说："那是当我父亲来看我的时候。"

勒沃是大家宠爱的人，既不缺少烟卷，也不缺少伴儿，他心满意足的承认道："在这个医院里，我是喔喔啼"；意思是说，他是一只被人疼爱的小鸡。再则他也极容易满足；只消太里桑挟着拐杖一出现，这垂死的人就嚷道："瞧啊，又是一个来看我了，我告诉你们，在这儿我是喔喔啼。"

太里桑和勒沃受过同样的手术。膝盖里面有些怪疙瘩的玩艺儿。不过太里桑的手术很成功，勒沃的结果却不高明，因为"各人的血不同"。

就从手术上面，勒沃自以为记住了一句话："他的膝盖干瘪了①。"他望望太里桑，把自己和这个正在复原的人比较之下，简括地下断语道：

"咱们俩都是干瘪的，不过我是王八，再加我粗活做得太多。"

勒沃关于夫妇生活的不圆满和过去的辛苦，就只在这两句话里提了一提。

而且，真是！干么提这些？这条腿不是已经够麻烦了吗？还有那永远忍不住的要求，把床铺弄得一塌糊涂？勒沃燃起一支烟卷，天真地说：

"臭得很。也许真是你，桑特拉？"

大概是桑特拉吧……因为勒沃久已闻不到自己的臭味，旁人的气味他倒有时还觉得难受。

晚上，各人在出发作夜游之前，受些小小的照料，好似要出门旅行一般。勒缪索大腿上戳了一针，马上进入淫汗淋漓的天国，热度给他看见多多少少东西，那是他对谁都不肯讲的。曼利由人家端整好一大碗药茶，只消伸出胳膊去抓过来就行。桑特拉抽着最后一支烟，勒沃嚷着要他的靠枕。所谓靠枕是塞在腋下的一个棉花卷儿。到手了这件宝贝，勒沃才肯说："行了，弟兄们，行了……"然后，他们迷失在一个丑恶的、乱糟糟的睡乡里，好似陷阱密布的一座森林，各管各的游泳，追逐各人的梦。

精神在飞翔，四个躯体却躺着一动不动，照着一盏小小的夜灯。守夜的人拖着破鞋，把脑袋探到门上来的时候，感到四缕艰难的呼吸，有时还看见勒缪索大睁着失神的眼睛。守夜的人凝视着这些残余的人体，突然想起一条风雨中的破舟，在海面上颠簸转滚，载着四具破败的躯壳。

病房的窗子，继续被战争的声音震动得哀叫。但有时，漫漫长夜中，

---

① 按医生原说是破碎，因原文中二字谐音，故勒沃误听了。

战争似乎突然停止了一下，好像樵夫在两斧之间喘一口气。

于是他们在深沉的静默中醒来，感到一阵莫名其妙的凄怆，想到在此毫无声息的时光，战斗该是什么一副模样。

冬季的黎明终于决意露面了，好比一个又懒又脏、起身很迟的妖婆。男护士们来洗地板，把发出油臭而快要噎气的夜灯吹熄。然后是梳洗，然后是换绷带时各种的痛楚和叫喊。

有时，在白天的日常琐事中间，房门给庄严地打开，出现一位前呼后拥的将军。他被强烈的气味闷住了咽喉，先在门口停住，随后又走进几步，问问这些人的来历。医生在他耳畔低低说了几句，将军只回答说：

"啊！好！很好！"

他一出去，勒沃总一口咬定说：

"这位将军，到这儿一次总来看我一次。我清清楚楚记得他……"

这以后，整天他都有了谈话的资料。

军医官也来得很多，而且是最高级的，他们瞧着钉在墙上的表格，说："嗨！嗨！究竟是很好的成绩了！"

其中有一位，有一天打量曼利。一个很大的大医生，留着一大绺白发，挺着大肚子，胸部挂满了十字章，脖子白里泛红，显得营养丰富。他似乎很慈悲，很容易同情人家。果然他说："可怜的小鬼，嘿！要是同样的情形临到了我，那才受不了呢！"

大多数的日子没有人来，绝对没有，而日子像饭桌上的肉一样，必须割成无数小块才能吞咽的。

有一次发生了一件大事：曼利给抬去照 X 光了，他回来时很满意的说：

"至少这一次是不痛的！"

另外一次勒沃被截去了腿。

他答应的时候喃喃的说：

"我可是想尽法子要留它的，这条腿！好，算了！去罢，可怜的家伙！"

他还笑了一下；过去，将来，从没有人像那天勒沃一样的笑过。

于是他的腿截去了。法兰西最美的血又流了一次。但那是四壁之间的事情，在一间雪白的、像牛奶房似的小房间里，谁也没有知道。

勒沃又给安放在门后。他像孩子一般的醒来，说：

"真是！他们为了那条腿把我弄得热死了。"

勒沃相当安静的过了一夜，早上，鲍刚太太进来，他照例对她说：

"嗯，鲍刚太太！我睡得还好！"

说完，他脑袋往旁边一甩，慢慢的张开嘴来，死了，乖乖的，一声不闹。

鲍刚太太嚷起来：

"可怜的勒沃！可是，他死了哇……"

她吻了吻他的额角，立刻替他梳洗，预备殡殓。一天的功课多哩，不能耽搁时间。

鲍刚太太替勒沃穿扮，和善地咕噜着，因为尸身不让她顺顺溜溜的穿衣。

桑特拉，曼利，勒缪索，一声不出。被炮声震撼的玻璃窗上，淌着雨水。

索末河上

我没有心肠笑，但有时有一种迷迷糊糊的欲望想笑。我想起那些人在报纸上提到战事的时候，说什么"某一点被敌人突破了，还等什么，不把五十个师团往缺口上送？"或者是"只有把后备队伍集中到前方去！赶快，派四十万人去堵住缺口……"

我真想教那批人，替蹲在他们战略文件堆上打鼾的猫，在福伊洛阿与玛里谷之间，去找一个地位看看。那，他们也要觉得为难吧。

我一边走一边想着我的事情，不时往四下里瞥一眼，老实说，真有些古怪事儿看到。

沿着山谷排列成行的白杨底下，躲着一支庞大的军队，包括它所有的联队，牲口，车辆，破铜烂铁，褪色的遮篷布，发臭的皮革，一切污泥与垃圾。马啃着树皮，在早秋的侵蚀之下，树木已经凋零了。一大堆骚动的人拼命躲藏，好像一见天空就会给敌人发现似的。三株纤弱的榆树给整营的部队当掩护，盖满尘土的篱垣，把阴影遮着一个联队的军需。不过植物是吝啬鬼，它的荫蔽只有狭窄的一角，所以队伍到处泛滥，蔓延到光秃的平原上，作践那些把他们暴露原形的大路，在田里划成斑驳的沟槽，好比经过了大群的野兽。

有些大路，两旁分驻着英法两国的军队。那边，可以看见不列颠炮队经过，漂亮，全新，——没有铜锈，上足了油，——盖着淡黄色的披挂，镀锡的扣子；毛色美丽的马匹，又肥又光亮，赛如马戏班中的牲口。步兵也有的过：全是年青的小伙子。笛子和花花绿绿的军鼓奏着一种野蛮人的音乐。还有双层大车，懒洋洋的一颠一簸，头发淡黄的伤兵在上面睁着惊奇的眼睛，心平气和的，活像通济隆旅行社包办的游客。

许多村子都塞得满满的，快胀破了。到处是无孔不入的人，像瘟疫，像淹水。他们赶走了牲畜，把自己安顿在马房里，牛棚里，兔窟里。

炮弹堆东一处西一处，像烧缸甏的窑场。

运河里滑腻腻的水上，氽满着运输船，载着食物，大炮，医院。

这里人马的呼吸，机械的摩擦，融成一团热烈的气息，代替了静默。整个田野令人想起惨淡的节会，像战争展览会，像下等舞会与波希米人合起来的集团。

越近勃莱，情形越紧张。成群的汽车强横地霸占了大路，把寒酸的马匹运输队赶入田里。铁路上破旧的小车，显出独立的样子，高声大气的叫嚷，跟地面只差一点儿，背上驮着几千几百万的子弹；箱子中间，几个伙伴盘足坐着打盹，觉得坐在代步的东西上面怪舒服。

走到希比里的上面，我看见一幅奇怪的景象。一片广大的高地在动荡，铺满了人，物，牲畜，以致极目所及，望不见土地。哀蒂纳汉镇的高头有一座残毁的古堡，古堡那一边，展开一片褐色的、红红的田野，有如火烧过的灌木田，后来我看出那颜色原是紧挤在一块的马群。每天有二万二千匹马，要带到索末河这条泥泞的大槽中来喝水。它们把牧场变成了泥淖，空气中全是汗臭与马粪的味道。

再偏左一点，矗立着一座营帐城，粗布篷的顶上画着红十字。再远去，土地忽然低陷，一溜烟的奔向在天边黑雾底下发抖的战场。东一处西一处，并排并的冒起排炮的烟，像路旁树木一般整齐。三十个以上的汽球在天空围成一个大圆圈儿，好似喜欢看厮杀的闲汉。

副官指着营帐对我说：

"八十号坡，就是这里！你可以看到在那儿经过的伤兵，比你的头发还要多，流的血连河水也比不上。在龚勃勒与蒲夏凡纳一段里倒下来的，都往这儿送。"

我微微点了点头，我们重新沉入遐想。日光在池沼的混浊气息中慢慢消失。英军的大炮在我们近边射击，声音向远方奔腾，像一匹怒马往前直冲。天边的排炮密密层层，教你只听得连续的爆炸，仿佛一口硕大无朋的水锅给烈火烧得翻江倒海。

副官又转过身来对我说：

"你已经有三个兄弟给敌人干掉，从一方面说，你是过了关。当担架夫对你不算坏。另一方面说，当然是不幸，但为你究竟是好的。担架工作很辛苦，不过比起火线来强多了，是不是？"

我一声不出，心里想着在伯莱蒙小丘对面，我消磨了整个初夏的那口荒凉的小山谷。那儿，我曾经挨了多少惨痛的日子，在破败的白杨中望着拉西尼镇的废墟，望着在稀烂的路旁吓呆了的苹果树，炸弹窟洞教人看了恶心，里面积着发绿的水，全是虫蛆，沉默的伯莱齐埃古堡一脸埋怨的神气，还有那些阴森可怖的丘陵，唯有天翻地覆的捣乱，才会把它们从阴沉的梦境中暴露出来，这些东西我都看熟了。在轮到守卫的长夜，我呼吸到尸横遍地的草原的臭味。在最难堪的孤独中间，我时而祈求死，时而畏惧死。然后有一天，人家跑来对我说："你要调回后方去了，因为你第三个兄弟最近也送了命。"许多人望着我，似乎都像那个副官一般的想："你的第三个兄弟死了！从一方面看，算你运气。"

我一边想着这些，一边走去迎接新的命运，走上一片像神座般向云霄矗立的高地，好像祭献的场所，载着成千成万的生灵。

好几天没有下雨，我们生活在灰尘国里。灰尘是晴天的代价，它渗入战争的队伍，混入战争的工事，食物，思想；它污了你的嘴唇，在牙齿下面沙沙作响，使你的眼睛发炎。它也破坏了呼吸的乐趣。但它一失了踪影，泥泞的统治就接踵而来，而灵魂在灰土里还比在泥污中好过一些。

远远里，大股的尘土像懒洋洋的河流，描画出一区中所有的道路；而且凭了渗透作用，趁着微风的高兴，蔓延到所有的景物上。阳光受了尘土的欺侮，正如飞机的翱翔沾污了天空，侮辱了静默，蹂躏了土地和草木。

我那时已全无快乐的情致，但这一切使我悲伤得神思恍惚。

我把目光向四周扫射的时候，只能停留在马匹的无邪的眼睛上，或者停在几个在场边工作的、可怜而胆怯的人的眼睛上。世界上其余的一切，尽是杀气腾腾的东西。

天快黑的时候，我们到了营帐城。副官领我到一座龟形的篷帐内，教我在猪腥臭的干草上找到了一个位置。我放下衣包躺下，睡熟了。

拂晓起身，我在朝雾中摸索，想了解周围的情形。

一条到亚尔培城去的路，破烂，陷落，给过度的劳作拖累了。它搬运源源不绝的伤兵。路旁便是营帐城，其中有小街，有小村落，有广场。营帐后面是公墓，这便是全景了。

我肘子靠在一根木柱上，眺望墓园。墓园已经很繁荣，但神气还饥荒得厉害。一大队德国俘虏在挖掘许多长长的壕沟，像血盆大口般张着嘴。两个军官在旁边过；一个是大胖子，似乎从清早起就有中风的危险。他暴躁地做着手势对他的同伴说：

"咱们有两百个墓穴预备好了，棺木也差不多。噢，不！不！决不能说这次的攻势没有准备！"

的确，端整好的棺木已经很可观，堆满了一营帐，那原是简便地陈列尸身用的[①]。大伙儿的木匠，在露天锯松板。他们天真地吹啸，唱歌，仿佛

---

① 按伤兵死后，也应当像普通的丧礼一样，下葬之前把棺木陈列一下。

一个人手里做工，嘴里当然要有些声响才行。

当天我被派在这一部分服务，因为我年轻的时候，干过美术木器的玩艺儿。

一个人判断最壮严的事故，都把自己的职业与本领做出发点的：这种经验我又领教了一次。一个排长阶级的工人，对世界大战的意见是把木材的质地做标准的。遇到木材恶劣时，他说："这次的战争真混账！"但木板没有节的时候，他又说："回头会有的！"

指挥全个医院的是一个烦躁而琐碎的青年，一刻不停的出现，拿着一束文件，忽而交给左手，忽而交给右手，手指老是在拘挛。我很少机会听见他讲话；但偶尔听到的几乎每次都是同样的话："这跟我不相干……我么，我才不理呢！就这样，也够我操心了……"

不错，他得筹划许多事情。装满了哼哼唧唧的重货的汽车，整天络绎不绝。匆匆忙忙用石子筑成的自下而上的公路，好比这个大机构的一张大馋嘴。公路高头有一扇大门，门框上挂了旗子，像结婚时节教堂门口的彩棚，汽车在门框下面卸货。

从第一天起，我就奉到命令，当夜班的担架夫。我们一共十五个人站在门框底下，都是当同样的差事的。

至此为止，我只看见战壕内在我身旁受伤的伙伴，出发去作一个神秘的长途旅行，怎样的旅行我们是不大清楚的。挂彩的人给悄悄的搬走，在战场上失了踪影。我当了担架夫，才慢慢知道了他以后经历的痛苦生涯的各阶段。

上班的第一夜，摩勒巴或福莱斯脱一带颇有接触；那是雨天大战之间的小插曲，在公报起稿员笔下不一定会占到一行地位的。伤兵整夜不见减少。车上一下来，立刻由我们抬进大营帐。一间布幔围成的大厅，亮着电灯，基地是一块麦田，粗糙的泥地上还有贫血的草和不曾压平的泥块。能走动的伤兵，鱼贯着给领到甬道似的一处地方，两旁竖着木栅，像戏院门口排班买票的场所。他们的神气又迷惘，又委顿。人家收下他们的武器，短刀，手榴弹；他们任听摆布，好比瞌睡的孩子。随后是盘问。欧罗巴的屠杀是要有秩序的。一篇精密的细账结算出全剧每一幕的结果。当这些人一个一个走过的时候，有人点数，标上签条；书记们验明他们的士兵证，像关员一样冷静而准确。他们一样样的回答，其耐心正如在办公桌前站惯的群众。有时他们也敢加上一些按语。譬如问到一个猎兵：

"姓小小的是你吗？"

他悲哀地答道：

"唉，是呀！倒楣的！"

我还记得一个手臂给绷带吊起的矮东瓜，医生看了看他的标签，问道：

"你右臂上有一个伤口？"

那人谦卑地答道：

"噢！算不得伤口，不过是一个窟窿罢了。"

营帐的一角，有人分发食物与饮料，一个厨子割着一片片的牛肉，又加上一块酪饼。伤兵把沾满泥土与血渍的手抓起食物，慢条斯理的，津津有味的咬嚼。可见对大多数人，饥渴是第一桩痛苦。他们怯生生的坐在凳上，好似参加盛宴的穷亲戚。

这些人对面，有二十来个顺便带来的德国伤兵。他们打着瞌睡，有的把贪馋的目光匆匆溜一下食物和冒烟的茶缸。一个头发花白的步兵，嚼着大块的白煮牛肉，忽而想起一个出名的字眼来，冷不防对厨子说：

"喂呀！管它呢，给他们一片隔夜肉吧①。"

"难道你跟他们有交情？"厨子打趣道。

"怎么不？那些狗东西！咱们厮杀了一天呢！算啦，赏他们一片隔夜肉油油嘴吧。"

---

① 按军中肉类多不新鲜，故士兵俗语以隔夜肉为肉类之总称。

一个鼻子多角，目光近视的油滑少年，装腔作势的说：

"为了我们好客的声名，应该……"

他们继续一本正经的闲扯，喝着白铁壶里倒出来的热茶。

营帐的另外一边，景象大不相同。伤兵全躺着，伤势很重。肩并肩的横在粗糙的泥地上，他们拼成一幅痛苦的镶嵌图案，染着战争的色彩，污泥与鲜血，蒸发着战争的气味，汗汁，脓疮，乱哄哄的叫喊，嚎哭，打呃，简直是战争音乐。

这景象使我浑身冰冷。我已经尝过屠杀的惊骇，领略过呼唤猎犬的号角，现在还得领略一种新的恐怖，"目击"的恐怖，一大堆直躺着的牺牲者，一大屋子在地下蠕动的人类幼虫。

我做完了担架工作，立刻跑到伤兵堆里；过于激动的好意，使我慌张失措。他们有的在呕吐，额上冒着汗，痛苦得了不得。多半躺着不动，乖乖的，仿佛一心注意着病痛在肉体内部的进行。有一个特别把我骇呆了。那是一个头发淡黄的小排长，留着细气的短髭，双手捧了脸，哭得那么伤心，好像悔恨交集的样子。我问他是不是疼。他不理会。我轻轻揭开毯子，发觉榴霰弹打烂了他的下体。对他的年轻与热泪，我只有深深的同情。

还有一个小伙子，停停歇歇，哭得很古怪，哭着他家乡的那种调门儿，我只能听出几个音："啊！我的……东……啊！我的……东……"一个医生在旁边过，对他说：

"喂！耐心一点！别这样的叫。"

孩子停下来答道：

"要没有了声音才能不叫。"

立刻他又嚷起来："啊！我的……东……"按着节拍，仿佛他的痛苦少不了这些字眼和节奏。

他的贴邻是一个粗野的汉子，狠巴巴的牙床，强有力的粗线条，脑壳的模样和头发，一望而知是奥凡桌人。

他瞧了瞧在身旁哼唧的孩子，转过头来，耸了耸肩，对我说道：

"像这孩子那样的伤，真是好惨哇！"

"那末你呢，"我问他，"你受的什么伤？"

"噢！我么，我想我的脚是跑掉了；但是我人强马壮，硬棒得很呢。"

不错，我发觉他的两只脚没得了。

电灯四周，有股恶心的水汽。篷帐四壁的褶裥里，一大堆一大堆的黑团团，给夜凉催眠了的苍蝇，睡熟了。

大厅上积聚的人，慢慢散尽。巨大的波浪在布幔上卷过，把它震动得有时像哆嗦，有时像往后倒退的蹦跳，看震动的原因是风还是炮。

我小心地跨过担架，走了几步，到了帐外。吼声不绝的黑夜，透着战场上的亮光，像北极光。

我伸着两手往前，暗中碰到一行栏杆；我突然觉得自己凭靠在地狱的阳台上。

人间的大雷雨！仇恨与破坏的大爆发！仿佛大队的巨人，把地球的边涯猛烈的锤，飞起千万朵的火花。无数量旋起旋灭的毫光，合成一团巨大无边的持久的光亮，活泼，闪动，蹦跳，原野和云彩都给照得迷糊了。五色的火星在半空中溶解，好比蒸汽槌借此显出熔炼的高热。

我是在战壕里混过来的，知道这些焰火的意义，或是嘱咐，或是命令，或是求救，或是冲锋①；我可以替它们一一作注解，战士的愤怒与危急，就像用文字写的一样明明白白。

在龚勃勒城方面，摩勒巴镇的左边，有一处特别烧得厉害。那是英法两国军队衔接的地方，也是敌人集中火力的地方。几星期内，每夜看见那边喷着噬人的火焰。强烈的程度，令人觉得每一秒钟都是决定胜负的一秒。然而几小时、几夜、几个月，在永恒中缓缓前进，这些可怕的时间只是无

---

① 按夜间战场上的火箭，作传达命令或消息之用。

数次癫狂中的一次罢了。同样，伤口的痛楚往往令人以为再也受不住，马上要完了；但死亡并不肯俯从人的愿望：它由它的意思来打击你，时间，地位，都得由它挑，绝对不受你的媚惑，不理你的劝告。

清晨来了。凡是整夜的厮杀，或在救护营中做过血淋淋的工作以后，见过战场上的黎明的人，可以说是见到了世界上最丑最惨的场面之一。

至于我，我永远忘不了那道吝啬的、绿色的晓光，那种灯光人面惨淡不堪的景象，那股使你窒息的、肉体腐烂的臭味，那一阵清早的寒噤，——正像在大树的麻痹的枝叶中间，黑夜吐出最后一道冷气。

做完了担架工作，我又回到木工场去，锯着沉重的青木板，想着许多事情，就像一个瞌睡而又沉溺于悲苦的时候所能想到的。

早上八点左右，大群的苍蝇，向那好容易从薄雾中挣扎出来的太阳致敬；然后它们开始享用日常必备的盛宴。

凡是在一九一六年上经过索末的人都不会忘记那些苍蝇。战场上的混乱，尸体的山积，过度集中的牲畜与人口，腐烂的食物，促成了那一年苍蝇的大量繁殖。它们似乎约齐了全球的同伴，到这儿来参加一个空前的盛会。论种类，它们各色俱全。只顾自相残杀的人类，对这可恶的侵略简直毫无抵抗。整个夏季，它们是主子，是王，而且没有人跟它们计较粮食。

在八十号坡，我看到满是幼虫蠕动的伤口，直到玛纳一役以后才算忘记。苍蝇扑向创口的血渍与脓水，狼吞虎咽，甚至用钳子或手指去抓，它们也不肯逃走而离开他们的筵席。它们传播各种病毒和坏疽。军队受到残酷的磨难，我们奇怪，怎么最后胜利会不属于苍蝇。

营帐城所在的那块高原，简直是不毛之地，什么都比不上它的阴惨与荒凉。每天早上，笨重的曳引机爬上哀蒂纳汉坡做灌溉工作，把淡而无味的水，装满散摆在小路上的几个大桶；一天之内，所有的人解渴，洗涤秽浊和病毒的排泄物，都得靠这些贮藏。

除了地平线上的丛林以外，没有一株灌木，没有一簇新鲜的草，只是无边的灰土和泥浆，随着天色的清明或狰狞而定。为了替这片荒凉上点颜色，人们居然在营帐之间弄些花木。伤兵一下车，便不胜惊异的，在死气沉沉的军事行动中，瞥见一株黯然微笑的风吕草，或几棵宝塔式的杜松，那是在山谷边上乱石丛中拔起，依着法国庭园的格式，匆匆安在这儿的。

有一座营帐，有十来个患毒瓦斯坏疽的士兵，煎熬着临终苦难。我每一回想到那座营帐，总感到一股异样的情绪。在此绝境的四周，环绕着一座贫瘠的花坛，还有一个细心的人安详地想尽方法，要教丁香开出小红花来。

有时，土地受着八月的酷热压迫，一忽儿又给突如其来的阵雨闷倒，闭住了气。这些日子，全部的布篷便嗯啦啦的响成一片，犹如灰暗的大鸟死扑在地下，跟飓风撑持。

然而雨势的猖狂，霹雳的奔驰，所有大自然的这些震怒，都不能转移人类的战争意念。八十号坡上，大家照样替伤兵开刀，裹扎，而在邻近的山岗上，炮队也继续把双方争夺的土地开肠破肚。甚至有时候，人类似乎执意要比天公喊得更响，拿炮声跟雷声比赛。

我记得有一次是霹雳获得了最后胜利：两个瞭望气球在空中着了火，炮队失了眼目，呜嚷了一阵，终于闭口了。

几天之后，我奉命在营帐内安置些小木器，板凳和小桌子。我带了工具去就地装配，竭力想不惊扰已经被战争的声响闹昏了的病人。这件差使教我非常难受，因为对各式各种的苦难，我只能做一个无能为力的见证。可是有一天，我见到了美妙而动人的一幕：一个脸孔打烂了的青年炮兵，接见他的哥哥，在旁的联队中当随习军官的。这位哥哥脸色灰白，打量着兄弟那张只剩一对眼睛、和一堆稀脏的绷带的脸。他握着他的手，本能地走近去似乎想拥抱他，忽而退后一步，又马上近前，又厌恶又怜悯的情绪把他慑伏了。于是那不能说话的伤兵，凭着一腔友爱，触动了灵机，挣扎着伸出手指，来抚摩他哥哥的头发与面孔。这种无声的至情的流露，表示心灵宁愿放弃语言，诉之于一些最亲密的动作。

死在这座营帐里的，还有刚皮埃中尉。

那是一个头脑简单的人，有点粗鲁，平时干些微贱的行业，战时单单靠了勇敢才爬到军官阶级的。过度的流血把他魁伟的身体消耗完了，但他过了两天才死。冰冷的四肢满着黏答答的大汗珠，生命却花了两天功夫才离开。他不时发出一声叹息。我一听见便丢下锥子和螺旋，跑过去问他要一点什么不要。他睁大了眼睛瞪着我，充满着回忆与哀伤，答道：

"不要什么；但是多少的恶梦呀，噢！恶梦呀！"

看见他死了，我几乎觉得快慰：弥留的时期拖得那么长，而且神志太清楚了。同一天死的小拉罗，至少是人事不知，早已昏迷了的。

他是一个乡下人，一小块炸弹片伤了脊髓，得了脑膜炎似的病，立刻离开了理性世界。眼珠乱转，骨碌碌的教人头晕；牙床不住的牵动，好比嚼草的野兽。有一天，他把教士挂在他脖子里的念珠乱嚼。护士撑开了他的嘴，从中掏出不少的碎木屑和断铅丝。可怜的家伙温和的笑道："硬得很，不好嚼！"脸上的线条在无数痛苦的皱襞之下抽动。

神经错乱的现象，使我们的精神惶惑，惊骇，因为那是一切混乱的顶点，把判断力都搅乱了。但是让遭劫的人对苦难失去控制，也许倒表示造物的慈悲。生命与死亡，就有这么一点可怕的善心。譬如我看见一个士兵，身上打了那么多的窟窿，一般外科医生认为医学也为之技穷了。许多伤口之中，有一处是一长条钢片，像短剑一般横贯着他的右腕。那模样，教人看了那样的刺眼，不由得想动手去拔。一个医生把它一把抓住了，轻轻摇了几下，问了他好几次：

"你疼不疼？"

伤兵答道：

"不疼，但是口渴得慌。"

"怎么，"我问医生，"怎么你这样的摇，他会不觉得痛？"

"因为他已经脱力，没有感觉了，"医生回答。

于是我懂得，过度的痛苦，有时也能使受难者获得片刻的喘息，预先尝尝毁灭的滋味与死亡的极乐。

每座矩形大营帐的尽头，都搭有一个圆锥形的小篷帐，大兵们称做"静室"，是弥留的伤兵等死的地方。凡是没有救的人都关在这儿，在寂寞的墓门之外先尝尝寂寞的味道。有些病人似乎是知道的。例如那个腹部洞穿的兵，给抬进圆帐时，要人家替他换上干净衣衫：

"别让我穿了脏衬衫死啊，"他再三的说。"只要给我一件干净的。你们没空，我自己会穿。"

有时，那么多的苦难磨得我受不住了，请求做些营帐以外的粗活，让我的思想透一透空气，换一换思忖的题目。离开这座营帐诚的时候，我总要叹一口安慰的气。这个凄惨的部落，颇有几分像流浪人的村集；我远远里望着它，在白布篷与红十字中间，我搜寻那些静室的尖顶，也望着埋下了成千的尸首的墓地，然后，把蓄积在这角土地上的悲哀、绝望、或愤怒的总和计算之下，我想到那些人在后方挤满了音乐咖啡馆，客厅，电影院，娼家，恬不知耻的寻欢作乐，享受着空间与时间，躲在这座摇摇欲堕的牺牲的城垣之下，不肯分担一份宇宙的浩劫。我想到他们，心中的羞愧还远过于恨意。

野外的奔波使我的心平静下来，看到还有些健全的人不曾遭战争的毒手，多少觉得安慰。

有时我一直走到英军的战区。长射程的大炮在那里大量的挥霍。炮手只穿了衬衣，拖着长裤，涂满了机油，不像大兵而像机厂中的工匠。显而易见，战争变成了一种工业，变成了机械的、有条有理的杀人工业。

一天傍晚，走在亚尔倍大路上，我听见几个坐在壕沟边上的人谈话，是北方乡下人的口音，大概他们的联队刚从火线上调下来。

"战后，"其中有一个说，"凡是想干政治的人，都要能够说，这一仗是他们亲自打过的！"

但这句天真的话，黑夜里在前线一条大路上偶尔听来的、无足重轻而没有回响的话，在大炮的喧闹声中消失了。

当担架夫使我有许多长进。从此我对人类的认识比从前深刻多了，我这才见到了他们沿着一道更纯洁的光，赤裸裸的站在死亡前面，甚至把本能都摆脱了，使淳朴的灵魂恢复了它神明一般的美。

在最大的磨难中，我们那个农夫出身的种族始终保持坚强，纯洁，够得上高贵的人类传统。你们，我都认识你们：勒皮克，鲁罢，拉蒂哀，弗雷西奈，加曼尔，多希，我不再提别的名字了，我不能把全国的人都叫遍。固然不能说创伤也要挑选它的俘虏，但我在你们的命运挣扎着的床边走过，把你们的脸一个一个打量过来时，我觉得你们全是善良、忍耐、果敢的人，都值得人家爱。

你，勒皮克，有温暖的家庭等着的，你这头发灰灰的排长，不就值得人家爱吗？有一天，替你裹扎腋下的大伤口，我们围拢来给你换上干净衣衫，好好的铺一铺床。你这单纯而好心的人忽然哭了，我们问你为什么，你竟找到那么一句了不得的话：

"我给了你们多少麻烦。"

至于鲁罢，我们是不希望他开口的了：弹片打烂了他的脸，只剩下一大片奇丑的伤口，一只变了部位的歪斜的眼睛，其貌不扬的乡下人的额角。可是有一天，我们对他说了几句友好的话，鲁罢想表示他的喜悦，对我们微笑了一下。啊！谁也忘记不了他的没有面孔的微笑，那只能是灵魂的微笑。

二十岁的小伙子弗雷西奈，常常昏迷，清醒的时候他自己都想起来，便对可能被他扰乱的人道歉。终于临到了他永久安息的时间。那一天，正好有一个全身披挂的人物，前呼后拥的来视察。他在每张床前站住，用傲慢的口气开讲几句，教伤兵明白，受到这几句训话便是莫大的荣誉。他在弗雷西奈床前停下，开始演讲。因为他是要人，做事又讲究条理，所以只管把要讲的话一口气讲完，全没理会旁人再三的对他示意。讲完了，他却盘问他的随从道：

"有什么事报告？"

"报告××，就是……就是……这个伤兵已经死了。"

但弗雷西奈是那么谦卑，那么胆怯，连他尸首的姿态都显得恭恭敬敬，诚惶诚恐。

我认得多希也是在这里。

可怜的多希送到时，箍破了脑袋，才从火烧的急救站上抢救出来。我看着他的手东摸西摸，把藏着他全部家私的一只破袋倒翻了。

"唉，唉，"他说，"当真丢了……"

"你找什么啊？"我问。

"找我两个小娃娃和我女人的相片。糟糕，给人家弄丢了。真要想死我呢……"

我帮着他找的时候，发觉多希的眼睛已经瞎了。

可怜的多希！他认得我的声音，久远向我堆着微笑。他吃饭时的笨拙，显出他还没习惯残废。但他决意要自己张罗，心平气和的对我们说：

"瞧！我总尽我的力：我在盘子里掏，掏到我觉得精光为止。"

还有那半夜里送到的两腿粉碎的人，我也忘不了他的名字，他只喃喃的说："死得好苦呀！好罢，好罢！我不怕。"

还有那天真的孩子叫什么名字呢？他提到被手榴弹炸坏的脚的时候，嘱咐我们说：

"小心点儿，你们，我还没结婚哩！"

但是加曼尔，加曼尔，谁认得他就不会忘记的。他求生的欲望比谁都强，耐苦与隐忍比谁都更显出人的尊严。他眼中闪露着内在的生命，没有一刻不否定他所受的致命伤。在某次空袭的晚上，是他，用着威严的垂死者的声音，吆喝病房里的伙伴，教他们安静：

"喂！喂！咱们都是男子汉，是不是？"

灵魂的威力，使这样的嘴里吐出来的几句简单的话，恢复了秩序，镇定了人心。

一个不知当什么差使的肥胖的军佐，有一天高高兴兴的，深信不疑的对加曼尔说：

"你好像伤得厉害，好家伙！但是你知道，咱个教他们受的什么伤哇，用咱们的七十五生的！那才是可怕的伤口呢，朋友，可怕呢！"

八十号坡天天有人参观，从亚眠安坐了华丽的汽车来。他们一边谈话，一边走过像什么农业展览会般的大篷帐；他们依照自己的职务、见解、身份，对伤兵们说几句，在手册上作记录，有时也肯和官佐们同桌吃顿饭。其中有外国人，有慈善家，有政客，有喜剧女演员，有百万富翁，有小说家，有新闻记者。凡是喜欢剧烈刺激的来宾，有时也被允许走进"静室"或手术室。

他们回去的时候，倘使天晴，就觉得这一天过得很满意，深信看到了一些奇怪的事情，一些英勇的战士，一批现代的设备。

可是我不该再提这些话。弗雷西奈，多希，加曼尔，你们的名字在我心头留下了那么神圣的回忆，不容再混入一点儿辛酸。

我们撤退之后，八十号坡不知变成什么模样了。冬天来了，营帐城卷起布幔，收起帐篷，去配备它的新的命运。

梦里，我时常看见那片光秃的高地，巨大的墓园搁浅在雾绡缭绕的农田内，好似海洋深处无数的沉舟留下的一些残骸。

雷旭沙的圣诞节

雷旭沙带着勉强的又尖又微弱的笑声，不住地说：

"告诉你，他们是不会来的。"

伍长丹太装做不听见。他在桌上摆出他的全副器具：湿布，油，像击剑家用的橡皮手套。装在管子里的探针，像肥大的香草球，珐琅盘子像一颗大豆荚，还有阔嘴大肚的玻璃便壶，四不像的怪东西。

雷旭沙装得满不在乎：

"他们要不来，就不来好了。我，我才不希罕呢。"

伍长丹太耸耸肩，答道：

"我说他们会来的！"

伤兵固执的摇头：

"哼，朋友，这儿是谁都不来的。他们到楼下去，哪，哪，从来不上这儿来的，老实告诉你。可是我也不希罕。"

"放心罢，他们会来的。"

"再说，不懂干么要把我孤单单的关在这间小屋子里。"

"大概是你需要静养吧。"

"可是他们来也好，不来也好，我满不在乎。"

雷旭沙皱了皱眉，表示高傲；又叹一口气，补上一句：

"好动手了。"

丹太刚刚端整好。他燃起一支洋烛，手一扬就撩开了被单。

雷旭沙的身子显露了，瘦得异乎寻常。丹太毫不在意，至于雷旭沙，三个月来也把他的苦难敷衍过去了。他很明白：弹片到了背心里，总是一桩严重的事，并且大腿和肚子一齐瘫痪的时候，决不是今儿明儿就好得起来的。可是，每当探针插进去时，他总要把一天两次的老套说一遍：

"自己不能小便多可怜！"

探针放妥了。玻璃壶慢慢染上浑浊的琥珀色，一阵猛烈而呕心的气味，布满了垂死的人关在那儿拖日子的房间。

"觉得痛快吗？"丹太问。

"是的，痛快……现在已经六点了，他们还不来，幸亏我不希罕。"

伍长一言不答，尴尬地把两只橡皮手套不住的摩擦。烛芯快要烧尽，火焰一蹦一跳的，使足了劲，仿佛一个可怜的囚徒想纵身飞跃，飞到屋子的黑暗中去，再往更高更高的地方上升，升到冬季的天空，升到听不见人类厮杀的境域中。伤兵与护士一声不出的望着火焰，睁着迷惘失神的眼睛。玻璃壶淅沥沥的响，远方的大炮，每隔一会在窗上传出一连串弹指似的声，每次烛焰都要哆嗦一下。

"好长呀！你不冷吧？"丹太问。

"到了下半身，我已不晓得什么叫做冷。"

"慢慢会好的。"

"自然啰，慢慢会好的！眼前是死了，但总应该活过来！今年二十五岁，正是皮肉活剥鲜跳的年纪。"

伍长局促地点了点头。他觉得雷旭沙是完了：凡是身体跟床铺接触的部分，都烂成一大块。人家把他隔离，为不让一般比他幸运的人，看到他长期受难的惨状。

过了好一会，沉重的静默，使他们无聊的废话也不说了。随后，雷旭沙仿佛老在心里想着什么，忽然开口道：

"可是你知道，一点儿小事就能教我开心。他们只消来两分钟……"

"不要响，"丹太喊着，"不要响！"

他向门口侧着耳朵。甬道里传来一阵模糊的声音，跟着是一团团的影子和凉气。

"喂！你瞧，他们来了！"护士说。

雷旭沙伸着脖子。

"呸！我说不是的。"

突然，一团神秘的光明，射出红红的金黄的反光，一团奇异的、来自仙境般的光明，在甬道里亮起来。对面的墙壁给照明了：平时一片灰暗，像冬季的思想一般的，忽而金光灿烂，像一座东方的宫殿，像公主的新装。这片光彩发出声音，欢笑与快乐的声音。听不见一个人唱，但全部的声音恍如一支宏大的歌。不能动弹的雷旭沙，愈加伸长着脖子，把手从被单上抬起一些，似乎要去抚摩那美妙的声音和美丽的光辉。

"你瞧，你瞧！"丹太说，"我早告诉你，他们会来的。"

然后是一场骚动。有些东西在门口停下，是一株树，森林里的一株真正的柏树，在一只绿漆的木桶里摇晃。树枝上挂了无数的灯笼和粉红的蜡烛，像一个其大无比的大火把。小房间像一颗过分快乐的心。受不住这片光而要胀破了。但这还不算最美：接着又来了三位博士①。一个是赛奈加②的射击兵索利，还有两个是摩撒和加尚。他们披着红布大褂，戴着药棉做的长须。

---

① 按即《新约》所载，耶稣诞生前来报信的东方博士。

② 法国西非属地。

他们一齐进来，走到雷旭沙的病房底上。索利捧了一个系着绸带的小包，摩撒手里幌着两支雪茄，加尚捧了一瓶香槟。三个人按照人家预先教好的样子，恭恭敬敬行礼，而雷旭沙便突然之间右手里糖果，左手里雪茄，床几上一杯全是泡沫的香槟。他说：

"噢！真的，弟兄们！太那个了！啊！真的，弟兄们！"

摩撒和加尚笑了，索利嘻开着牙齿，屋内所有的臭味散尽了，好似只消一点儿光就能把它赶跑的。

"啊！真是，弟兄们！"雷旭沙再三说。"我不抽烟；可是我留下雪茄做纪念。请你们把酒给我吧！"

索利双手捧了递给他，好像捧教堂里的圣杯似的。雷旭沙慢慢喝着，说："这，这才是酒！好酒！"

门口有二十来张脸都在笑，笑得跟雷旭沙那张天真柔和的脸一样。

然后是真正的落日。神奇的树，摇摇摆摆在甬道里去远了。博士们曳着长裾的袍子与药棉须，不见了。雷旭沙老捧着酒杯，瞅着洋烛出神，仿佛所有的光明都留在洋烛身上。他慢慢的笑着，再三说："这，这才是酒！"随后他一言不发的笑了一会。

阴影悄悄的回到房里，把所有的空间占遍了，犹如被人打扰过后的一头家畜。

跟阴影一起来的，是雷旭沙伤口的气味，这悲惨的东西也溜进来到处占了位置。嗡嗡作响的静默，降临在所有的东西上，像一层灰土。伤兵的脸色不再反映圣诞树上的光辉；他低着脑袋，望着床铺，望着自己的瘦削而溃烂的两腿，望着玻璃壶内浑浊的流质，探针，所有那些不可解的东西，他诧异之下，结结巴巴的说：

"可是……可是……怎么回事呀？怎么回事呀？"

杜希中尉

我认识杜希中尉是一九一五年十月里的事。

每次想起那个时代，总有一番惊心动魄之感。在萨比原前面我们才挨了几星期火辣辣的日子；香巴桌方面的攻势在右面长时期的怒吼，余波一直卷到我们的阵地，好似狂飙在洋面上发尽了威势之后送来一些零星的波涛。三天之内，我们的炮和波伊欧士那边的遥遥呼应，大家整装待发的等着那始终不曾到来的命令。心里又慌张又空虚，连续不断轰击的声音，似乎把我们灌醉了醒不过来。免掉一次凶多吉少的突击，教我们松了一口气，同时却担心着得以幸免的原因。

就在那时候我第一次受了伤。撤退时偶然的摆布，把我安置在 S 古堡。在兰斯地带，这座建筑谈不上什么点缀，但它矗立在可爱的绿茵中间，在高岗侧面可以俯瞰凡尔河流域优美的小谷。

我的伤势并不重，却很痛苦；略微有些热度，非常喜欢静默和精神上的孤独。我乐于整天厮伴着还能忍受的肉体的痛楚，借此试验我的耐性，又想到我一向极端信任的体格竟怎样的脆弱。

我住着一间可爱的病房，四壁糊着印花布，挂着旖旎风流的图画。室内除了我的床铺以外，还有另一个军官的床位；他脚步毫无声响的在房里踱来踱去，很尊重我沉默而矜持的态度。到了我可以吃东西的那一天，大概由于同桌的人总想攀谈的老习惯，我们开始搭讪起来。

虽然当时我心绪恶劣，那次谈话的确使我觉得愉快，并且把我从绝路上硬拖了回来。

我本来老转着阴森森的念头，一心沉浸在那时代的悲苦里面。最初我只觉得杜希中尉胸怀清朗，满怀着恬静而欢畅的心情。后来我发觉他一向受着厄运磨折，什么苦难都经历过来，而居然还保持着那些德性，当然是更难能可贵了。

我们俩都是列尔人；这一点是联系我们的因缘。为了一些渺茫的遗产，为了事业的前途，杜希早年就迁居墨市，就地成了家。婚姻很美满，年青的妻给他生了两个美丽的孩子。第三个刚要出世的时候，德国的侵略把法兰西和全世界的面目都颠倒了，把杜希经营得很发达的实业铲得一干二净，把他跟妻儿硬生生的拆了开来，从此，关于他们，他只有非常渺茫而极其可虑的消息了。

我的亲人和产业也同样丢在沦陷区里，所以对杜希大有同病相怜之感。但我得承认，这位同伴所担当的苦难远过于我的，他的心也远比我的坚强，而丰富的感情并未因之稍减，那是我屡次觉察到的。

杜希身材长得很好看。像我们本乡人一样，他皮色是红的，头发是淡黄的。一张极柔和极有生气的脸，点缀着一簇纤美的须，仿佛把脸盘拉长了些。神气活像弗拉芒画家常画而且很拿手的那种青年型：齿形的衣领，黑丝绒外衣上挂着沉重而发光的金链。

额角上围着一条薄薄的绷带，他好似一些不觉得不方便，所以我初期竟忘记问到他的伤势，他自己也绝口不提。有一次，我看见他换绷带，那时他才寥寥几句，告诉我一片手榴弹的碎壳怎样在一次小接触里打中了他。但他对这件事装得满不在乎。

"后方没有一点什么吸引我的，"他凄然微笑的补充着说，"我本想此刻就回到部队里去，可是医生一定不许。"

他承认在 S 古堡继续养病也不无乐趣，秋天的景色把这座建筑点缀得庄严起来。

从第二星期起，虽然我肩部的伤口相当大，医生已经答应我起床试步了。杜希用着友爱的情意搀扶我，由于他的鼓励，我不久竟敢到花园里小路上去冒险了。

照料我们两人的医生，吞吞吐吐和我说：

"他跟杜希中尉一起出去吗？留神不要走远。"

这位医生是沉默寡言的人。我不向他多所追问：我信任我业已恢复的体力，并且由于挺自然的想法，以为他殷勤的嘱咐是为我而发的。

几天过去了，充满着新交所有的热诚与无限的新鲜。平时我们竭力避免接触的一些人，在战时却不得不和他们一起生活：这是千百种战祸之一。再加我的天性——也许是过于苛求过于骚乱了，——使我一向就落落寡合；所以一朝在杜希身上发现那些足以激动我真情的优点时，我不由得惊喜交集。我想这是命中前定的：那时代能够成为我朋友的人，到处都标有一个同样的神秘的记号；然而我决不能全部认识他们，也许命运也无意让我能有一天遇到我最知己的朋友。

不下雨的日子，我和杜希在斜坡上谈天，浓密的榉树从上到下盖满了山坡。我的年轻朋友对于自然景物的感受和判断，天真之中所含的出人意外与巧妙的情趣，除了儿童以外是难得遇到的。他讲起四散飘零的家庭时，显出他坚定不移的信心，提到前程时那种乐观与严肃，只有醉心于宗教、或迷恋着光荣或成功的人才会有。

傍晚，将临的黑暗使我老是要对时局对自身作一番无情的检讨，他却高高兴兴邀我下几局棋，而这奥妙无穷的游戏把我们一直领到睡乡门口。

我跟杜希相交觉得很快慰，有一天便在医生前面把他的性格隐隐约约称扬了几句。

医生是个中年人，高大，秃顶，驼背，横七竖八生着一簇乱须，阴郁的目光中充满着胆怯而慈悲的表情。

"天没有眼睛，"我说，"打击一个性格那么善良的人真是可叹，但怎么也改变不了他的本性总算是奇迹了。"

在榛树丛中的一条小路上，我们踏着平匀的步子闲扯。

听了我的话，医生肩头古怪地扭了一下，目光向四面一转，好像要确知的确没有旁人在场。

"你似乎，"他对我说，"很高兴跟杜希在一块，那是很自然的。可是我曾经请求你，你们散步的时候切勿离开古堡太远，我现在对你再说一遍。"

这些说话的音调使我突然之间胸口闷塞，非常难受，我便表示很惊讶的说：

"我觉得杜希正在平平稳稳的复原。难道你怕那额上的轻伤会有什么变卦不成？"

医生停下来，把靴尖踢开路上的石子，低着脑袋很快的说：

"这轻伤的严重性决不是你想象得到的。"

随后是一阵难堪静默，医生看见我愣着，便断断续续，半吞半吐的接下去说道：

"这些脑壳上的伤，我们慢慢的弄熟了。你的同伴不知道，而且应当不知道他伤势的严重。他甚至不知道弹片根本没有拿出来，并且即使可能……"

接着这外科医生突然讲起哲理来，在这个领域里他似乎又是畅快又是迟疑，仿佛进入了一座他熟悉的迷宫。

"我们的成就已经不小了，不小了！甚至有些人死定了，我们还把他们弄活；可是不能弄活所有的死人啊。有些问题真是棘手。我们自以为解决了,但有些问题竟没法解决。我不说上帝。上帝似乎根本不理会这场浩劫。我不说上帝,只说人类。应当把事实告诉他们才好:有些伤是我们无法医的;只有不去造成那些伤, 问题就没有了。这才是一个解决 ;但我的同业太骄傲了, 不肯向社会提出, 而社会也太疯狂了, 不屑于听。"

我相当尊重这些题外的闲话, 不敢插嘴 ;可是等他一住口, 我就轻轻的说 :

"真的吗, 你说, 那弹片……"

"那是抓握不到的, 你明白吗, 先生? 抓握不到的! 一个自负的人说这种话是难为情的, 但究竟还是老实话。并且这是事实 :人放了进去, 却没有力量拿出来。"

医生的这种个性乱了我的心, 他的议论尤其使我大为激动。我结结巴巴的说道 :

"可是, 带了弹片还是好活的。"

"不, 只有死。"

我们一直走到林边。潮湿的草原上大片的阳光, 似乎唤起了医生的社交习惯, 他换了一种口气道 :

"原谅我, 先生, 原谅我教你想起那些念头, 你平常决不会想到的。但我很高兴能有这机会和你谈一谈杜希。我相信他在自由区里没有什么近亲。你关切他, 所以我应当通知你 :他完全没有希望了。既然你和他常在一块, 我还可以补充一句 :他随时随刻可以遇到意外, 很快的送命。"

我认识杜希没有多久, 可是听了这话已经垂头丧气。当时我随口说了几句毫无意义的话, 大概是"多可怕"之类。医生惨然微笑道 :

"唉, 先生, 你将来也会像我一样, 像多少其余的人一样 :你慢慢会习惯跟那些眼前还和我们同一天地, 但明明判了死刑的人混在一块。"

要我习惯这一类的事情简直办不到。谈话是在快近中午的时候。那天余下的时间，我老是设法躲开杜希，因为我隐藏不了我的思想。

夜里我睡不着觉；但那倒对我加倍有益，我可以从从容容把某些印象镇压下去，并且失眠的神气可以教人把我心情的转变归之于疾病。

我一下床，杜希便提议去林中散步。我正想拒绝。但他的笑容那么亲切，那么友好，我竟没有勇气把疲倦来推托。而且天气又那么明媚。

气势还很旺盛的阳光，朝雾之下色调细腻的景色，或许还有自己倾向快乐与遗忘的成分：这一切突然使我的意念远离了正要迫近的深渊。

蔓长的野草正在慢吞吞的枯萎，颜色像琥珀，杜希开始在草中奔跑，笑得像一个青年人。他学着他孩子们的游戏，加上种种故事和儿童的言语，随又忽然停下，充满着柔情，一本正经的讲到他尚未见过的那个孩子，和在流亡中等着他的妻子。

在他看来，自然界里没有一样可以轻视或不值得关切的：所有的花他都要闻一下，每样东西都要瞧一眼，把水草在手指间捻弄，尝尝棘丛里的浆果与榛子，他使我注意到无数东西，为我从来不曾注意而脸红的。他把我领入无穷的想入非非的境界，我只能一边抱怨一边笨拙地跟着他，好像一个被硬拉入轮唱队里的老头儿。

我们向古堡走回来，因为胃口很好，时间过得飞快而得意非凡，走到一条小路拐弯的地方，医生的说话与吩咐，突然从我心底里直奔上来，好像剥啄一声，一个人的手指在门上又急促又威严的敲了一下。于是我发觉原来我念念不忘，暗中老想着这些。但对社希重新望了一眼，他好比明媚的南方欣欣向荣的一支淡黄的麦穗，我便摇摇头想道：

"这位可敬的医生诊断错了。"

于是那天我还快乐了一天。

下一天，我正赖在床上数着糊壁布上翻翻欲动的花朵，忽而注意到近边杜希——他还熟睡未醒呢——平匀的呼吸。立刻有一个声音在我耳边嚷道："这个人快要死了。"

我转背翻了一个身，那声音又叫道："这是个死人啊。"

于是我忽然动了离开的念头，想离开杜希离开古堡，埋没到后方的喧闹和骚动中去。

我完全没有倦意了，便竭力镇静地思忖了一番："究竟我认识这可爱的人还没多久，而且对他也无能为力。他在一般高明的医生照顾之下，他们一定会使尽医药上的神通的。遭难的除他之外还有多少年青而有价值的人，所以我要把他的苦难忘怀不能说不应该。我留在这儿于他毫无补益，反而摧残了我自己极需要的精神力量。"

这样考虑之下，我那天早上和医生单独相遇的时候，便借了某种藉口要求他把我赶紧调到别的医院去。

"论到你的伤口，"他回答道，"我没有反对的理由。就照你的意思办罢。"

这样爽快的答应使我松了一口气，同时也有些诧异。但我和医生照面的时候，发觉他眼中有一副悲哀和骚乱的表情，把我弄得惭愧起来。

实在，我对于自己的懦怯懊恼透了，一忽儿又去找到医生，问他能不能让我改变主意，仍旧在 S 古堡疗养。

他微笑着告诉我尽可住下，只要我愿意；说话时他那副满意的神气颇有些异样。

经过了那番踌躇之后，我的决心把我的镇静恢复了。那天大半时间我在房里读书，居然觉得书本还给我几分乐趣。傍晚，一个在倍里·奥·白克前面炸断一条手臂的同伴，偷偷把我们领到花房，听邻近一个联队的两个音乐家演奏。

我很重视音乐，虽然说不出音乐和灵智方面究竟有什么确切的作用。一组声音与和弦，能够怎样有力的配合我们的心境，刺激我们的情绪，那时以前我的确不曾领略过。

一架提琴和一架钢琴合奏着罢哈的一阕朔拿大。它们突然开始那一章庄严沉痛的 adagio，好几次，我觉得有一个无形的陌生人按着我的手臂，喃喃的说："怎么，怎么你能忘记他不久就要死？"

音乐一完，我立刻站起，被真正的痛苦压倒了。

"怎么啦？"杜希紧跟在我后面问。"你好似病了，或者心里不好过。"

"两样都有，"我用着不能自主的声音回答。"你没有听见那提琴上的乐句吗？"

"听见的，"他出神地说。"以快乐的纯粹完满而论，什么都比不上那段音乐。"

我偷偷瞅了他一眼，甚么都看不出来。到晚上在黑暗中沉思的时候，我才明白原来"偶然"注定我在朋友的劫数中担任一个奇特的角色：杜希判了死刑；他得死，他就要死了；但另外一个得代他挨受临终的苦难。

我不承认我生性跟普通人有什么两样。战争无情的把我磨炼过了，并没扰乱我的想象力。所受的伤，也不是使健全而正常的精神改变其机构的那一种。

因此我深信，我那天以后精神上的紧张，谁受到了同样的磨难都免不了的。

虽然有过战场上凶险的经验，我还得对于死亡再作一番新的体验，因为体验的时间长，所以更可怕。一个人活一分钟就不能不想到下一分钟的事；可是你所知道的确实的结局，使你什么企图什么计划一开场就流产了，这是最惨痛的。日常生活中，疾病固然也能产生同样的情形；但那种悲苦还能靠了希望而解淡，甚至一天天的放弃希望的心思也能冲和你的忧苦。战争却使我认识一种新的苦闷，使我不得不和这样的人一块生活，尽管那么强壮那么健美，的确在可怕的劫数掌握之下，只因为他有希望，只因为他蒙在鼓里，他才有前途。

对于自己命运的无知，确是极可宝贵的一点，它令人羡慕野兽与植物，因为它们的无知是最彻底的。靠了这种无知，杜希才能在深渊旁边过着快快乐乐的生活。这个局面里所有紧张刺激的部分，倒由我在那里负担，仿佛这一大宗苦难没有人承当就不成其为人生。

时间已经到了十一月初。秋天在光辉灿烂中消逝。我们并没放弃日常的散步。我几乎不由自主地要去，好像大自然衰败零落的风光，特别能够表达我们友谊的悲苦味，而且表达到狂乱的境界。

我们时常攀登那俯瞰兰斯平原的高岗。军事的骚动，像树液一般慢慢冷却而回到地下去了。部队打点着睡过冬天。大炮懒洋洋地吼着；光秃的树林，把整个夏天用叶遮蔽着的战事工程，全盘托了出来。

秋天使我对杜希的命运更多感触，从而对全人类的命运有了更惨痛的认识。这朋友不久人世的念头渗透了我的思想，把它所有的稳定性，所有的勇气，所有的效能，全部剥夺了。当我凝眸望着成列的白杨，在残照中显得通明灿烂的时候，我只觉得人类的无能才是千真万确的事情。

而且我不论看到什么东西，总不由得要立刻想到："他再也看不见的了。"

在圣·西蒙的著作里，关于路易十四的薨逝，有一段凄厉的文章。他叙述弥留的君王的每一个行动，总要附加一句："而这是最后一次了。"——那种反复其辞的执拗，无形中流露出作者的恨意①。

同样，看到我的朋友对美丽的秋色低徊欣赏的时候，我一天总有几十次要想到："而这是最后一次了。"不过在我的思念里只有一片痛苦的怜悯。

在高岗上久坐之后，我们踏上归路；战场那边，已经有第一批的烽火像苍白的星座般点缀着暮色。

杜希显得平静，轻快，差不多是幸福了，好似一个时时刻刻蒙希望眷顾的人。

他有种种的计划；我可受不了，几乎生气，甚至有一次和他说：

"在这样一个时代你还敢作种种打算，真是够幸福了。"

---

① 按圣·西蒙为十七—十八世纪时法国史家以不得志而怀恨路易十四，著有《回忆录》。

话是概括的，笼统的；但我立刻觉得残忍而难堪。我正想怎样才能挽救的时候，杜希回答道：

"让自己的心跳动，不已经是一种计划了吗？并且我们应当向未来挑战，倘若不愿畏缩到见它害怕。"

这些明哲的言语非但不能安慰我，反而乱了我的心。我多添了一重心事：杜希真的不知道自己的处境吗？

暗中知道旁人的命运，对于我真是一副沉重的担子，把我损伤得那么厉害，以致他有没有得知的问题磨难了我好几天。

如今当我回顾往事的时候，时间的距离使我能从大处着眼，同时又把小处看清之后，我敢断定杜希当时的确不知道自己受着严重的威胁。实在，我从没清清楚楚的发觉一点儿什么，可以使我猜疑他感到些微不安。如果他知道的话，一定免不了有些话，有些隐喻，有些绝望的流露，会教我窥到他的衷曲：然而这样的表示，我一桩也记不起来。

可是有一次，我又生了心。一〇八号坡上的许多小接触，使这个坡在那方面的阵地上成为一个流血不止的创口。我的联队里就有一个同伴在那边受了重伤，在急救营中咽了气。我们一同到他临终的床边探望；一发觉杜希在那里逗留不去的时候，我便急急拉他出来，想打破紧张的沉默，便说：

"他也许倒更幸福。"

"你这样想吗，你这样想吗？"我的年青朋友回答。

一股暧昧的力量，决不是偶然，使我们俩目光相对，而在他那末清明的眼目中，我瞥见一种跳动，一种错乱的、转瞬即逝的表情，好似寂寞的大海快要沉没的破舟。

我竭力想转换话题，终于成功了。杜希似乎深深呼了几口气回到了人间，不一会，我又听到他毫无虚假的笑声了。

经过了那次虚惊，我得承认杜希绝对不会起什么疑心。那天我在他眼中见到的，大概在一切人类的目光中都能撞见。并且，肉体往往能知道灵魂所不知道的消息，一刹那间在他眼睛深处闪露的悲痛，或许就像本能的无声的叫喊，只在意识上掠过，意识并没有感召它来，也不曾把它辨别出来。

杜希的伤疤已经结好。我的创口也不大需要照料了。但这一切对我都不成问题。我等着。

我发觉这一点，是当杜希有一天问我干么在前方耽得这么久的时候。我随口给了他一个答复，说是为了我们之间真正的友谊，为了对后方没有什么留恋等等。抚心自问，长期耽在 S 古堡的主要动机，我是很明白的。我等着一些事情。

虽然精神上经过那些波折，我对杜希的感情只有不断的滋长，而且还有同情心来推波助澜，加以扩大；确知他的不久人世，当然对我的友情也是很大的刺激。天生的会动感情，我便毫无抵抗，听让献身的热情把我摆布了。我仿佛为母的看护一个害病的孩子，经历了一切心惊肉跳的阶段，把最轻微的征象，最平凡的事故，都认为严重得不得了。

花园里网球场上，有一副虫蛀的九柱球扔在那里。杜希常常抓着腐烂不堪的破球轰击那些柱头。一天早上他正这样玩着的时候，一颗球在他手中裂开了，力量扑了空，身子便摇晃起来。他的手立刻按着脑门，我以为他要倒下去了，马上冲过去把他抱住。

"你怎么啦？"他看见我惊慌的神色问我。

"我怕你头里不好过。"

"没有，"他笑了笑回答；"我只是把绷带端整一下罢了。"

另外一次，我随意翻看的一册书掉在地下，他照例很敏捷的俯下身子捡拾。但我觉得他迟迟的不起来，仿佛一阵眼花教他一时抬不起头。我立即弯下身子，从他手里接过书来。他的眼睛蒙着一层红晕，也许是我的幻觉，因为一刹那就没有了。

"我不许你，"我勉强装出玩笑的口气说，"我不许你越出疗养的范围。"

他诧异地望着我答道：

"难道你要教我相信我是病人吗？"

这句回答使我觉得自己的笨拙，并且我知道，我不由自主地抱着的不安，非竭力隐藏不可。

可是从此以后，不安的感觉老是盘踞在我的心里。我的朋友吃的喝的，我都留着心，既不敢劝告，有时却又忍不住。

我溜在外面，偷偷地读些医学文章，不是用功而是教自己分掉一些心。我打了无数的主意又推翻了，定了无数的计划又全盘取消，那些计划要不染有死亡的香味，因而变得圣洁的话，简直是可笑的，甚至是滑稽的。

夜里我常常蓦地惊醒，于是我探听同伴的呼吸，只消它有一点儿停顿，节奏有一点儿改变，我便以为他要死了，已经死了。

我们并没停止散步，但我忽然毫无理由的加以限制。我发明无数的小道，来避免一条崎岖的或容易滑跌的路；我殷勤地撩开小路上的树枝，但那种殷勤总表现得不自然。有时，半路上发觉我们已经离开村子很远，我便突然感到一阵剧烈的恐怖，话也没有了，人也发呆了。

我已经不愿意下棋，推说是为了疲倦，而不久我真的疲倦了。所有那些感情的激动，终于对我的健康发生了可恼的影响。我在床上躺了几天，一点得不到休息。我很想要绝对的孤独，但一想到杜希可能独自走远做出什么冒失的事，我便受不住。我不能想象那件命定的事变可能不当着我面发生，既然我老是在等。

因此他就留在我身旁，高声念书为我解闷。我时时刻刻想打断他，但既不能表示关心他的伤，便只能抱怨我自己的头痛。真是不可思议，倒像是我受了致命的打击，而他，他反而好像精力饱满似的。我说得不错：是我代他挨受了临终苦难。

有一夜他刚睡熟，发出一阵那么奇怪的、野兽般的呻吟，慌得我立刻下床，在守夜灯的微光下把他端相了好久。

那一晚的情绪里面，其实还有我急求解脱的欲望。我骇然发觉，我病中的灵魂，对那不可避免的祸事非但在等，而且希望它快来。

十二月初，我起床了。我们第一次散步的目的地，是多沙的土阜上的松林，在兰斯到索松的大路南面。

时间已是下昼。一阵狂暴的西风，在一向做惯战场的盆地上呼呼地刮过，像潮水般在这片盆地上扫荡的侵略队伍，从古以来就没有停过。

我们走着，觉得有点冷，彼此靠得很近，一声不出，大概都沉想着一些不成形的思念，没法用言语表达的，但的确是灵魂的纤维与颜色。

爬一段山坡使我们温暖了些，坡顶上有一棵明晃晃的榉树干倒在地下，裂口处分泌出土黄的与绯红的液汁，我提议在树干上歇一歇脚。

我累得慌，欲望和勇气一齐消耗完了，不再留神我的动作和步子，仿佛一个人停止了战斗，放弃了一场苦恼的争持。

两个生命中间，难道竟有这样深刻的联系？难道那一天上倒是我投降了？

我不胜抑郁，身不由主的站了起来，惘然凝视着树木林立的岗峦连奔带跳的伸向天边。

是什么东西教我回头的呢？真是一种异样的声音吗？岂不更像一种震动，一种内心的破裂？总而言之，我突然知道背后出了乱子。于是我的心剧烈跳动起来，因为那只能是那桩事情，我等着的可怕的事情。

果然不错。

杜希从树干上滑了下去。我简直认不得他了：浑身战抖，模样丑恶极了，不像是人的动作，好似屠场里打了一槌的牲畜。他手脚抽搐，拼命挣扎；发紫的脸倒向右肩；他吐着口沫，眼睛发白，瞳子翻得不见了。

我现在追叙那副情景，还觉得厌恶。死亡我是常常遇到的，战争也使我跟它毛骨悚然的亲近惯了；然而我从没见过这样难看、这样兽性毕露的形相。好像病人的打战会传染似的，我也开始发抖，更增加了我绝望与恶心的印象。

我呆着不动不知有多少时候。我让死亡活动，等它完工。慢慢地，我觉得它松了口气，把它的俘虏放松了。

杜希身子僵直，一动不动。嘴唇中间漏出一阵微弱的呻吟。

同时，我也从麻痹状态中挣扎了出来，顾不得心慌意乱，着手搬运我朋友的遗骸。

费了好大的气力才把他抱起。他的身子缩做一团，重得要命。我把他抱个满怀，胸脯贴着胸脯，像抱一个睡熟的孩子那样。慢慢地，他身子放松了，听任摆布。一道白沫挂在嘴角上，仿佛耕牛嘴边的唾沫。他的脑袋开始沉重地摇摆。

黄昏来了。我走几步就得把重担放一下，然后再抱。它发出不成音的可怜的哭叹声。我受伤的肩头剧烈作痛，但我神思恍惚，举动都丧失了意识。

我不知怎样的挨到了望得见古堡的地方；在山坡下面一条小路的拐弯角上，突然遇见独自漫步的医生。天色几乎已经全黑；我瞧不见他脸上的表情，也记不起他对我说些什么。

我把尸体放在地下，跪在旁边，满头大汗的嚷道："瞧！"随后我哭了。

然后是叫嚷，呼唤，灯光。人家把杜希抬走，同时把我也带走了。

杜希直到两天以后才真正的死去。我不愿再看见他了。人家安置我在一间遥远的屋子里，我始终昏昏迷迷的，时时刻刻问："完了没有？完了没有？"

并且在人家告诉我之前，我已经知道了结局，于是酣然入睡，一点梦都没有，但对于那场酣睡明明保持着最可怕的回忆。

在C村便可望到的那片满地白沙的不毛之地上面，有一个用桦树与柏树的枯枝围成的小公墓。据说杜希便葬在那里。我下不了决心上那边去看他。我心里保存着一座更深更真实的坟墓。

十二月中旬我离开了S古堡。又衰弱又憔悴，一想到还得活下去，挣扎着去挨我自己的生命，挨我自己的死亡时，我简直心灰意懒，疲惫不堪。

歌尚的计划

只要有一分钟空闲，我就去坐在歌尚的床沿上。他和我说：

"你瞧，现在我的腿割掉之后，你有地方坐了。可以说特地为此而割的。"

这个四十岁的人，他的脸多年青多文雅！"理发的日子"，剃刀刮过以后，歌尚那副永远乐观的笑容，看了真舒服。那是神奇的微笑，带些儿狡猾，带些儿俏皮，带些儿天真，带些儿痉挛，总而言之，就是法国人的笑容；不过嘴唇因出血过多而苍白，脸上的线条因笑得太费劲太长久而拉长了。虽然如此，歌尚的神气总很乐观，对整个世界没有一点儿怀疑，对他自己更不用说，既然他活着，既然他名叫歌尚。

他还剩一条腿，但老实说是不值一文的了。膝部的关节，给一个弹壳毁了。那是一件不中用的东西，人家讲起来总是摇头，说话低低的。

可是不相干！歌尚的信心并不特别寄托在他的腿上。他已经丢了一条，再也不在乎一条腿的上下。我相信，歌尚的信心并不寄托在他的胸部、脑袋、或四肢的任何一点。多一条腿少一条腿，他还是他，淡绿的眼珠依旧射出一道热烈的火，不单是目光，简直是纯粹的灵魂。

我坐上了他的床沿，歌尚便对我谈他的小生意。他总是从战争打断了他事业的时期开讲，情不自禁的把美妙的、太平的过去，跟同样美妙的未来连结在一起。在混乱与血淋淋的深渊之上，他喜欢把从前的生活一直延长到将来的生活。动词从来不用过去时，永远是奇妙的现在时。

"我是美术品掮客，"他对我说。"弄熟了，那真是一件好营生。我特别熟悉烛台和挂灯，常跑的铺子有高亨，玛奇埃，史密生，以及一切的大厂家。现在我有特别的诀窍做买卖：我留住我的主顾，教他明白他需要的是什么货色，替他搜罗。譬如巴拿贝先生来要一座客厅用的吊灯，我就说：'是的，我知道你要的是怎样的东西'，然后我雇一辆街车，赶到高亨公司。'二五回佣，行吗？'倘使高亨打麻烦，好！我滚下楼梯，再跳上汽车，奔到史密生那儿。当然这也得掏腰包：譬如巴拿贝先生不中意，我就背上一笔汽车账了。但这一行真有意思！教你跑腿，让你散心，要你有眼光。"

端相着歌尚兴奋的脸，我勉强装做微笑。他脸颊上有两块"不十分清楚的"斑痕：眼睛有些虚肿，像那些躺得太久、发着烧、"身体内部也不大健全"的人。到了四十岁，一个人觉得心儿年轻也是枉然，皮肉受到弹片的时候，不能再像二十岁上那样若无其事了。所以我诧异地望着歌尚的脸，一边听这残废的人讲他如何奔向高亨，如何冲入玛奇埃铺子，如何从史密生的楼梯上一溜烟跑下来。

有一天，歌尚的腿淌起血来。从绷布上渗出点点的血，四面八方化开去，像猩红的汗水，或菜叶上的朝露。四五天功夫，歌尚差不多天天淌血。每次人家把他急急忙忙抬去，在伤口里塞了各式各样的东西，然后止住了血。每次，歌尚带着一副更苍白的面色回到床上，抬过我身旁的时候总说：

"你瞧！这些讨厌东西永远不让你太平。"

一天早上我坐在歌尚床旁，看他梳洗。他气吁吁的喘不过来。尽管面部浮肿，照样可以看出内部的病把他磨瘦了，熔解了，吞噬了。真的！他教人想起一颗虫蛀的果子。

"家里有信说孩子们很好，"他和我说。"一个十二岁，一个十三岁！

大起来了！转眼就好帮我忙了。我没有对你说过吗？除了烛台之外，我还想经营座钟跟壁炉装饰。凭我现有的路子，很可以干得热热闹闹的。眼界总要宽！我的妈，那要忙死我哩；但我会对付，会对付的！最要紧是认得各个朝代的格局。"

我试着微笑，却没法教心口不痛。歌尚仿佛受了热情鼓动，一手扬着面巾，一手挥着肥皂，形容他美妙的前程，好似就摆在他面前，大号的字母写在雪白的被单上。

我正望着被单，冷不防上面显出一个斑点，一个红点，很快的化开来，可怕的、夺目的一点。

"啊，好，"歌尚喃喃的说，"又出血了。永远不得完。"

我叫了人来，用一块橡皮布包了他的大腿，他说：

"轻轻的，轻轻的，别这样的蛮干！"

他说话的声音很严肃，但是很弱，只有嘴唇在动。

血止了，歌尚又上了手术桌。

那儿，他安静了一会。外科医生们洗着手。我听见他们低声讨论歌尚的伤势，我顿时心跳，口渴。

歌尚远远里瞥见了我。对我眨眨眼皮示意。我走近去，他说：

"真是永远不得安宁！啊！我刚才和你讲的什么？对了，我正谈到格局。我的本领，哪，就是认得格局：什么路易十五式，帝政时代式，荷兰式，现代式，所有的花门。不过那是不容易的，回头我解释给你听……"

"替歌尚上闷药，"外科医生柔和地说。

歌尚望着面罩，好似望着一个旧相识，还从从容容对我说：

"回头我解释给你听，等这些先生干完了我的事，等我醒过来以后。"

然后他乖乖的吸着以太。

事到如今，已经一年多了。歌尚，我时刻想起你不曾讲给我听的，永不会讲给我听的解释。

绿衣太太

我说不出为什么喜欢拉鲍。每天早上，为了工作在病房里来来往往的时候，我看到拉鲍，不，看到他的头，还不是头，只是埋在乱七八糟的被褥里的一双眼。他的神气有些像一头印度猪，躲在干草下面慌慌张张向你偷看。

每次走过，我对拉鲍做一个亲密的记号，左眼用力一眨，嘴唇一抿。拉鲍的眼睛也马上闭了，把憔悴不堪的脸画上无数的皱襞；这就完了事：咱们已经算打过招呼，谈过心。

拉鲍从来不笑。他是育婴院中长大的，大概幼年口渴的时候，没有充分的乳汁下肚；襁褓中短少的食料是永远补不足的。

拉鲍长着红头发，苍白的皮肤上洒满了雀斑。他的头脑那么有限，整个的人活像一头兔子或一只鸟。只要一个陌生人向他说话，他下嘴唇就索落落的直抖，下巴皱成一颗核桃。第一得跟他说明不是要打他。

可怜的拉鲍！只要能看见他笑，我出什么代价都肯。可是相反，一切都只能逗他哭：先是那些丑恶的、无穷尽的绷带，几个月来天天得换一次；再有是老躺在床上，不能跟同伴玩，尤其是拉鲍什么都不会玩，对什么都不大有兴趣。

　　我相信我是唯一和他有几分亲热的人；而且我已经说过，所谓亲热只在于走过的时候对他眨一下左眼。

　　拉鲍不抽烟。遇到分发烟卷，拉鲍便拿着他的一份，玩弄一会，搬弄着被长期的病床生活变了样的细长手指。久病的农夫的手指，决不好看：一朝没有了肉茧，失掉了粗壮结实的模样，简直不成东西。

　　我相信拉鲍很想把他的烟卷儿送给邻居；但说话太难了，尤其是送人东西的话。所以他的烟卷只好躺在阁板上吃灰尘。拉鲍笔直的仰躺着，瘦瘦的一条，活像战争的巨潮卷来的一根小草，对一切都莫名其妙。

　　一天，参谋部的一个军官踏进病房，走向拉鲍的床位。

　　"是这一个吗？"他说。"好，我给他送陆军奖章和十字章来。"

　　他教拉鲍在小纸条上签了字，让他面对面的厮守着他的玩艺儿。拉鲍并不笑，他把匣子放在面前被单上，从早上九点一直望到下午三点。

　　到三点，军官又来了，说：

　　"我弄错了，事情搅错了。奖章不是给拉鲍而是给拉蒲的。"

　　于是他拿起宝匣，撕了收据，走了。

　　拉鲍从下午三点一直哭到晚上九点，九点他睡熟了。明天，他从清早起又哭了。善心的院长谷孙先生动身上参谋部，回来带了一枚奖章和十字章，跟旁的奖章完全一样；他也教拉鲍在另外一张纸上签了字。

　　拉鲍止住了哭声。可是脸上罩了一道阴影，不放心的阴影，仿佛怕随时有人再来拿走他的宝贝。

　　几星期过去了。我时常望着拉鲍的脸，竭力揣摩他笑起来该是什么模样。白费气力。明明拉鲍不会得笑，他没有一个会笑的脑袋。

　　于是来了那位绿衣太太。

　　一个晴朗的早晨，她从门里进来，像大家一样。可是她又和大家不一样：她的神气像一个天使，一个王后，一个洋娃娃。穿装既不像院中的女护士，又不像来访问受伤的丈夫或儿子的，甚至也不像在街上看到的太太们。她要美得多，庄严得多：令人想起那般仙女，五彩大日历上光艳照人的图像，为画家在下面题着"沉思""幽怨""诗意"等等的。

一群穿扮齐整的漂亮军官簇拥着她，对她的片言只语都留神细听，表示最热烈的钦佩。

"请进来罢，夫人，"有一个军官说，"既然您愿意瞧一瞧伤兵。"

她在病房里走了两步，忽而停住，用一种深沉的音调说：

"可怜的人们！"

全个病房竖起耳朵，睁开眼睛。曼利放下烟斗，太利桑把拐杖换手，那是他感情激动的表现；陶芒越和皮尼哀停止牌局，把牌覆在肚子上防对方偷看。波卜一动不动，因为他是瘫子；但显而易见是竭尽平生之力听着。

绿衣太太先向黑人索利走去。

"你叫索利不是？"她瞧着标签问。

黑人点了头点，绿衣太太便继续往下说，音调甜蜜悦耳，像舞台上的女子：

"你到法国来打仗，索利！离开了你美丽的乡土，在火一般的流沙中间，那片清凉而芬芳的水草。啊！索利！亚非利加的夜晚多美！少妇从棕榈树下的小径中回来，像一座黝黯的雕像，头上顶着水壶，装满了蜜和椰子汁。"

军官们发出一阵惊叹的喟语，懂得法语的索利，点点头说：

"椰子……椰子……"

绿衣太太已经踏上台阶，忽而又走向拉鲍，在床边轻轻坐下，好似一只停在电报线上的燕子。

"拉鲍，"她说，"你是一个勇士！"

拉鲍一言不答，照例挤紧眼睛，像一个怕挨巴掌的孩子。

"啊！拉鲍，"绿衣太太说，"对于你们，把温柔可爱的法兰西保持完整的你们，我们的感激怎么说得尽？但是，拉鲍，你已经得到最大的酬报：

光荣！战斗的热情！冲锋陷阵的壮烈，白刃在阳光中闪耀；复仇的利剑刺入敌人腰肢的快意，还有那痛苦，因为替大众担受而变得神圣的痛苦；圣洁的创伤把英雄变做了神明！啊！美丽的回忆，拉鲍！"

绿衣太太缄默了，屋子里一片庄严，寂静无声。

于是发生了一件出人意外的怪事：拉鲍不像拉鲍了。

他脸上所有的线条抽搐起来，乱七八槽的扭做一团，几乎是悲壮的神气。一阵嘶哑的声音，哆嗦着，从他有骨无肉的胸部迸发出来，大家都得承认拉鲍笑了。

他笑了三刻多钟。绿衣太太已经走了长久，他还在笑，夹着一阵又一阵的咳呛，好似狂嗽，好似临终的痰厥。

这样以后，拉鲍的生活起了一些变化。当他快要哭出来或是痛苦的时候，只要赶紧说一句："拉鲍，咱们去找绿衣太太来。"就可使他平复，逗他微微笑一下。

葡萄田

从哀班南到夏多-蒂哀里,玛纳河怡然自得的流着。两岸是灵秀的岗峦,布满了葡萄田和果园,绿茵如花冠般把山岗装成了乡村仙女,点缀着各式各种的植物,——它们原是法兰西土地的贵重、秀美和优越的根源。

这是平和恬静的流域。育谷纳,陶芒,夏蒂翁,欧伊,卜达·班松,祝福你们这些笑盈盈的老乡村,让疲乏的士兵从凡尔登回来,开到一向平静的爱纳阵地时,享受些悠然神往的时间,像一道飞涌的泉水般甘美。

一九一六年夏天,第 X 路军重新集中在玛纳河畔,在索末一役的大牺牲中去流它的那份血。我们的一营耐心地等着渡河的命令,一边在山岗上数着急急忙忙奔向山谷的运输队,一边照例作着种种的揣测。

我们和几个同伴,在田野里过了一天最好的日子,不转什么念头,离开了前线杀戮的喧扰,只觉得浑浑噩噩的休息的快乐。

先是阳光耀眼的大热了几天,然后来了阵雨,天上隆隆的怒吼,发狂的云块互相击撞,大风一忽儿卷起灰土,一忽儿吹来薄雾。

有一天傍晚的时候,我们走在从夏佛纳渐渐向南方的小林上升的大路上。

我们一共三个人，意兴阑珊，不想再谈话了。不知不觉的，又想到各人的心事，满肚皮的苦恼，上升的路一步一步的使我们的心越发沉重。

"在这坡上坐一会罢，"有人懒洋洋的提议。

大家懒得回答，一齐在银色的鸡头草中躺下，心不在焉的抓着野草，仿佛手里有了事，头脑就更加灵活似的。

我们脚下有一方小小的葡萄田，随着起伏的地形，一高一低的，伸展到一个阴凉而草地润湿的土坳里。那是香槟地区一块上好的葡萄田，干净，饱绽，受到如奉神明一般的照料。没有野草，只有肥大的菌与泥土，那些肥沃的泥土，给雨水冲了下去，又给乡下人每季满担满担的往坡尖上挑。

在和谐的绿丛中间，忽而探出一个瘦削的老婆婆，起锈的皮色，一头蓬乱的头发。她提了一桶灰，一把把的撒在葡萄根下。

她一见我们便停下工作，把泥污的手指掠着随风飘扬的头发，盯着我们，说：

"你们是哪一团的，你们？"

"步兵第一百一十团，太太。"

"我那几个却不是这一团。"

"你的儿子在队伍里吗？"

"唉，从前。有的是……"

大家不则声了，只听见牲畜的叫，狂风的奔突，骚动的枝叶的呼啸。老婆婆撒了几把灰，走近我们，说话的声音颤危危的，大半给风吹散了：

"在部队里的儿子，从前我有的是。现在没得了。两个小的都死了，哪。还有一个可怜虫，但是已经不当兵哩，这时候。"

"大概，他受了伤吧？"

"是哇，他受了伤。胳膊都丢了。"

老婆婆把满满一桶灰放在地下，腰里掏出一根草杆，把伸在外面的葡萄藤掠到棚架以内，然后蓦地站起，嚷道：

"像他那种伤是少有的。他丢了两条胳膊，大腿上开了一个窟窿，好放下两个铜子牛奶的一只碗。十天功夫，他只剩一口气。我跑去看他，对他说：'克洛维，你总不肯把我孤零零的丢下吧！'因为老实告诉你们，他们早没有了父亲。他却老是回答我：'明儿会好起来的'；因为老实告诉你们，再没比这孩子更和顺的了。"

大家一声不响。可是我们之中有一个喃喃的说：

"你的孩子是勇敢的，太太！"

原来望着葡萄藤的老婆婆，重新掉过褪色的眼睛，突然之间回答道：

"勇敢！糟就糟在我的孩子没有一个不勇敢！"

她似乎骄傲地笑了一笑，哽咽的一声笑，立刻给风带走了。接着她又像出了神：

"我的可怜虫，总还应该娶到一房媳妇吧，因为，已经告诉你们，再没比这孩子更和顺的了。但是两个年轻的，两个小的，一下子去掉实在太那个了。太那个了。"

我们什么都没有说，也没有什么好说。头发在风中飘着，老婆婆重新撒她的灰，像一个阴沉可怖的播种者。她抿紧了嘴唇，整个面貌显出绝望、迷糊、固执的神气。

"你在这儿干什么呢，太太？"我糊里糊涂的问。

"我在撒灰呀，你瞧：已经到了除虫的时候了！我怕赶不上呢；要做的事太多了……太多了……"

我们一齐站起，仿佛扰乱了她的工作，觉得很惭愧。我们不约而同的对她脱帽行礼。

"再会，"她说，"但愿你们运气，你们这一批！"

我们一直往上，走到林边，不曾开一句口。到了那儿，我们回过头来眺望山谷。山腰里，在镶嵌图案似的农作物中间，可以望见那片葡萄田，那个一点点大的老婆婆，在乌云下疾卷的狂风中继续撒灰。雷雨将临的天空下面，柔和的田野有一副纯洁而隐忍的面目。东一处西一处，朴素而明快的乡村，嵌在农田里好比花花绿绿的宝石。就在那些琳琅满目、等待秋收的田中，许多小黑点儿在蠕动：大队的老年人正在跟土地拼命。

调节兵站

死，还是一件容易的事情，但至少要死得其所。我国不像中国，死人可以做国土的主宰，占的地位几乎比活人还多。在咱们国里，死要死得恰当，否则活人便会对你瞪着白眼说：“这尸首，教我们怎么办？这儿没有它的位置！”

一九一五年，我在 X 调节兵站当——可以说是一种实习生吧，每星期值班二三次。所谓值班是：人要在场，附带担任一些关于监督和报道的无聊事情。照例，这种守卫军官驻扎在一间阴沉沉的小屋子里，跟车灯间连在一块的偏屋。他无聊地呆在那儿，瞧着兵车驰过，装满了打过十个月仗的士兵，从这一个地狱开到另一个地狱，一路上直着喉咙唱，因为在打仗的时候，人只想眼前：一离开炮声，就无愁无虑的享受生活的乐趣了。

某星期六的夜晚，我躺在漂亮华丽的草垫上，那是我的小床，也是耗子的窠场。我一边觉得这些和善的小动物就在枕边两三寸的地方蹦跳，一边恍恍惚惚的听着调节站上的声音。那真是一个大站的声音：汽笛声，咽咽声，气喘声，转轴与起重机的呼叫，紧张的铁链的震动，扬旗的上落，远处车辆衔接的碰撞；但在这一切里面，还夹着行军的喧闹与节奏，一个支队开走的步伐，哨兵换班的吹号，发令声，钟声，以及一切表示武力控制了工业机构的声音。

我正在默想，伍长鲍那唐走进我的小房，明晃晃的炭精灯照得我睁不开眼。

"报告队长！"

"你说罢，鲍那唐。"

"一个军需运送兵，给十七号救护车压扁了……说是惨得很……"

"咱们走罢，伍长！"

两个勤务抬着担架等在外面。夜色清明，并没给站上苍白而发抖的电光扰乱。

"在野客店那旁，"鲍那唐说，"好一程路呢。"

野客店是许多轨道交叉的地方，大概在一哩半之外。我向站上的一个职员问明了路由，带着他们出发了。

在一个大站上，妙的是控制一切巨大活动的秩序，高于一切的、严格的秩序，外表竟是那样的杂乱无章。我们沿着无数的车辆走去。它们好似从开战起就忘在这儿的；竟可说是无用的废物，车毂瘫痪了，关节锈腐了；可是炭精灯偶尔射入一扇打开的车门，便突然照出横七竖八睡在草堆上的大兵，或者瞪着眼睛发呆的牲口。有些车辆改做了流动办公室，在柔和的保险灯光下，书记们埋在纸堆里办公：于是我们觉得，行政机构尽管像条大鼻涕虫，还是在铁道上执行它的统治，正如从炸得稀烂的战壕起，到庇莱南山麓最远的军服厂为止，都逃不出它的魔掌。有时在茫无边际的黑暗中，我们想从两节昏昏醋睡的火车间穿过；看不见一个人影，冷不防两列车动作起来，在匋匋匎匎的击撞声中接合了。再走了一程，又得停下，等救护车开过。说它们舒服才差得远呢，在我们面前开过的时候，送来一连串剧烈的咳呛，一阵顶讨厌的病房里的盐素味儿。此外，也有系在货车上的肥头胖耳的迫击炮，流动厨房，猜不透作什么用的机器，以及一切在暗中显得古怪的军用材料。圆顶的停车场冒着烟，里面停着机车，在惨淡的灯光下打喷嚏。教你回想起战前生活的，还有近郊火车运送着打盹的旅客，还有快车像一条带子似的，在纵横交错的轨道上飞过。总而言之，军事生活和平时生活乱哄哄的搅成一片。

终于到了野客店，无数的轨道、信号盘、调轨机、铁索的大枢纽。三个老职员在一间棚屋里，只穿了衬衣，拨动轴梗，举起杠杆。一切活动的力量都在这儿会合，受这三个人又镇静又老练的指挥。他们好像上一个时代的工头，经验代替了才具，店主出门交际的时候，便代行职务。

在各种喧闹声和轮轴声中，一个电报铃不慌不忙的响着。

"咱们是为那运输兵来的，"鲍那唐说。

"噢！可怜的家伙！他在那儿，在行军袋下面，还有四周围。"

我们进入尸身地带。我说"地带"，因为不幸的家伙压得四分五裂，好似播种时候的一把谷子。

"天哪！"一个白头发的职工说，"他从车厢里爬下来，也不向四下里望一眼。这冒失鬼！这儿跑来跑去的东西太多了，怎么好离开自己的位置，随便乱闯？"

死人的脸倒还完整；但是身体给六十辆火车辗过，从肩头到脚跟都粉碎了。我们四处捡到残余的东西，血淋淋的肉，七零八落的脏腑，我记得还找到一只手，手里紧抓着一块乳饼。死亡临头的时光，那家伙还在吃东西。

真不可思议，大衣倒还是好好的，遮着残破的肢体。我轻轻揭起，发现一份士兵证，写有他的姓：勒玛侬欧。

"我看，"鲍那唐说，"咱们已经把他收拾齐了。"

半空中一盏电灯，晃晃悠悠的，把闪闪不定的光照着我们。

我决意抄近路，从"炮队"那边回去。那是一个好广大的区域，排满了军火列车。但走近轨道时，一个哨兵出现了：

"站住！口令！"

口令，咱们之中谁都不曾想到。那后备役的士兵横了枪，拦住去路，毫不通融。

"对不起，队长；请打别处走，这儿是警戒区。"

绕了一个大圈子，又是一个哨兵站在我们面前。

"口令？要过炮队，非口令不行！"

"朋友，咱们抬着一具尸首呢。"

我把行军袋揭开一角，露出那张青白的脸。在炭精灯下，在血污的乱衣堆里，赫然露出一块惨白的皮肤，印了刺花的字。哨兵吓得扯了扯脸，但仍不肯让步：

"队长，打大路走吧。这儿不行。"

我们重新闯进铁轨纵横的迷魂阵，讯号板格吱格吱的响，兵车轰轰的叫。有时，乏力的担架夫歇一歇脚，把舁床放在枕木旁边的石子堆上，往掌心里吐一口唾沫。长长的客车在我们身边掠过，明亮的车厢中，妇女们看书，怀中睡着美丽的孩子。

终于我望见了月台上的路灯。

"把尸首往哪儿送呢？"我问鲍那唐。

"不知道，队长。"

想了一会，我跑到慢车货房。那边有一间特别腾出来的屋子，凡是车站上排泄出来的东西都堆在那儿：无人认领的箱笼，没有职业的汉子，无主的家畜，没用的材料，必要时也好存放尸首。一个宪兵站在门口抽烟。

"队长，今天客满。都是北方来的难民，带了孩子和行李。"

我对手下的人鼓励了几句，决意投奔"单身房"①。

"单身房"里挤满了归队的士兵，成堆的睡在草褥上。

"噢！你老人家明白得很，总不成把这个放在这些人旁边一个副官摇

---

① 按单身房系法国车站上士兵专用的待车室。

着头说。

他道歉似的补充道：

"替我想想罢，队长。我没有上峰的命令。没有命令，我怎好收下一个死尸呢？"

我拣着一块石头坐下。担架夫累得慌，抹着额角，提起"老酒"来。我瞧了瞧勒玛依欧那堆不成模样的东西，他倒满不在乎最后一番的磨折，像死神一般耐心的，等着他最后的归宿。

"你大概不大熟悉车站吧，"副官对我说。"有一个牢房，是替驻站的运送兵预备的。要是你愿意，我可以去瞧一瞧……"

他去了，我一边抽烟，一边望着美妙而温暖的夜景。外界的恬静，分明和士兵的骚乱表示一样的意思；"这讨厌鬼，带着那无用的死尸来干么？"一只虫停在稀疏的草里，忘形的发出尖锐的小声，仿佛认为整个世界是它的，为它而存在的。

副官从黑暗中探出头来。

"不巧得很：一个醉鬼关在那儿。他把牢房吐了一地，还在大吵大闹。"

"好！咱们见车站管理去，"我说。

车站管理睡觉了。他的副手在看画报。我刚把事由讲开，他就征求我的意见，在《幻想生活》①的那些裸体女像中，挑哪几幅剪下来贴在墙上；看模样这份画报他是看上了瘾的。他看我始终神气索然，便说：

"至于这件倒楣事儿，真糟糕得很，医院在城的那一边呢。这时候你去不成。朋友，扔在随便哪节车厢里，待明儿再说吧。"

说完以后，那青年人觉得责任完了，重新把鼻子钉在图画上。

那时节，调节兵站上还没有现在那样，搭起木板和硬纸的大病房。车厢的主意，我根本不加考虑。把火车当做停尸场，半夜里带了我的死人开

---

① 按系巴黎的一份色情画报。

出去：成什么话！

我去看驻站的邮务员。他们在拣信，嘴里哼着小调："我么，我就是俆俆丝啊……"他们的小屋里，连一头耗子都插不下，不用提，我的事他们是没法解决的。

从那边出来，我有些灰心了。真是，谁也不理会我的死人。我在肚里咕噜："为什么，勒玛依欧，为什么你忽发奇想，死在这个没有死所的地方，死在这个谁都没功夫管你的时间？"心里尽管这么想，同时觉得我跟这具尸体究竟不无连带关系；它是一件无法处置的东西，大家讨厌，可是谁也丢不掉。

"把这个可怜的家伙抬到哪儿去呢？"鲍那唐问。

于是一个极简单的念头来了：

"跟我走！"

慢慢的，我们向车灯间回去。

"那儿也没有地方呀，队长。"

"别管，走就是。"

我教他们把担架抬进我的小屋子。

"得了！放在这儿，我的草垫旁边，你们去睡觉罢。"

他们出去的时候，诧异地摇摇头。屋里只剩下我和勒玛依欧了，我就在被褥上躺下。战争已经教会了我跟死人一起过活一起睡觉，我奇怪早没想到这极简单的办法。

我借着烛光，对这个丑恶的包裹，陪我过夜的同伴，望了老半天。还没有一点儿气味。我吹熄了洋烛，悠闲地胡思乱想起来。

担架上每秒钟滴下些东西，发出极细小的声音，一定是血水吧。好久好久，我数着血滴，心里老想着许多和时代一样阴惨的事情。响亮的汽笛，划破了黑暗的空间，我数到了几百滴，便沉沉睡熟了，像我的同伴一样，一个梦也没有。

马贩子

　　他们被召集的时候，说都要中午到场，但到了之后，许多人直等到天黑。

　　他们聚集在会场门前，好似一片黑沉沉的水潭；园子里也的确有些泥洼；东一堆西一堆垂头丧气的人，在那里踱来踱去。

　　这是二月里的一个下午。阴沉而纳闷的天，移动也是整块儿的。它满肚皮的不乐，没有心绪关切这儿的小事情。风在闹脾气。它应该知道人们在远方干些什么。可是它不则一声；连大炮打鼾似的低音都不传过来：跟前方离得太远了，应当忘记。

　　风朝屋子的空隙里钻，骨碌碌的打转，慌忙得如同一只落在陷阱中的野兽。

　　人既不留神天，也不留神风，更不关心冬季不舒服的光：他们只想着自己。

　　他们并不相识，只有把他们集在一块的原因是共同的。这个原因使他们显得为难，疲倦，却没法装做不关心。可是你仔细观察，他们确有一些类似的地方：外表缺少阳气，肉体有些病态，脂肪不是太多便是太少，眼睛带着火气，有时是显而易见的残废，最多的是灰灰的皮肤，映出可怜的血色。绝对没有肌肉精壮、生气勃勃的：全场的人都像鼻涕虫一般迟钝。

牲畜似的老挨在一块，教人受不了，有的便闲扯起来，平平胸中的骄傲；有的不声不响，也是为的骄傲。

在场的有小职员，工人，干专门行业的，还有长头发的智识分子，把眼镜遮着苦恼不堪的目光。

大家抽着烟。到这个时候。烟草才格外显得是灵魂的救药，唯有它才能阻止灵魂跟自己捣乱。

不时有三三两两的人走出园子的铁门，溜掉几分钟；回来时抹着嘴，呼吸全带了浓烈的酒味。

每小时总有好几次，屋子的大门半开一下，出现一个宪兵喊出一串姓名。喊到的便从人堆里钻出去，好似被线牵拉着一样。他们嘴角微微扯动，装做一副或是洒脱、或是疲倦、或是嘲弄的神气，钻进门框。

二月的天看不见了，冷气森然的风也呼吸不到了：他们挤在一条气味难闻的走廊里，墙壁漆了一种说不出的颜色，分泌着一层粘液。站了一忽，另外一扇门又打开了。一个宪兵把他们一打一打的点数，好像果子或牲畜，然后推入大厅，事情就在那儿进行……

立刻，一股强烈的人体的气味钻进鼻孔。他们先还弄不大清这地方忙些什么。人家不让他们有思索的余暇。

而且，思索有什么用？在整个害病的国土内，惨遭灭顶的民众，不是到处都在呻吟，叫喊，咳呛么？

思索有什么用？咕噜不已的、扫荡旧大陆的癫狂的旋风，它思索么？不，真是，这决不是思索的时候。

得赶快脱下衣服去排队。

屋子宽大，怕人。墙上镶着格言，放了几座不知是谁的胸像；屋子中间，一张公案似的桌子。

高高在上的是一个头发雪白，颇为傲慢的人物，一派疲倦而固执的神气。几个无名小卒在旁边帮忙。桌子前面有两个穿白衣服的，一个是干瘪老头，一个还年轻，无精打彩，好像出神似的。

大家分行向两个穿白衣服的走去；一个跟着一个，好比一群请愿的人，走向上帝震怒的祭坛。他们简直不知道把手臂怎么安放。

这一批决不是民族的鲜花：国内最健美的壮丁久已到了那边，泥泞直到腹部，猫儿似的提防着面前的危险。

长久以来，农人的筛子里只剩些小杆子与灰土了；但是他贪得无厌的手还在里面掏摸，想找出几颗零星的谷子。

室内并不冷：一座炽旺的暖气机在地下吹出一阵阵的熏风。可是不少人打哆嗦，浑身的鸡皮疙瘩，像不惯裸体的人一样。他们把腰一忽儿歇在这边，一忽儿歇在那边，交叉了手臂，或者把手平放在一边屁股上，又马上垂下，因为碰到自己的肉体而害臊了。但是还有旁的难关呢：所以他们不久也不再手足无措，或装做什么姿势了。

靠近门口的角落里，一个宪兵推着一个弱不禁风的小公务员：他慢吞吞的脱了衣服，以为袜子和短裤可以不脱了；被逼之下，他无可奈何的把一双腌臜的脚从裤管中提出来。

两个穿白衣的人又忙乱又烦躁，好似做什工的工人。

他们先简单的问几句，然后立刻动手，这儿摸一下，那儿拍一下。

正在受检查的那家伙，脸色发白，太阳穴里冒起微温的汗珠；讲话结结巴巴的，像哀求。问到第二遍，他才定下心神回答。

"你不光是这一点。你还咳嗽？"

"是的，咳嗽。"

"一定也觉得心跳？"

"是的，跳得厉害。"

"还有关节痛？"

"是的，特别是关节痛。"

"消化不良？"

"是的，一向消化不良。"

那人似乎完全安心了，高高兴兴的回答，仿佛终于得到了谅解。突然，老医生耸起肩胛，露出了真面目：

"你百病俱全，毫无问题。好，编入作战部队。"

那人微微摇晃了一下，哑着声音说：

"可是你明明知道……"

"你毛病太多了；哼，嗨，你一样病都没有！去你的罢！作战部队！"

另外一个医生正在对付一个大胖子，——腹部全是皱襞，两手遮了身体的某一部。他低声解释了一番，赶紧跑去套上他的硬衬衫，和扣有学士院徽章的大褂。

有时候，有人咳一声，马上一阵狂暴的咳呛在人群中卷过，像一阵风。

阴影中钻出一个头发灰灰的大汉。大家慌忙不迭的闪开，表示厌恶。于是他对旁边的人吆喝道：

"怎么啦？不过是皮肤上的斑点罢了。"

在他背后，一个年纪在二十至六十之间的高个子，几乎软瘫在凳上，小心翼翼的脱着衣服。那副脸相才叫可怜，似乎给人间的灾难磨蚀完了。他衣服多得教人不相信，左一件衬衣，右一件毛线衫，随后又露出些动人的东西：法兰绒的胸褡，小袋，背心，一串串的纪念章。他把这些一齐放在凳上，旁边的人稍稍摆动，便掉下地去，给后来的人踩在脚下。这没有年龄的人便脸色发白，好似人家踩着他的私生活，踩着他的骄傲。

忽然一片争论的声音扰乱了静默。老医生厉声嚷道：

"我，我告诉你什么都听不出？"

一个骨瘦如柴的家伙，像一根牙签，被医生两手按着肩头，狼狈不堪。

不让还价，骨瘦如柴的家伙编入了作战部队，他走开时的那种慌乱、气喘、惊悸，似乎比伏在战场上正对机关枪的时候，还要厉害。

屋子的另外一端，又发生了一桩事情。

"我告诉你，我还能去呢，"一个人抗争着说，那种弱的声音下面，不知有什么病在作怪。

"不，"年轻的医生回答，"不，乖乖的回家去。等你痊愈了我们再来找你。"

"你不背收我，一定因为我快死了。但是告诉你，我宁可上前线，不愿留在家里天天呕气。"

片刻的静默把大家怔往了：悲剧的回声还没消散。一望而知，那人病得厉害；胸部竟不能看，喘气是一片呼啦呼啦的声音。虚肿的紫色的两腿，勉强撑着他的身子。

"维持原判！"裁判员叫道。

可怜的家伙只得回去套上他的旧衣服，肩头低陷，眼神恍恍惚惚的，好像打闷了的牛。

随后来的是一个宿命论者，他不愿争论他的命运。

"这个决不能免除军役！"

"好罢！随你的便。"

"那末，作战部队！"

"随你，我才不管呢！"

他立刻退下，好似一个人用拈阄决定了自己的命运，反而觉得如释重负。

所有在这儿逗留过的人，都留下些身体没有洗干净的重浊味儿。奇怪，他们呼出来的气都是怪难闻的：今天大家吃饭吃得太快，消化不良，烟抽得太多，酒喝得过分。所有的嘴巴都冲出同样酸溜溜热腾腾的气息，显出同样紧张的情绪，同样的机构失常。

室内空气越来越沉重。早就亮起的灯，好像蒙上一层黏性的雾，使所有的东西都潮腻腻的。这些人赤裸着身体，害了怕，有的愿意，有的不愿意，悲哀地估量着自己的抵抗力和将来的牺牲，在命运的波涛中挣扎，——他们过度的紧张，粉碎的意志，零零落落的幻想，一齐留在这屋子里，使空气中特别有些更幽秘、更骚乱、更迷糊的东西。

两个穿白衣的继续在人堆里忙做一团。他们不住的触，摸，估计，指尖压着肩头和腋下的肉，捺着臀部的脂肪；把大拇指和中指拧着胳膊上的两头筋，试验关节，查看牙齿，眼皮，拉拉头发，敲敲胸脯，好似关员打量一个酒坛。随后他们教人从左走到右，从右走到左，教人弯下，挺直，跪下，或是暴露身上最秘密的部分。

有时，仿佛有些新鲜的空气流入了屋子：两个精壮的小伙子来申请入伍！不懂他们怎么进来的。公案上的人物，全都用惊叹的神情打量他们，好似一把砂土中出现了金屑子。

他们堆着一副得意的有些勉强的笑容，走了。检阅重新开始，依旧是动人的丑恶，恐怖，绝望，无法克制而无人谅解的胆怯。这法庭好比一座悬崖，迷途的人好比被旋风追逐的海鸟，扑在崖上撞成齑粉。

两个医生都显得筋疲力尽，老的那个，耳朵已经听不清，埋头工作的神气像钻入矮林里的一头野猪。年轻的那个，显而易见的浑身不快，非常不高兴。他目光昏沉烦躁，正如一个人做着讨厌而毫无安慰的事情。

而相继沓来的老是那些人肉，老是从屋子的那一角，走出一串无穷尽的苍白的肉体，在地板上拖着软弱的步子。

神圣的肉体，用于思想、艺术、爱情、用于一切人生伟大的事业的肉体，竟沦为下贱臭秽的料子，给人家不胜厌恶的拿在手中，估计一下还能不能派作屠杀之用！

大家都闹头痛。

会场上一切的进行，像一个梦。凡是恶梦中的静默、迟缓、漆黑的窟窿，应有尽有。这样又过了两小时。

然后，突然之间听见喊道：

"最后的十个了！"

他们进来，照样脱去衣服。等了那么长久，早已腰酸腿软，头晕脑胀：他们毫无抵抗的接受判决，好似颈窝里挨了一拳，麻木了；随后匆匆走掉，彼此话也不讲，望也不望。

裁判员们洗着手，心里想："把他们去送死可不是我的意思。"他们庄严地在文件上签了字，分头散去。

天黑了，风住了。一层像工厂煤烟那样难闻的雾，依旧罩在城上。最后判决的一批人里，有一个依着街灯的柱头拼命的呕，呕出当天灌下的酒。街上阴暗，荒凉。整个世界只有浓雾与呕吐的气味。

邦梭的爱情

大概我进了圣·芒台医院两三天，邦梭才入院。

关于我生命中那个阶段，我只有模糊的回忆。在夏尔尼附近的一片燕麦田里，我躺了好些时候，随后好像做了一个梦，看见我的断臂发绿，发黑，变得那么沉重，那么粗大，填满了整个世界，而我老是和断臂连在一块，好似一个侏儒连在一座山上。

临了，一切都归结到一张舒服的床铺，一个漆成水绿色的、光秃的大房间。

人家用哥罗芳把我闷倒，在胳膊上开了几个大窟窿，每天掏出零碎的骨头，血，脓，一大堆发臭的恶心东西。

总而言之，当我开始明白周围的情形时，第一引我注意的是邦梭。

照我那天的印象，邦梭是一个头发淡黄的大汉子，有些虚肿，留着没有光彩的须。眼睛很大，大到只看见它们一刻不停的转动。我仰躺着，但只消稍稍侧过脑袋，便可看到我的邻人，也仰躺在那里，一动不动，除了那对转个不停的眼睛。

我不禁脱口而出的问他：

"你对高头瞧些什么？"

他先"唔"了一声，然后出神地回答道：

"阳光啰。"

果然，我看见一道阳光在天花板上从左到右的移动；我累得慌，却不由自主的要望它，眼睛跟着它转。隔了一会，我问道：

"你不能旋过头来吗？"

"不，不能，我的腿要作痛的。"

"你叫什么名字？"

"我，爱弥尔·邦梭。"

他一句也不多说。一个医官进来，喊道："担架夫！担架夫！把新来的抬走。"

新来的，便是邦梭。他给四个人抓起去，放在一张我们叫做"慢车"的病床上，那是大家厌恶的东西，理由不消说，你们都猜得到。

我听见邦梭叫喊，含糊不清的声音，似乎是鼓起了脸颊的呜嚷：

"哎哟！不要呀！轻轻的，喂！你们这些毛手。"

随后，声息全无，我重新对着东一抹西一抹的阳光发怔。

不知过了多少时候，"慢车"又推回来，载着邦梭，其实只好说是邦梭的一部分，脸色发了紫，气吁吁的，流着口水，捏紧了拳头打鼾，发出哥罗芳的味儿，我最头痛的气味。

他整条左腿装上了一具大型的锌制器械，放倒在床上，浑身软绵绵的像一件破衣衫。我想到两天以前自己也是这副模样，又想到同样的情形还可能再来，便面颊发冷，脚趾弯了。

邦梭终究醒过来了，唾沫四溅的咕哝道：

"啊！可怜的家伙！可怜的家伙！"

晚上他能说话了，于是我知道了详细情形。他在夏多·蒂哀里受的伤。一片弹壳打烂了他的大腿，疼得厉害，觉得这条腿"只剩一半"了。

不幸，我觉得邦梭的这个印象相当准确。我们俩开始经历一个悲惨的时期，连续不断的苦痛，又单调，又有规律，像士兵生活一样。

我的伤势使我无心关切多大事情；对面的红头发整夜的叫嚷，阿尔及利人多伊多替我们送糖果来，说：“喂！好么？喂！”我记得最清楚的就是这一些了。但我很熟识邦梭，因为我的手臂在床沿上安放妥当之后，只要抬起眼睛，就可望见邦梭，他是我天然的视线。

邦梭也在受难，但跟我不一样。我犹如一个产妇：挨一次苦，我就觉得向复原走近了一步。至于邦梭，刚刚相反，一切新的痛苦都加重他的虚弱。每天早上，担架夫来迎接我们。我多半躺担架，邦梭总搭“慢车”。我们在绷扎室中重新碰面。当然我的手臂决不好看，但比起邦梭的大腿，已经是一件可爱的东西了。他的伤口是一个其丑无比的窟窿，放得下一顶军帽，一大块惨绿色的伤，底里是碎骨头。

这间顶顶大名的绷扎室里的情形，毋需对你说得；我自己也在那边大叫大嚷过来，但老实不客气，我并不因此脸红，多少人叫过喊过，从我的邦梭算起，连最勇敢的也难免。

换好绷带以后的一忽儿，是一天之中最美妙的时间。白里昂太太跑来弄给我们吃；噢！东西是不多的：一枚鸡子，一些汤，几颗葡萄。白里昂太太，那是我最美的战时回忆之一。娇小纤弱如少女，生着一对怯生生的大眼睛。她才不装出那种丈夫气概呢。只消你一叫，她眼睛就红了，含着泪水，你终于不得不忍住，免得使她难过。

下午过了一半，寒热来了。我们停止讲话，眼睛瞪着天花板。我头痛得要命，尤其是眼睛那一带；我怕亮光。有些我控制不了的什么东西，好像愤怒或恐惧之类，流遍了我全身，把它胀满；直到十一点或半夜，我才浑身哆嗦的被释放。

可是邦梭尽管瘦下去，速度惊人。阔大的脸瘪缩了，出现无数的皱褶。眼睛变得更大，脸上旁的部分更加看不见了。

他又有了抽搐的病象，几乎每分钟来一次，使大腿剧烈作痛。他拼命抿着被寒热烧得龟裂的嘴唇。抽搐一止，他照例的说：

"啊！可怜的家伙！可怜的家伙！"

你们一定注意到，一个人苦恼之极的时候，往往把别人称做"可怜的朋友"或"可怜的先生"，仿佛应该哀怜的倒是别人。

邦梭打着吗啡针，先是一天一次，继而是两次，甚至三次。他眼睛发呆了，看出来的东西似乎老是颠颠倒倒的。

他讲梦话，喃喃的说：

"只要她在这儿……只要她能够来看我……"

在当时的情形之下，邦梭决不能说出什么心事来，我也不敢动问。

一天早上，一个五道金线的军医官，好老头戈贝，瞧了瞧邦梭，说道："替他上闷药！"

又是一次，邦梭从手术室抬回来，嘴边流着唾沫，面孔走了样。他又给拿去了一大段骨头。抽搐停止了，但邦梭并没好转的倾向。

下午他请白里昂太太来，打起精神，念出词句动人的短信教她代笔，受信人老是那一个。由此我得知邦梭出发上前线的时候，把年青的妻子丢在爱纳州的番德－米隆，从此消息断绝，他东一封西一封的给她写信，写到许多她可能栖身的地方去。

于是我懂得他为什么苦苦的再三说：

"要是她在我旁边……要是我知道她在什么地方……"

然而多少日子过去了，我悲哀的想邦梭要死了。他有时候已经认不得我，奄奄一息的入了弥留状态，像孩子般哼着"睡睡""怕怕"，什么东西也不肯吃，死心塌地的，完全听命运摆布了。

于是出现了一桩奇迹。某一个星期四，我懒洋洋的打着盹，消化着我第一餐可称为正式的中饭，忽然旁边一阵轻微的谈话把我惊醒了。声音很低，可就是这低声惊醒了我。一转念我就想到："一定是邦梭死了！"我便睁开眼来。

邦梭却没有死。在他和我的两张床中间，坐着一个女人，头发栗色，面孔雪白，一个怪可爱的小女人。她一只手握着邦梭的手，另一只手放在自己的膝盖上，一刻不停的微微颤抖。

令我出惊的是同伴的脸。说它一下子发胖了当然未免夸张，但我当时的印象的确如此。至于脸上的红色，那准没有错，而且并非发烧的颜色，乃是我从未见过的康健的血色。说到皱纹吧，我看至少去掉了一半。

他发觉我醒了，便唤道：

"巨斯太夫！你瞧，我的女人！终究给我找到了！"

他把我介绍了。邦梭太太温和的眼中布满了水汽，我猜她是真想哭而不敢哭。在邦梭前面是哭不得的：他眉飞色舞的多得意呀！少妇从小袋里掏出一串美丽的葡萄，一些蛋糕，半死的家伙开始吃起来。

"你喜欢吗？我不知拿的什么东西。随便乱抓了一把。我简直疯了。"

他含着满嘴的食物，答道：

"好吃极了！"

邦梭太太便吻着他的手，说：

"你多好！多好！"

邦梭强迫我吃蛋糕，一面解释道：

"你明白，她没有等德国鬼子来到，一口气逃到了勃勒太尼。总之，大家是相会了。"

单是相会还不够，还得活下去，而邦梭的确有些危险的日子。爱情固然产生了奇迹，但是寒热仍旧天天来袭击。于是爱情再来造出奇迹，事情便这样的拖在那里。

因为他的伤势十分严重，所以邦梭太太得到特许，可以天天来探望。什么时候可以来，她就什么时候到，坐在两张床中间，抓了丈夫的手，一直留到晚上。有时邦梭非常痛苦，他们俩便一声不响。她只用一副热诚而固执的神气望着他，我相信，这眼神对于病人的功效，决不下于一点一滴灌入他腹部皮下的几公升血清。

五点左右，一个假仁假义而坏脾气的矮小军官，穿过病房。

"喂，太太，该走了，时间已到。"

邦梭气恼之下，唾沫往四下里乱飞：

"哼！还有五分钟呢。她又不打搅谁，这可怜的好妮子。"

他又低声说：

"瞧那混蛋！他才该死呢。他自己整夜的搂了女人睡觉，倒想来赶走别人的。"

有时，那军官提到医院里的规矩：

"太太，别把口袋放在伤兵床上。"

邦梭呕着气咕噜道：

"把它放在巨斯太夫床上！"

军官又说：

"把你的袋从这个伤兵的床上拿开。"

于是邦梭很客气的说：

"那末交给军官先生罢。咱们拥抱的时候，他会替你拿的。"

邦梭伤口里很多脓水。有时他暗示一句：

"我相信气味很难闻。可不是我的错，是脓水作怪。"

说着他目光不安的望着她。但她老是回答说什么都没有闻到。

她给他送鲜花来，尤其送来一对水汪汪的慈祥的眼睛，法力无边。有一天他嚷道：

"喂，巨斯太夫！似乎他们不再替我打那些鬼针了……"

不错，吗啡针取消了，他不曾发觉。他抑捺着热情，下结论道：

"嘿！咱们现在是两个人来担当患难了。"

等他妻子走了，他问我：

"她真温柔，是不是？"

并且他无论对我说什么，总要添一句：

"你这没有老婆的人，可怜的家伙……"

有一天，人家发觉邦梭的确转机了许多，便说要把他妻子的探望减为每星期两次。

邦梭哭了整整一早晨，真正是小孩子的眼泪，把大眼睛哭肿了，鼻子里全是清水，脸都变了样。

疼爱邦梭的戈贝老头不禁大发雷霆。因为他常常跟管理处闹别扭，便乘机要求把邦梭搬到小马棚街的补充医院去，那是他常去开刀的地方，而且他是那里的王。

"也得把巨斯大夫带去，"邦梭带着试探性质说了一句。

"好，一起搬走，"戈贝老头说。

这样，我们便离开了圣·芒台医院。

小马棚街，简直是我们的伊甸园。

第三三五号补充医院，设在开战以后扣留下来的、一个匈牙利人的旅馆里。经费的来源是一般有钱的太太们的献金，她们还在里面当看护，把整幢屋子弄得非常生动，温柔，布满了强烈的香味。

接待我们的是女院长卜多加太太。

她是一个过时的美女，典雅的侧影，并没怎样的发胖，胸部很结实，举动之间显得威严，慈祥，带些慵懒的气息。

卜多加太太在楼下等我们。在电梯里，她坐在我们旁边，随后，我们觉得身子往上腾了。

"电梯！吓！"邦梭对我说，"这才妙咧，为我这条烂腿。"

到三楼停下。一个迷人的场面在那儿等着我们。大概有三十位娇嫩的太太，妆扮得一个美似一个。她们围住了我们的担架，飘飘荡荡的一片白色，使我们有些眼花，有些头晕。

戈贝老头费了好大的力，才把这队可爱的人镇压下来：

"喂，太太们，让这两个伤兵送到绷带室去。回头大家都看得到。"

一个头发灰灰的好太太，殷勤的俯在我的担架上面，像哀求似的探问戈贝先生，带着外国口音：

"告诉我，医生！这一个是派给我的小伤兵吗？"

"普罗德诺太太，请您去问院长。"

院长却自有主意。她查了查簿册，说道：

"医生，要是您愿意，我们把这两个送到十六号去。"

这样，我们便被交给嘉宝拉小姐照顾了。

十六号病室是一个华丽的旅馆房间，摆着两张舒服的铜床和几张沙发。

从下一天起，邦梭太太便来占据了一张沙发，而且天天来坐着。

至于我，不久也跟另一张沙发相熟了：手臂还没结疤，可是身体相当的好。我开始起床，顺便参观医院。那是一九一五年正月。我们受伤以来，已经有好几个月了。在我，胳膊是瘫痪定了；至于邦梭，创口也慢慢长满了；但他的腿已完全不成模样。其实他已经没有大腿；膝盖就从腰的地方开始，余下的部分是弯曲的，落尽了肉，瘦得几乎透明。

老实说，换了我，与其留着这样的东西，宁可装一条好好的假腿。可是你看了我的胳膊，也许要说，与其这样的一段废物，还不如弄一条木手臂。由此可见，要替旁人着想委实不容易。

邦梭的腿不再装在夹板里了，只裹着简单的绷带。有好几天，邦梭沉着脸不乐，一天早上对我说：

"我的女人还没见到我残余的腿呢。但愿别使她恶心！"

我劝他慢慢的让邦梭太太习惯，使她不至于看见了那副模样，想起了那个念头而害怕。

当晚，这可怜的家伙便结结巴巴的、畏畏缩缩的试探了。我永远忘不了那神气。

"喂，法朗梭阿士，这实在不大，不大好看；但我要给你瞧瞧我的腿。"

他先小心地揭开被单，露出绷带，然后露出全部的腿。

我站在床边，看见邦梭太太堆着颤危危的笑容，声音非常柔和的回答道：

"可是，亲爱的，差不多完全看不出了。"

她又马上拥抱了他，说：

"最要紧是你得救。"

邦梭是得救了。从此他再没有什么害怕，再不用担什么心。他的幸福完满了。整个的生命展开在他前面。他的脂肪慢慢恢复，把皱纹一道一道的抹去。每天早上，他直着嗓子唱《里维哀拉》，当嘉宝拉小姐表示异议时，他回答说：

"那是有精神呀！"

头发褐色的嘉宝拉小姐，是一个有过伤心史的美貌姑娘。每逢邦梭太太进来，这位护士对她总很关切，宽容，谅解，好像一个懂得爱情而受过痛苦的长姊。她提着脚尖出去，深深的叹口无可奈何的气。

照例，下午我独自到屋子各处去漫步，让他们夫妇享享清福。

有时我遇到管理军队账目的老军官。他难得走出办公室，老躲在里面消磨他无聊的时间，跟成堆的文件拼命，被它们磨折得胆子都没有了。

在外科医生面前，他老是说：

"啊！啦啦！我么，我也宁愿开刀哇！你们，毕竟满不在乎：你们只有道德上的责任。"

说完他又去审查他的簿册，在纸角上签着神秘的字。

卜多加太太是全院的主管。她定下严格的规矩，一心想要全体的女护士遵守。她看见她们往往一方面极富于牺牲精神，一方面又摆脱不了根深蒂固的，上流社会的习气。她对弗莱奚亨小姐，一位嘴唇猩红的、美丽的犹太女子，说：

"你衣服还可以穿得朴素些。"

这可不能阻止卜多加太太自己在古铜式的头发上一天换一条新头巾，越来越白，越绣越美，越玲珑可爱。

我有时踏进手术室，咱们亲爱的戈贝老头在那里简直威风得很。

"手术室里至多进去两位！"卜多加太太尽管这样的叫，也是白费。总是当了大群香喷喷的太太，子弹从伤兵活剥鲜跳的肉里捡出来，叮当一声落在盘里。四下里发出一阵惊叹的唱语。

"噢！医生！医生！太妙了！"

戈贝老头天真的笑了，神气仿佛说：

"我么，我就是这样的啊！"

邦梭美满的夫妇生活，成为医院里大众的话题。我常在楼梯上给卜多基先生拦住。他是一个老年的文职人员，矮矮的八字脚，头脑糊涂的大富翁，他问我：

"你的同伴怎样啦？你知道，叫做什么鲍梭？班梭？蒲尔梭？你知道……那个……可怜的家伙，他的太太多可爱哇！"

邦梭太太处处受卜多加太太庇护，凡是战时生活所能容许的优待，她都享到了。

在大家兴高彩烈的情绪中，邦梭第一次下床走路了。有人送了他一对华丽的拐杖，他撑着，有些迷糊，有些担心，可怜的腿摇摇晃晃，东倒西歪，好像一条榫头没装好的纸腿。所有的太太们都挤在甬道里，急于要知道轮到谁去搀扶他。法朗梭阿士跟在后面，双手握在一起，又害怕，又兴奋，急得脸都白了。

从此以后，邦梭每天起来两三小时。事情到了这里，便发生了那桩妙事。

旅馆每一层的楼梯头都很宽敞，夫人小姐们工作之余，都在这儿聚首，谈论战略，装束，外科手术，慈善事业，大百货公司。

美丽的眼睛，惯于瞄准网球，惯于欣赏披肩的微妙的色彩的，从此变得严肃了，反映出炸断的大腿，开了大窟窿的脑盖，和绷扎室里所有的丑恶。美丽的嘴巴，咬惯珍奇的果子，说惯风流的情话的，如今却有根有据的说什么"肩膀脱臼"或"腿上的坏疽"了。战争并没有改变生活：只是闯进了生活，加多了生活的内容，带来了丧事，无名的恐怖，令人兴奋的义务，使人生有了悲壮的、传奇式的机会，来增加命运的变化。

固然，这些战争的后台也一样的血肉模糊，哭成一片，但是有一股女人的香味在缭绕，从没变过的，始终是珍贵的、天真的、醉人的香味。

二层楼上坐镇着赛原莱太太。丈夫在前线一个调节兵站上，"受着敌机严密的监视"。可是赛原莱太太并不慌张；她懂得隐藏自己的悲痛，预备一切都逆来顺受。

有一天我正和这个可爱的女子闲谈，对她说明赛原莱先生所冒的危险究竟到什么程度，忽而卜多加太太从楼上飞奔下来，匆忙得不得了，却仍不失庄重典雅的风度。

"你来，亲爱的奥但德，我告诉你一件事，"她气吁吁的对赛原莱太太说。

那时楼梯头上还有一个金发少女，脸孔像小娃娃似的。四个月来，她在旅馆的甬道里只想着怎样的为国牺牲，怎样的看护伤兵，神秘的热情把她人都磨瘦了。

"纳佛小姐，"院长吩咐道，"去问问你的那个断臂膀要在哪儿吃饭，食堂里还是病房里。"

纳佛小姐走开了，像天使一般隐灭了。卜多加太太便接着说：

"你想，我究竟不能当了这个孩子讲。邦梭……"

我走开去假装看电梯的上落，却听着她们的谈话。

"你想得到吗，亲爱的，邦梭竟要求我答应他出去一个下午，去看他的太太……嗯！你明白。"

"怎么？那样的一条腿！"赛原莱太太轻轻叫着。

"我的天，是啊！他那条腿。出去的时候他总不能把它留在这里哇，他的腿。"

这时来了那位好心的普罗德诺太太，和一个身材高大而还动人的女子，大概叫做雷多尔诺太太吧，倘使我没有记错。

三言两语，这两位也知道了这消息。

"可怜的小伙子，"卜多加太太接下去说，"他跟我说有六个月……你们明白……六个月……"

"六个月，很长久了，"雷多尔诺太太很坦白的说，吹了一口气。

普罗德诺太太好像出神了，带着罗马尼亚口音喃喃的说：

"六个月！在他那个年纪！而且受过多少苦！"

"噢！当然啰，他应该……"院长说。

"可是他那条腿！你们想，他那条腿。"赛原莱太太咬住了这一句。

"得啦，"卜多加太太插嘴说，"总不成因为他的腿改了样，就终身不拥抱他的妻子。嘿！推开天窗说亮话，譬如，我的好奥但德，既然你的丈夫也在前线，譬如他回来时带了一条像邦梭一样的腿。那末？"

赛原莱太太，把戴满戒指的颤危危的手遮了遮脸，终于让步了："没有问题！但是情形不同。"

几分钟内，"邦梭事件"已经在医院里转了一个圈子。

每层楼上，每条甬道里，大家都在谈论，用隐隐约约的字眼。消息跟了电梯上去下来，溜入有太太们看守的病房，连手术室里都在窃窃私语。

我随时听见一个女子咬着另一个的耳朵：

"你知道了没有？"

"什么呀？"

"关于邦梭，你知道；十六号里的那条大腿。"

"噢！是的！可怜的家伙……我知道了。到底这也是应该的。"

"你想：六个月！而且受了多少苦！"

"不过现在好多了。"

"噢！好多了，但究竟，他那条腿哇……"

"对啦！那样的一条腿……你想！"

太太们没有一个不想着这件事。据我的意思，她们想得太多了：把可怜的邦梭的私事，这样大张晓喻的传开去，我不免有些气恼。

事情只在太太们圈子里流传。当弗莱奚亨小姐，或纳佛小姐，或旁的少女出现时，大家便不约而同的闭上了嘴巴，使姑娘们更加要问：

"出了什么事啊？十六号里的伤兵有了什么新闻不是？"

越是没有人回答，她们越是想知道。

傍晚，戈贝老头出现了。我听见他和院长辩论。

"噢！不，医生，"她说，"别把盲肠炎送这儿来，这没有意思。我们只要伤兵，只要伤兵。"

"可是太太，"好医生轻轻的说，"救一个盲肠炎，就是为国家多添一杆枪。"

"不错，但这远没有我们的伤兵有意思。说起，您知道没有，关于邦梭的事？"

"没有出什么乱子吧，太太？"

"绝对不是，他身体好得很，好得很甚至，要求我……怎么对您说呢？他要求……呕，他要请一次假，去跟他的妻子亲热一下。"

"好啊，亲爱的太太！别说一次，十次也行！这些好汉对国家的义务还没有完呢。天哪！他们还得替国家制造孩子！"

"孩子！您认为他那样的腿还……"

"得了罢，亲爱的太太，腿对这个并不相干，即使相干，也很少很少……"

戈贝老头的名言走了运。各处甬道里，大家异口同声的说着，变成了一句简括而有力的话：

"残废的人对国家还有一些义务：他们已经为国流了血，现在应该为国生儿子了！"

巨耶医生站在一群留神细听的太太中间，像演讲一般的说：

"每次我截去一条腿救出一个人，我总先想到种族问题：这家伙不失为一个健全的生产员。"

"您认为，医生，"赛原莱太太固执的问道，"生下来的孩子不会有那种腿或手臂吗？

我回到房里，又好笑又好气。邦梭的神色，却使我马上安了心。他才别过他的妻子，抽着埃及烟卷，仰躺在床上，玩味着他的完满的幸福。

并且我一字不提。轰动全院的问题，似乎只有他一个人不曾得知。

晚上，卜多加太太来看他。

"事情算数了，邦梭。我已经把给假单送去签字。日子定在星期五。"

"您太好了，太太。谢谢您。"

"这是挺自然的，朋友。你得有始有终，尽你对国家的责任。"

卜多加太太出去时，堆着一副仁慈而含有鼓励意味的笑容。

或许邦梭在等我开口；但看见我一言不发，他便喃喃的说：

"请一次假，可怜的朋友。第一次的假期……多有意思！"

下一天是星期四，情形更热闹了。邦梭一醒过来，就收到一大瓶科隆香水。十六号的房门不时推开，太太们借着一些无聊的理由进来：

"要看画报吗？"

"嘉宝拉小姐，你的伤兵要理发吗？"

嘉宝拉小姐接受了。她似乎什么都已知道；这也不足为奇，她早已不是孩子，对人生也有过相当的经验。

理发匠来了。邦梭剪过发，搽过香水，短髭也烫了一下。他非常自然的接受这些照料，以他为中心的那股热烈的情绪，他全没注意到。

普罗德诺太太跑来坐在床沿上，照例很亲热的样子。她送来糖果店的最新出品，一只炮弹形的纸匣，装满了夹心巧克力。邦梭惶恐地道谢，老太太用慈母般的口吻答道：

"明儿把它随身带着，送一些给你可爱的小娘子。"

我到走廊里开始我日常的散步。巨耶医生靠在楼梯扶手上，对卜多加太太嚷道：

"不行，不行！洗澡是不可以的，他腿上的伤口还没合拢；用温水和肥皂替他好好擦一擦罢。"

于是邦梭就给用温水和肥皂擦过，再搽上科隆香水。

邦梭太太下午来的时候，大家对她体贴得无微不至。但她跟丈夫一样，若无其事的，好像并没觉得周围的兴奋。

星期四一天便这样的过去了。邦梭心平气和的睡了一觉，可是这一夜的睡眼不见得对个个人都这样的慷慨。

星期五早上，院长又出现了一次。

"邦梭，"她说"我雇了一辆车，从中午起就在门口等你。"

巨耶医生亲自来帮嘉宝拉小姐料理绷带。平时用薄棉布的地方，好心的小姐在邦梭大腿上换了一条柔软的法兰绒带，扣上一支嵌有紫色小玻璃的镀金别针。

邦梭早已没有军装了，在室内只穿一套条子花的华丽睡衣。快到吃中饭时，嘉宝拉小姐拿来一条上好质地的红裤子，一件干净的制服，一顶炮兵的制帽，都是从军装库最讲究的存货里挑出来的。并且全院都有一番过节的气象。大家一走拢来，总说：

"他的气色真好哇！"

"那末是今天吗？"

"是的！他中午出去，晚饭的时候回来。"

"那他们足足有五个钟点了！"

巨耶医生把太太们召集在绷扎室内，给一些补充的说明。

"诸位，生殖的本能，在发烧期间往往是静伏的，因为伤兵不像肺痨病人，即使到了第三期，还有强烈的传种欲望。在眼前这一个症例内，精力与食欲的恢复，自然而然会引起生殖的意向。"

赛原莱太太似乎还不能对每一点都放心：

"您不以为，医生，受伤的腿作痛的时候，在某程度内可能影响……"

"太太，别忘记：传种的本能是所有的本能中最强的；当然，除了生存本能与营养本能之外。"

"这是的的确确的，"雷多尔诺太太附和着说。

这一天，由于例外的优待，邦梭给派到军官的饭菜：一角鸡和一块糯米糕，外加一杯浓咖啡，半杯香槟酒。他天真的、心满意足的吃得精光，说：

"这儿可不像圣·芒台。样样东西做得好。"

十二点前几分，他在甬道里出现了。医院里的人员全体到场。

普罗德诺太太偷偷的把一小束花扣在他的军服上，说道：

"这样，你像一个新郎了。"

邦梭踏上车子，年青妻子的美丽而恬静的笑容，已经在车厢里等他了。

整个下午，我抽着烟卷在医院里闲逛。外面是冬季白茫茫的寒冷的天气；但屋子里给暖气机烘得太热了，好似要充血的样子。到处有一股郁勃之气，饱和着神经的骚动。

所有的太太会齐在楼梯头和客厅里，可没有平时那样的高声说笑。大家只惘然交换着微笑。谈话是分组的，声音低低的，少女碰到太太们便故意的躲开，说一声"噢！对不起！"表示她们对今天的事情也很明白了。她们也集合在一处，谈些神秘的话题。

时间显得重甸甸的，懒得不堪。它逗留在凳上，停在楼梯踏级上，在一扇门半开半阖的当口简直完全不动了。

大家的神气都烦躁得厉害，仿佛等着什么转捩的关键，来结束一个微妙的局面。

普罗德诺太太忽然掏出表来，说：

"三点钟了！"

这句简单的话没有人接应，芬芳的空气里突然充满了各种活跃的梦。梦中弥漫着人类的幻想，把梦境加以渲染，给它一种气息。

"我耳朵在轰轰的响，"雷多尔诺太太天真的说。

"真的，屋子太热了，"赛原莱太太接着说，"我腿里像有蚂蚁在爬。"

嘉宝拉小姐推说头痛，走开了。普罗德诺太太埋在一张长椅里，跟一个漂亮妇人一本正经的谈着，我经过时听见那位太太不胜哀怨的说：

"迦斯蒂南始终是最好的丈夫，但已经不像我们初婚的时期……"

卜多加太太靠在楼梯栏杆上，跟年青的古多里欧太太谈天。

"我怀孕的时期并不每次都顺利。这个男孩在身上的时候，我非常不舒服，尤其是最初几个月……。"

古多里欧太太回答道：

"做母亲真像做祭司一样！"

说完她突然走开了，受不住某种情绪的激动。

"你上哪儿去？"院长问。

"去按摩，"少妇急促的回答。

表面上，邦梭的问题是丢开了。但从屋顶到地窖，全屋都有它的影子，个个人以为想着自己，其实都在想他。

过了一会，普罗德诺太太又掏出表来，叫道：

"咦！已经四点多了。"

这是一个宽弛的讯号。太太们都找出一些事情来，借此换换地方。

我觉得每个人都有些困倦，惆怅。一个美妙的境界幻灭了。世界上有些事情完成了，大家黯然翻过一页。

赛原莱太太站起来，伸着美丽的胳膊。

"噢！多可恶的战争！"她叫着。

雷多尔诺太太十二分坦白的说：

"邦梭快回来了。"

立刻，大家装做忽然之间想起了邦梭。

"啊！不错！这可怜的邦梭……"

卜多加太太竟有本领说：

"这好家伙，我们简直把他忘记了。"

但机智不是每个人都有的，所以过了几分钟，我们又听到弗莱奚亨小姐年青的声音喊道：

"瞧啊！他来了！他来了！"

一辆车在旅馆门口停下，果真是他。

楼梯上稍稍挤了一下。邦梭出现了，在雪白的胸衣阵中，不大利落的搬动着拐杖。

他衔了一支大雪茄。皮色被新鲜的空气刺激得活泼了。他的目光显得极度的慈祥，极度的幸福，老是出神的样子。

"你觉得你的假期快乐吗？"卜多加太太婉转的问。

"当然啰，太太。"

电梯把邦梭带走，大家的好奇心失掉了目标。我直到十六号房里才遇到他。

晚饭时，邦梭和我说：

"我到蒲洛涅森林去过了！多美妙的散步，可怜的朋友！真是，多美妙的散步，可怜的朋友，活着究竟还够味，搂着心爱的小宝贝！"

他没有说到旁的，我永远不知道他第一次的假期是怎样过的。

夜晚，在床上，他展开报纸来的时候忽然叫道：

"真是！你想不到我在军装袋里找到什么。一瓶香木酒①，可怜的朋友！不懂干么人家送我这样一件礼物。但总不是扔掉的东西哇，咱们开出来好好的喝它一杯罢。"

---

① 按香木酒能强精提神。

葬礼

我们正要坐上饭桌，奚尔贝先生问道：

"兰倍中尉的葬礼在几点钟？"

"三点钟，主任医官，"忠实的奥古斯德回答，"已经通知仪仗队，就是中尉自己的大队派的。他们刚从前线退下来，驻扎在莫果。"

"好，去把贝南才克找来。"

于是我们一心一意的吃那又甜又酸的拌黄瓜。九月已经显得无精打彩，但索末一线上的战火越来越猛烈了。漫天遍野，轰隆隆的炮声，活像世界的肚子里演着一出壮烈的戏剧。我们都有些昏昏沉沉的，因为不知多少夜没有睡觉，在血浪中划着救生艇抢救。抢救出来的尽有些最悲惨的残骸，例如兰倍中尉：我们把他拖了半个月，之后，他忽然笔直的沉下去，被该死的脑膜炎打倒了，满嘴乱七八糟的邪话，本相全变了，把死亡蒙上一副丑恶的喜剧面孔。

最难堪最痛心的，莫过于听见这些脑子受伤的人说梦话，或是眼看一个二十岁的青年丑态百出，像一个衰朽的老头儿。多少次，对着这些耻辱的景象，我祝望那些掌握人类命运的人亲自来瞧一眼。可是，不用提了！

没有想象力的人，不能把想象力借给他们。不谈这些，仍旧回到兰倍的葬礼罢。

我们正在跟一片其硬无比的牛肉拼命，贝南才克进来了。

二等护士贝南才克神甫，身兼数职，秘书与随军祭司也在他的兼职之列。他是一个胖子，脑筋迟钝，结实的牙床很有威严，一脸的乱胡子。他到了军中，生活上缺少了善男信女的照拂，觉得抱憾不已。像他那样的圣徒，决不注重什么仪表，所以慢慢变成了不修边幅的老鳏夫模样。他耐着性子，等有朝一日回到教区里去过舒服日子。

"贝南才克，"奚尔贝先生不客气的问，"你几点钟把兰倍中尉下葬？"

"三点钟，主任医官。"

"遗骸已经陈列了么？"

"已经放在龟形帐里了。"

"好！到底中尉是不是旧教徒？"

"噢！毫无问题，主任医官！托上帝的福，昨天我替他行过圣餐礼了！"

"那末，一切都很好。谢谢你，贝南才克。"

护士出去了。我们又恢复了瞌睡状态，面对着一盘倒胃口的面条。

中饭刚完毕，门岗递进一张名片给奚尔贝先生，说：

"那位军官一定要立刻见您。"

奚尔贝先生好像快要入睡，便提足了精神翻看名片。

"好罢！"他叹一口气说，"请他到这儿来罢。"

他转身问我们：

"大维少尉，你们认识吗？不认识？"

少尉已经推门进来。细致的鬈发，戴着一顶轻骑兵的小软帽，厚嘴唇，卷起一簇稀朗的短髭，一对深色的眼睛怪有精神，颇像士麦那①商人，刚

---

① 城名，今属土耳其。

刚开始发胖，一双手又短又肥。

"主任医官，"他说，"我的部队在这里过路，开到前线去，求你允许我看一个伤兵，我最好的朋友，兰倍中尉。"

奚尔贝先生非常灵活的小鼻子，顿时古怪地扯动起来，表示他吃了一惊。

"端一张椅子给队长，"他先说，表示他很世故，懂得怎么样宣布坏消息。

然后他接下去说：

"可怜的朋友，我要告诉你的消息是很悲惨的：不幸的家伙脑壳上受了重伤，而且……"

"他死了？"骑兵军官声音哑了。

"是的，他死了。今天三点钟下葬。"

大维少尉愣了几分钟。半个脸牵扯了一阵，他魂不守舍的，抹着太阳穴上突然冒出来的汗。对于这种显而易见的痛苦，我们只有默不作声。过了一会，他站起来，行了敬礼，似乎要告辞了。

"对不起，主任医官，他是我最好的朋友。"

他心不在焉的对我们大家伸出手来，一双肥满而柔软的手。已经到了门口，忽然又停下。

"还有一句话，主任医官：我的朋友兰倍是犹太人。——我自己也是的。——告诉你这一点也许不无用处。"

于是他走了。室内静默了一会，随后奚尔贝先生把刀柄敲着桌子，越敲越快。

"他说什么？兰倍是犹太人？太胡闹了！把贝南才克叫来。"

奚尔贝先生为人固执，暴烈，脾气很厉害。他似乎忘记了暑热，疲倦，忘记了才吃过饭要消化。他气冲冲的把面包屑搓成小团团，往四下里乱丢，想定了一个念头，怕人的样子，好比一个点上了药线的弹药筒。贝南才克刚到门口，奚尔贝先生的嗓子就把他镇住了；一听声音，谁都明白了医师的心绪。

"啊！你来了？哼！你又要教我闹笑话了！"

"主任医官？"

"兰倍中尉，哼！他是犹太人，而你要教我用旧教徒的仪式下葬。"

"犹太人？"

"正是，犹太人。"

教士堆着一副绝对不相信的微笑：

"他不是犹太人，主任医官，因为昨天我还替他行圣餐礼呢。"

奚尔贝先生突然停住，好似一匹马打量一辆小车。随后他出神的咕噜道：

"嗯……那末大概有人拿我开心。"

"噢！主任医官！"神甫叹着气说，这个穿着军服，皮绑腿软绵绵拥在脚踝上的教士，举起手来，掌心向外，做了一个祝福的姿势。

"你给他受了圣餐礼，不错，"奚尔贝先生又说，"毫无问题……可是他怎么说呢？"

"我不知道他还能说些什么，"奥古斯德羼言道，"他神志不清已经十多天了。"

"对啦！"奚尔贝先生按上一句。"那你又怎么说，贝南才克？"

"我搅糊涂了，主任医官，但我不信像兰倍中尉这样一个有教养的青年，居然不是旧教徒。我给他受过两次圣餐哩。"

"不错！但他有没有对你说他是旧教徒呢？"

"噢！主任医官，我永远不能把这种问题去侮辱他，尤其在他那种凄惨的情形之下。并且他到这儿来的时候，脖子里挂着圣牌。我也给了他好几颗，他都很乐意的接受了。"

"正是，"奚尔贝先生说，"这一切都含糊得很。你告诉我兰倍中尉是旧教徒，好罢！另一方面又有人来声明他是犹太人。你先把师部担架队里的犹太祭司叫来。然后，为格外妥当起见，派一个自行车队员上莫果，到兰倍的大队里去。咱们再向他的队伍里打听一下罢。"

贝南才克出去了，好几次举起手，轮着手指，表示为难。

奚尔贝先生从饭桌上站起身子，提议道：

"咱们到龟形营帐瞧瞧去。"

这是一座七穿八洞，不堪使用的篷帐，凡是殡殓和礼拜的事情都在那儿举行。

兰倍的灵柩遮了一方破旗，放在两只木箱上。一道阳光斜刺里穿入阴暗的角落，映出一群闪闪发光的苍蝇在打转。几只母鸡在啄食细砂。在战争的风暴边上，这个停灵的地方好似一个安谧的港湾。

一个护士走来，桌上插起两支蜡烛，点上了，中间放一座十字架。

"见鬼！"奚尔贝先生咬着牙齿说，"真是麻烦，这些缠夹的事情……"

我们一出营帐，便瞧见贝南才克和自行车队员。贝南才克翘着得意洋洋的胡子，把手指举到军帽旁边，好像有人给他祝福似的，他声音柔和的说：

"大队里的报告，主任医官：兰倍中尉是旧教徒！"

"天哪！"奚尔贝先生叫道。"有书面证明没有？"

"没有，"自行车队员回答。"那些官长只彼此询问了一下，便回答说他是旧教徒。并且您等会可以见到他们，下葬时他们要跟仪仗队一块儿来的。"

奚尔贝先生跺着脚，面孔通红，鼻尖拼命的扯动，这表示他快要打定主意了。

"我可以准备仪式了吗？"贝南才克问话的神气，天真而婉转，显出他决不是一个得意忘形的人。

"什么？仪式？"奚尔贝先生说，"随你。准备罢！准备罢！现在我有了主意了。

才离开我们一会的奥古斯德又回来了，检阅着一包信件，说：

"我把中尉的遗物翻了一遍，没有什么结果，除了这张明信片，署名的是一位勃吕芒太先生。称兰倍中尉为表兄。勃吕芒太，这个，这个是犹太姓啊……"

"也许是吧，"奚尔贝先生说，"可是不管了，现在我有了主意。"

"的确，"奥古斯德迟疑着说，"我们还可以……把灵柩打开……"

"不！这没有意思，"奚尔贝先生立刻打断了话头。"而且，再跟你说一遍：我有了主意。咱们去上工罢。"

于是我们去上工；一直到两点半。两点半，门岗又来了。

"主任医官，犹太祭司要求见您。"

"我就来，"主任说。

他戴上四道金线的漂亮军帽，脱下工衣，去了。

从窗子里，我远远瞧着师部犹太祭司来到。他坐着一辆古董商的两轮车，套一匹两腿往外拐的骡子。戴着黑便帽，一绺瀑布式的长须，弯弯的高身材，穿着披肩，拿着锡杖，远望颇像通俗小说里的波兰犹太。他似乎已经老了，从车子踏板上跨下来的时候，像长老一般的庄严。

为了好奇，我出去瞧瞧情形。离开两轮车二十步，在一条小道拐弯的地方，我又瞥见了犹太祭司，一时却认不出来：他的须是黑而鬈的，肚子是瘪的，非常镇静，微笑的神气像亚叙利的神道，眼神中间有些地中海东部的气息。

我从一座板屋后面绕过去，冷不防和我们的主任与犹太祭司劈面相遇，马上我发觉自己错看了两次：他既不是通俗小说中的流浪犹太，也不是大商埠上的什么东方犹太；而是一个上流社会的人物，估不出年纪，戴着眼镜，神气很郑重很有学问，道貌岸然，一副教授架子。他讲的法语，带一点儿国际口音，像一个懂得七八种语言而一种都说不好的学者。

"竟（真）是，"他说，"主任希（医）官，但是姓兰贝克（兰倍）的，我们东部有黑杜（很多）。我认识有好几家。"

"那很可能，"奚尔贝先生客气地说。"好在我已经有了决定……跟我来，祭司先生。"

我们慢慢的走向龟形营帐。快要到的时候，响起一阵步伐急促的脚声，仪仗队来了。后面隔开几步路，跟着几个军官。大家在账前停下，贝南才克也在帐中走出，他军服外面套了一件古色古香的僧服，显得他不但是这次战争中的老兵，而且在上一世纪里也是无役不与的。

"诸位，"主任医官安详地说，"我们遇到了一件相当麻烦的事情。我们没法确切知道兰倍中尉的宗教。你们给我的情报，似乎证明他是旧教徒……"

"而且是笃信者，"贝南才克趁大家静默的当儿补上一句。

"请问你们，"奚尔贝先生往下说，"你们这些话有什么根据？"

军官们面面相觑，被出其不意的问句怔住了。

"天哪，"其中有一个说，"他从没说过他是犹太人。"

"然而这并不……"

"噢！有一件确切的事实，"一个上尉说："他和我一起参加过好几次弥撒。"

"可是，胡闹！"奚尔贝先生一不留神说了句不客气的话，"这证明不出什么来；做弥撒，有时候我自己也出去的……固然我不是犹太人。关于兰倍，今天我见到他的一个好朋友，说他是犹太人。"

又是一阵静默。仪仗队在小道上搭起枪架。在场的人都扮起一副迟疑而为难的面孔。两位教士彼此还没瞧过一眼，仿佛各人都定睛瞧着军官的制服。

这时候，两名担架伕从帐内抬了灵柩出来，上面铺着三色旗。他们走了几步，灵柩突然到了神甫跟犹太祭司的中间。奚尔贝先生手一扬，拦住了担架夫。

"诸位，"主任医官说，——听他的声音好像他是一个先知，"诸位，既然有疑问，我决定对兰倍中尉的葬礼，把旧教的仪式和希伯莱仪式同时并用。这样，充其量不过是多礼数，绝不至于有什么错误了。大家知道，上帝对他的信徒总是承认的。这两位先生将轮番主祭。我想再公平再妥当也没有了。"

军官们侧了侧脑袋，毫不表示意见。两位教士，第一次互相瞧望了。他们隔着灵柩相视，行礼，好似迄今为止彼此从未见过。不约而同的，两人装出一副异样的笑容，但眼睛是不参加的：他们彼此打量，犹如两个自家人别扭了两千年，忽而一朝在公证人前面碰见了一样。

他们俩所争的赌注并非一颗灵魂，而是这口匣子，里面装着一具僵直的、被十天的苦难改了样的尸体；外面，象征的花布在微风中飘动。

两位教士彼此留神细瞧了好一会。一边是个腰粗臂胖的乡村教士，一边是个国际化的、风雅的犹太祭司，错杂微妙的笑容像《圣经》一般古老。

"喂，"奥古斯德在我耳畔低低的说，"真的，贝南才克的主顾多得很呢；偶尔让掉一个也是应该的。"

"你，"奚尔贝先生听见了他的话，嚷道，"你，替我闭口！这样的胡说八道，你疯了：这是很庄严的，这件事情。"

贝南才克忽而微微动了动肩头，低下眼睛嘟囔着说：

"主任医官，如果兰倍中尉真是犹太人的话，我还是告退的好。"

"随你罢，贝南才克，"奚尔贝先生说。

犹太祭司老是在微笑。他那副耐心的神气，好似一个信徒明知曼西失约了两次，还是决定再等下去，哪怕要等几千年[①]。

"那么，"贝南才克低声说，"我告退了，主任医官。"

他走了几步，我们听见他自言自语的说：

---

① 按曼西为古代先知预言的救世主，基督徒以耶稣为教主，但犹太人并不承认，他们至今尚在等待救世主的降临。

"主要的是，他已经受过圣餐；而且受过两次哩。"

犹太祭司始终微笑着，似乎肚里在想：

"我么，我可不走。"

奚尔贝先生做了一个手势。我们听他喊"立——正""敬——礼"，大家便一齐举手。

数字

不，朋友，战争并没把所有的人都改变。

你没有认识班里哀－朗格拉特先生吗？

他是那种所谓组织天才。譬如到一个地方，似乎一切很顺利，个个人自以为熟悉工作，努力想把它做好，那位对实际生活有特殊意识的班里哀－朗格拉特先生，却证明给你看：一切都不行。他立刻把每样东西换过地方，把每个人换过职司。他一边蹰着，一边右手里抓紧着一根手杖，那是他的一种工具，可以任意挥舞，像击剑家或乐队指挥；他用这根恼怒的手杖在样样东西上点触一下，发起命令来像下冰雹。凡是由他的天才点化过的机关，总得化好几星期才能恢复正常的机能，跟从前一样的诸事顺利。班里哀－朗格拉特先生很有主意，糟就糟在这里。凡是有主意的巨头，决不承认一般凡夫俗子也会有。班里哀－朗格拉特先生最大的本领是：凡大家渴望发展的事情，他以为都是他出的主意。而且事情不一定有成效呢，因为这优秀人物一天要改变好几次念头，表示他得天独厚。这是一个脑子里常有旋风打转的人。又因他什么事都不能单独的干得像样，所以他从不拘泥的要顾虑什么行为与思想之间的关连。但这是一切高官厚爵的代价，而且除此以外，班里哀－朗格拉特先生是一位组织天才。

他喜欢数字。说公道话，他对数字的运用，的确又大胆，又有把握。他识得它们有一种深刻的意义，在你我这般没有数学头脑的人，是永远无从捉摸的。

我不过远远里难得见过他几面，当我有机会和他交谈的时候，——呃！这也许说得过分了些，既然我职位那样的卑微，——总之，那是当我有机会近身听见班里哀－朗格拉特先生说话，有机会拜领他一举一动之微所能给予人的教益的时候。

那是上年冬天大冷时期。半个月以来，刮着某一种东风，像法律一样的尖利，也像法律一样的教你无法可想。

那寒流，那东风，在前线造成了一连串火灾，像瘟疫一样到处蔓延。大家把小火炉塞得十足，几乎把它们胀破，有时营房便沾了炉子的光。火舌伸到外面，给风抓住了，搓呀捻呀，加以铺张，加以吹嘘，吹成一张满满的帆，这样我们便往往损失五六千法郎的木材，纸张，布帛，和各种材料。要是在德国人大炮射程以内，他们便送几颗炮弹来，好心替我们解解灾厄。有什么办法？要就打仗，要就不打。而倒楣的世界明明在打仗：毫无疑问。

我们这样的损失了好几座屋子和营房，幸而是独立的。事情给了我们警戒。忽然有一夜，一点钟光景，五二一号救护站上烧起一场大火，在离开我们三四里地的平原上。

我们套上木靴，跑出去眺望，远远里一大片奔跳飞跃的火，田里结了蓝色的冰，月光像河水一般给风吹起皱纹，被一九一五年代的老战壕割得四分五裂的、西比利亚式的风景上，映着火焰的反光。

想到那边所能发生的情形，我们心里很难过，可是不敢离开自己的集团。

理由是：三点钟左右，一队汽车在门口叫，送来从危险中抢出的一部分伤兵。

　　大家把他们抬下车子。可怜的家伙都很安静。有两个砍破了脑盖，一个瞎子，一个截去了大腿，一个打断了小腿，还有好几个伤势较轻的。在火里他们丢了全部的家私，就是说挂在病床上的那口大布袋，放着小刀，打火机，三四封旧信，和一段铅笔。我再说一遍：他们都是乖乖的，但是那模样真可怜，因为他们似乎在草褥上等过好久，在火焰中思忖着："要是不马上来人，再过五分钟就完了。"

　　他们给放在床上，取暖：这也是他们最需要的。我记得那个断腿的人，带了一具塞满棉絮的器械，里面有些亮晶晶的小冰块。总而言之，一切都阴沉沉的，惨得很。

　　整夜忙着这些照料，到了早上，我们围着一锅咖啡闲扯。伤兵们迷迷糊糊的，营房里差不多温暖了。我们分发了棉花帽，毛线衣，一大杯滚烫的罐头牛奶，他们打着盹，似乎在想："呃！一不过二，二不过三。已经逃出两次，要防第三次！"

　　这时候，朋友，班里哀－朗格拉特先生出场了。

　　我记不得为了什么事跑到外面，木靴踏着冰冻的泥土，忽然大路旁停下一辆华贵的汽车。车门砰的一声！班里哀－朗格拉特先生跳了出来，裹着一件贵重的皮大氅。

　　我心里想："啊！好啊！班里哀－朗格拉特先生来安慰咱们那些可怜虫了。"

　　离开大路还有一百公尺，地下铺着空格的木栅教人眼花，我不顾一切的往前直冲，刚好赶到大门口，气吁吁的"立正"。班里哀－朗格拉特先生跺着脚叫道：

　　"怎么？竟没有一个人在我下车时迎接？"

　　"请原谅……总医官……"

　　"闭口！你看，明明一个人都没有！你们昨晚收容了五二一号的伤兵，唔？我亲自去察勘过火场，半夜里二点钟，不怕害肺炎的危险。这且不管：

我要有人在这里，在我下车的时候迎接我。要是你不在，简直一个人都没有了。教我这大冷天等人，还像话？应当在这儿设一个常驻岗位。"

"是，总医……"

"闭口！你们收容了多少伤兵，昨天夜里？"

"十三个，总医官。固然……"

"且慢！十三！十三！"

班里哀－朗格拉特先生反复念着这个数目，似乎单为念给他自己听。显而易见，这个简单的数字在他脑中唤起各种深刻的思想。不知哪个该死的念头教我开起口来。

"不过要请你注意的是，总医……"

"闭口！"他愤愤的吆喝道。"十三！十三！"

我大为惶恐，赶紧缄默。不一会，拉维哀两腿飞也似的赶到；他也是瞧见了汽车而奔来的。到了还有四五步的地方，他突然停住，两只脚跟在铄铄作声的雪地里一碰，行礼。

"啊你，"班里哀－朗格拉特先生说，"来得不算太早了。你这儿收容了几个额外的伤兵？"

拉维哀绝望地望了我一眼。我对他伸出一只手，大张着手指，还没完全吓昏的拉维哀，马上回答说：

"五个，总医官……"

班里哀－朗格拉特先生一声咆哮，打断了他的话头。

"五个！五个！"他说。"那末，不是十三，而是五！"

我直跳起来，好似背后给戳了一针。

"可是请你注意，总医官，这不是……"

"闭口，"他这一次说的时候是用一种镇静而威严的口气了。"五！五？"

于是他反复不已的念着这个数字，神气壮严而慈祥，仿佛世界上的人虽然不懂数理哲学的奥妙的乐趣，他也并不气恼他们。

我们正在面面相觑很狼狈的时候，忽然听见格吱格吱的木靴声，善良的摩格先生来了，鼻子冻得通红，胡须僵直，按着呼吸的节拍，嘴里喷出一条细薄的雾。

"啊！到底来了！班里哀－朗格拉特先生喊道。"到底你来了，摩格先生。告诉我，你们营房里此刻究竟有多少人？"

摩格先生似乎沉思了一会，出神地回答道。

"二十八个，总医官。"

这一次，班里哀－朗格拉特先生笑了，笑得很失意，很悲苦。

"唔！唔！既不是十三，也不是五，而是二十八！二十八！我本来在怀疑呢。"

"可是，总医官……"我们异口同声的叫起来，用着慌乱的声音。

他从皮大氅中伸出一只手来，一条不折不扣的铁腕。

"闭口，你们，你们不会明白的。二十八！"

我们彼此瞪着，发呆了。班里哀－朗格拉特先生幽思冥想，飘进了云端，来回踱着，反复念着："二十八！二十八！"

我留意到他讲话的音色，颇有乡下人爱说笑的意味。他老半天的念着"二十八！二十八！"先是摇晃着脑袋，继而是越来越高兴的样子。我很觉得：数字在他的嘴巴里，并没像在你我的嘴巴里同样的意义。

终于，他突然用一种傲岸不可一世的礼貌，向我们行礼：

"再见，诸位！二十八！二十八！"

然后他走向汽车，搓着手，像一个人获得了最高的真理似的，不胜狂喜。

纪律

老实说，我不抱怨那四天的监禁。我害了一场不亦乐乎的重伤风，因为得告诉你，军中的牢房不是一个舒服地方，但是它让我作了一番有益的，不无后果的考虑。四天监禁给了我偌大的恩惠和启示，还能嚷什么不公平？不，我决不抱憾到了四十六岁而尝一尝所谓铁窗风味。可是咱们把事情从头讲起罢。

那本性不坏而闹着膀胱病的伍长，跑来对我说："蒲安先生，你判了四天监禁，"我听了又惊异又不敢相信。然而时间是早晨，伍长没有洗过膀胱之前从来不开玩笑。他又悲哀的接着说："病房里应该有一个姓蒲安的人值班，他没有到。也许并不是你，可怜的蒲安先生，并不是你脱了这一班，但判了四天监禁的，确实是你。"

伍长说完了，我觉得胃里有些难受，脸上热辣辣的怪不舒服。直到开战最初几天为止，我的生活一向很安静，快乐；有些情绪我从没领教过。可是这一次我觉得自己的确是愤慨了，非常的愤慨了。

"伍长，"我说，"不可能的！前天我才值过担架班，要明天再轮到。昨夜的确不是我的班，我敢担保……"

我大概是气吁吁的，满面通红了，因为伍长又亲切又同情的望了我一会，说："等一等，让我去看管理处的军官，"说完他走了。

我重新擦我的地板。在一个终身作数学研究的人，这是一件极辛苦的工作！但一九一四年九月，一片决心与牺牲的热忱，煽动了一切有心肝的法国人。我志愿入伍，想谦卑地、勇敢地为国效劳，竭尽我的力量；而人家需要的特别是我的体力，所以我便天天没命的擦地板。这天早上，我更加擦得如醉若狂，以致大颗的汗水弄污了我的作业。我觉得很累，但很满意：各用各的能力去灌溉他的家园，不是么？

伍长回来了，说："蒲安先生，四天牢房的确是给你的，真是一桩混帐的事。新近来了一个志愿医生，跟你同姓，还不曾定官阶。但他总是军医，用不到熬夜的。那些永远搅不清的秘书，照样派了他夜班，缺席的便是这一班。你明白没有？于是三道金线的军官批了四天监禁。事务员对他说，他无权惩戒医生，医生对这件事也没有责任。不过布告牌上已经宣布，有一个姓蒲安的受惩戒，既然公布的就得执行，似乎要由你去补缺了……"

我手里正拿着一根棒，棒的一端插着一块蜡。我痴呆呆的，把东西掉在地上。四面都有回声的墙壁，老实不客气把我这件笨拙的举动强化了：拍的一声赛如一记巴掌。我真是懊恼万分。

"你亲自去见一趟军官吧，"伍长非常感动的说，不住的换着两腿。"我，此刻要去了，要签字去……"

他走了；这个好心的家伙提到签字，就是说他急于要小便，而这是一种非尊重不可的，也很痛苦的需要。

我把刷子和棒放过一边，向办公室走去，颤危危的手指扣起上衣的钮子，我是一个强作镇静的人，当时觉得很不容易控制自己。

我认得那个军官：一个亚尔萨斯老头，原先在区公所里养老而给战争拖出来的。平时我不觉得他是一个凶恶的人，甚至也不觉得他脾气坏。我希望能够把他说服，承认事实。

"啊！是你，蒲安？"他镇静地说。"你判了四天监禁。今天中午开始执行。"

"军官先生，"我说，"我实在是蒲安，雷翁·蒲安，而且……"

他打断了我的话头：

"名字不相干。公告牌上没有名，只有姓。你见了蒲安两字，就得照办。"

"军官先生，我值班的日子已经排定了两星期。我不曾注意到……"

好家伙站起身子，我才发现他身材矮小，矮得可笑。胡髭下面藏着一股怒气，他向我走来，说：

"判决了就得执行。所以！你得执行。你是干什么职业的？"

"数学教授，志愿兵。"

他聚精会神的又道：

"总不成因为你是志愿兵，就可以在这儿捣乱。像你这样有教育的人，应当做个好榜样，听我说，你得服从这四天的处分。"

"可是，军官先生……"

"应该服从，并且告诉你：在这样一个时候，敌人还在京城门口的时候，总不成由你来散布违反纪律的种子……"

"但是，军官先生，纪律……"

皱纹挨一挨二的刻划在他的脑门上和嘴巴四周。接着他用蛮横、深沉、忧郁的声音咕哝道：

"纪律！你才不知什么叫做纪律呢！你能够告诉我什么叫做纪律！……去罢，受你的惩戒去……"

看他说话时的姿势，我懂得我该走了。忽然一些可惊的字眼到了我的嘴边：

"军官先生，我要向主任医师控告……"

于是矮冬瓜把拳头往他的文件上乱捶，咆哮道：

"好！好！又来一套！有了这样的家伙，还想打胜仗！哼！出去，出去！”

他似乎气吁吁的，我一转身走入了甬道。一根水管在壁上半人高的地方漏水，柔和的淅沥声，似乎从世界创始以来就在那静寂中响着。

我跟跟跄跄回到我的办公室。

那时医院第三组的主治医师是白里伏纳先生。你知道，这位名医是个何等可爱可亲的人物。我的天，他说什么都用一副深信不疑的态度，而且我多爱看他的笑容，眼睛和光秃宽广的脑门，打起无数深刻的皱襧。

我进去的时候，白里伏纳先生正在办公室里；但这天他满着皱纹与气象壮严的脸上，没有一丝笑意。

“不行！不行！”他对助手们说，“杜弗兰纳是将官阶级，好罢！但是我，我是白里伏纳！”

对此坚决的声明，大家恭恭敬敬的不出一声。白里伏纳先生是闻名海外的人物。在帮助孩子出世这一门微妙的艺术中，他大名顶顶；多少公主命妇，把肚子里贵重的果实哼哼唧唧的卸落下来时，都曾经他的手。

我一心想着我的倒楣事儿，茫茫然在屋子里踱过去，一不留神，踩在白里伏纳先生脚上。

“小心啊，朋友，”这个素来客气的人物和善地说。

白里伏纳先生的礼貌，语气的温和，姿态的文雅，把我受伤的自尊心涂了一层止痛的香油。我怀着谦卑与感激的心，走到安放文件的屋角里，去消解胸中的气恼。我想：“这个家伙多有规矩，无论从哪方面看。”

慢慢的我定下神来，室内长官们的谈话，马上提高了我的兴趣。

这天大家等着军医总监杜弗兰纳来视察。这位了不起的人物，在军中所表现的热诚与威权，一方面受到极高的称誉，一方面也受到极严厉的批评。

白里伏纳先生脱下袖口上绣着金线银线的军服。

“给我一件胸衣，”他说。杜弗兰纳先生要下属穿了制服接待他；但我们的职业需要套上胸衣。

室内荡漾着一股轻微的反抗气息。白里伏纳先生的助手们嘀嘀咕咕，颇有讥讽，苦闷，嘘叱的意味。穿上胸衣，咱们的主任很满意的对自己瞧了一眼，说：

"第一我要穿着胸衣，光着头，去接待杜弗兰纳，如果他挑眼儿，说我不照规矩，那末我要让他明白，我是他的下属，也是他的对手。我一片赤诚为国服务，没有一点儿利害观念，所以我不愿人家跟我麻烦。我还希图什么呢？以后备军官而论，我已到了最高阶级；而我平时对社会的服务，也早已得到了我所能希望的一切荣誉。"

他讲着这些天公地道的说话时，来了普洛皮教授。高个子，暗黄色的头发，目光严重得近于麻痹。他说话总是大叫大嚷，用各式各种的惊叹词和单音夹在句子中间，把意义都改变了。他像野牛一般，没头没脑的插嘴道：

"嘿！人家对我说些什么？可是，可是，我才不理他呢；我……嘿！他明明知道，什么？我是保尔·普洛皮，我！而且是学士院会员，我！他明明知道……呕！我是学士院的；我，嘿，那东西……"

不错：普洛皮教授肯赏光合作，确是学士院的荣幸。他连连跺脚，把明晃晃的踢马刺震得当啷啷的响，为了世界大战而从衣橱里翻出来的骑马装，上面那些辉煌灿烂的零件也大摇大动起来。他又道：

"杜弗兰纳，嘿！我一向对他很好；但不应该……什么！……不应该跟咱们捣蛋……嘿！"

机警的白里伏纳先生觉得题目扯远了，便那么轻轻一点，把荡在河心的小舟拉了回来。

"这不是人的问题，而是原则问题。咱们不像敌人那样，只晓得俯首帖耳的服从。"

这句概括的言论，把屋子里照着阳光的空气，突然染上了一点儿哲学味。所有的脸都变得郑重了，反抗的精神也显出理路分明、非常严肃的姿态。

我自从跟管理处的军官谈过话以后，有一个字眼老是在我脑中跳舞，我莫名其妙的念着，不安地把它的音节一个一个的分拆开来。

我忽而觉得这个字要说出来了，它成熟，膨胀，其大无比，快要溜出我的脑袋，溜到所有那些低声谈话的嘴边。

"要提出一种不受监督的权力，"白里伏纳先生说，"教法国人服服帖帖的接受，是办不到的。我毫不害臊的承认，我们的民族是世界上最不守纪律的，最独立不羁的。"

一个戴眼镜的、目光尖刻的青年，接上来说：

"威权有如酒精，是一种使人疯狂的毒物。"

"的的确确，"我们的主任说。"至于纪律……"

啊，我叹了一口安慰的气。来了，那个字终究来了。眼看它从我脑海中飘荡出去，觉得如释重负，同时又觉得惊奇。我万分感激的望着这位有名的产科医生。内心的得意使我忘记了军阶的卑微，胆敢对白里伏纳先生大大的做了一个赞成的姿势。但赞成的标记，即使出诸一个无名小卒，还是值得嘉纳的，所以白里伏纳先生顺便给了我一个微笑，在他胡须下面大量储藏着的微笑。

"纪律，"他说，"也许不是法国的德性。谢谢上帝，我们却有旁的德性足以补赏：譬如我们的批评精神，那么灵敏，那么犀利，那么微妙的批评精神，只此一项，我敢说，已经大大抵得上我们敌人的一切笨重迂执的优点。"

大家聚精会神，竟没有觉察戈贝医生的进来。被同事们煽动之下，这位好心肠的老人仿佛一张深秋的枯叶，被旋风剧烈摇曳，硬要从树枝上拉下似的。一方面，天生的害怕权势，一方面也多少喜欢闹事。他踌躇了一会。舆论的压力却不许他自由选择，他那张枯叶便飘飘荡荡的卷入了旋风。

"我们准备献纳我们的热血，倘若他们要求的话，"戈贝医生提出了这个原则，"可是该死！他们得客客气气的要求呀！"

"嘿！至少限度。表示敬意啊！"普洛皮教授咕噜道。"我是很守纪律的，我，只消……什么？哪……什么？我们要求敬意，就是这个啰！"

"你们知道没有，杜弗兰纳前天干的什么事？"一个俨然的人物这么说。他会巧妙地运用硬领和牙床，把胡须维持水平，装出一副怪壮严的姿态。"听我说……"

于是在众人的嘻笑声与争辩声中，他讲了最近的一桩小小的秘闻，那是由许多人的幻想罗织成功的；因为大家的幻想都闹饥荒，即使读了最光荣与最惨烈的战事公报，也不能厌足。

屋子里约摸有十五位官长。其中四五个是所谓科学界之王。战争给我独一无二的机会，接近这些优异的人物，老实说，听见他们在我面前这样坦白的交谈，我的确很激动。

早晨和管理员的谈话，大大的扰乱了我的心绪。数学替头脑养成了一种牢不可破的习惯，喜欢讲秩序。不幸我是一个独身者，但我根据了我的趣味与职业，对家庭对社会抱着严肃而入情入理的态度。我知道有般大数学家可能幻想出没有三个角的三角，或者结果会相交的平行线等等……我没有能力在这个领域内追随他们；也许我太老了，不能再跟他们探险。有什么办法？我所知道的一些已经使我满意。瞧瞧我的藏书，翻翻我的讲义，永远感到一种纪律，令我宽慰。并且数学的修养给你逻辑。然而这天早上的遭遇竟不逻辑，换句话说，不准确。既然是秩序高于一切，怎么能硬要人家做一件不合逻辑的事？这一点，即使在战争把一切都推翻了的时代，我仍旧觉得是一种最可怕的混乱。

因此，当我听见一般奇才异能之士的言论，无意中替我的反抗作证的时候，我的快慰，近乎陶醉的快慰，你是想象得到的。我一边听着他们，一边颠头耸脑表示赞成，觉得有一种尖锐的、教人发抖的快感，其中有骄傲，也有莫名其妙的恐惧。

慢慢的，我发觉旁的情绪都给恐惧压倒了。我害怕我的理由太充分了；

这些先生们不知道我的案由而对我表示的赞同，似乎太激昂了。口头上那么热烈的反抗纪律，使我又痛快又不安，几乎变成焦虑了。对大人物的敬畏使我不敢开口，但我在肚里再三求他们镇静，暗暗说道："当心啊，当心！要镇静，诸位，要镇静！"

我正这样想的时候，忽而在喧哗声中听见召集的钟声，挂号间门口的钟声响了。于是屋子里顿时静默，异样的静默。

"报告院长，"伍长站在门口说，"军医总监先生的车已经到了大门口。"

"该死！"大家亲热地称做戈贝老头的说。

随后他不知不觉把军帽戴上，向门口走了一步。

"你往哪儿去？"普洛皮教授问，声音傲慢而又慌张。

"到阶前去迎接他哇，"那位好人回答。

"嘿！那儿另外有人呢。咱们尽可在办公室等。"

"你不想到，"戈贝先生说，"照例是……"

"因为，这好家伙，我么，你知道，我战前一向直呼其名的，叫他杜弗兰纳，那位毛发黄黄的老头咕哝着。而且我认为……是呀，那东西！"

"这是礼貌问题，"白里伏纳先生表示意见，"咱们到阶前去罢。再说，把军衣授给我。"

"你不想，亲爱的大师，留着你的胸衣不脱吗？"那个目光尖利的青年插嘴道。

"不错，但我怕受凉。把军帽一起给我罢：我不能光着头穿过园子。"

白里伏纳先生又转身对我说：

"朋友，请你拿了病由簿跟我来。"

他一边戴帽子一边又补上一句：

"受凉是犯不着的。"

敞开的窗子里，射进一道暖烘烘的阳光。我私忖白里伏纳先生绝对不用怕受凉。这样想着，我赶紧抓起了簿册。

各位长官在谈话声与靴子声中走下宽大的楼梯。

我觉得他们虽然谈得热闹，多少有些不安的成分。走到廊下，我听见白里伏纳先生对戈贝先生说：

"开战以来，我还是第一次遇见军医总监杜弗兰纳呢。"

他又接着说，相当严重地：

"凡尼哀，回到上面去瞧瞧，少尉们的病房有没有打扫过？刚才还有棉花屑撂在地下呢。"

"总不能为了这个，"普洛皮咕哝道，"让他跟我们麻烦，因为，是啊！我们就是这样的接待他！我们要告诉他，嗯？我们要把心中的话一齐告诉他。"

"凡是应该说的，我们都要说，"白里伏纳先生坚决地接口道。"我们要告诉他，医院里灯光不够，到处都漏自来水和煤气，饭菜还得……"

"我么，"戈贝老头孱言道，"我要毫无顾忌的要求，把我那部分的设备大大改动一下。"

快到大门口，普洛皮教授忽然做了一个气恼的手势，把一个穿着胸衣的助理员拉过一边，对他说：

"你，那里面，快快去穿上军服，像个样。"

军医总监的汽车刚在阶前停下。车门打开，好似一颗干果裂做两半，把果仁抛在柏油路上。

噢！了不得的人物！魁梧奇伟，四肢百体，无一不伟大。四方脸，真所谓威风凛凛的那种典型；深刻的线条，似乎给雕塑家的手指捏过一道又是一道；鼻子大概受到特别的琢磨，弯弯的，四周的肉都微微受到压迫。雪白硬挺的须眉，仿佛是老军人所独有的。他穿着老式的将官服装，像旧式的观念一样，是多少人舍不得丢掉的。宝星，勋章，丝绒带子，丝织胸饰，把他的胸脯装得那样的华丽夺目，教你想不到在这些花花绿绿的东西下面，还有什么肺，肌肉，骨头，跟一层满是灰色毛的老皮。

毛茸茸的眉毛底下，漏出一道凶猛的目光，咄咄逼人，还表示一种无可形容的骄傲。

四下里肃静无声，他缓缓的向前走来。

我早已预备受一下剧烈的刺激；但从那时起，一切的经过，在我的记忆中都像包了一种神秘的雾。

不约而同的，全场的人一致把身体摆成某种架式，行着军礼，跟乡下壮丁在军营里耐心学习的一般无二。

众人脸上有些极其微妙的抽搐。眼睛的火焰黯淡了，呆住了。威镇了千年、服从了千年的习惯，把血液循环、肌肉、灵魂，一下子都给麻痹了，冻结了。

微风过处，吹来一颗蓟实；看它在我鼻子前面飘浮，白白的，棉絮似的，估不出轻重的，我没来由地想到那种批评精神，那么灵敏、那么自由、那么微妙的……一阵旋风把它卷得不见了。一个满载花粉的大飞虫，嗡嗡的响着。

我呆在那里。过了半晌，那个白须方才决意吐出几个字："诸位先生，好！"

然后开始检阅。病房中住满了玛纳一仗的伤兵。躺在那儿的青年人都已经跟战争照过面，不慌不忙的，认出它原来是吞噬人类的老妖魔。从那时起他们就讲着战争，永远的讲着，到了今日，三年的流血、痛苦、残忍，把他们屠杀、伤害、破坏过后，他们还在讲。

但当时谁也不理会这些感想，只忙着揭开被单，解开绷带，露出创口。大家心目中只有病人和伤口。

我等得心眼儿发痒的科学论战，似乎要开场了。我已经说过，其中有的是科学界之王。在这个领域内，他们的精神，我认为一定是非常独立的，尖锐的，甚至含有挑战意味。所以意想之中必有一番精彩的辩论。

杜弗兰纳先生弯下身子，检查一条被榴霰弹打了一个黑洞的大腿。

"里面你放的什么东西,普洛皮?"

普洛皮教授开始把他对这一类伤口的治疗方式,加以详细的解释。

"这个,"他说,"三十年来我一向放药线的,而且我曾经报告,那东西,报告医学学士院……什么?并且效果之好无出其右,因为……"

精彩的演讲到了这里,军医总监把铅笔在床边小几上冷冷的敲了一下:

"赶快,普洛皮,我的朋友,"他说,声音镇静而尖刻。

普洛皮微微一惊,嘟嘟囔囔的接下去说:

"三十年来我一直放药线的……"

"告诉你,普洛皮,这不行!以后再不能放药线了,是不是?"

杜弗兰纳转过背去检视旁边的伤兵。

我暗中觑着普洛皮教授的脸,相信这位可敬的学士院会员一定要跳起来了。等了这么久的科学论战,终于要在我面前爆发了,双方的思想,马上要像刀剑一样闪闪发光了。我屏住了气等着。

可是在庄严的静默中,学士院会员回答道:

"是,军医总监先生。"

我把大家的脸一个一个的瞧过去。我觉得挑战的讯号已经发出,一定有人来应战,像武士一般有礼而大胆。然而所有的眼睛都表示小心翼翼,惘然失措。普洛皮教授在总监身后走了几步,机械地再说一遍:

"是,军医总监先生。"

三十年的临诊与验经,像一道白光般化为乌有了。

杜弗兰纳先生庄严威武的把病床一张张的看过去:"你不应该把这个人开刀的,"他说,"还是多等一些时间的好。"在旁的地方,他又首肯道:"这种成绩才证明我们的大方家数。"批评得最多的,是老实不客气的说:"为什么你们不用我的器械,杜弗兰纳器械?我要你们在这里用。"

于是起来一阵喁语,一叠连声的赞成和诺言。对每句话,普洛皮教授总一字不错的回答说:"是,军医总监先生。"戈贝医生面孔通红,诚惶诚恐的表示赞成，简直像是道歉。

我留神白里伏纳先生；他很有规则的点头，很庄严的低声说："的确如此，军医总监先生……""一定的，军医总监先生……"而且这最后一句永远挂在所有的嘴边，拖在唯唯诺诺的一言半语后面，在结结巴巴的一片嘟囔声中，念得像机械一般敏捷，以致所有的话，所有的回答，都有"军——总——先——"这一阵做礼拜式的声音作结束。

杜弗兰纳先生自鸣得意的抒情气氛，越来越高昂了，提到自己的成绩的次数越来越频繁，话也越来越滔滔不竭。凡是他独有的方式与观念，他总想冠以"法国式的""我国的"，甚至"天才的"字眼。不过这种化主观为客观的努力，和谦虚究竟距离远了一些。

有一下，这位石像似的巨人，眼睛望着别处，身子向我直撞过来，那种威武的气势吓得我像遇到了火车头，赶紧闪过一旁，嘴里念出一句："对不起，军医总监先生。"

我一向过着孤陋寡闻的教书生活，从没福分瞻仰到一个高级军人，恭聆他的训诲。我所接触的一般后备军人，只是客串性质。一个真正老军人的雄姿，我的认识只限于书本与幻想。如今看到并且听到这位穿军靴的大医生，我心里想："这一个是货真价实的了！"我心旌摇摇，魂都没有了，但还想在这种心境内尽力搜索，找出一点儿什么可以恢复我的信心的，使我觉得安全的，我便时时刻刻的想到："放肆！放肆！但有了这样的英雄好汉，区区胜利是十拿九稳的了！"

总监抓着一支自来水笔在壁上画满了图样。他用确切的公式，指示出以后大家应该怎么想，怎么做。对于他每句肯定的话，全场的人都异口同声的喊："是，军——总——先——"

"你们，"他说，"应该记得第一是军人。披上了军服，你们就担了责任。方法必需一致，在这一点前面，科学的独立性应当屈膝。个人的经验应当向纪律低头。"

一听到这简单的命令，个人的经验便向纪律低头了。用全体一致的声音，世界上最不守纪律的民族回答道：

"是的，军医总监先生。"

那个戴眼镜的青年，站在我近旁，垂着手臂，眼睛注视着长官的刀鞘①。我听见他在邻人的耳旁喃喃说出一句奇怪的话：

"时代变了，这个人物当令了。"

但邻人作了一个不耐烦的姿势，那青年便恭恭敬敬的站着不动了。

我也觉得他的话很不得体。但它使我从麻痹状态中醒来，竭力要把周围的难以置信的现象弄一个明白。

这现象发展到最紧张的阶段了。总监视察到一间作绷扎用的屋子。

"这间屋子，"他说，"面积很大，地位很好。那是一八九五年代，我负责整顿这座医院时下令改组的。不错，全院的情况都很令人满意。你没有什么要求吗，戈贝？"

戈贝医生涨红了脸，慌了一会，说道：

"绝对没有，军医总监先生。"

白里伏纳先生也被问到，他似乎寻思了一下，然后回答说没有什么需要改良的了。

轮到普洛皮教授时，他从迷惘中醒来，急急的呜嚷着：

"嘿，那东西，可是，一切都很好啊。军医总监先生。"

白里伏纳先生的一句话，忽然回到我头脑里。刚才他一边扣着胸衣的钮子，一边说："我还希图什么？"的神气，我还清清楚楚的如在目前；跟他现在小心翼翼的脸与恭顺的态度对照之下，我不禁大为诧怪。我也望着他的那些同僚，毫无代价的就让步了，低首下心到那么彻底，唯恐不及，我望着他们，佩服到了万分，同时我也窥到了"纪律"这个字的真谛。可

①　按此系下属站在长官前的架式。

是理智的了解，往往受到低级的动作的亵渎，因为就在那时候，我忍俊不禁的真想笑出来。

杜弗兰纳先生在一间大病房中间站住了。五十名伤兵躺在那儿，有的低声讲话，有的断断续续的哼唧，有的神志昏迷。总监拍拍手，屋子里顿时肃静无声。世界上最不守纪律的民族停止了昏迷和呻吟。

"弟兄们，"他说，"政府派我，我，到你们大家跟前来，瞧瞧你们给照顾得怎么样。你们看，政府怎样的关切你们！"

屋子里从这一头到那一头，脑袋举起来，脖子探出来，而一切胸中还剩一口气的人，齐声答道：

"谢谢您，将军！"

杜弗兰纳先生动身了。在他背后，世界上最不守纪律的民族，整整齐齐的走下直达花园的楼梯。

我永远跟在行列的末尾。

楼梯的阴影把我包裹了，在我发花的眼睛前面，各种颜色的问号舞动不已。一忽儿它们隐没了，我想象中看到一座大戏院，各种角儿在台上轮流出现，说出人家教好的话，然后去端端整整的站在一边，有的等会还得讲几句，有的轮到去跳舞，有的去背十字架，有的去死。在戏院的门楣上，刻着一个我认不清楚的字，但右边那个戴眼镜的青年一讲话，那个字忽然明晃晃的显了出来。他说：

"这是惯例如此，在人生所有的惯例中间，不过是一桩比较大一些的惯例而已。它很奇怪，但也不比硬要我们在讲话的时候，把某个字放在某个地位的惯例更奇怪。"

大家到了花园。夏季将尽时的绿的、琥珀的光，赶走了我的梦。

总监把全体人马召集拢来，说道：

"你，戈贝，你有成绩，我向你道喜。我知道你听到这句话是怎样的高兴。"

对旁人也有赞许，也有责备。受到赞许的就有许多捧场的人簇拥着。受到埋怨的只有受到冷落与委屈。就在这情形中，我们过了一会看见普洛皮教授羞惭地独自溜开，好似一个放逐在壁角里的小学生。

白里伏纳先生亲手关上车门。正当车子发动时，敬礼的场面又来了一次：右手高举，左臂挂的笔直。

世界上最不守纪律的民族，在法定的架式中一动不动。

汽车呜的一声开走了。

"究竟是一个了不得的人，"戈贝医生似乎从梦中突然惊醒了说。他又补上一句："是的，究竟……"

"他很不错，"白里伏纳先生承认道。

在一群中间，我注意到那个胡须往前翘的人。刚才他的美须髯似乎垂向胸部，这时牙床熟练的扯动一下，又恢复了往前翘的姿势。他还说：

"固然，他很不错；但必要的时候，我照样会对他老老实实说出心里的话。"

"当然，"白里伏纳先生说，"永远不应该一味的服从，把思考的机能都放弃了。"

大家仿佛受了一种微妙的毒物麻醉，如今慢慢的醒过来。

清香的风在草地上溜达。我看见眼前飞过一颗癫狂的小蓟实，轻盈的，棉絮似的。白里伏纳先生用一个轻巧的手势，把它像苍蝇一般的抓住了，一边对它出神的估量，一边结束他的思想。

"在我们这儿，"他说，"纪律并不抹煞批评精神。"

的确，我看见批评精神回来了。

人已散尽。我呆呆的望着靴尖。沉重的病由簿挂在臂下，我努力想了解，了解……忽然一支手搭在我的肩上。

"哦！哦！还没进拘留所，你这家伙！好！好！"

面孔通红像中风似的，管理处的军官愤愤的瞪着我，眼睛深处有一种阴郁的恳求的表情。他又说：

"去控告罢。瞧就是！"

我抬起眼睛望着屋子的门面，高头有一座大钟。

然后，脚跟并在一处，把空着的右手举向军帽，我简单地回答道：

"军官先生，我不控告了。此刻是十二点欠五分。十二点正，准到拘留所。"

猛犬的脸整个儿松弛了。我看他简直像要向我道谢。但他只咕噜着说：

"好啊！"

他走开了。我忍着笑，走向拘留所。

余下的事情，你都知道了：我在那儿过了四天四夜。时间是九月中旬。那时节，法国最优秀的士兵完成了一桩功业，使全国上下都叹了一口宽慰的气。在监房里，我也对他们热烈表示了一番微末的谢意。四天之内，我想到无数极古怪的念头；且待下次再讲罢。

装甲骑兵居佛里哀

　　它老是挂在我心头，装甲骑兵居佛里哀的故事。卜阿松先生不是一个恶人，绝对不是！但他究竟太老了些，你知道！

　　要打仗，那些古董是不行的。你知道为他们化了多少代价。而最妙的，先生，是大家都承认这一点，因为临了，这些家伙一个一个都给送到西南方去。算了罢，咱们不谈这些，这近乎政治，而我明知与我不相干。

　　至于卜阿松先生，他特别有一桩缺点：喝酒。除此以外，我已经告诉你，他不算一块坏料。但是人这块料，一朝灌饱了小杯，甚至大杯的时候，就要弄糟的，这块料。卜阿松先生喝酒，这对于一个身居要职的人，实在是糟糕的。

　　再说，他还有一点特别：他跟咱们这般凡人不同。噢！他是属于另外一个种族的。在卜阿松先生眼里，世界分做两半，一面，一切都比他高。他转向这半边时，便行着敬礼说："懂得，某将军！""是，某上校！"然后是另一面，一切都比他低。当他眼望这一边时，他便红着脸咆哮："闭口！去你的！"诸如此类。骨子里，我想他是对的，干这一行应该如此。我再跟你说一遍：他并不凶恶，实在还是胆小的。所以他一开口便叫，单为表示他不怕。

话说回来，这是军事问题，在某种意义内与我们不相干。咱们谈别的罢。我，我的原则是，从来不去议论某些近乎神圣的事情。

我个人抱怨卜阿松先生的，是把我派在殓尸所，派在他所谓的"半圆"里。而我却写得一手好字，什么圆体，半圆体，戎特体，斜体，还有一打以上的字体，大可当得一名出色的书记生。

你且想象一下那次接见的情形罢：我带了布袋、钢盔、全副行头，报到。人家领我进一座营房，告诉我说："里面便是主任医官！"

一眼望去，我先是什么都瞧不见。卜阿松先生直到头发为止，一齐埋在纸堆里；我仅仅听到喘气般的呼吸，好像锁眼里的风。突然他从窝里探出脑袋，把我打量着。一个好老头儿，身子嫌胖了一些，四肢嫌短了一些，给人的印象是梳洗不甚干净，指甲镶着黑边，手背上皮太多了些，而且是打皱的、布满暗红斑的皮。他端相着我，但似乎并没看见我。我却正面望着他，看得清清楚楚：一个缀有静脉瘤的鼻子，近于蓝色的颧骨，颚下垂着过多的皮，好似牲畜的牙床，眼睛下面两颗颤危危的肉球，犹如两小杯酒，教你看了很想用针去戳一下。

他又瞧了我一眼，往地下吐了一口痰，说：

"是的……"

我立刻答道：

"正是，"主任医官。

于是他叫起来，用那种包有浓痰的老人声音：

"你明明看见我不跟你说话。去你的。你明明看见我没头没脑的背着一身事情，什么攻势，什么伤兵，还有一切捞什子的鬼事！"

你想我应该怎样回答呢？我赶紧立正，说：

"是的，主任医官。"

于是他燃起一支卷烟，开始"哼！哼！"起来，因为你慢慢会注意到，他为了喝酒，老是要咳呛。

这时进来了一个军官。卜阿松先生叫道：

"是你，班冷？噢！亲爱的，别把那些捞什子的事情跟我烦，你明明看见我给工作压扁了。哪，瞧瞧我的表格：还有十九份！永远没得完！十九份！"

那军官便抓着我的手臂说：

"噢！这里不是来了帮手吗？"

这一下卜阿松先生才走过来，恶狠狠的瞪着我，像牛鸣似的吼起来，呼出来的气全是酒桶渣的味道。

"送殓尸所！殓尸所缺人；哼，好罢！就把这个送到'半圆'里去，帮唐葛兰。呕！送'半圆'！现在，别再把这种捞什子的事跟我烦了！"

十分钟以后，我就在"半圆"里上差了。

先生，这件差事教我难受。我脾气并不坏，但整天搬弄死人不是一种生活。而且是怎样的死人！国家的鲜花给糟蹋成什么模样，人的身体可能糟蹋到什么田地，你决计想象不到。

唐葛兰是猪肉店伙计出身。又是一个喝酒的。人家因为他喝酒，才给他干一切腌臜事儿，又因他干的一切腌臜事儿，所以给他酒喝。算了罢，这些话不用提了……这个酗酒问题，不幸竟与我不相干！

唐葛兰不是一个同伴，而是一个恶煞，一个厌物，一个混蛋，像人家所说的。空肚子的时候，他一声不响；但他肚子从来不空。平时他老是嚼蛆，说些醉鬼的废话，教人在尸首前面听了难受。

有人说，先生，死尸算不了回事，跟它们混惯之后，你会把他们看做石头一样。然而我的情形并不如此。所有这些陪我消磨日子的尸首，临了都变做我的伙伴。有的很讨我喜欢，把他们打发走，我简直感到遗憾。有时一不小心，肘子撞着了他们之中的一个，那我险些儿把道歉的话说出口来："对不起，朋友"。我望着他们，满是肉茧的手，可怜的脚，因为走路太久而长着一重厚厚的胼胝，这一切都会对我的思想说话。

有的手指上戴着一只劣质的戒指，皮肤上留着出生时的斑痕，一个老伤疤，有时还有刺花，还有是死了仍旧分不开的东西：可怜的灰灰的头发，脸上的皱纹，眼睛里微笑的余影，最多的是惊悸的余波。而这种种使我胡思乱想。在他们的肉体上，我看到他们一生的故事，我想到他们用这只手臂做过多少苦工，眼睛见过多少事情，嘴巴曾经被人吻过，那些小胡子曾经使他们多么得意，如今却爬满了被皮肤的凉气赶上来的虱子。我一边把他们缝在粗布袋里，一边转着这些念头，觉得很悲哀，而且古怪得很，我并不讨厌这种悲哀。

但我这么说着，未免扯到哲学上去了。赶快带住！我不是一个哲学家，没有资格跟你烦。

我记得和你讲的是装甲骑兵居佛里哀？那末咱们就讲居佛里哀的故事罢。

那要回溯到五月的总攻击，我向你担保，所有那个时期我都不曾怠慢。从我手里过的，有的是死人！他们的寡妻老母尽可放心：我依我的方式尽我的责任。把他们打发走时，嘴巴用绷带络起，两手交叉着放在胸前，当然那是要他们还留下一张嘴和一双手的。我把他们整个儿包扎妥贴。我不提眼睛，因为没有法子把它们阖上，送到"半圆"里的时候，已经来不及了。噢！我把他们照料得好好的，我的死人们。

有一天，人家送来一个没有签条的。他的脸已经破烂不堪，浑身上下都是绷带，可是没有标签，手腕里也没有姓名牌，一样也没有。

我把他放过一边，教人通知主任医官。

过了一会，帐门打开，卜阿松先生出现了。

只要灌饱了黄汤，卜阿松先生永远是很好的；我可以从他咳嗽、吐痰、捻弄十字章——因为他是荣誉军团三等团员——的功架上看出来。

"你多了一个家伙，是不是？"他问我。

"主任医官，我不知道是不是多出来的，但他没有身份证。"

"不但如此，"卜阿松先生接口道，"我看你这儿有八具尸首，等一等……"

他从袋里掏出一张团皱的纸，颠颠倒倒的乱翻了一阵；叫道：

"七个！只有七个。你应该只有七具尸首。你真是一头笨猪！谁给你的，这个死人？我可不要他。清单上没有他。但问他从哪儿来的，这死人？"

我开始发抖，结结巴巴的回答道：

"我不曾注意把他抬来的担架伙。"

"啊！你不曾注意？那你教我怎么办？教我？先问你：他叫什么名字？"

"就是啊，"主任医官，"我们不知道，既然他没有身份条子。"

"没有条子！唔，哼！咱们倒楣了！你，你听我消息罢。啊！……我才不爱这种捞什子呢。且跟我来再说！"

于是我们出发了，一所一所的营房挨着访问。在每所门口，卜阿松先生问：

"送没有签条的死尸来的，可是你们吗？"

你该明白，听到这样的问话，卜阿松先生的下属全会溜之大吉的，有的暗暗好笑，有的害怕。到处都是一样的回答，

"没有身份证的死人？噢！主任医官，那当然不是我们这儿的事。"

卜阿松先生开始呼吸艰难，咕哩咕噜的响着，像一匹疲累的马，到处吐痰，气恼的声音嘶哑了，断断续续的，有气无力的：完全不像人声了。虽然他脾气不好，也终究引起了我的同情，这可怜的老头儿。

他带我回到办公室，扑上他的纸堆，乱翻乱搅，仿佛一头猎犬在垃圾堆上爬。过了一会，他喉头咽咽作声，愤愤地叫道：

"瞧！入院：一二三六名，出院：五六一名。你明白吗？此刻留院的只有六七四名。对啦，缺了一个，而所缺的便是这多出来的死人。又不知

他是谁！咱们倒楣了，倒楣了！"

我承认卜阿松先生这番有根有据的证明使我大为叹服，数字的精密尤其使我吃惊。军中有这样的秩序真是妙极了；人们永远可以准确的说，譬如：一百副担架中失踪了廿三副，一副不多，一副不少；再不然是，入院的伤兵一千名，死亡五十名，所以还有九百五十名活着。从这一点上看，这种跟数学一样精密的秩序，的确值得人家费心去填写那么些纸张。听到了卜阿松先生计算他的清账，我才明白那可怜的尸首多余到什么程度。

主任医官反复说着："咱们倒楣了！咱们倒楣了！"又说："跟我来！"便出了办公室。

卜阿松先生东冲西撞的又跑起来。我低着头跟在后面，觉得渐渐传染了他的狂热。他拦住所有的官佐，说：

"这些捞什子真是够受了！瞧瞧这个死人是不是从你们那边来的。"

他甚至闯入手术室，盘问开刀医生：

"你不会送给我一个没有签条的死尸吗？"

他不时掏出那张小纸条，用铅笔加上一个数字或打一个十字叉。

到了傍晚，他那双四周贴了火腿片似的眼睛钉住了我，说：

"你，回'半圆'去！听我消息！"

我回到"半圆"，悲哀地坐下。人家又送来三具尸首。唐葛兰靠木匠帮忙，把他们钉入了棺木。

暂时裹了一幅帐篷布，无名的尸身在桌上等待发落。唐葛兰烂醉如泥，唱着《米苏里》那小调，这可决不是料理死人的时候应该做的事情。我走去揭开帐篷布，打量那冰冷的身体。整个破烂的脸包着布条，只看见几绺淡黄的头发。余下的只是一具像你我一样平常的身体。

已经天黑了。门开处，卜阿松先生由另外一个军官陪着，提着灯笼出现了。他脸色安详，打着嗝儿，好像才吃饱了夜饭。

"你是一头笨尖（猪），"他对我说；"你竟没有看出，这具尸首是装甲骑兵居佛里哀吗？"

"可是，主任医官……"

"闭口！这是装甲骑兵居佛里哀。"

他走近桌子，把眼睛估量了一下尸体，叫道：

"一定的！他身材高大，满可以当装甲骑兵呢。你瞧，班冷，装甲骑兵居佛里哀是前天进来的。查册子，他没有出院。可是他又不在治疗，所以他是死了，而就是他躺在这儿呀！这不明白吗？"

"的确，"班冷说，"的确是他。"

"不是么，"卜阿松先生又道。"这是居佛里哀，显而易见的。可怜的小鬼！现在咱们去睡觉罢。"

随后他转身对我：

"你，你把他装入棺木，钉一块牌子：'居佛里哀·爱德华，装甲骑兵第九营。'以后，你知道，别再闹出这种鬼事来。"

两位先生出去了。我把装甲骑兵居佛里哀放入棺木，然后我到草垫上去歇息几个钟点。

下一天早上，我正要把装甲骑兵居佛里哀的棺木封钉起来，卜阿松先生又进来了。他脸色已不像昨夜那么镇静。

"等一等，"他对我说，"慢慢把这好家伙下葬。"

他在棺木四周打转，嘴里咬着一支烟卷，和人类一样悠久的伤风使他老是把鼻水咽下肚去，总而言之，他那种不安的神气，使我看出他还没决心就这样的打发居佛里哀上天国。不行，死人还在闹别扭，不肯进坟墓呢。不知卜阿松先生是为了责任心，还是为怕找麻烦，但那时候他的确使我很感动。

他转过身来。好像怕孤独，所以对我说：

"来，仍旧跟我来。"

瞧，我们又在营房中间打转了。卜阿松先生进去问：

"八号病房？重伤病房，是不是？这儿有没有装甲骑兵居佛里哀？"

病房里的人彼此问讯了一下，回道："没有。"

我们再往前走。

卜阿松先生又问：

"七号病房？这儿有没有叫做居佛里哀的？装甲骑兵第九营？"

"没有，主任医官。"

于是卜阿松先生得意了：

"当然罗！他们决不会有，既然他已经死了。我这么问一问是为了良心平安。我，我是这样的人。"

我们遇到班冷先生。

"你瞧，班冷，"主任医官对他说，"为完全放心起见，我在各处病房里找一遍，瞧瞧有没有一个叫做居佛里哀的。结果是没有。不用说，我只到重伤病房去找。我才不那末蠢呢：既然他死了，当初一定是个重伤的。"

"毫无问题，"班冷先生说。

我们访问了所有的病房以后，卜阿松先生挺起脖子，把挂在领下的皮肤叠成各式各样的皱襞，说出他的结论：

"的确是居佛里哀！瞧，这才叫做秩序。在我这儿，决不像波士或维伊翁那里。他们才胡搅呢。"

"也许为谨慎起见，"班冷说，"还应该到轻伤病房去问一问。"

"好罢！倘使你愿意，"卜阿松先生随便答应了一句。

我们便向轻伤病房走去。

我们进去，照例提出我们的问题。没有人回答。正要出来的时候，卜阿松先生再说一遍：

"居佛里哀在不在这里？"

忽然有人叫道：

"有！有！居佛里哀在这里！"

一个鬈发的大汉子，挥着手从床上跳下，手上只缚了一小块绷带。

于是咱们的事一变而为悲剧了。卜阿松先生顿时面孔黑紫，好像中风似的。他接连吐了两三次痰，在大腿上拍了好几下，浓痰在喉头咽啰咽啰直响，叫道：

"哼，好！他居然活着，这家伙！"

"我就是居佛里哀！"那个人又道。

"居佛里哀·爱德华？"

"是的，爱德华！"

"装甲骑兵第九营？"

"不错，第九营。"

卜阿松先生像疯子一般跑了出来，班冷先生跟着，我也跟着。他一口气奔到殓尸所，直站在棺木前面，军服上挂满了唾沫，只说：

"要不是居佛里哀，一切都得重新来过。"

"啊！先生！真是什么日子！什么回忆哇！"

那时总攻击一直没有停。留给死人用的小厂房塞满了。但我们的工作是停顿了。

横在河心的船，阻塞了全部的交通，这种情形你总该见过吧？对了，这无名的尸首就给你这种印象。他阻断了我们的工作，大有捣乱一切之势，第一是不幸的卜阿松先生的健康，他已经说起要求撤回后方了。

他每小时跑来瞧一眼慢慢在腐烂的尸体。他目不转睛的瞪着他，好像希望死人开口。

下午我清静了一会，卜阿松先生在睡午觉。六点钟光景，他又出现了，那模样几乎教我认不得。他一双手差不多洗干净了，戴着一条白领，剃过了胡子，呼出的气表示他的嘴巴才在酒渣里浸过。

"唔，哼！怎么？"他和我说，"你还没把德国人的棺木钉起来？你真是块废料。"

"可是，主任医官……"

"闭口：赶快把姓名牌钉上：'德国人，无名氏。'明白没有？"

班冷先生才走进来。两位官长对尸首又瞧了一下。

"明明是德国鬼子，"卜阿松先生说。

"是啊，瞧那些淡黄的头发。"

"班冷，你应该早些想到的，"主任医官又添了一句。

两位正要走出去时，卜阿松又转过来说：

"喂，还是把他从棺木里翻出来罢：既然是德国人，咱们照规矩不用棺木葬的。"

文明

得知道你所谓的文明是什么回事。我可以请问你这一点，第一因为你是聪明而有学问的人，第二因为你老是提到文明，这顶顶大名的文明。

战前，我在一家工业实验室里当助手。很好的小差事。但老实说，万一我侥幸在这场大难中生还，我决不再干我的老行业了。乡下！纯粹的乡下！远离一切该死的工厂，到一个再也听不见你们的飞机和机器轰隆轰隆的地方去：从前，当我对什么都莫名其妙的时候，我觉得那些东西好玩，现在却恨透了，因为它们便是这次战争的灵魂，这次战争的原则和理由！

我恨二十世纪，犹如我恨霉烂的欧罗巴与全世界。这个不幸的欧洲，在世界上仿佛一个油脂的斑点。我知道这一类大而无当的字眼未免可笑：可是算了罢！我并不对大家讲这些话，而且这种可笑至多不过跟旁的可笑一样！我已对你说过，将来到山里去，尽可能的孤独。我本想隐居在野蛮人中间，黑人堆里，但真正的黑人此刻已经没有了。他们都会骑自行车，会要求勋章。我不上黑人那里去：把他们领入歧途的事，我们都干了；在索阿松我亲眼看见的……

今年春天，我在索阿松，跟全部的 G·B·C· 一起。我猜到 G·B·C· 三个字对你毫无意义；这又是要文明负责的：它已经七拼八凑的造出了一些莫名其妙的语言，不久，恐怕人类要把语言糟蹋成一种电报式的切口了，没有味道的，无所谓美不美的。

德国军队的撤退，把前线移到伏克萨伊翁与拉福一带，打得相当凶。一个像拉福磨坊那样的据点，简直是伤口底里的一根刺：老是教它发炎。五月初头，咱们对这个磨坊来了一次剧烈的攻击，差不多我全部的队伍都得上火线。军官对我说：

"至于你，伍长，你留在医院里，负责 Ａ·Ｃ·Ａ· 的担架。我们会派人来帮你。"

现在我完全领会到军事用语的奥妙了。一听到说派人来，我很明白决没有人来，果然，我就只有四个废物，四个谁都不要的痨病鬼。

从星期六起，来的伤兵每起总是上百。我按步就班把他们装满了 Ａ·Ｃ·Ａ· 的各个房间。

实际上，工作完全不行。我那些东倒西歪的担架伙没有法子搭配，跌来撞去把伤兵疼得直叫。在堆积如山的活计中间，他们随便的东抓一把，西抓一把，整个的 Ａ·Ｃ·Ａ· 烦躁地跺着脚，好似一座人肉工厂得不到原料而在那里空转。

我应该替你解释一下什么叫做 Ａ·Ｃ·Ａ·。在军中俗语里，便是"自动救护队"，换句话，是新发明的最完备的救护组织，跟架在铁道上的四百生的大炮一样，是科学的杰作。它跟军队一起移动，带着马达，蒸汽机，显微镜，化验室，以及现代医院的全副配备。从最前线专管粉碎与毁灭的工场里出来，伤兵们遇到的第一个大修理站，便是这 Ａ·Ｃ·Ａ·。战争机械破坏得最厉害的零件都送这儿来。一批熟练的工匠赶紧扑上去，急急退开螺旋，用内行的目光加以检查，好似检查什么水汽并用的制动机，闭锁机，或瞄准器。倘使破坏得厉害，便加以适当的改造；倘使"人肉材料"并不完全无用，就仔细的修理，使它一有机会便可再用，这就叫做"兵员的保存"。

我已经说过，Ａ·Ｃ·Ａ·好像一架到了白热化的机器，震动得厉害。我的担架夫，像烂醉的脚夫，毛手毛脚的给它递进几个伤兵，立刻消化了，淘汰了。而工厂继续叫吼，犹如古代的妖魔，闻到了牺牲品的第一阵香味而胃口更好了。

我捡了一副担架。一个伤了脖子的炮兵，在等待开刀的期间很乐意帮我一臂，我在杂沓的人堆中指挥我的队伍。正好走过一位将官阶级的人，深思的脸上露着笑容，头上戴着钢盔，对我说："你的担架工作不行哪。我去派八名马达加斯加人来给你。都是出色的夫子哪。"

十分钟后，我的马达加斯加人来了。

其实那是一组杂色的黑人，不过马达加斯加人多一些，从第一军的殖民地部队抽出来的样品，他们的队伍正在拉福前面恶斗。有几个是看不出年纪的苏丹人①，打皱的，漆黑的，制服下面藏着颜色发绿的符咒，发出一股皮革、汗水与外国香油的味儿。至于马达加斯加人，却是中等身材，外表瘦弱，好像一批漆黑的、严肃的小娃娃。

他们拿了皮带，照我的命令开始搬运伤兵，沉默，冷淡，仿佛搬运棉花包进货栈。

我满意了，就是说安心了。Ａ·Ｃ·Ａ·喂饱之下，劲道十足的工作起来，隆隆的声音，像加足了油的机器，全部零件都闪闪发光。

说发光，并不过分。我走进开刀的营房就眼睛发花。天色刚黑，在那年突如其来的美妙的春天，那是最热的一夜。连续的炮声，有如一个巨人害了病发抖。病房里满布着骚动混乱的痛苦，由死亡在那里调整秩序。我在黑暗的园子里深探吸了几口气，走进开刀的营房。

里面分成好几部。我闯进去的那一间，是屋子侧面突出的地方，热得像熔炼锅炉间一样。许多人在那里洗、刷、磨一大堆发光的器械；另外一

---

① 非洲中部的人种。

批照料着像熔焊灯般发热的炉灶。时时刻刻有人进出，伸直了胳膊托着扁匣子，恭而敬之的，犹如侍候饭席的听差。

"这儿热得很啊，"我勉强寻出一句话。

"到隔壁去，那边好多了，"一个像地神一样满面于思的矮子，嘻笑着回答。

我拉开一条帘幕，觉得走进了妖怪的怀里。在四面有阶梯的一个宝座上，我看见了妖魔的心脏。那是所谓耐压浸渍机，一口其大无比的锅子，放得下整只的小牛。它平躺在那儿，放出震耳欲聋的水汽，声音的单调可以使你忘掉时间与空间。可怕的声响突然停住，那时我简直觉得是时间的终止。在机器上面，一排沸腾的蒸锅，老是咕噜噜的叫。一个人像舵工般拨着一个大转盘，螺旋退开了，锅盖转过一边，露出一个沸腾的肚子，藏着各种的匣子和包裹。

在锅炉的高热度之后，来一阵潮湿的闷热，像浴场或暖室里的空气。

"伤兵在哪儿开刀呢？"我问一个在大铜盆内洗橡皮手套的人。

"在那边，手术室里啰！但是不要从这一边进去。"

我又沉入了黑夜，沉入清凉的窟窿，飞也似的回到待诊室去找我的夫子。

那时他们搬来大批骑兵。从早上起就有一师骑兵在作战。法兰西最壮健的男儿成百的倒在地下，等在那里，好似一些破损的雕像，其余的部分仍是美好的。天哪！那般强壮的、一貌堂堂的家伙！四肢那么粗，胸脯那么宽，他们竟不相信会死，宝贵的血从伤口往外流的时候，他们还在连笑带骂的，希望能阻止破烂的皮肉崩溃。

"我么，"其中有一个说，"他们要把我的烂肉怎么办都可以，但是要我上闷药，嘿！那可不行！"

"是呀，"另一个说，"怎么都可以，只不能把它截掉！我还用得着我的脚呢，哪怕七零八落，我还是要的！"

这两个刚从 X 光室出来，被单下光着身子，绷带上扣满了花花绿绿的纸条，草图，公式，一些代数般的注解，说明他们的伤，列举他们的苦难与器官的损坏。

他们讲起这第一次实验室旅行时，仿佛非常懂事的孩子，承认现代的人倘不经过科学的精密的纪律，是既不能活也不能死的。

"他怎么说的，这 X 光部的医官？"

"他说是前后尻骨轴……那，我本来就疑心到。"

"我的，却是肚子。他说'腹部'，但我明明知道是肚子。嘿！管它呢！但我不愿意上闷药，那，我可不依！"

手术室的门忽然打开，一大片亮光冲进待诊间。有人喊道：

"轮到谁呀？伤肚子的先来！"

担架夫理好皮带，两个讲话的给抬走了。我跟了担架进去。

长方形的手术室，明晃晃的嵌在黑夜里，好似石炭中间一颗宝石。门一关上，我给亮光包围了。天顶上，一块洁白的帆布加强了灯光。平坦而有弹性的地面上，扔满了鲜红的布条，护士们正在急急忙忙的用钳子捡。在这块地和天顶之间，四个怪物，穿得浑身雪白，脸上戴着罩子，只露出眼睛，包了橡皮手套的手高举在空中，轮着手指，太阳穴边淌着汗。

供给所有的灯光的马达，我们隐隐约约听得它的震动。耐压浸渍机重新装满了肚子，尖锐的怨叹声充塞了宇宙。小水汀管在打鼾，好似受到抚摩的家畜。这一切合成一种野蛮而声势浩大的音乐，在此忙乱的人似乎依着节拍，在举行一种宗教舞蹈，神秘而严肃的巴莱舞。

担架悄悄的滑到手术桌中间，如同独木舟划进了岛屿。外科器械，排列在雪白的衬布上，像橱窗里的首饰般放射光彩。矮小的马达加斯加人小心地搬动他们的重担，柔顺地依着命令停下，等待。细小而漆黑的脖子里，绕着皮带，手指抓着担架柄很紧张，像一批被人训练来扛抬偶像的猴子。两个长大而苍白的骑兵，头和脚一齐伸在担架外面。

在几个刻板的手势之下，伤兵给放上了桌子。

这时候，我和一个黑人的眼睛碰在一起，忽然觉得很难受。那种镇静、深沉的目光，像一个孩子的，像一条小狗的。他慢慢把脑袋从左面移到右面，打量周围一切奇怪的东西。深沉的眼珠，在人体修理工场中每件奇妙的机器上停留一下。毫无表情的眼神，格外令人不安。一时我竟愚蠢地想到："他一定多么惊奇啊！"可是这无聊的念头很快就消灭了，只剩下一种排遣不开的羞愧。

四个马达加斯加人出去了，我松了一口气。伤兵似乎吓昏了，发呆了。护士在他们周围忙做一团，缚起他们的手，脚，用酒精摩擦。那些戴面具的人发号施令，用祭师般安详的姿势，在桌子四周活动。

"这里面谁是头儿呀？"我向一个人问。

他指给我看。是一个中等身材的人，坐在那里，举起戴了手套的手，对一个书记念着什么东西教他写下。

疲倦，眩目的亮光，连续的炮声，威镇一切的机器的声音，一切都使我像喝醉了酒，但是神志很清楚。我呆着不动，无数的念头狂风似的在脑子里打转。我周围的一切，全是为人造福的东西。这是文明对它自身的抗辩，对它自身的毁灭狂的弹劾；直要这全套复杂的配备，才能微乎其微的，消弭机械时代所产生的浩劫。我又想起那个野蛮人的神秘的目光，觉得怜悯、愤怒、厌恶、在我胸中搅成一片。

人家对我指说是头儿的那个家伙，念完了文件。他似乎在祭司式的姿态中发呆，想着什么。在他眼镜后面，一副美丽而严肃的目光燃着火焰，交融着清明、热烈、与悲哀的气息。他的脸被面罩遮住了嘴巴与胡子，几乎什么都看不见；但太阳穴边露出些年青的灰发，脑门上隆起一根大血管，表示他意志的紧张。

"伤兵睡熟了，"有人喃喃的说。

外科医生走近桌子。伤兵果然睡熟了；而我瞥见，这一个便是刚才坚决的说不愿上闷药的人。可怜虫竟不敢说一个不字。一装入齿轮，他立刻受了控制，听让机器大嚼，有如被变压机吞进去的铁块。并且，难道他不明白这一切都是为他好吗？既然所谓"好"就只有这么一点。

"伍长，"有人对我说，"不戴帽子是不能留在手术室里的。"

出去时我又对外科医生瞧了一眼。虽然穿着胸衣，戴着手套与面罩，运用一切身外的器械，但他对付工作的神气，在聚精会神之中仍可看出他的温情。

我打起精神想道：

"啊！啊！这一个究竟心中明白的。"

我回到待诊室，一股血腥与兽穴的味儿。一盏遮有布罩的灯，维持着一团黝黯的光。伤兵有的在呻吟，有的在低声闲话。

"哪个在讲坦克？"有一个叫道。"我，我就是在坦克里挂彩的。"

一片表示敬意的静默。埋在绷带里的人又说：

"咱们油缸破了；我两腿打断，脸也烧了。我么，我知道什么叫做坦克！"

他讲的时候音调有些异样，其中有人类的老禁卒——骄傲——在作怪。

正想要出去，我向一大堆担架后面的暗陬望了一下。两个黑人呆在那里。我以为他们在打盹，但是奇怪的很：他们背对着伤兵，一副阴沉淡漠的神气，像关在笼子里的猴子一样，各管各的体味着孤独。

我耸了耸肩，出去在黑暗中抽烟。世界显得糊涂，混乱，不幸；而我认为的确如此。

请你相信，先生，我用怜悯的口气讲到文明，是经过思索的；即使像无线电那样的发明，也不能使我改变意见。尤其可悲的是毫无办法。今后人类滚下去的山坡，决不能再爬上去。然而事情竟是这般无望吗？

文明，真正的文明，我是常常想的。照我的意见，那应该是齐声唱着颂曲的一个合唱队，应该是矗立在光秃的高岗上的一座白石雕像，那应该是会说，"大家相爱！"或"以德报怨！"的人。但两千年来，人们除了反复这些说话以外一无作为，显赫的使徒们，眼前的利害太多了，无暇再想到那一类崇高的事情。

所谓幸福，所谓善，大家都误会了。一般最慈悲的心灵也弄错了，因为他们太缺少静默与孤独。我仔细瞧过妖魔般的耐压浸渍机。我告诉你，实在文明并不在这架机器上，正如它并不在外科医生的雪亮的钳子上。文明并不在所有这些可怕的出品内，而倘使文明不是在人类的心坎里，那末！就没有地方可以找到文明。

英国绘画

[英]牛顿　著

英国绘画曾经于两大领域内造诣极高，——即十八世纪的肖像画，与十九世纪的风景画但在干斯巴罗与雷诺兹、康斯塔布尔与忒纳等大家以外，英国自始即有富于想象的浪漫主义传统，及其平行的素描画传统，与油画传统对峙。这种情形，在欧洲大陆是从来未有的。

今日，与大陆隔离了四年以后，这些传统愈形巩固，而且无意之中我们获有发展自己性灵的机会。

这本简略的导言，决非列举画家姓氏与著名作品的编目，而是侧重于英国绘画的两大系统，一觇我国对欧洲主潮的贡献。

一　荷加斯以前的英国绘画

中世纪欧洲的理想，期望，复杂的心境，有一部博大浩翰，卓越不凡的纪录，垂诸后世。古往今来，世界上瑰丽奇谲到极点的建筑，以金碧辉煌的字体与插图为装饰的珍贵典籍，惨淡经营，功力极深的技术表现，一部分都是泛称为中世纪这个时代的产物。尤可异者，文物之盛，几遍全欧。除中欧艺术遗产比较贫瘠而外，他若意大利、西班牙、荷兰、法国、英国，皆与促成达拉塔、坎特布里、夏特勒、亚眠安各地的大寺，阿尔的圣·脱洛斐、凡洛那的圣·齐诺、西西里的蒙累阿雷诸教堂之基本精神，一贯呼应。

今日倘欲举出一批近世建筑物与上面的那些匹配，就得到纽约的胡尔渥斯大厦，洛克斐罗中心区之类，或十八世纪的凡尔赛与布椤宁宫殿。性灵的流露，创造的精力，从未停止，不过改换了性质罢了。从前，创造力的根源只有教会，后来逐渐增多，国王贵族都成了艺术制作的推动者，如今又轮到百万富翁来提倡了。

因为当时人类的创造都以教会为中心，所以中古时代的作品才有那种明白固定，普遍一致的风格。那个时代，国界在政治上尽管有它的意义，在文化方面却无足重轻。所以英国艺术史虽为时短暂，亦不得不承认：纯粹不列颠民族的艺术，直到教会艺术式微的时代方才开始。固然中古时代的英国艺术品不为不多，而且也有它的特点。达拉姆大寺在欧洲就没有匹配，西翁袈裟刺绣的精细也独一无二，但两者在艺术上可说都是梵蒂冈的附属品，不比荷加斯的图画才是伦敦心脏的产物。

虽然如此，倘使本书以叙述不列颠建筑为主，则英国的那些大寺照样需要专章详论。但我们只涉及不列颠绘画，与不列颠绘画传统的成长，所以中古时期可以从略。中世纪英国画家的才具与勤奋，虽皆不下于欧洲列国的画家，但流传到今日的英国中古绘画，寥寥可数，大半的作品都已毁灭。

毁灭的责任，当归诸两个人物：一个是亨利八世，因为反抗教皇权力，以新教徒自命而摧毁了中世纪绘画；另外一个是克伦威尔，因为反对教会的偶像，以清教徒自命而加以破坏。我们能略见英国宗教画之一斑的，只有教堂壁画的残简断片，还有以金碧辉煌的字体与插图为装饰的弥撒祷文，《圣诗》与《圣经》，制作的精美不下于同时同类的大陆作品。现存国家美术馆的维尔敦·第普铁区摺屏，画查理二世跪在许多天使环绕之下的玛丽亚前面，这是极有名的十四世纪末叶的作品，但作者的国籍还有问题；要不是画上有一个英国国王，它那种国际化的风格，竟像是意大利西埃那的出品。伊吞学院教堂中几幅残存壁画的作者，我们认为是英国人，唯一的根据因为他的姓倍克是一个英国姓；他的风格却是布卢日的嫡系。

在这些残毁的与来历不明的遗迹之后，英国画史上就是一页空白。当然，如果我讲的是建筑史，都铎朝几位君王的丰富的遗产，就值得详细讨论，他们都是深宫大殿的建造者。但他们所奖掖的画家，仅限于肖像方面的，而其中最杰出的一个——霍尔朋——还不是英国人。并且霍尔朋到英国来，并非因为亨利八世有心在宫中罗致一个北欧最大的肖像画家，而是因为当时英国富足，朝臣命妇都喜欢有一张自己的画像。碰巧霍尔朋是一个天才，一个技术极高的作家，所以留下一部精彩的纪录，让我们瞻仰到君王周围的人物。可是英国人似乎并没有赏识霍尔朋的天才。至于他技术的能够受人重视，主要是因为他对于贵重繁缛的珠宝服饰，描绘得毫厘不差。模仿霍尔朋的英国人，除了肖像以外，没有多少其他的作品，而他们的肖像画，主要仍是描头画角，铺陈衣饰。亨利八世与伊利沙白女王治下，英国真正的艺术家，乃是男女成衣与珠宝匠。

伊利沙白时代最好的本国肖像画家，希里欧特，承认他所"模仿的，奉为圭臬的"，是霍尔朋的风格。他的素描颇为灵动而温柔风雅的气息是霍尔朋所没有的。霍尔朋笔下的都铎朝人物庄重稳厚，有富贵气，希里欧特笔下的伊利沙白朝人物，倜傥风流，近于公子哥儿。莎翁早期剧作中搔首弄姿的表现，在希氏的画上也可窥见。然而一方面继承霍尔朋的遗风，一方面略带中古图书上插画气息的这类作品，仍不失为笔致工细，富于装饰味的肖像画，盛行于伊利沙白与詹姆斯一世两朝。荷兰人如弥顿斯，系出法兰特血统的如高乃留斯·琼逊，都是为了英国需要肖像画而到英国来，从事于这一类保守的艺术的。可是即在这种风气之下，英国还没有一个大画家出现。时代已经到了十七世纪，英国画史上那页空白依然如故。

这期间，文艺复兴的潮流在意大利已经波澜壮阔，蔚为大观。一百五十余年间，英国在可爱的装饰艺术以外别无表现，意大利却产生了雷沃那陶、弥盖朗琪罗、拉斐尔、铁相、丁托累托、凡罗奈士，而且已经渐趋衰落：两相对照，真是难以置信的事。以十七世纪为止的英国绘画而论，文艺复兴的高潮，简直发生在一个遥远的星球上。传到英国的第一个回响，还是间接的，是卢本斯得之于铁相，传之于梵·代克，而后输入英国的。

卢本斯曾于一六二九年游历英国，但来去匆匆，连他气势豪迈的个性，也来不及对英国艺术家发生什么鼓动的作用，或者使他们改弦易辙。一六三五，梵·代克应查理一世之召，到英国担任内廷供奉，除短时期离开几次以外，终身都留在英国。由于梵·代克的影响，英国画上纤巧的中世纪作风才一扫而空，急转直下，进入风靡一时的巴洛克。梵·代克门下的画家，作风固然是大变了，但题材依旧。欧洲的大画家，两次降临英国，革新了英国画，可是英国画家的观念，仍离不开肖像。前有希里欧特继承霍尔朋，今有陶勒逊继承梵·代克，而国外名家源源而来的情形，亦与前此无异。荷兰人雷里爵士之来英国，把梵·代克风雅华贵的画像，加浓了色彩，减少了精炼的成分。遗作有哈姆普吞宫中的一组"美女"，格林尼治医院中的一批"海军提督"，绚烂夺目，可称为查理二世宫廷的写真。拉埃莱与奈勒把这个传统略加变化，直接过渡到十八世纪早期的作风。到一七二三年奈勒去世的时候，长时期的外国影响方始告终，而一个本土的天才方始出现。他代表不列颠的真切，正无异铁相的代表意大利，累姆布朗特的代表荷兰。

二　十八世纪：肖像画时代

一六九七年荷加斯出生的时候，除肖像画以外，还没有本国的绘画传统。倘使一个艺术家想以自己的幻想，对人生经验作进一步的探索时，在本国简直毫无凭藉。荷加斯的岳父桑希尔爵士，是醉心于巴洛克装饰，喜欢“大气派”（grand manner），私淑庐本斯的画家。荷加斯的秉性，却不甘于追随流俗，以发展既成作风为限。他属目的乃是当代的生活，正与上一世纪荷兰画家的旨趣相同。而且他所需要的题材，也与荷兰先辈一样，在他自己的小天地中应有尽有。

这小天地便是伦敦。荷加斯是生于伦敦死于伦敦的。他成功的作品所描写的情节，每一桩都可能在伦敦发生。唯一的例外是《加莱城门》，那是一个英国人在法国短期旅行以后，对国外事情所发表的鄙陋之见。值得注意的是，“情节”这个字眼，正是他最好的作品最适当的形容词。荷加斯的肖像画为数极少，神态生动，颇有些可传之作。可是他最感兴趣的，还不在于人物的面貌性格，而在于他们的举动行为。他兼有画家的眼与手，与小说家的头脑。他甚至发明了一种以小说为张本的新的画法。有连续性的作品，他前后画过四次，仿佛要把小说家笔下的情节，每次都发展成一个新的场面。

最著名的连续画，当推六幅一组的《文明结婚》。色调新颖，技术纯熟，而且每幅画可当故事读：情节的演变，幅幅相连。人物描写之工，不但个性毕露，抑且传出各人在特殊场合中的举动行为。他的故事含有教训意味，但他的嘻笑怒骂并非为了世道人心，有激而发。对于人生，他兴会甚高，对于可笑可怜的事也理会得极快，但他不是一个社会改革家。酗酒、污秽、狂妄、势利，都是他的主题。他喜欢以富家的乖僻与腐败，穷人的苦恼与粗暴为题材，原因是为了它们可以入画，而非为了劝诫世人。他津津有味的描写浪子，淫娃，勤奋的学徒，懒惰的学徒等等的遭遇。如果绘画的价值在于题材的人情世态味，则荷加斯毫无疑问可以列入世界巨匠之林。

可是，如果荷加斯对于形象没有那种异乎寻常的记忆力，能够搜罗无数戏剧化的小动作，如果他的手法不是那么轻松流利，如果没有善用色彩的天赋，那末纵使画面上每方寸都堆满了动人的故事，他仍不免是一个庸劣的画匠。故事不过是构成他艺术的素材。而且他弄巧成拙，几乎毁坏作品的事，也屡见不鲜，因为他力求故事的生动，刻画细节，堆砌过甚，以致凄迷琐碎，令人生厌。

在他的肖像与叙事画之间，还有一种所谓"谈天"的画（conversation piece），集许多肖像于一图，而以戏剧的或心理的因素为贯串的线索。这类谈天画，滥觞于百年前的荷兰画家；以生动活泼而论，他们都不及荷加斯。凡美尔的作品仅有严肃的家常小景，荷加斯的人物却有说有笑，有动作。儿童大抵在旁跳踊为乐，连猫犬也参与画面上的热闹。

他的特点是不甘以画家自限，还要以许多自己的作品镂版，印成版画。这不但解决了他的生计，并且强调他在自己的艺术中最珍视的通俗成分。他的图画大多写当时的日常生活，所以他不但希望少数有教养的，或有钱购买原作的收藏家能够欣赏，并且要当时的大众能以一先令一幅的代价买他的版画来赏玩。这是一种与平民接近的态度，也增加了他不少收入。同时，他仍念念不忘于有钱与有教养的鉴赏家，尽管面上鄙薄他们，实在还想博取他们的好感：一方面斥为野狐禅，一方面仍认为他们是舆论的领袖，不惜加以笼络。天性使他着眼于风俗习尚的滑稽可笑处，在这方面发展他的天才，但喜欢笼络舆论的倾向，又使他常常取历史为题材，追求庄严伟大的效果。这种尝试对他毫无补益，作品也早已湮没无闻，我们在此提到，无非指出荷加斯喜欢嘲弄人类痴愚的脾气，与十八世纪中叶崇尚典雅的风气，绝对不能相容。

十八世纪并不讨厌嘻笑，但它的嘻笑往往含有轻蔑之意。倘使故事的内容是日常生活，最好添几分漫画气息以增加刺激。与荷加斯最近似的画家是罗朗特松，但罗朗特松就比荷加斯多些漫画成分。他取笑画中的人物，荷加斯却和画中的人物一同笑。荷加斯是不合时宜的人，是叛徒，是生于贵族时代的平民艺术家。

因此后来的人极少受他影响是很自然的事。他留给下一代画家的，只有谈天画的风气。但精神饱满与泼辣兴奋的特点，到了枯索呆滞的作家如索发尼与台维斯辈笔下，丧失殆尽。而在专画群像的少数作家中，这还是最有价值的两个。他们描写富有人士的面貌、衣饰、家具以及室内背景，有时全家在园中游憩，有时环绕洋琴，合奏音乐，或在书斋内把玩外地游历带回来的名家新作。一片有闲与富裕的气象，没有一点嘲弄的暗示。十八世纪依旧过着从容不迫，心安理得的日子，并没被荷拉斯玩世不恭的笑声扰乱。倘没有两个规模出众的艺术家，则百年间碌碌庸材的画家群中，可称为巨匠的仅有荷加斯一人而已。

然而雄视十八世纪中叶的有荷加斯，雄视十八世纪末期的有雷诺兹与干斯巴罗。两人与荷加斯都没有渊源，两人之间也完全异趣。英国艺术史家几没有一个不想把两者的人品与艺术作对比的，因此不免过甚其词，夸大两人的差别。

十八世纪是一个古典的世纪，控制人心的是理性而非感情。但即在这种情势之下，雷诺兹还是一个不消假借的古典传统的支持者，而干斯巴罗是一个反抗者，这是一切浪漫主义者处于只信头脑，防止感情的人物中间时应有的反响。雷诺兹是文质彬彬的上流人物，是学者，传统主义者，干斯巴罗却是不拘形迹的，是投机家，无师自通的画家，是热情冲动而可爱的人，不是才子或饱学之士。雷诺兹的朋友是文人，干斯巴罗来往的是演员与音乐家。两人的主要作品都是肖像，但雷诺兹喜欢偶尔制作"大气派"的室内构图，干斯巴罗的消遣却是风景画。威尔逊是英国第一个风景画家，干斯巴罗是第二个。他的风景画法可能得诸荷兰先辈，但从事风景的动机，是他对野外景色以及他的故乡萨福克的爱好。

可是这个对比不宜过分渲染，令读者误会雷诺兹是一个毫无热情的学院派人物，干斯巴罗是不学无术，全凭性灵的业余画家。雷诺兹是英国王家画院（创立于一七六八年）的发起人兼第一任院长。他以院长身份每年宣讲的演词，有至理名言，也有教学生如何研究如何融会意大利宗师的风格的迂论。倘雷诺兹只以奉行自己的主张为限，则他也只能成为一个学究，一个折衷派的画家。幸而他极有感觉，以艺术家而论，又能触类旁通，随机应变。一有对象，他往往才思涌发，于构图光线诸端都有大胆的发明。他画的儿童，婉蛮可爱而不流于甜俗，男子则英爽有神而无装腔作势之态，妇女则妩媚多姿而不徒以娇艳取胜。人物虽没有荷拉斯的生气，仍不失为真实的男女老幼，代表个人而非模写一种典型，并且模特儿与画家之间，时有心领神会，彼此契合的境界，使传神写照之作遽成绝笔。此种情形，见之于埃斯斐尔勋爵像，特封郡爵夫人及其女婴像，而福斯忒夫人像的神气生动，尤其可以说是谷雅作风的先驱。

反之，干斯巴罗的成就，大半得力于生气蓬勃，得力于怡悦心神，轻描淡写，柔媚有致的笔法。他所画的女像，多少要靠她们的姿色，男像要靠他们的功架。他素来崇拜梵·代克，而且像梵·代克一样，人物自有一股大家气象，而非由于对所画的人有意阿谀。雷诺兹人物的浪漫气息，乃是出之于技巧，借用意大利文艺复兴期的画法。干斯巴罗却以浪漫的心情对付所画的人物。他是任情适意，受气质支配的，所以作品的优劣，参差不一。兴味索然的时候，画也恹恹无生气。可是所画的对象，决不能个个精彩，有鼓舞画家的魔力。干斯巴罗得意之笔，确是精妙无伦，例如约瑟夫·安德卢斯夫妇像，坐在麦田内一株大树下，以灵动的风景画与亲切的肖像画合而为一，其造诣可称独到。晚年作品，笔触比较轻灵，更觉自然。一方面他追怀华多朦胧闪烁的境界，一方面也预告雷诺阿温馨明媚的画风。

当时肖像画的风气，较前代为尤盛，需要之广非一二画家所能供应。所以十八世纪末叶，英格兰与苏格兰都有一班才力较次的作家从事于人像，大半以雷诺兹为范型，因雷诺兹可学，而干斯巴罗个性特强之画风不可学。

与雷诺兹同时的杰出的肖像画家有苏格兰人拉姆赛，笔致精妙，近于法国派，不宗富丽堂皇的意大利风。拉氏同乡雷本爵士，所作人物之戏剧化，远过侪辈。但最负时誉的作家当推罗姆尼。汉密尔顿夫人去拿波里与纳尔逊相会之前，由罗姆尼所绘之像已达五十幅。侨居英国之美人科普利，画像一守雷诺兹成法。值得一提的还有科兹与俄卑，虽是能手，均非天才，不过生当十八世纪之末，因缘时会，满足社会的需要而已。

英国肖像画家的众多既如上述，而承其余绪直至十九世纪的，还有一个辉煌显赫的托玛司·劳伦斯。劳伦斯的作品，辉煌显赫实为最恰当的形容词，但亦止于辉煌显赫而已。当然这是包括技术成熟，纵横如意的手段而言，也指画面的灿烂夺目，华彩过甚而言。而上述诸端，都是劳伦斯的特征。卢本斯的画风也属此派，但他另有渊博的学识与丰富的想象力为技术的骨干。劳伦斯全无此等深厚的基础，却以巧妙的笔致与故意铺张的华彩广博时誉。欧洲各国的君王争相罗致，教皇亦远道延聘，使他成为少数享有国际声望的英国画家之一。自梵·代克为英国肖像画开创门户，发扬光大以来，劳伦斯的风靡一世，有如回光返照，已经到了结束的局面。

然而按诸事实，亦不尽然。也许不列颠永远不会让这爝火熄灭。梵·代克那种极受欢迎的肖像作风，的确满足了英国人的基本要求。所以十九世纪后期，劳伦斯还有嫡系的传人萨勤特，不假功力，妙手天成的笔致，令人想起哈尔斯，但与哈尔斯不同的是他以风流典雅见长。他为维多利亚后期与爱德华朝姿色绝世的美女所作的画像，的确为那个光怪陆离的时代，留下一部最完满的纪录。

三　威廉·勃莱克及其影响

　　以英国而论，自从中世纪的灵光慧火熄灭以后，艺术家奔腾活跃的想象力，似乎也随之衰退了。荷加斯的机智，尖刻的讽刺，深入人性的观察，兴会淋漓的性格，当然都是幻想丰富的表现，但即是最崇拜他的人也不敢说他灵思飞纵如天马行空。雷诺兹最成功的肖像，有时还不无诗意，干斯巴罗是一个天生的诗人，虽然有时灵感反而为他的累。可是英国画家从来没有一个到达想象深邃，穷极幽冥的境界。甚至尝试的人也没有。莎士比亚屡次表现的崇高，弥尔顿的伟大，甚至斯彭瑟那种富于华彩而神怪的天地，或赫利克那种玲珑巧妙的园亭气息，在不列颠绘画中都没有可以相提并论之作。似乎英国人不难以言语表达的境界，就没有能力以画笔发挥。

　　所以一个赋有这种创造力的天才，一旦在英国出现的时候，便是一个诗人而兼艺术家，而且以艺术家论，他的技巧以及想象的变化，都与古来的艺术家不同。勃莱克是独一无二的人物，仅仅说他的想象力奔腾活跃，还不足以形容。他并不是驰骋幻想，而是天生的神游八荒，置身于天地之外。勃莱克与天使的亲接，就像雷诺兹与海军名将。他可以听到星辰的歌唱，正如荷加斯可以听到浪子娼妓的絮语。严格的说，他还不能称为一个画家，因为他的兴趣并不在于沿用十六世纪以来的成法——大幅的油画，同时也没有像其他艺术家一样，以苦学与观察实物来训练自己的本领。他的作品几乎全部以人像为本，而他关于人体的学识，仅仅从旁人作品的版画上转辗学习而得。他所受的训练只能成为一个雕版家，从事小幅的制作，或是雕版，或是著色素描。我们专章叙述这样一个艺术家，似乎有轻重失调之嫌，有如在一部交响乐史中详论一个仅作竖琴音乐的作曲家。可是对勃莱克决不能寥寥数语，简括了事。艺术家的造就，最后还在于他的意境，在于他有何等魄力，能够独出心裁的重造他的意境。从这个观点上说，勃莱克确是一个异乎寻常的梦想者。

历史上的神秘主义者与梦想者，不可胜数，但难得有兼为艺术家的。有兼为艺术家的，如《启示录》的作者，如瑞典哲学家斯威顿堡。他们幻想中所见的世界，固然熙熙攘攘，都是形象，但只能表诸言辞。勃莱克心目中的世界，却是清晰明朗，只需依样模写，他说："一个精灵，一个幻景，其组织的精密，与分明，决非尘世所能产生。人家以为能模写自然，与我模写幻景同样真切。但要他们做到这一步决不可能。"

可能与否姑置勿论，心中的幻景，终须以尘世的实景为基础，犹如一个做梦的人，必须从醒时生活中采取材料，才能组成他的梦。勃莱克却以最少的实景抒写他的梦境，他的长处在此，短处亦在此。他故意不看现实世界，记忆中仅有弥盖朗琪罗、拉斐尔、丢勒诸家作品的版画，以及威斯敏斯德修院中的建筑式样，他凭了这些间接而简陋的素材，居然产生了优异的作品。因为他的素材另有渊源。勃莱克主要是一个插画家，换言之，他需要一个题目来发挥。《玛克培斯》剧中抒写怜悯的诗篇，《约伯记》中的零章断句，弥尔顿的《失乐园》，以及勃莱克自己的神秘著述，对他都直接化为幻景，而决定幻景的形式的，乃是题材的意味，而非逐字逐句的内容。草草不经意的树木、山峰、云彩，尽够他布局设景，抒写但丁与弗基的境界，直叩"地狱之门"。他的《亚当之创造》，以描绘人像而论，固属幼稚，但以象征创造而言，也许比弥盖朗琪罗的大作更有力。《混沌初开》一画，描写上帝俯伏在创造了一半的宙宇之上，手掌下面一道闪电仿佛在操纵一副圆规。这一类囊括宇宙的景象，在勃莱克是俯拾即是，不足为奇的。假如我们为之感动，就不得不推崇作者为英国登峰造极的艺术家之一，否则也得承认他是一个知其不可为而为的天才。

可异的，是他在一个以逻辑、理性、高雅自豪的时代，居然生前就有少数崇拜他的信徒。卡尔弗特的雕版与木刻，巴麦的水彩画，即受勃莱克的影响，专画热带的月夜，幽灵鬼魅幢幢往来之景。稍后又有苏格兰画家大卫·司各脱，于勃莱克影响之外，渗入十九世纪的感伤气息。勃莱克的门下，没有一个有他的热情，但都是凝神内省，重幻景而排斥外界的人。结果是，从中世纪以来，英国第一次有了创造非现实世界的艺术。这种情形在别国艺术史上是找不到的。意大利有鲍悌彻梨，有雷沃那陶，有乔尔乔纳，都为日常生活的世界，开了一扇另一世界的门。格累谷于西班牙，累姆布朗特于荷兰，华多于法国，都是这等人物。但他们的艺术世界，仍与现实世界息息相关，似乎他们渴欲以尘世的家具，装点他们的空中楼阁。勃莱克的世界却全无这样装饰。他的画上没有空气，没有日光，没有饮食，甚至也没有气候的变化，只有象征，对一般爱好象征的人，他的作品涵义无穷；对一般喜欢脚踏实地之辈，却是空空洞洞，了无意义。

四　行猎图

一个民族的艺术，不但反映，并且表现它的民族。迄十八世纪末叶为止，肖像是英国画中最重要的题材，因为社会上对肖像的需要始终不衰。这种需要未必完全是虚荣作祟，但一般人士以有自己的画像为可傲的心理，对英国绘画的趋向的确大有作用。画的生机，大抵有赖于艺术家的热情，题材的决定却操之于买画的群众。所以考察一个民族的艺术题材，可以确知这个民族的兴趣所在。

十八世纪后期与十九世纪早期，盛行于英国而不见于其他各国的题材，有行猎图，表现英国人对户外生活的爱好。它脱胎于谈天画，而更重描写。创作条件的严格，不是一般艺术家所能胜任。既要擅长风景画，又要熟悉犬马驰骋的动态，有时还要附加人像。不是出众的才具，决难把这些不同的技术融冶一炉。所以英国的行猎图虽为数极多，尤其是乡绅家中的收藏，但真有价值而可称为艺术品的，寥寥无几。它在英国画史上的地位，是因为这种画风确是英国本土的产物，其通俗性正如俄罗斯的神像，或荷兰的风俗画。

兼有生动的幻想，画马的学识，应付人像的技术，对风景的真情实感的，只有斯塔布斯一人。在这类专门作家中间，只有他没有匠气，作品精妙，不仅以图写走马行猎为事。他长于绮腻风流，意趣灵动的风景，在他心目中，悬枝垂条，山光云影的意义，不减于走兽的姿态。斯塔布斯与一般行猎画家的比较，正如凡美尔之与荷兰风俗画家。

在他以后，多系庸碌之辈，甚至不乏听命于主顾，甘为工匠的人，根本谈不到发挥个性的艺术。风尚所趋，有父子相传，当作家传行业，至于三代的。萨多利斯与阿垦两家，便是最显著的例子。

有的画家，像般·马歇尔，于猎狐场面的紧张与走兽的节奏上用功，但重心仍不外乎取悦定画的主人，注意一犬一马的写真。阿垦注意猎场的空气；赫林专心画马，前后三十五年间圣·李葛大竞赛中得胜的马，都一一图写，成为个别的肖像。稍后更有兰德西爵士，在行猎图中减去若干运动气息，而以感伤情调施于犬马，有意以走兽画与风俗画合一。

迨十九世纪末叶，惠斯勒在英国首倡"为艺术而艺术"的口号之后，这一类纯粹英国风味的画市需要，为之大减。虽英国爱好户外运动的人，对犬马的钟爱未尝稍衰，但纯正的艺术家已视图写犬马为不登大雅。可是本土的传统究竟不容易丧失。当代画家孟尼斯爵士，于画马精到之外，复以清新的外景见长，旧日的风气似有复活的趋势。他最近被举为王家画院院长一事，尤其可见英国人对户外生活的癖好，依然如故。

五　十九世纪的风景画及其起源

风景画的发展，是英国艺术史上最有意义的独立自发运动。从威尔斯画家威尔逊起，经过干斯巴罗、克罗姆，十九世纪初叶专写风土地形的（topographical）水彩画家，直到一八五一忒纳去世的时候而登峰造极，停止发展。这并非说风景画因忒纳之死而在英国绝迹，但此后的风景画不复是纯粹英国的画风。康斯塔布尔与忒纳流风所播，促成了印象派。而印象派是与法国艺术史息息相关的，十九世纪中叶以后的英国风景画家，大半受法国熏陶。他们之于英国风景画的主潮，乃是间接的而非直接的传人。

首创英国纯正风景画的威尔逊，生于一七一四，后于荷加斯十七年，先于雷诺兹九年。当时只有肖像受人重视，他最初亦从肖象入门，但意趣并不在这方面。他在本国既找不到风景画的师承，便求之于意大利。当然他也可能取法于荷兰，像后来的干斯巴罗一样。并且在威尔逊的作品中，的确可以见到两种影响的竞争，而意大利影响始终居于领导地位。但大体上他还是学法国格劳特的为多，学荷兰的夸普与荷培玛的为少。

英国的没有风景画传统，使威尔逊彷徨踌躇，但他既然是一个真正的风景画家，自能于研究格劳特或荷培玛之外，致力于研究自然，而且他爱自然甚于爱古人。威尔逊所缺少的，并不是对题材的了解，而是表现题材的方式。他有相当的气魄，所以不能接受他人的成法而牺牲自己的意境，同时又限于才具，不能独创门户，自寻蹊径。有时他的风景纯粹是古典作风，近景繁缛而对称，远处稀朗而轻盈；有时他完全不顾刻意经营的构图，纯以清新大胆的目光瞩视世界。但不论何种作风，他的重要是在于艺术史上，而不在他艺术本身的价值。以素描而论，他始终不能达到格劳特的境界，以观察而论，又远不及以后的康斯塔布尔。他的成就是在一个大家轻视自然，认为鄙陋不登大雅的时代，奠定了风景画在英国的地位。他画的纡回曲折的泰晤士河，或威尔斯的巉岩峭壁，对一般人轻视这等景色的心理而言，乃是一种抗议。十八世纪的憎厌"鄙陋"，到十九世纪一变而为崇拜"返璞归真"，上一世纪不喜欢悬崖巉岩，这一世纪不喜欢工厂一类的景色。而首先提倡爱好自然的便是威尔逊。他不是一个浪漫派，但渥兹渥斯派的浪漫主义，在十九世纪中叶成为诗歌与绘画的主潮的，确是他播下的种子。

干斯巴罗的风景画，更接近这种与自然亲接的浪漫主义。在他心目中，树木、岗峦、房屋、人物，不仅仅是构图的材料，而是在统一和谐的大局面中偶尔运用的成分。突如其来的光线，变化无定的气候，永无休止的运动，在干斯巴罗的作品中比较形式的安排更重要。假如他完全听从自己的兴趣，不迎合当时肖像画的风气，很可能成为英国一个最大的风景画家。但他纯正的风景画都是早年作品。以后他虽偶尔以此为消遣，多数只以素描为限，笔致敏捷雅净，虽与实景愈离愈远，但技术纯熟精到。土地的起伏，岩石的重叠，林木的生动，光暗的幻变，莫不于这些粉本中粗具规模。他早期受恬淡淳朴的荷兰影响，到晚年即是豪放不羁的卢本斯作风。威尔逊可称为小型的格劳特，干斯巴罗后期的风景，可称为小型的卢本斯。

下一代的莫兰特与克罗姆，是英国风景画进程中的过渡人物，只能称为能手。在艺术史上，这等人物是常有的。他们继承传统而不能推动潮流，也没有力量扩大规模。莫兰特的作品是一些家常景致，温柔可爱，林木掩映，近景的茅屋，柔和的远景，构成一幅恬静悦目的图画。他的胜长，尤在于用色丰富，并且是一个纯粹英国意味的风景画家。威尔逊的平原、山脉、河流，可以代表欧洲任何一角。干斯巴罗比较注重地方色彩，但晚年风景也没有多少英国情调。可是莫兰特的作品，一望而知是本土风光。遍生青苔的树木，枝叶纷披的篱垣，自有一股特殊的气息。

克罗姆描绘故乡诺利治平坦荒凉的景色，画法也可称为真正英国作风。他绝无莫兰特的感伤，由于个性的不同与题材的比较平淡，气象比莫兰特的壮阔。取景不复是秀润恬淡的村野，而是峻厚峭拔的大自然，空间、空气、远景，在他的画面上比近景的细枝小节更占重要。

这两位画家都不像干斯巴罗的长于素描，也没有他那种令人惊心夺目的魄力，但对于乡土各有真挚的感情，而作品的动人，正因为没有刻意经营的痕迹。

在此我们必须提到在英国特别风行的水彩画。当然，水彩在英国以外未尝不为人知，但大陆的艺术家素来视为末技，不能表现严肃深远的意境。德国的丢勒，稍后的荷兰与法兰特画家，都有精妙的水彩画制作，但都认为艺术的旁门，只能做演为油画的稿图。

十八世纪中叶，英国始有以水彩为正宗的画家自成一派。水彩画除工具简单，便于携带之外，在表现方面还另有胜长，为他种画法所不及。自然界变化多端，稍纵即逝的面目，只有水彩画以制作迅速，富于含蓄之故，可以把握。沉重的油绘，有如乐队的合奏，水彩画却充满了微妙的暗示，隐约的表现，层次独多的色调，简括赅博的形式；这些特点到了擅长此道的英国艺术家手中，便产生了大批杰作。

这派画家中最早的是桑特俾，与干斯巴罗同时，但没有他的大胆。在他以后的一般画家，专写风土地形，流风所及，也是英国极通俗的画派。自从照相风景片盛行以来，这一类的小品画已经失去重要性。但十九世纪末叶，画乡绅住宅或其他建筑物的小型图画，极受欢迎，大家当作纪念物收藏，正如现代人的搜集风景明信片与照相。在这种纯以工巧见长的作家中，真有想象力的作品当然极少。摹仿桑特俾的后人，值得一提的有赫恩、卢克斯、台斯。

与描写风土地形无关的作家，有卡曾斯父子。亚历山大·卡曾斯，长桑特俾二十七岁，早年留居意大利，到一七四九才回英国。他的水彩画，通常是乌贼墨画的单色画，绝无写景存真，仿效图经之意，而以兼有奔放与精细之笔，自写丘壑。与风土地形渺不相关的，莫如中国画，而英国作品之最富于中国画意味的，又莫如卡曾斯。约翰·劳白脱·卡曾斯，才力不及父亲，既不能大处落墨，也不能撷取精华，达于信手天成之境。他的意大利速写，煞费经营而不乏柔媚之气，光线的浓淡，轮廓的细致，皆有可观。画风不脱当时习气，以幽美与多情见长。他游踪极广，遍及意大利、瑞士各地，故题材大有取之不尽之概。但他并不为浪漫气息湮没；像前代的威尔逊一样，也不承认当时流行的观念，以为未经人工斧削的自然是鄙俗不雅的。他勾勒出每座山脉特殊的骨干，同时顾到一般山脉的共通性。威尔逊只能在空诸依傍的时间，偶尔有此成就，在卡曾斯却不足为奇，不过格局较小，只用两种色调。远景用灰蓝，近景则用比较鲜明的颜色。约翰·卡曾斯对以后的水彩画家，的确极有贡献，因为他特别注意到自然界的面目并不限于两三个概括的情调，而表现情调的时候，气候当与景物同样重要。

约翰·卡曾斯以后，以水彩为主体的风景作家，络绎不绝，直至十九世纪中叶。但杰出的人才仍占少数。革丁与忒纳都生于一七七五，少于约翰·卡曾斯二十三岁。康斯塔布尔生于一七七六，科特曼生于一七八二，科克斯生于一七八三，彼得·特·文德生于一七八四。其中领袖群伦的忒纳，与不以水彩画为主的康斯塔布尔，当专章论列。存年只有二十七岁的革丁，在短促的一生中有惊人的造就。一个夭折的艺术家的遗作，往往令人有天假以年，不知又有何等造诣的感想。我们对于革丁尤有此感。他与

忒讷同学于孟罗博士,到革丁去世为止,两人成绩并无轩轾。相传忒纳有言:
"如果汤姆·革丁在世,我可能饿死。"既然忒纳在十九世纪初年大刀阔斧,
自立门户,我们实难想象革丁的境界,是否也能扩大到与忒纳仿佛的局面。
但他实际的成就,确与卡曾斯不同,绝不依赖美丽的题材,水彩的运用也
不像卡氏那样拘谨。

革丁初期素描平实,很像卡曾斯,境界很像威尔斯,但他以后的发展,
笔致壮阔,操纵自如,相形之下,卡曾斯不免纤弱无力。长处尤在于化"纵
横理乱"的景色,为精妙入微的图画,使威尔逊的天地显得狭小浅陋。晚
年作品更恣肆大胆,题材的戏剧化,情调的紧张,都出以深信不疑的态度。
一片严肃壮阔的田野中,屹然呈现画面的主体;林木屋宇的描绘,在空间
的位置,色调的深度,都准确无比。他也偶尔渗入一些想象与暗示的成分,
使作品不但动人,而且萦诸胸怀,历久不忘。我们看到这些小品的杰作,
方能明了忒纳的慨叹含有何等深意。

十九世纪初年的水彩画家,当以科特曼为最通俗。他的作品,令人一
见便觉得秀润悦目;简单而有力的笔触,很容易使人误认为境界的阔大。
科特曼似乎脱胎于革丁,规模较小,而以装饰趣味见长。他往往把自然界
点化得美艳夺目,但缺少激动感情的力量。革丁的简洁是真能领会自然的
表现;科特曼的简洁,仅是一种力求风雅,匠气十足的诀窍。固然这诀窍
是他个人的发明,所以还新颖可喜。到了模仿他的后人手里,这种影响就
鄙俗不足道了。科特曼是一个有魅力而无深度的作家。

科克斯与科·文德是纯正的艺术家,直接取法于自然,以观察为基本
而发展水彩画技巧。两人都没有革丁的气魄,着眼于较小较近的物象,而
不知抉发自然界的原始气概。他们谈不到游心宇宙,但对于熟知的小天地
的变化,目光是很敏锐的。科克斯尤善用极简省的方法,写出树叶的飘舞,
日光的变幻,与风起云动的景色。

六　忒纳与康斯塔布尔

历史上常有生当同时而必须相提并论的人物，干斯巴罗与雷诺兹，狄更司与萨克利，雷沃那陶与弥盖朗琪罗，都是显著的例子。这等人物虽同为时代的产物，往往性格悬殊，有如两极。忒纳与康斯塔布尔便是这样的一对。两人都是无可置疑的天才，但我们加以批评的时候，终不免有偏颇之嫌。所以作者宁可先行声明，他是偏爱忒纳的，虽然不少权威批评家认为康斯塔布尔应当列于忒纳之上。

其实他们是不能比较的，因为他们天才发展的方向是相反的。我个人的偏袒忒纳，并非以他造诣的高度为准，而是说明我的性情更近于他那一种的成就。当然，两人中间，康斯塔布尔更有革命性，他对后来风景画家的影响也更深刻。他的革新所引起的惊骇愤慨，一旦平复之后，整个欧洲都似乎看到了一个新天地。我们在二十世纪觉得平淡无奇的真理，在他未曾揭发之前，的确无人梦见。没有康斯塔布尔，法国的印象派就没有出发点。他是一个独具慧眼，发现新路的人。

反之，忒纳的目光，始终不离古老的传统的方向，但目光的犀利，非他人所及。他看得更多、更远、更深。胸中的意境，越老越精炼，终于达到与造化契合的神秘境地。与意境同时演变的画风，也终于习气太重，不为今日的观众所喜。其实忒纳的习气乃是他的时代的习气，而他的时代又是不乏笑柄的时代。浪漫主义的俗套，在他的画面上应有尽有，炫耀铺张，惟恐不及。他的自然界，都是粉妆玉砌，有失常态，以致为批评家目为既不真实，又觉过火。他遍历欧洲，穷搜冥讨，采集古堡废墟，湖光山色，演为绚烂的落日或阴霾的风雨，这时候康斯塔布尔却安分守己，以描写故乡实景为满足，相形之下，无怪论者觉得康斯塔布尔朴实可喜了。

我也认为忒纳的作品失诸过火，但并不虚伪。因为他对于夕阳将下，风雨欲来等等的景色，的确到了心领神会的地步。他的习气固令人不快，但感觉的精微，对自然界本体的了解，使他的习气仅仅成为个人的语调。

忒纳这种深刻的了解，是长时期艰苦学习的结果。他先于革丁同学于孟罗博士，按步就班，一意描写风土地形；早年的水彩画，除素描比较细腻，建筑物的线条比较结实而外，笔致的厚重与壮阔，都不及革丁。

一七九五，忒纳游历威尔斯、苏格兰，一八○二年去瑞士，搜集半世纪前卡曾斯画过的景色。这是他周游各地的开始。一七九七，忒纳自己的意境才始露端倪，显出他与自然界是一种契合融会的关系，而非研究观察，或作为表现某种情调之用。从此他水彩画艺术的进展，无时或已。先用卡曾斯的两种色调开始，逐渐扩充他色彩的领域，加强色彩的表情，形式的精密，仍不下于早期作品，而物象被光线淹没的趋势，则愈形显著。最遥远的山脉也保持结实的骨干，浪漫气息最浓的黎明与落日，意大利湖畔恬静的景色，阿尔卑斯高峰的雪景，烟霭迷茫中仍旧有大自然稳重的本体。这批不可胜数的水彩画，越到他晚年，越显得如梦如幻，初视只见朦胧闪铄，一片浅绛，一片金光，但略加注意，便可看出梦境之后仍有结构，朦胧之下仍有实体。

如果忒纳的作品只限于水彩画，他的声名恐怕还要隆盛。可是他油画的进程，比较驳杂矛盾，他不能忘记格劳特、累姆布朗特、华多、以及荷兰的海洋画家。他往往有逾越规矩的作品，想画出比格劳特更神幻的建筑物，罩上更强烈的金光，写海洋的起伏，微光的隐现时，想超过梵·特·凡尔特，表现日光的颤动与热烈，又想超过华多。事实上他在这些地方的确凌驾前人，但也因此而显得剑拔弩张，渲染过分。我曾以语调譬喻忒纳的习气，在这些与人争胜的画面上，他的语调却是穷嘶极喊，一变而为假嗓了。

　　幸而上述的缺陷只见诸一部分的作品；最精妙的油画，其优点正与水彩画的杰作相同。两者都能于写状自然界的皮表以外，透入自然的内心。而自然界的情调，从最宁静的到最猛烈的，都被他发掘尽了。

　　忒纳生活淡泊，遁世逃名，一生事迹颇有神秘莫测之概。究竟他是一个放浪形骸，口味粗俗（除了艺术以外）的村野鄙夫，还是一个心地淳朴的天才，他的传记家至今无法肯定。他声名极盛，二十七岁即膺选王家画院，死后遗有大笔财产，都捐为资助清寒艺术家的基金。

　　忒纳意境高旷，康斯塔布尔则有局促辕下之感。忒纳不必费力，就能与造化契合。康斯塔布尔则殚精竭虑，观察自然。忒纳是一个错综复杂的人，是时代、传统、个人的意境混合的产物。康斯塔布尔却是单纯的，他随着潮流而大胆的推动潮流。他舍弃旧有的态度而努力创造新态度。他的成就是势所必至的，历史上没有他，他的新路也会有另一个艺术家来发现。这种说法并非贬抑康斯塔布尔，而是说明他是一个大发现家，第一个达到别人隐约窥见而从未明白把握的目标。

　　抓握事物外形而加以表达的工作，在某程度内是每个艺术家——连轻视外形最甚的勃莱克在内——关切的问题，画家的幻想气质无论如何浓厚，终无法置视觉的真实性于不顾。可是康斯塔布尔的努力，几乎全部集中于这一点。他的重要，即在于他所抓握的那种真实性，以及他表达的方式。印象主义的原则与公式，固然要由下一代重视学理的法国艺术家厘订，但印象主义的基本精神，早已由康斯塔布尔奠定了。例如把握某一特殊时间的效果，飘浮的云块，突然涌现的日光，凌乱破碎的阴影，——尤其是树叶舞动之间，那种转瞬即逝，来不及分析的阳光。康斯塔布尔之前，从来没有人观察这些现象。也从来没有人把大自然看作一组片刻的，随现随灭的景色，更没有想到，光与色的幻变是风景画的主要成分。

关于康斯塔布尔，可毋庸多加申论，因为他的成就虽是独创一格，实在是简单的开辟新路的人，在当时固惊世骇俗，在后人心目中却简单明了，毫不足异。他笔致的洒脱、韵味、光彩，为后来一切印象派画家共有的手段，但康斯塔布尔是发明这些手段，使当时的批评家侧目的人。他到五十三岁，才正式入选王家画院。

他惯用纯白的颜色，表现雨后树叶上的闪光，时人称为"康斯塔布尔的雪"，而我们现在已经觉得平淡无奇。但他预备参加画会的作品，还是小心翼翼的多少改变一下风格，以迎合时行的口味。他的本来面目与革命气息，乃是在他的速写中间。特殊的气候、时间、风向，日光的强度等等，在这些稿本中都有准确的记录。他的大幅，当以《干草马车》与《奔马》为最著名，但《滑铁卢大桥之开放》一画上那种满载士兵的船，飘荡的旗帜，远处桥上传来礼炮的烟雾，阴晴不定的天气，完全凭笔致表达的兴奋的情调，才是灿烂夺目的印象派的前驱。对于复杂多变的外景，连莫奈也不能比这幅画捉摸得更有把握更动人。

七　华兹与拉斐尔前派

英国艺术素来不容易成就的是所谓"大气派"，所谓"伟大的气魄"，使无论何物一经点触都显得壮阔崇高的手法。雷诺兹运用这种气派时，似乎披上了一件美丽的外衣，局促非凡。在武纳的风景画上，却过于矜持，仿佛表示他随时可以盛装艳服而不至于俗气。但能运用自如，好像十六世纪意大利画家一样出于自然的，英国只有华兹一人。结果是他与武纳一样大受时人欢迎；但我觉得他们只受到他的感动，并没认识他真正的伟大。所以到了现在不重感情的时代，大家反而认为他伟大的气派未免笨重过火，不加赏识了。

然而他决不是可以忽视的艺术家。我们的时代倘不是一个烦躁不安的时代，一定有人重新估定他的价值。他的象征与讽喻，绝对不落俗套；他是一个使徒，一个说教者，心目中只有善与恶，真与伪，上帝与财富，爱情与死亡。他对这些基本观念的严肃与热情，使他不肯接受象征的公式，——譬如以布帛蒙蔽的眼睛与天秤隐喻希望，以鸽子隐喻和平，以骷髅隐喻死亡等等。当然，华兹的观念是偏于文学方面的，尽管他对象征的表现特具天才，仍可能流为一个庸劣的艺术家，因为象征主义与美感毫无关系。然而华兹的大气派渊源深远，直接承继文艺复兴盛期的佛尼市传统。他奉铁相为导师，并且真能了解铁相，故能取其精神，遗其糟粕。如果华兹生在十六世纪中叶的佛尼市，佛尼市画派中不过多添一个小名家；生在十九世纪的英国，情形便不大相同。他最精彩的表现，能够经营人数众多的大构图，气魄雄伟，表情丰富。他为当时的名人所作的肖像，不但以高雅庄严见长，且是对各人性格的研究，——也许是一种典型的描写而非某一个人的写真（铁相的画像亦属此类），而表现的强烈紧张，使他的典型宛如某种信仰的化身。这一批名人像有威廉·莫利斯、泰尼逊、阿诺尔特、史悌芬、与华兹自己的妻子，爱伦·泰利。

向往意大利文艺复兴的画家，还有斯悌文斯。他气质近于佛罗稜斯派，技术多于艺术，雕塑家的成分重于画家的成分，重视结构过于色彩。他当时不甚知名，到今日才被重新发现。在英国画史上，他的地位仅仅值得一提，因为他留下无数的计划而只有少数完成的作品，在雕塑方面，他是一个小规模的弥盖朗琪罗，成绩很可观。他的画只留下几幅肖像，其中的科尔曼夫人像，确是英国最精妙的画像之一。他的特点是"妩媚动人"，虽然与雷诺兹的庄严，华兹的高雅，干斯巴罗的生动比较之下，"妩媚动人"这一点似乎微不足道，但在斯悌文斯笔下，确有出人意表的成就。

上述两家之外，十九世纪中叶英国并没多少可传的作品。倘以较低的标准而言，则当时的风俗画，技巧的娴熟与情感的表现，都有可观。苏格兰画家威尔基，多以乡村生活为题材。雷斯利以莎翁名剧为题，而致意于戏剧化。弗利斯专重细节，不避繁缛。兰德西也强调感情的戏剧化，尤以画马著称。甘得斯的人像，亲切近人，近于风俗画。他为华德·司各脱所作的肖像，不愧为名作。

拉斐尔前派的创立，一方面是反抗当时浅薄空虚，秀媚甜俗的匠气，一方面是反抗华兹与斯悌文斯的模仿文艺复兴盛期的作风。但拉斐尔前派本身又是一个奇特的，为时极短的，备受误解的运动；而促成这个运动的，热情的成分尤多于反抗的成分。他们生当一八四〇年代，对于娇揉造作的弗利斯与兰德西一辈，仿效佛尼市末期的堂皇典雅的华兹一派，以及拉斐尔那种平易近人的笼络作风，都深致不满，想产生一批更浑厚更笃实的作品，排除那种志得意满与做作的气息。其实他们的信念并不在于消极方面，而积极的目标也极多矛盾，令人不易把握。他们固一致认为拉斐尔甜俗可厌，但究竟奉拉斐尔以前的那个画家那种画风为规范，又意见纷歧，莫衷一是。

拉斐尔前派的艺术家虽然结成一个小规模的兄弟会，但并没提出什么主义。他们的结合并非由于共同的信仰，而是由于热烈的情绪。热情可能中途转向，或者化为乌有，也可能腐化中毒，归于消灭，或者衰微堕落，变成徒具形骸的匠气。而拉斐尔前派的热情，就是走上了这些没落的路。才华焕发的密雷，受了罕德的感应，产生五六幅气象清新的作品，用意真挚，富有文艺复兴早期探求新路的精神，但既没有它的伟大，也没有它的习气；然后为盛名所惑，逐渐流为浅薄工巧，以雅洁取胜。罕德受了密雷早期作品的影响，也有两三幅用心周至的画，但不久即趋败落，并非沦为油滑的世俗气，而是一派头巾而兼缙绅气。玛陶克斯·布朗[①] 在这一群中年事最长，技巧最高，作风亦略有不同，比较有力而近于荷加斯。洛塞蒂兼有浪漫派的性情与中世纪的精神，《报知》一作，把现实世界的观察与莪特式日祷文上的插图气息揉和为一。后来他又制作许多水彩画，气氛略浓而仍不失中古风味，色彩则表情强烈，素描则极简略，终于流为萎靡憔悴，刺激感官之作，女像都是长颈倦眼，嘴唇柔媚，神情怅惘。柏恩－琼斯感染了洛赛蒂的浪漫主义与中古风味，但有意倾向于装饰方面。

拉斐尔前派是浪漫主义，复古主义的混合物，极度注意细节，甚至凄迷琐碎，不相连属。这种画派当然有许多可笑之处。早期的热情一朝冷却

---

① 译者按：布朗并非拉斐尔前派兄弟会的会员。

之后，在罕德只剩下板滞呆俗，在密雷只有浅薄的感伤，在洛赛蒂只有矫饰的习气，在柏恩－琼斯只剩下故意为之的装饰俗套。然而他们早期的热情，的确如火如荼，轰轰烈烈的燃烧过来的。这种火焰原是艺术家最基本的财产。所以一朝丧失，拉斐尔前派除了若干消极的成见之外，就毫无凭藉，终于沦入肤浅之途。但在鼎盛的时期，他们也不乏精心杰构，例如罕德的《牧童》，密雷的《盲女》与《秋叶》，玛陶克斯·布朗的《向英国告别》《工作》，及其为曼彻斯特市政厅所作的壁画，洛赛蒂以但丁与马罗利的名作为题材的水彩画，都是同一熔炉的出品。在英国画史上，这朵火焰自有不可磨灭的重要性。

八　惠斯勒与英国的印象派

　　康斯塔布尔播下的种子，在巴黎肥沃的土地上开花结果，展开一个灿烂的局面。玛奈与特迦，莫奈与毕萨罗，成为印象派绘画的主干，而印象派绘画又是十九世纪对欧洲文艺主潮最大的贡献。追溯本源，这个画派的远祖是西班牙的凡拉斯盖斯与英国的康斯塔布尔。印象派的人体画家，玛奈与特迦，固然属意于凡拉斯盖斯，同时也没有忘记康斯塔布尔；风景画家玛奈与毕萨罗，则受康斯塔布尔的影响，远过于凡拉斯盖斯。

　　印象派的内容，正如拉斐尔前派，难以一语为之界说。他们对所画的景色，要把握片刻之间的面目，故他们发明了一种半科学的日光理论，又发明一种新的技巧，以实践这理论。这些理论与技巧，不在本书范围之内，我们所关心的，乃是它们对惠斯勒的影响。惠斯勒生于美国，一八五五年到巴黎。他对于片刻的效果并不感到兴趣，康斯塔布尔对法国印象派的贡献，在他的画上并无痕迹可寻。一半直接一半间接（由于玛奈）感染的凡拉斯盖斯的影响，才是他作风的骨干。他特别吸收凡拉斯盖斯两种特点：一是对于色调的差别，体会到细腻入微，一是把无关紧要的枝节一律删除。这两点正是拉斐尔前派所没有的，他们喜欢细节，又完全不懂色调的作用。

惠斯勒是一个反抗者，但并没有意反抗拉斐尔前派，而是反抗英国整个维多利亚朝的画风。一八六三年他定居英国时，第一件工作便是对威尔基、弗利斯、兰德西一派的感伤的叙事画宣战。他提倡"为艺术而艺术"。他为母亲作的那幅有名的肖像，故意题作《黑与灰的配合》，使惯于看重画中故事的人，不复以画题为重。

惠斯勒所受的影响，不止凡拉斯盖斯一人。日本画的印刷品方于一八五六年在巴黎出现，特殊的装饰意味，立刻为年青的印象派画家称赏。凡拉斯盖斯已经极力减少阴影，使人体的塑造更趋于平面化。日本艺术家的简化手腕却更进一步，把阴影完全取消，素描的安排以空间为重，色彩分配尤为精妙。这种作风对惠斯勒又是一种启示。从凡拉斯盖斯学得沉着的色调与大家手法之外，他又多添了一副日本装饰趣味的范型。惠斯勒常说他的肖像只是一种假托，作者的用意在于"块"（Masses）的配合，或色彩的和谐。他作风景画时，也念念不忘于装饰目标，甚至以《蓝色与银色的夜曲》之类命题。

这种新奇而革命的态度，当然使保守派侧目，使叛徒喜欢。从惠斯勒起，英国艺术界分为左右二派，左派后来归结到"唯美运动"，文学方面由王尔德代表，盛行于一八九〇年代。惠斯勒真正的门徒或承继人并不多。仿效他的作风的，只有格利荷斯一人，而格利荷斯的传世之作，却是与宗师作风无关的画，例如《哈默斯密斯大桥》，对当时的艺术界确有贡献。惠斯勒对英国画的影响，不是他自己的作品，而是他对艺术的态度。因为他不仅是高唱革命口号的画家，也是才气横溢，有意惊世骇俗的人。流风所及，他居住的彻尔西区域，大有伦敦的拉丁区风味，而他个人也俨然成为传奇人物。他所著《树敌的艺术》一书，证明他词锋锐利，辛辣无比。威廉·莫利斯的艺术家典型，是疏懒成性，漫不经意的一派，惠斯勒则提倡放浪形骸，沾沾自喜的那一种。自惠斯勒以后，艺术家与俗人才有了分野，终而至于两者的距离愈趋愈远。

惠斯勒的行动不但冒犯世人，亦且冒犯前辈中自命为权威的鉴赏家。罗斯金激怒之下，称惠斯勒为纨裤子弟，认为他无异把油画颜色泼在群众脸上。由此而引起的诉讼，结果使两造都觉得大受打击。罗斯金认为自己在艺术界的独裁从此动摇，惠斯勒则因负担讼费之故，经济上损失不赀。但这件公案真正的后果，却是推翻了艺术嗜好的标准。艺术界的叛徒，今后是社会公认的一种人物，在学院派以外正式成立了一个反对党，永远有冒险家拥护。

并且有了惠斯勒，英国艺术家与欧洲大陆同时代的艺术，才第一次互通声气。法国印象派的声誉日隆，英国与大陆的连系亦随之日见紧密。促成这种沟通运动的另一因素，是苏格兰与法国之间传统的文化关系。格拉斯哥画派接受惠斯勒的画风，崇尚简笔，喜用较低的色调，但尤重视装饰风味与日本气息，而不取以后印象派的自然主义。苏格兰画家中另有一个独往独来的人，玛克塔干德，轻灵的海景似乎纯出天机，不像法国印象派以逻辑推敲得来。并且他还走在他们前面。法国印象派还在摸索前路之时，他的作风已经成熟。当然他没有受惠斯勒与法国印象派的影响。可是一般没有玛克塔干德那种独立精神的，自不得不往海峡对岸去寻觅依傍。风气所趋，英国画家都到巴黎去亲炙印象派。惠斯勒的弟子西克德，后来成为特迦的信徒，把一种较为浓重而不像惠斯勒那样刻意追求的印象派画风，输入英国。

西克德死于一九四二，已经与我们当代的画史发生关系，可见印象派对欧洲绘画的影响如何久远。当初惠斯勒的倡导，是大胆的反叛行为，今日印象派的意境与理论，已是学院派公认的程式。但西克德初露头角的时候，印象主义既不是大胆的创造，也不是学院派的公式，而仅有少数人士的拥护。为宣传起见，他们显然需要一个讲坛，这讲坛便是一八八六年成立的英国新艺术会。

英国新艺术会之于学院派，无异惠斯勒之于罗斯金。可是西克德一派有莫奈、特迦的声誉为之张目，而西氏俨然就是特迦的英国代表。会中另一主角是斯悌尔，亦侨居巴黎甚久。他早年作品完全反映巴黎影响，后来也显露自己的面目。他追随莫奈，以康斯塔布尔的办法观察自然，但色彩的明快，日光的变化，与法国印象派无异。

然而西克德不只代表特迦与惠斯勒，斯悌尔也不只代表莫奈与康斯塔布尔，两人都努力于印象主义的英国化。斯悌尔偏重纯粹英国风的题材，并且以英国艺术家特别爱好的水彩画表现印象主义。他为水彩创造了一个新的范型，形式简单达于极点，色调种类甚少，而配列与层次又极精细。

西克德的英国化，乃是以特迦风格移用于故事画。特迦难得作风俗画，在西克德则是兴趣所在，但特迦所取的日常琐碎的景象，西克德也没有放弃。他是歌咏平凡与静止的诗人。特迦以爱写动作与姿态著称，故多取材于歌剧院、洗衣作、面坊；西克德则以乡镇上的客厅与卧室为对象，尤喜写静止的人物。泰德画廊中的《无聊》，即是表现静止最成功的作品。

惠斯勒在格拉斯哥画派以外，没有多少信徒；在西克德领导之下的学人，却形成一个极为团结的小组织，弗兹洛埃街上的画室内，每星期六皆有他们的新作陈列。团体中最重要的有哥尔与纪尔曼。纪尔曼以印象派画法，参用后期印象派的色彩，得意之作兼有特迦的冷静的观察与梵·高的绚烂强烈的色彩。

一般画家从惠斯勒与西克德受到十九世纪巴黎画派的影响，另一般画家却直接表现二十世纪的精神，与欧洲大陆全无关系：前后两者递嬗的过程是渐进的，断续的。后期印象派的代表劳裴·弗拉埃，是批评家兼画家。他在文字方面的表现，比绘画的表现更有力，更婉转。但他绘画的造就也不能轻视。他因为意气相投，采取了赛尚的观点，而作品的惨淡经营，亦与赛尚无异。同时参与这种运动而艺术造诣高于弗拉埃的，有邓肯·格兰德，色彩不及纪尔曼的绚烂，素描则更为精妙，所以格兰德于正宗画以外，也是装饰画的能手。

　　与这派画家有同学关系的，另有一个团体，其中的奥本，二十岁时即以一幅近于累姆布朗特作风的画享有盛名。此外尚有奥古斯多斯·约翰、李斯、因斯等。奥本不久转入工巧华丽一路，成为肤浅的肖像画名家。他最好的作品是《纪念玛奈》，把他的朋友摩尔、斯悌尔、西克德等都画在里面。

　　因斯、李斯、奥古斯多斯·约翰诸人，以善作爱尔兰、威尔斯各地的小景著名，在浪漫气息极浓的景色中间，插入人物，配列巧妙，不无神秘的韵味，因斯与李斯专作小幅，约翰则有更显赫的成绩。他是折衷派画家，而格调之高，全无折衷派的弱点。长处尤在于生机蓬勃，虽然受到卢本斯、华多、累姆布朗特诸家的影响，也不露痕迹，而观众亦不易发觉他的作品很多得力于所画的对象之美，像洛赛蒂一样。他为当时的艺术界创造了一种女性美的典型。《微笑的妇人》与《塞琪阿夫人》是他最有力的作品，虽是肖像，而内容丰富，非普通肖像画可比。

　　脱胎于十九世纪传统而开创二十世纪绘画的过渡作家，为数甚多，我们在此只能略举一二：罗斯泰恩爵士以王家艺术学院院长地位予人的影响，是有裨后学的，此外有肖像画家玛克埃伏埃、普拉特、威廉·尼可逊爵士、拉佛利与皮普罗等。这一章内我们摘要介绍的作家，乃是因为他们各有新颖而有意义的贡献，至于大多数奉行传统的名家，概行从略。

九　二十世纪

二十世纪初期欧洲绘画潮流的转变，在英国的表现较法国为迟。赛尚首先反抗印象主义，不愿集中注意于物象之外貌，不赞成追求变化不定的日光与片刻之间的姿态。这种主张在巴黎的受人了解，早于伦敦。印象主义在英国已经有了根基。英国新艺术会里面都是西克德与斯悌尔的信徒，流风所播，势力深入王家画院，至今不衰。

一九一〇年，劳裘·弗拉埃在伦敦第一次组织的后期印象派展览会，并没促起舆论界的反响，因为英国人对学说的转变不感兴趣。然而那次展览会在历史上仍有它的重要性，因为新潮流的酝酿，在艺术界是立刻感觉到的。赛尚的贡献，是最不惊人而最深远的。最早而最有力的影响，见之于皮普罗的作品。他是苏格兰派中最杰出的人才，而这一派与赛尚的关系密切，不下于格拉斯哥画派之与惠斯勒。高更偏于表达情绪的用色，简单的素描，英国画家比较容易把握。梵·高强烈的节奏，尤其令人从抄袭外形的桎梏之下，感到苏慰。

在这种刺激之下，英国画风的转变虽然迟缓，确是基本的转变。艺术家愈来愈不顾到形似，而认为艺术作品应当是形式与色彩的组织，或是某种情绪的象征。

从此艺术界分成两派，一派偏重形式，自然而然走上抽象的路；一派富于浪漫气息，尽量利用他们的自由。

我们不难指出当代的倾向，但不容易在当代艺术家中间分辨谁是仅仅反映时代精神的，谁是创造时代精神的。所以我们不能预言近三十年来的英国画家有几人可以传世，而只能列举两派的代表。

以纯粹形式为主，绝对不顾物象的形似的少数艺术家，当以般·尼可逊的态度为最彻底。他不但把物象取消，而且形式也限于一二种，大半是长方形与圆形，色彩减到最低限度，结果他的作品与感官全无作用可言。这种极端的表现，在二十世纪的英国画中极为少见。比较有意义的乃是另一种尝试，介乎形式主义与物象表现之间的风格。英国画家并没另创学说，对抗印象主义，但一九一四年时所谓"回旋主义"的运动，可说是属于这一类的反响。其中的代表当推温特姆·雷维斯与爱特华，华兹渥斯。雷维斯以素描遒劲著称，线条尖刻如铁。华兹渥斯重视细节，喜用胶水蛋白调和颜色的 Tempera，写海洋静物。劳白兹倾向于几何图式的制作，木偶式的人物构图极类机械解剖。

然而这种极端讲究形式的作品，决不是二十世纪英国画的典型。没有成熟而早死的胡特，对第一次大战后的绘画，的确有所充实。他一生大半侨居国外，直接感染巴黎的影响。梵·高、玛蒂斯、斯朗、毕加梭诸人的痕迹，在他的作品中不一而足，但另有他自己的一种天真的抒情气息。最后两年的绘画，大多写英国的海港，新颖、大胆、天真。巧妙的笔致，真挚的情调，在近人中独具一格。内容更丰富，因而更有意义的，是一般诗人画家，如从前的巴麦与忒纳辈，以各各不同的方法表现自然。保尔·纳许在这方面的成就，见之于第一次大战时写西战场的混乱与悲惨的作品；后来他又致力于孤独的物象，专写树干石壁的奇形怪状。画面上特有一种灰暗的孤独情调与满目荒凉的感觉。二次大战中，他以同样的笔力，写出飞机的恐怖气息。

他的弟弟约翰·纳许，不以这种阴惨可怖的世界为对象；他为英国风景别创一格，而仍不失英国意味。他创立了一个水彩画派，其中的鲍邓与腊维留斯都是杰出的战争画家。另一个开创新路的艺术家巴柏，早年曾作抽象的构图，后来则在风景方面自成面目，以科特曼与革丁一流的素描，配以阴沉可怖的情调。

在论列当代画家时，我们不得不分成若干小组，分类的根据固不免武断，但不如此则第一次大战以来的概况，即无从窥其全貌。例如霍金斯，玛昔·斯密斯，希钦斯，都可归为一派。霍金斯生于新西兰，别出心裁的用色，大胆而精妙的配合，可与佛尼市派媲美。斯密斯浓重的色彩，主要用于静物与裸体，老练的手腕更近法国作家，但淋漓酣畅之致，非当代任何法国画家可比。希钦斯力求单纯，描绘自然界极尽细腻，色彩亦明快富丽。与这种作风相对的，是赛忒兰特阴沉悲壮的画面。他的油绘与素描，都有生辣僵硬的原始意味，仿佛世界还在经历创造的苦难，不曾受到时间的洗炼。

二十世纪前半期，于规模较大的绘画最有贡献的，大概要推斯坦莱·斯宾塞。

如保尔·纳许与赛忒兰特一样，斯宾塞也创造了他独有的世界。但他的世界是人群拥塞的世界。全部作品代表一种人生哲学，——并且是一个热烈的儿童以惊奇的目光看到的人生。早年作品以宗教题材为主。《复活》《基督背十字架》《最后之晚餐》等等，朴实真挚，无异彭扬所著的《朝山旅行》。后来他为巴克郡蒲尔克利欧地方的小教堂作壁画，纪念上次大战；一方面是他个人经验的记录，一方面写战争的苦难，以及并肩作战的士兵，在艰苦危险之中的神秘的友谊。教堂东壁上是另外一幅《复活》，在全体壁画中情绪最为紧张。

以画家而论，斯宾塞有时枯索无味，毫无风韵，以素描家而论，往往笨拙不堪，但他的恳切与真诚，常能令人忘记他的短处。他的近作是装饰墙壁的一幅横披，以克来德河畔造船的程序为题，描写人物对于工作的态度，颇有史诗意味。

本章所提及的当代画家，只以作品成熟而业已成名的为限。年青的一辈，方在成长之中，不便预言他们的造就。并且战争使这一代的艺术家减少出品，为了艰苦的斗争，他们无暇解决美学问题，也无暇表现自己的心境。但国内不乏才智之士，一俟秩序恢复，艺术家生活复归正常的时候，其活动与成绩，必不减于我们这一代。

十　回顾

英国画从显露本土色彩起，到今日为止的历史，我们已略述梗概。在这样一个简短的叙述之后，当然无须再来一个摘要，但英国画共同的特征，不妨在此加以申引。荷加斯与蒲舍，弑纳与恩格尔皆系同时而作风悬殊，拉斐尔前派的观点，不独为当时的法国画家不了解，即在今日亦复如此，勃莱克在欧洲大陆没有一个人与之匹配，今日盛行于英国的潮流，很少受到大陆的影响，或竟绝无关系：——由此可见，在这些独立发展的现象之下，必有一种坚强的民族气质，值得分析。

固然，英国画家颇有公开承认受到外来影响的，例如雷诺兹自命为折衷派，西克德是特迦的信徒，斯悌尔为法国印象派的嫡系，斯密斯热烈的色彩完全是亲接法国所致，——但在荷加斯与斯宾塞之间，还有大批独往独来的艺术家。他们都有一个共同的因素可寻，作品都有特殊的英国意味。

要分析这种英国观点，当然不是简单的工作，也不是一二形容词所能概括。纯粹英国的艺术家有其长处，也有其短处。他主要的缺陷，是作画时往往没有喜悦之情，仿佛对他表情的媒介物，毫无兴趣可言。绘画的工作，颜色的敷陈，画笔与画布的接触等等，很少英国画家感到乐趣。荷加斯是例外。干斯巴罗是例外。大多数作家的画面，都有一种枯索甚至粗硬之感，与华多的珠光宝气，玛蒂斯的流畅自如，恰恰相反。画面的枯索，更促成颜色的枯索，仿佛夏尔丹或勃拉葛那种富丽的和谐，梵·高作品中如醉如狂的境界，都是英国画家不能企及的。

但这种缺陷有另一个长处来弥补。英国艺术家是素描家，倾心于纵横飞舞的线条。勃莱克时而精细，时而豪放的线，即是他作品的基础；而重描不重画的作家，多至不可胜数，勃莱克不过其中之一。在此我们应当提到亨利·摩尔。虽是雕塑家，他的素描确是表现人体极精妙的作品。他在战时防空壕内所作的速写，遒劲有力，不下于英国任何战争艺术家。并且其中即有不少作家，因为觉得色彩对于表达他们的情绪无能为力，而专走素描一路的。缪海特·布恩爵士的木炭画与铅笔画，结实有力，富于弹性，可谓一时无两。皮维克与奥勃莱·俾兹利之流，以素描家而成为书籍插画家。以技术与表情而言，英国的插画往往有登峰造极之作。

插画一词，也许可以解释一部分英国艺术史。法国绘画即使以叙述为目标，也极为谨严，而其色彩与素描，本身即有独立价值，可以单独欣赏。英国画则需要背景为依傍。荷加斯是画家而兼说教者，风土地形的作者，对绘图之外，兼作事实的纪录，洛赛蒂有赖于对但丁的热情，罕德乞灵于宗教，华兹不能丢开善恶。现代斯宾塞的作品，大部分应当作自传读，其难解即在于自传部分的暗晦，而不在于色彩与形式。

但英国画除了文学的或描写的成分之外，还有真情实感的诗的成分。英国艺术家决不以描写表面，描写有形世界的面目为满足。法国印象派对有形世界的关切，的确远过于拉斐尔前派。而且英国任何大作家，都不能如我们批评莫奈一般，以"徒具眼目"一语形容。英国艺术与众不同的气息，乃是重情调不重外形的浪漫主义。对于巴麦一流的作家，这种情形尤其显著。赛忒兰特的浪漫气息，甚至掩没了他观察精密的优点。忒纳的浪漫气息，曾经使罗斯金写了五大册《近代画家》，以证明忒纳还是一个目光最深刻的艺术家。康斯塔布尔倘没有对乡土的感情，使描绘入微的风景富有诗意，则他的自然主义也无足重轻。

浪漫主义专取某一片段，某一事故，某一情调，而加以强调，重视离奇，重视细节。古典主义牺牲细节，排斥离奇，而致力于综合，从特殊中发掘普遍。这是所谓"大气派"的秘密，英国艺术家很少领悟的秘密。故雷沃那陶的《最后之晚餐》有如一望无际，波滔汹涌的海洋，而斯丹莱·斯宾塞的《最后之晚餐》，注意砖墙上的每块砖头，仿佛微波荡漾的内湖。

古典主义虽较浪漫主义为气象雄伟，但不能即认为优于浪漫主义。英国艺术家就是凭了强烈的浪漫气息，产生了古典主义不能产生的东西。它能描写，也能表达。故近年英国画家在表现战争的领域内成就独多。勃拉葛与玛蒂斯，始终醉心于美学公式，企求形与色的和谐，英国艺术家则注意个人眼目所及的奇特的细节，发为富有诗意的作品。第一次大战时，保尔·纳许已经取炸毁的树木，炸裂的泥穴为题材。此次大战中又有不少艺术家作同样的尝试。他们搜罗琐碎而有意义的事物，如一根拳曲的梁木，或防空壕中一个熟睡的女子，当作与世隔绝的物象描写。纯粹的英国画，既非自然景物的客观纪录，亦非在自然景物中汲取纯美的和谐，而是艺术家描写他与世界接触的经过。

附录一 译名对照表

（凡本书述及之英国画家，下表内均有生卒年代）

二画	丁托累托 Tintoretto
三画	凡罗那 Verona
	凡罗纳士 Veronese
	凡美尔 Vermeer
	凡拉斯盖斯 Velasquez
	大卫·司各脱 David Scott（1806–1849）
	干斯巴罗 Gainsborough（1727–1788）
	马罗利 Mallory
四画	巴麦 Palmer
	巴柏 Piper（1903–1992）
	巴克郡 Berkshire
	邓肯·格兰德 Duncan Grant（1885–1978）

五画	布愣宁 Blenheim
	布卢日 Bruges
	台维斯 Devis（Arthur）（1708–1787）
	台斯 Dayes
	弗基 Virgil
	弗利斯 Frith（1819–1909）
	弗兹洛埃街 Fitzroy Street
	卡尔弗特 Calvert（1799–1883）
	卡曾斯 Cozens（Alexander l698–1786）
	Cozens（J.R.1752–1797）
	史悌芬 Steplien（Leslie）
	甘得斯 Geddes（1783–1844）
	皮普罗 Peploe（1871–1935）
	皮维克 Bewick
	圣·脱洛斐 S. Trophime
	圣·齐诺 San Zeno
	圣·李葛 Saint Leger
	汉密尔殖 Hamilton（Lady）
	卢本斯 Rubens
	卢克尔 Rooker
	兰德西 Landseer（1802–1873）
六画	西西里 Sicily
	西翁 Syon
	西埃那 Siena
	西克德 Sickert（l860–1942）

六画	伊吞学院 Eton College
	托玛斯·劳伦斯 Thomas Lawrence（1768-1830）
	丢勒 Durer
	夸普 Cuyp
	因斯 Innes（1887-1914）
	亚眠安 Amiens
	约瑟夫·安德卢斯 Joseph Andrews
	约翰·纳许 John Nash（1893-1977）
	毕萨罗 Pissaro
	毕加梭 Picasso
	达拉姆 Durham
	华多 Watteau
	华兹 Watts（1817-1904）
	华德·司各脱 Walter Scott
七画	坎特布里 Canterbury
	希里欧特 Hilliard（1537-1619）
	希钦斯 Hitchens（1893-1979）
	谷雅 Goya
	克罗姆 Crome（1768-1821）
	克来德 Clyde
	忒纳 Turner（1775-1851）
	罕德 Hunt（1827-1910）
	李斯 Lees（1885-1931）
	佛尼市 Venice
	佛罗稜斯 Florence

七画	亨利·摩尔 Henry Moore（1898–1986）
	阿尔 Arles
	阿垦 Aken
	玛克倍斯 Macbeth
	玛陶克斯·布朗 Madox Brown（1821–1893）
	玛奈 Manet
	玛克塔干德 McTaggart（1835–1910）
	玛克埃伏埃 McEvoy（1878–1927）
	玛蒂斯 Matisse
	玛昔·斯密斯 Matthew Smith（1879–1959）
	彻尔西 Chelsea
八画	阿诺尔特 Arnold（Mathew）
	拉斐尔 Raphael
	拉埃莱 Riley（1646–1691）
	拉姆赛 Ramsay（1713–1784）
	拉佛利 Lavery（1856–1941）
	彼得·特·文德 Peter De Wint
	奈勒 Kneller（1646–1723）
	孟尼斯 Munnings（Sir Alfred）
	孟罗 Munro（Dr.）
	法兰特（的）或人 Flemish
	革丁 Girtin（1775–1802）
	弥顿斯 Mytens
	弥盖朗琪罗 Michalangelo
	罗朗特松 Rowlandson（1756–1827）

八画	罗姆尼 Romney（1713–1784）
	罗斯金 Ruskin（1819–1900）
	罗逊斯泰恩 Rothenstein（1872–1945）
九画	胡尔浮斯大厦 Woolworth Building
	胡特 Wood（1903–1930）
	洛克斐罗中心区 Rockefeller Centre
	洛赛蒂 Rosetti（1828–1882）
	保尔·纳许 Paul Nash（1889–1946）
	科普利 Copley（John Singleton）（1737–1815）
	科兹 Cotes
	科特曼 Cotman（1782–1842）
	科克斯 Cox（1783–1859）
	科尔曼（夫人）Collman（Mme）
	俄卑 Opie
	哈尔斯 Hals（Franz）
	哈默斯密斯 Hammersmith
	哈姆普吞 Hampton
	勃莱克 Blake（William）（1757–1827）
	勃拉葛 Braque
	威斯敏斯德 Westminster
	威尔逊 Wilson（1714–1782）
	威尔基 Wilkie（1785–1841）
	威廉·尼可逊 William Nicholson
	柏恩·琼斯 Burne-Jones（1833–1898）
	纪尔曼 Gilman（1878–1919）

十画	夏特勒 Chartres
	夏尔丹 Chardin
	倍克 Baker
	拿波利 Naples
	高乃留斯·琼逊 Cornelius Johnson
	高更 Gauguin
	桑希尔 Thornhill（1676–1734）
	桑特俾 Sandby（1725–1809）
	索发尼 Zoffany
	埃斯斐尔 Heathfield
	特封郡 Devonshire
	特迦 Degas
	特朗 Derrain
	格累谷 Greco
	格劳特 Glaude
	格利荷斯 Greaves
	格拉斯哥 Glasgow
	格林尼治 Greenwich
	般·马歇尔 Ben Marshall（1767–1835）
	般·尼可逊 Ben Nicholson（1894–1982）
	泰尼逊 Tennyson
	泰德画廊 Tate Gallery
	哥尔 Gore（1878–1914）
	恩格尔 Ingres
	铁相 Titian

十画	诺利治 Norwich
	爱德华·华兹渥斯 Edward Wadsworth（1889–1949）
	爱伦·泰利 E11en Terry
十一画	梵蒂冈 Vatican
	梵·代克 Van Dyck
	梵·特·凡尔特 Van der Velde
	梵·高 Van Gogh
	荷加斯 Hogarth（1697–1764）
	荷培玛 Hobbema
	都铎 Tudor
	陶勃逊 Dobson（1610–1646）
	累姆布朗特 Rembrandt
	康斯塔布尔 Constable（1776–1837）
	莫兰特 Morland（1763–1804）
	莫奈 Monet
	莫利斯 Morris（1834–1896）
	密雷 Millais（1829–1896）
	曼彻斯特 Manchester
	莪特式 Gothic
	维尔敦·第普铁区 Wilton Diptych
	萨福克 Suffolk
	萨勤特 Sargent（1856–1925）
	萨多利斯 Sartorius
	萨克利 Thackeray

十二画	斯彭瑟 Spenser
	斯威顿堡 Swedenborg
	斯塔布斯 Stubbs（1725–1806）
	斯悌文斯 Stevens（1817–1875）
	斯悌尔 Steer
	斯坦莱·斯宾塞 Stanley Spencer（1891–1959）
	惠斯勒 Whistler（1834–1903）
	乔尔乔纳 Giorgione
	渥兹渥斯 Wordsworth
	劳裘·弗拉埃 Roger Fry（1866–1934）
	劳白兹 Roberts
	普拉特 Pryde（1896–1941）
	温特姆·雷维斯 Wyndham Lewis（1884–1957）
	彭杨 Bunyan
	腊维留斯 Ravilious（1903–1943）
十三画	蒙累阿雷 Monreale
	雷诺兹 Reynolds（1723–1792）
	雷沃那陶 Leonardo（da Vinci）
	雷诺阿 Renoir
	雷本 Raeburn（1756–1823）
	雷里 Lely（1618–1680）
	雷斯利 Leslie
	奥本 Orpen（1878–1931）
	奥古斯多斯·约翰 Augustus. John（1878–1961）
	奥勃莱·俾兹利 Aubrey Beardsley（1872–1898）

	塞琪阿 Suggia（Mme）
	鲍悌彻梨 Botticelli
	鲍邓 Bawden（1903–1989）
十四画	福斯忒 Foster
	赫利克 Herrick
	赫林 Herring
	赫恩 Hearne
	蒲尔克利欧 Burghclere
	蒲舍 Boucher
	赛忒兰特 Sutherland（1903–1980）
	赛尚 Cezanne
	缪海特·布恩 Muirhead Bone（1876–1953）
十六画	霍尔明 Holbein
	霍金斯 Hodgkins（1870–1947）

附录二　参考书目

1.General

English Painting

Charles Johnson——Bell, 1932

English Painting

R. H. Wilenski——Faber, 1933

The British Masters

Horace Shipp——Sampson Low, 1934

An Introduction to English Painting

John Rothenstein——Cassell, 1933

The British School

E. V. Lucas——Methuen

British Painting

William Gaunt——Avalon Press & C. I. A. D., 1945

Reflections on British Painting

Roger Fry——Faber, 1934

The National Gallery. Vol. III

Sir Charles Holmes——Bell, 1927

The Tate Gallery : British School

Tate Gallery Trustees

Scottish Painting, Past and Present

Sir James Caw——Jack, 1908

The Arts of Scotland

John Tonge——Kegan Paul, 1938

The National Gallery of Scotland

Sir James Caw——Duckworth, 1911

Scottish Art

Ian Finlay——Longmans, 1945

2. Periods and Schools

English. Art in the Middle Ages

O. E. Saunders——0. U, P., 1932

English Mediaeval Wall-painting, Yol. I., The Twelfth Century

E. W. Tristram——0. U. P., 1945

English Painting of the 16 th and 17th Centuries C. H. Gollins-Baker and W. G Constable——Zwemmer, 1930

Lely and the Stuart Portrait Painters

C. H. Collins–Baker——Lee Warner, 1912

Painting in England, Hogarth to Whistler

Mary Chamot——Country Life, 1939

English Conversation Pieces

Dr. G. C. Williamson——Batsford, 1931

British. Romantic Artists

John Piper——Collins, 1944

British Portrait Painters

John Russell———Collins, 1944

Discourses

Sir Joshua Reynolds———Macmillan, 1924

（First published 1842）

British Sporting Pictures

Guy Paget———Collins

English Watercolour Painters

A. J. Finberg———Duckworth, 1906

English Watercolour Painters

H. J. Paris———Collins, 1945

Artists and their Friends in England, 1700-1799

W. T. Whitley———Medici Society, 1928

Art in England.1800-1820

Art in England.1821-1837

W. T. Whitley———Cambridge Univeisity Press, 1930

Pre-Raphaelitism and the Pre-Raphaelite Brotherhood

W. Holman Hunt———1905

The Pre-Raphaelite Tragedy

William Gaunt———Cape, 1942

The Aesthetic Adventure

William Gaunt———Cape, 1943

The New English Art Club

Alfred Thornton———1935

The Royal Academy

W. R. M. Lamb———Maclehose, 1935

3. Individual Artists

William Hogarth W. Baldwin Brown———W. Scott Publishing Co., 1905

Sir Joshua Reynolds

Ellis K. Waterhouse——*Kegan Paul, 1941*

Thomas Gainsborough

Sir W. Armstrong——Heinemann, 1898

Wilson and Farington

Frank Rutter——Philip Allan, 1923

Life of George Stubbs

Sir W. Gilbey——Vinton & Co., 1898

William Blake

Alexander Gilchrist（ed, Robertson）——Lane, 1906

William Blake

Gilchrist（ed.Ruthven Todd）——Dent, 1942

The Drawings and Engravings of William Blake

Laurence Binyon——Studio, 1922

Sir Thomas Lawrence

Sir W. Armstrong——Methuen, 1913

The Life of J. M. W. Turner

A. J. Finberg——O. U. P., 1936

Turner's Sketches and Drawings

A. J. Finberg——Methuen, 1910

Turner the Painter

Bernard Falk——Methuen, 1910

John Constable, R. A.

Hon. Andrew Shirley——London, 1944

Memoirs and Life of John Constable

R. C. Leslie（ed. Andrew Shirley）——London, 1937

G. F. Watts

M. S. Watts, 3 vols.——London, 1912

Watts

G. K. Chesterton——Duckworth, 1904

Rossetti and his Circle

Sir Max Beerbohm——Heinemann, 1922

William Holman Hunt

A. G. Gissing——Duckworth, 1904

Life and Letters of Sir J. E. Millais

J. G. Millais——Methuen, 1899

Life of William Morris

J. W. Mackail——Longmans, 1901

Whistler

James Laver——Faber, 1930

Sickert

Lilian Browse and R. H. Wilenski——Faber, 1943

Wilson Steer

R. Ironside——Phaidon Press, 1944

Steer

D. S. MacColl——Faber, 1945

Augustus John

John Rothenstein——Phaidon Press, 1944

Henry Moore

Herbert Read——Lund Humphreys, 1944

Stanley Spencer

Elizabeth Rothenstein——Phaidon Press, 1946

Modern Painters Series——Penguin Books——so far

Published: Graham Sutherland. Paul Nash.

Duncan Grant. Henry Moore. Matthew Smith.

John Piper. Victor Pasmore. Edward Burra.

其他译文

.

圣扬乔而夫（Saint-Giuzolph）的传说

一

当倍尔脱夫人在纺织的时光，曼以里与蒲佛莱中间，在那莱芒湖受了沸腾的毛越急流而向内弯曲的地方，几间茅屋围绕着一个小贵族的邸宅而矗立着。啊！这是一个渺小而又寒素的村落，仅足蔽风雨的两三陋室，局促于湖畔泉旁；险兀的勃朗崖山坡下，栗园松林间，疏疏地展开着几亩荒田。

因了他的地位人们便叫他做"乔而夫村"①。它是一个男爵的食邑，实际上也并不富有了，但很骄矜，且能独立，对于邻近的贪婪的诸侯，常知自卫。居民很爱戴他与他的慈仁虔敬的夫人，故四乡对之，颇知礼敬，不敢轻侮。因此，他们也就能靠了一些湖滨山麓的薄田，平平安安地耕种度日，或在湖中投着渔网，直到薄暮时分，才于夕阳下扬着鹅翼般三角的布帆翩然归去。

男爵扬（Jehan）性情刚烈，最喜打猎的生涯。他终日地擎着鹰，携着

---

① 按乔而夫即 Golfe，意为"湾"。

第阿纳与曼洛两条猎犬驰驱骋逐于羚羊，麋鹿及野山羊之后，有时也毫不畏惧地去攻击那牧人大敌的熊罴。

夫人倍尔脱，只以纺织那美丽的地毯消遣时光，或是到她寒素的食邑中，去访问病人。

然而，一个晴好的朝晨，这平和的空气骤然破灭了；热狂的情绪，激动了基督教徒全体。在一个从圣地回来的巡礼者的悲惨的叙述中，亲王，骑士，富翁，平民下人，全世界都沸腾暴怒起来，整千整万的十字军，随了"隐者比哀而"横过欧罗巴动身到东方去歼灭那亵渎神明的暴徒。

这阿罗倍劳越族的后裔也并不比法兰西及其他的人民胆怯落后。邻近的爱维扬，都隆，曼以里，诺维尔的诸侯，都团结起来，卖掉了田产珠宝，去置鞍买马，准备出发。乔而夫的扬自然不能例外，但他的人民是如何爱戴他，怎会坐视他典质祖业，不一援手呢？于是这些慷慨的人们卖掉了鱼，胡桃，家具，甚至牛羊，渔网，靠了他们的热诚帮助这骑士才能从头到脚的武装起来。

当然，他不能毫无悲痛地舍去了他贤慧的妻子倍尔脱，他的古老的邸宅，伟大的莱芒景色，与深邃的山林，他稔识其中起伏的峰峦，美丽的麋鹿，快乐的狩猎，还有他的两条爱犬，然而他生来就有战士的血，且实际上如果大家出征而乔而夫的男爵独与老弱残废枯守乡间，岂不要被人羞死！他的族人奥倍，来叠，诺凡因健康关系，只得在家里吟咏几句诗词，不复能冲锋陷阵，上马杀贼了；然而他，为了他的英名令誉，是不得不走的。

他就委托了族人，请他保管他的食邑，照料他的夫人倍尔脱，又把他的田地，房产，下民，都交代了。他一切物质上的纠葛料理清楚之后，他通知邻邑的诸侯，说他当于他们大队经过时加入。

一个明朗的春天，他穿着全新的甲胄，光芒四射的头盔，灿烂的盾上绘着感谢神恩的图样，跨上骏马，后面随着他的盾手其奥末，及几个村中的武士。无疑的，几年长别他的爱人，是如何的心碎肠断！然而基督的圣陵陷落在暴徒手里的事实，又使他怎样的悲痛！前进罢！勇往罢！上帝鉴临你！

倍尔脱夫人泪痕满面的目送他远去。翌日傍晚，她又在鼓楼上怅惘着，远望对岸的骑士们的金黄的长矛，在落日下闪耀，渐渐地消失于黄昏薄雾中。他们是由凡回上育拉山，取道君士当斯湖岸，而上列国东征的大道去会集。

现在她孤零零地独自在家中守着悠长的岁月，企待她亲爱的人儿从沙场上征战回来。

二

是啊，当十字军出发之后，这乔而夫村中的日子格外显得悠长了。

可怜这爵夫人，红着眼睛，在她的闺房中过着凄清的时光，只有终日埋头纺织与访问征人的家族，聊以自遣。金钱在手中不知不觉地流去，日觉窘迫。因为渔船荒田，更无人去经营耕种，这空落的小村，哪得不感到意外的穷困？

不久，别的危险又来了：大路上的剪贼，乘着壮丁远戍的机会，从事于湖畔的劫掠。幸而奥倍莱及早防备，从诺凡山上派了几个弓箭手来保护邸宅。倍尔脱夫人真可自傲了，骑士们从没有比诺凡男爵，更细心体贴的服侍妇女。

……韶光逝水般流过。寂寥的长夏之后，凄凉的秋色，染黄了栗树林梢；薄雾于山谷中飘浮，但见深蓝的纱幕，在光秃突兀的山腰中缥渺来去；早雪已降在齿形的高峰上，严峻的隆冬，已挟悲愁而俱来。饿狼在邸外长嗥，朔风在林间怒吼，爵夫人拨着火，默默地沉入遐想，她苦苦地追怀昔日的荣华快乐。她简单朴素的生活，一向是很温和甜蜜的。可是，如今，啊，并辔徐行于绿荫遮道的山径，亲密地偕返故庐的景象到那里去了？泛舟湖上，寻访渔家的旧游，又在何处？还有快乐的行猎夜归，村中响亮着欢悦的乐声，与乎节日，庆宴，旅行，这种种又向何处追寻？此刻是远了，远了，这快乐时光的伴侣，这心灵寄托的爱人！要这么长久的光阴，才能想望他的回来。至少，他俩终会有重见的一天吧？

奥倍莱，虔敬地，同情于她的幻想，不时用言语劝慰她，鼓励她，在诗中为她唱出春之消息，歌咏她现实生活的诗景，她机械地首肯着……直到灯花摇落，报告安息的时间已经来到的时分。

……三年就这样地过去，愈来愈单调，愈凄凉了。只有那流浪的歌者与行吟的诗人，不时地来唱一些神奇渺茫的远征骑士的故事，但从没有报告过一些可靠的消息。终于，一天，长久长久之后，人们已不再希望的时候，从法国大路上回来了一小队人马，牲口是羸弱得不能再走了，人们形容憔悴，军装已百孔千疮，褴褛不堪；此刻是轮到他们来诉述颠离的运命了。

噢！真是神的力量。这是从圣地回来的，第一批的十字军！人们在邸中接待这些褴褛的英雄如帝王一般。悲伤过度的倍尔脱夫人，问他们知否他亲爱的扬的消息。不幸，他们是淮莱人，简直不认识他。但说成千成百的基督教徒殉难于圣地，全个西方，都蒙着重丧。他们这些虎口余生，都是由海道，经浩纳河流域回来的。听了这些话，爵夫人更是柔肠寸断了。……

从此，每星期都有几队破落残兵经过，请求周济。对于所有的人，倍尔脱夫人老是重复她同样的问句，而老是无人对答……忠诚的奥倍莱，徒然到全个萨华阿去探听，自日内瓦至圣莫利斯，永远是没有结果。而邻近的诸侯，吕格冷子爵，曼以里男爵，里淮公爵，都次第回来了。怎样的悲痛啊！他们也均不知乔而夫的扬的下落。——那么多的十字军，又是那么多的人伤亡于刽子手中。

后来，一个十月的晚上，村中的战士也回来了。唉，这样的稀少！人们哭了他们好久了，即是生还的如是其少，但究竟带来了莫大的喜悦。可是，从这天起，倍尔脱夫人便得带孝了。她最后的希望已经破灭。他们讲述他们主人的痛苦，热诚，勇武，还有待遇他们的慈爱——这些回忆使他们下泪——可是，自阿斯加公一役他像怒狮般奋斗之后，就此不见了。他的盾手说，主人在暴徒丛中奋勇杀贼，忽然受伤倒下马来，顷刻间被乱军践踏，在死尸堆里辗侧，可怜的仆人，竟无从找到他的遗躯。

倍尔脱夫人披起黑纱，重复过她哀痛的生活，只等慈悲的死神来领她去永息，在灵光普照的殉道的骑士身旁。

三

年月不息地流过，更惨淡了，现在的她，更无什么希冀……真是可怜，看这无可安慰的寡妇终日地祈祷，哭泣，哭泣，祈祷。全村为之感动，穿起孝来，去参与他的祭礼，暗淡的愁云，笼罩了乔而夫。

于是，为稍解倍尔脱夫人的愁苦计，奥倍莱自诺凡搬下山来，住在邸内。且邑中百废待举，也得他来筹画整理。他尽心经营，朽败的渔船换了新的，倒坍的墙垣重又砌起，牛羊滋长繁盛起来，邸宅的周围也重复有了些生气。

同时，他力使悲哀侵蚀的爵夫人排遣。不能举行庆节，他送了她一部骡车，伴她去参观附近的宫堡修院，想使自然的美景稍稍敷复她心底的创伤。……几次的，在勃朗崖山坡上，他们俩遥望天际，对着蔚蓝的湖水，与它怀抱中的古宫废堡而出神。几次的，在山岗上，他们俩瞩视着平和幽静的山谷，宛似竹篱茅舍的摇篮。几次的，在长松巨柏之下，满怀着宗教的情绪，长跪于苍苔之上，仰天默祷！渐渐地，自然的柔和，浸润了苦闷的嫠妇的心魂，深切的悲痛，渐化为淡漠的怅惘，宛似黄昏将降时的湖上暮色。

奥倍莱慢慢大胆起来。他不大讲到死者了，只维持她安定慰藉了的心境。虔诚地，他诉说他的初恋，说她是他第一个钟情的女子。他暗地里敬仰她，然而她是这般胆怯，当英武的骑士扬向她求婚的时光，便默然隐忍了。

倍尔脱呢，私心铭感他的英雄的侠肠，与十字军时代的体贴的照料，又回想起童年往事，也就让他诉说。她并非忘怀于殉道的夫君，只是同情此温柔缄默的诗人的，秘密的，长久的恋爱；不知不觉地，她回首瞻望未来了。

　　倍尔脱守丧以来，匆匆已经五载——末了，在一个繁星闪闪的夏夜，奥倍莱与她在鼓楼上凭栏深思，他决心向她倾吐爱情了。时光是这般地温和醉人，心底的愁苦，缓缓地平静下去，好像大地嚣声，熟睡在无边的夜幕之下。两人无言地对着这神秘的世界凝想。一道银白色的月光，轻轻地洒在湖上，齿形的山峰，在幽暗的天际略耀微光。对面希逢古堡的倒影，伸出在娜越岩石前面，映入水波。粼粼绿水，吻着这美丽的港湾，唱出幽微的舞曲，与岸上松涛遥相呼应。全个宇宙，柔和地露着笑容，似乎在鼓励这一对情侣……奥倍莱絮絮地表白他的爱，又重述他的儿时，他的情感，他的长久苦闷的相思。他只请求倍尔脱保存着殉道者的纪念，而重新生活起来，他向她求爱……

　　倍尔脱颤颤地，在一个静默的拥抱之后，终于应承了。

四

　　一个夏天的傍晚，乔而夫的渔人到凡回坡下去抛网，一个人在湖畔伫立着，有味地望着在斜阳下闪耀的鱼鳞。这是一个可怜的老人，衣衫褴褛，满面风尘，挟着朝山的拐杖。这些萨华阿乡人恭敬地向他致礼。

　　"善良的人们，"他问，"你们是否本村的人民？"

　　"不，"他们答，"我们住在那边，湖的彼岸，乔而夫小村中。"

　　行人似乎被什么感情激动了，他举首向天，喃喃了半句，又问道：

　　"乔而夫！……啊，……那么……从前不是有一个爵爷么？你们知道他现在怎样了？"

　　"唉！我们善良的爵爷死在圣地，已经有十年了，上帝在天国里保佑他罢！"

"那么，他的寡妇呢？快讲，还活着吗？"

"是的，她还活着，谢上帝，我们的爵夫人守了长久的丧，非常悲苦……自从她与她的族叔重婚后，他们变成年轻了，像快乐的天使一样。……但，你是否曾认识我们的夫人或战死的男爵？或许你曾和他在一起，当他奋臂杀贼乱刀砍死的辰光？来，上船罢，我们也要回去，就领你到邸宅里去。"

巡礼者颔首致谢，便上了船。但他沉默悲哀地倚着桅杆，再也不答渔人的殷勤问讯了。只是用了热烈的眼睛，呆视对岸……渔舟扯满了三角的布帆，在黄昏紫光中直向埠头驶去。曼以里的房屋；乔而夫的草舍，渐见近来，隐约中并可窥见毛越急流泻入湖口的白沫，灰暗的勃朗崖，盖满着栗树，弗列次的青翠的山头，格拉蒙的峻峭的崇岭，都次第显露了。

面对着这神奇美妙的景色，巡礼者尽在冥想，但烦躁不安的脸色，告诉我们有两种相反的情感在他胸中交战。渔人们看了他这副形态，不禁嫌恶起来，但他简直没有留意到这些。一会儿，水汪汪的眼珠，沉入自然的美景中，一会儿怒形于色，眼眶里似乎要冒出火来。素朴的渔人，被这奇怪的神情骇怕了，把老人载上了岸，已觉放下了一件心事，更哪里敢想到去领他到村室里去？

当他像怒狼般在村中狂奔的时候，人们又惊骇了。孩童四散逃避，妇女们划着十字。更坏的，是那条爵爷的爱犬茅阿纳，在邸宅的四周，邂逅着度他的残年，忽然走近老人，舐他的手，献媚一会之后，突然倒地死了。于是人们都大声呼斥这浪人，用石子投射他。他呢，发疯似的向着人堆中叫嚣冲突；忽然，爵夫人出现了。

真是怪事，老人用着威吓的神气逼近她，但她的柔和的声音使他止住了脚步。

"你们这些无赖，"她说，"快放下这可怜的人！你们羞也不羞，连白发的老人与巡礼的信徒都不知尊敬？喂，老人，宽恕这些无知的人罢。……

天将晚了，请到邸中去歇息，我将款待你如上帝的使臣一样，你也将祝福我的孩子。"

老人颤巍巍地站着如一片飘摇的落叶。他深思的眼睛，张大着注视爵夫人。她不解他沉默的用意，正想探囊取一些布施的钱，突然，他做个手势拒绝了，滚滚的泪珠，沾满了花白的胡须，一言不发，遽而走了。

翌日，倍尔脱夫人知道他曾说起他伤亡的丈夫，急忙派人到各处去寻访，然而终于没有下落。

五

在勃朗崖荒芜的山巅高处，远在松林栗树之上，无限的静寂，统治了一切，只有羊群的铃声，不时从远处传来，巡礼者就在这里结草为庐的住下了。耐心，勤劳，他垦植荒田，开辟出一角小园，种些日常必须的菜蔬。嗡嗡的蜜蜂，就居于他以树皮果壳所制的蜂房中，采集山野百花，酿出芬芳的佳蜜，供他享用。在寂寥的天地中，远隔着烦嚣的尘世，他度着安闲平和的生活。他一早起来看朝阳在绚红的茅阿勃来山峰上升起，整天的在辽阔的世界中工作。有时，他携杖出门，在山谷中采些野果，拾些枯枝当作柴烧。轻清的大气，野花的芬芳，陶醉了他，他愉悦地穿过花丛：百合，卷丹，维纳司的木屐，紫铃，野菊，还有杨梅，覆盆子，柘榴树；他采罢了花，便往路旁沉思默坐，对着下连诺凡的山径出神。偶然，他信步走到乔而夫的上面，便含着酸泪，不胜抑郁悲楚，他坐在岩石上，极目于浩纳河口与曼以里土峡中间窥探搜寻；只有渐入黑暗的夜景，才能使他从冥想中回醒过来，踽踽独行，向着隐居归去。因为，虽然他竭力避免于世人交接，然而当有一股潜伏的热情，驱使他时时翘首于这水滨山麓之间的几椽白屋。这是显然的矛盾：每逢什么狩猎，节日，或追踪一只亡失的牲畜，而人们走近他的茅舍时，他必嫉妒地回避，直到人声远去，消失在远处森林里的辰光。

他这样地生活了好久，忽然有一天，一个不速的伴侣投依了他。在村人狩猎羚羊的时节，一群猎犬中最老的一头，曼洛，离开了大队，投向这隐士的园门，老人正拔完了蔬菜，喘息甫定，这犬呜呜地叫了几声，泪眼晶莹的投向着他，躺在他脚下。老人深深地叹了一口气，把它温柔地抚摩了一回；当他听见夕阳下，锐长的号角声召此老犬而不回，他不禁潸然流涕了。从此，这猎犬便分享此巡礼者的孤寂的生涯；但他对于世人的冷淡趋避，依然如故。

六

渐渐地，这隐士的秘密泄露了，他的令名也就传布开去。在山中受伤的牧人樵夫都投奔到他那里去，他诚恳地救治他们。很快的，他有了奇迹的名声，各处乡人都来请他医治疾苦。

谦卑的老人，不肯承认他的奇迹；然而他的祈祷与劝告，他所认为美德的淳朴，竟产生了意外的结果。虽然他谦逊，人们终给他上了一个圣者的徽号，都隆，倍尔诺克斯，一直到圣保尔，大家都谈着勃朗崖隐士的故事。

自然，乔而夫的爵爷们是最先听到这老隐士的德行，与他的超自然的奇迹。倍尔脱夫人也因了她儿子的病，上山求治过一次，他把孩子医好了。从此那盾手其奥末常伴了她去访问老人。

不喜荣禄的圣者，似乎有意回避他们，屡次在客人登门时悄然引遁。忽而，又是怪事，当第一次访问遇见之后，他反觉不忍离别了，当倍尔脱夫人临走时，他总感到强烈的激动。

这些访问的日子，曼洛一觉到她来到的时候，总欢跃跳跶的上前迎接它的主人，引导她到隐士的居屋。倍尔脱夫人第一次发现这亡失的猎犬在这里之时，她很觉惊异，但隐者的巧妙的解释，使她想象到，这是圣者盛德，感及鸟兽之故，也就不以为意了。

然而，有一天，像往常一样，倍尔脱正在登山时，在小岗上遇见这老犬迎面而来，她很诧异它并不如平时一样的跳踉，只在它主人身旁绕了几个圈子，便呜咽地悲号，并衔着她的裙角，催她向小屋疾走。

小园里，外屋中，都阒无一人，难道隐士出去了吗？盾手叫了几声，不见答应，便推开他寝室的门。真奇怪，这样晚的天光，他还睡在床上。映着他圣洁的灵魂的瘦削的脸上，笼罩着一团平和安息之气，双手交叉在胸口，沉思晶莹的眼神，便是这衰老的脸上的唯一的生命的符号了。实在是隐士年高，被悲愁侵蚀，已到了日落西山的时刻了。其奥末觉到了这层，不胜悲楚。

"欢迎啊，我的兄弟们，"老人说。墙隙中透进的月光，已不能使他辨认来客的衣饰面貌了。

只在倍尔脱悲伤地向他询问起居的时候，他才知道是他们。这柔和的声音，对于她仍如初见时一样发生奇异的效力。弥留的老人，抖索着张开他以为与世永别了的眼睛，一道喜悦的神光，忽然照在他苍白的额上。

"喔，夫人，"他喃喃地说，"祝福你，亲爱的天使，你在我最后的一瞬间光临，为我轻启天国之门……"

他露着无限安慰之色，合拢手掌：

"感谢我主，你赐与了我最后的，最深的安慰。"

倍尔脱夫人感动之余，想竭力抚慰他。

"我的希望，"他说，"是永久的安息；是在彼世与我的所爱，而被此生的命运永隔了的人儿，长在一起。但，告诉我，和善的夫人，谁使你今天想起来看我呢？你怎么会知道……？"

"不，我一些也没有先知，是上天在冥冥中叫我来的。"

垂危的老人，轻轻地握住了夫人的手，眼底射出更清明的光彩，又说道：

"愿你举家平安！我最亲切的愿望，便是求永恒使我常与你们聚首。

我真如何爱你的家庭。"稍稍兴奋着，并不注意到来客的惊诧。

"你的孩子们已经长大了罢，是不是？你长久没有领他们来了……你将来不时同他们讲起我，他们见了稍觉畏惧的，可怜的老人，曾怎样的爱过他们……我将在上面默佑你们，既然是精灵不散……我愿知道你永远幸福！……你曾如何地热望，你曾那样的哀伤，当你那邸宅的主人……的那天，我……"

他突然停住，但已太晚了。爵夫人的面色，和他一般苍白，一跳起来，双手掩住了脸，断续地诉说：

"啊，上帝！怎么我会？……大家都对我说的真话……我们的猎犬的忠诚的本能……他的不变的感情，……他的永恒的关切……现在，这证人……这是真的吗？"

她重新举起眼睛，热情洋溢着注视着临终的老人，他呢，心魂沉著，颤颤地迸出二十年来抑压着的一句：

"倍尔脱！"呜咽声里，向她张开着手臂。

于是，更惨白了，白得像一朵大百合，被人猛烈地连根拔起了一样，爵夫人软瘫着倒在死人的床上。忠心的其奥末被这幕悲剧弄昏了，此时膝行而前，热烈地吻着他旧主人的手；当他抬起眼睛的时候，一切都完了：只是两副欢容焕发的面孔，被死神蒙上了永恒的微笑。

这是乔而夫的神奇的圣迹，当人们知道这虔敬的隐士便是被人信为战死圣地的英武的爵爷，又是怎样的哀痛。知道他曾如何地苦闷，又谁不为之一掬同情之泪。为此命运播弄的人，远戍回乡，生妻再嫁，而自去过着刻苦的隐遁生涯，永不曾表白自己，只恐损失了她自信为寡妇的纯洁，与破坏了她和平的幸福！

全村蒙孝上山，到草庐中去尽他们最后的敬礼，就把两人葬在这所神圣的隐居中。奥倍莱男爵感着莫大的哀伤，又同情于隐士的圣德与痛苦，筑起一所教堂,永留纪念。至于那忠诚的其奥末,在主人墓上守丧二年之后,也就奄然物化,长眠于主人脚下了。

这便是莱芒湖畔的草屋茅舍中,当隆冬携长夜俱来,人们围着炉火,剥着栗子的时候,所絮絮讲述的故事。人们并说这圣者的英名使人建筑寺院,使远方的巡礼者来到这乔而夫的圣扬的墓上唏嘘凭吊。今日是,寂寥的荒村已成为秀丽的避暑胜地,游人过客,只知鉴赏赞美这瑞士湖岸的华美与萨华阿水滨的朴素幽邃;更不知在这村名中藏着一圣洁的隐者的名字,因了年代久远及我们的萨华阿乡人歌唱一般的言语,才把他改成现在的圣扬乔而夫。

　　　　　　一九二九年,九,十三夜半,于传说之故乡译竣。

　　附注:

　　这篇传说,是我今年在此湖畔小村消夏的时候,在房主家里一本旧历书上译下来的。作者是一个无名的瑞士人,(他的名字,我当时也忘记录下了,)但这篇传说确是文学上绝对成功的作品。我在感叹激赏他的艺术之余,对于我没有录出他的名字的疏忽,觉得要向作者告罪的。

　　至于传说的内容的价值,读者自会领略,我也不必多来绕舌了。

艺术论

泰纳

译者弁言

泰纳（Hippolyte–Adolphe Taine）是法国十九世纪后半的一个历史家兼批评家。他与勒囊（Renan）并称为当日的两位大师。他的哲学是属于奥古斯丁·孔德（Auguste Conte）派的实证主义。他从极年轻的时候，就孕育了一种彻底的科学精神，以为人类的精神活动是受物质的支配与影响，故他说精神科学（包括哲学，文学，美术，宗教等）可与自然科学同样地分析。他所依据的条件便是种族，环境，时代三者。这是他的前辈批评家圣·伯夫（Sainte–Beuve）所倡导而由他推之于极端的学说。泰纳的代表作品，在历史方面的《现代法兰西的发源》（*Les Origines de la France Contemporaine*），《大革命》（*La Révolution*）等，在哲学方面的《法国十九世纪的古典哲学》（*Les Philosophies clas- siques du XIXeme-Siecle en France*）与《智慧论》（*De l'Intelligence*）等，在文艺批评方面的《拉风丹纳寓言论》（*Essais sur les Fables de La Fontaine*）、《英国文学史》（*Histoire de la*

Littérature Anglaise）及《艺术论》（*Phi- losophie de l'Art*）等，都充满着一贯的实证说。他把历史，文学，哲学，美术都放到它们的生长的地域和时代中去，搜集当时的记载社会状况的文件，想由这些纯粹科学，纯粹理智的解剖，来得到产生这些文明的定律（Loi）。这本艺术论便是他这种方法之应用于艺术方面的。你们可以看到他在第一章里，开宗明义的宣布他的"学说"（Système）和"方法"（Méthode），继即应用于推求"艺术之定义"；在第二，三，四编里，他接着讲意大利，弗拉芒（Flamand）及古希腊等几个艺术史的大宗派，最后再讲他的"艺术之理想"，这便是他，——泰纳的美学了！物质方面的条件都给他搜罗尽了，谁还能比他更精密地，更详细地分析艺术品呢？然而问题来了：拉风丹纳的时代固然产生了拉风丹纳了，吕朋斯时代的弗拉芒固然产生了吕朋斯了，米格盎越，拉菲尔时代的意大利也固然产生了米格盎越，拉菲尔了；然而与他们同种族，同环境，同时代的人物，为何不尽是拉风丹纳，吕朋斯，米格盎越，拉菲尔呢？固然"天才是不世出"的，群众永远是庸俗的；然而艺者创造过程的心理解剖为何可以全部忽略了呢？人类文明的成因是否只限于"种族，环境，时代"的纯物质的条件？所谓"天才"究竟是什么东西？是否即他之所谓"锐敏的感觉"呢？这"锐敏的感觉"为什么又非常人所不能有，而具有这感觉的人又如何地把这感觉发展到成熟的地步？这些问题都有赖于心理学的解剖，而泰纳却把心理学完全隶属于生理学之下，于是充其量，他只能解释艺术品之半面，还有其他更深奥的半面我们全然没有认识。这是泰纳全部学说的弱点，也就是实证主义的大缺陷。他一生的工作极为广博，他原想把这一贯的实证论来应用于精神科学的各方面，以探求人类文明的原动力，就是定律。这固然是一件伟大的理想的事业，不幸他只看到了"人"的片面，于是他全部的工作终于没有达到他意想中的成功。

我们知道，现代文明的大关键，是在于科学万能之梦的打破。在一八七〇年左右，当达尔文的进化论发表了，倍脱卢的化学综合论宣布了，格拉姆的第一个引擎造好了的时候，全个欧洲都热狂地希望能用了新发明的利器——科学——来打出一条新路，宇宙，人生都可得一个新的总解决。不幸，事实上一九一四年莱茵湖畔的一声大炮，就把这美妙的幻梦打得粉碎。原来追求人生的路还有那么遥远的途程要趱奔呢。科学只替我们加增了一件武器，根本上并没有彻底解决呢。科学即是真理，即是绝对的话，在现在谁还敢说呢？

在文学上，同样的自浪漫主义崩溃之后，由写实主义而至自然主义，查拉继承了泰纳等的学说，想以人类的精神现象都归纳到几个公式里去，然而不久也就与实证主义同其运命，发现"此路不通"了。

这样说来，泰纳的这部《艺术论》不是早已成为过去的艺术批评。且在今日的眼光中，不是成了不完全的"美学"了么？然而我之介绍此书，正着眼在其缺点上面，因这种极端的科学精神，正是我们现代的中国最需要的治学方法。尤其是艺术常识极端贫乏中国学术界，如果要对于艺术有一个明确的认识，那么，非从这种实证主义的根本着手不可。人类文明的进程都是自外而内的，断没有外表的原因尚未明了而能直探事物之核心的事。中国学术之所以落后，所以紊乱也就因为我们一般祖先只知高唱其玄妙的神韵气味，而不知此神韵气味之由来。于是我们眼里所见的"国学"只有空疏，只有紊乱，只有玄妙！

西洋人从神的世界走到人的世界（文艺复兴），由渺茫的来世回到真实的现世；更由此把"自我"在"现世"中极度扩大起来，在物质文明的最高点上，碰了壁又在另找新路了。我们东方人还是落在后面，一步也没有移动过。物质文明不是理想的文明，然而不经过这步，又那能发现其他的新路？谁敢说人类进化的步骤是不一致的？谁敢说现代中国的紊乱不是由于缺少思想改革的准备？我们须要日夜兼程的赶上人类（l'humanite）的大队，再和他们负了同一的使命去探求真理。在这时候，我们比所有的人更须要思想上的粮食和补品，我敢说，这补品中的最有力的一剂便是科学精神，便是实证主义！

因此，我还是介绍泰纳的这本艺术论，我愿大家先懂得了，会用了这科学精神，再来设法补救它的缺陷！

译述方面的错误，希望有人能指正我。译名不统一的地方，当于将来全部完竣后重行校订。

一九二九，十月杪译者于巴黎

第一编　第一章　艺术品之本质

诸位[①]，

当开始这课程的时候，我愿向你们要求我所需要的两件事：第一是你们的注意，第二，尤其是你们的好意。你们接待我的盛情使我肯定你们定能答应我以上的要求。我诚挚地，热烈地预先向诸位道谢。

今年我要和诸位研究的题目是《艺术史》，最要的是"意大利绘画史"。在未入本文之前，我愿先说明我的研究方法与其精神。

一

1. 研究对象——研究方法——艺术品之要素——第一要素：艺术家作品之全体——第二要素：艺术家所属之派别：例，莎士比亚与吕朋斯——第三要素：艺术家的同国及同时代的人物：例，古希腊，十六世

[①] 此书为作者在巴黎国立美术学院艺术史讲座之讲演稿，加以删定而成，故文多有教师对学生之语气。

纪的西班牙

2.此种要素之肯定艺术品的产生与特质——例，希腊悲剧，莪特式建筑，荷兰绘画，法兰西悲剧，——自然界的气候及产物，与精神上的气质及产物之比较。——此种方法之应用于意大利艺术史

3. 美学之目的及其方法——判断论与解释法之不同——排斥训诫，探求定律——对各画派之一视同仁——美学与植物学之相似；自然科学与精神科学之相似

这方法的出发点是在于认明一件艺术品不是孤立的，是在于探讨产生艺术及解释艺术的要素。

第一点是不难的，一件艺术品，一张图画，一出悲剧，一座雕像，显而易见的属于一整个的全体，即属于这作者的全部作品。这是最粗浅的。谁都知道一个艺术家的许多不同的作品都是亲族，如许多同父的子女一般，在它们中间都有显著的共同点。你知道每个艺术家都有他的作风，为他全部作品所共有的。假定他是一个画家，那么他有他的富丽或素朴的色彩，高贵或平庸的对象，他的步骤，结构，甚至他的笔触曲折，形态，色彩以及作画的举止。假定他是一个著作家，那么他有他的热烈或静穆的人物，简单或复杂的转纽，悲剧或喜剧的终局，他的风格，他的顶点，以至他的词藻。这是如此的真，只要把一幅较为有名的画家的没有署名的作品给一个识者去看，他一定能说出这是什么人的作品；而且，假使他鉴赏的经验很丰富，鉴别的能力很锐敏的话，他并能说出这幅画是作者的某一年龄，他艺术发展过程中的某一时代中的产物。

这是研究艺术品的第一要素。以下是第二要素：

把这艺术家本身和他的全部作品考察起来，也并非孤立的。他也有一个自己所从出的整体，比他自己还要广大，这便是他同时同地的艺术派别及艺术宗派。例如，在莎士比亚的四周，一眼就可看到，似乎从天上掉下的或是从别个世界上飞来的星球一般，有一打杰出的戏剧家，惠勃斯脱（

Webster），福特（Ford），曼生求（Massinger），麦老（Marlowe），彭琼孙（Ben Jonson）、弗来去脱（Flechter），谋门脱（Beaumout），都用着和莎士比亚同样的风格及思想写作的。他们的剧本，都和他有同样的特质，你可找到同样慷慨激昂的人物，不测的奇险的终局，无常而疯狂的热情，同样没有秩序的，异乎寻常的，过事夸张的而却又富丽侟皇的风格，同样清新秀逸，富有诗意的田园乡村的情调，同样缜密细致，富于情爱的女子的模型。——同样，Rubens 似乎是一个孤立的人物了，既无师承，亦无后继。但只到比利时去，参观昂（Gand），比京（Bruxelles），勃吕越（Bruges），盎凡（Anvers）的教堂，便可看到一大群才能和 Rubens 相仿的作家：第一是当时与他齐名的开来以哀（Crayer），还有亚丁·梵·诺尔（Adam Van Noort），才朗·才格哀（Gerand Zeghers），隆蒲（Rombouts），亚勃拉亨·扬孙（Abraham Jansens），梵·卢丝（Van Roose），梵·朱尔登（Van Thulden），扬·梵·奥斯（Jean Van Oost），还有许多为你们所认识的尧尔登（Jordeans），梵·达克（Van Dyck），他们都抱有绘画上相同的思想，即在绝对不同的歧异中间，也保持着同派同族的气色。如吕朋斯 Rubens一样，他们都欢喜画鲜花似的健全的皮肤，强烈而颤动的生命的活跃，在兴奋的生物的面上所焕发地表现的鲜艳，多性的娇容，写实的，又常是粗野的人物，活泼放纵，无拘束的动作，华丽绚烂的布帛，锦绣辉煌的反光，曲折尽致的衣绉。这一切在今日都给他当日大宗师的荣名掩蔽了，压倒了。可是为了解这大宗师计，必须把围绕着他的一切天才聚集起来，因为他不过是此一群天才中最崇高的一枝，为这派艺术中最著名的代表而已。

这是第二点。现在只有第三点了。这艺术宗派的本身也是从一个更广大的整体中来的，这便是他所处的社会，其口味正与他的相融洽一致。因为无论为艺术家，为民众，风俗习惯与时代精神总是一样的。艺术家并非是孤立的人。在百世之下的我们所能听到的，只有他们的歌声。但就在这颤动着振击我们耳鼓的响亮的歌声下面，可以辨别出一个喁喁之音，如微弱的蜂的嗡嗡之声，这是在艺术家身旁的复杂，无限，悠远的民众之声的合唱。也就是这一点和谐（harmonie）造成了艺术家之伟大。这是当然的：创造邦丹侬（Parthénom）与奥林比亚大神的菲地亚斯（Phidias）与依克低女斯（Ictinus）和其余的雅典人一样，是自由邦的市民和多神教的信徒，在练身场中教养长大，角力，裸体，于广场上讨论国事，投票选举。也和众人一样，有相同的利害关系，相同的思想，信仰，言语，教育，民族性，以至在他们生活上最重要的部分，都和当时的他们的鉴赏者相仿。

这种协调一致的情形在离我们较近的时代里大为显著。例如西班牙为极盛时代，自十六世纪直至十七世纪中叶，大画家如凡拉斯开斯（Velazquez），米里陆（Murillo），滁尔白冷（Zurbaran），法朗西斯各·特·哀埒拉（Francisco de Herrera），阿隆茶·加哪（Alonzo Cano），莫拉来斯（Moralés），大诗人如陆伯·特·活茄（Lope de Vega），加尔特隆（Calde–ron），姗尔望单斯（Cervantes），底梭·特·莫利那（Tirso de Molina），鲁意·特·莱翁（Louis de Léon），奇尔冷·特·加斯脱陆（Guilhem de Castro）等。你知道西班牙在此时完全是专制的，基督教的，他征服土耳其人于 Lépante，侵入非洲作建设事业，战败德意志的新教徒，追击之于法兰西，再歼之于英吉利，慑服那般醉心新大陆的人们并强使改教，把犹太人与摩耳人逐出腹地，用了大刑，用了威逼去肃清他们信仰上的异派。滥用他的战舰和军队，美洲的金银财帛，妄流他子孙的可贵的血——从心坎中流出的热血，去参加十字军，如此的狂热无度，以致在一世纪半之后民穷财尽的倒于欧罗巴的脚下，可是那般崇拜专制的人民，曾用了怎样的热情，怎样的荣誉，怎样的为国的忠诚，愿为国驰驱，以至粉身碎骨而不惜。其心目中只有一个愿望，就是用了彻底的服从心去发扬他的宗教，光大他的国威，并组织一团忠勇的战士，热烈的崇拜者，去拥护他们的皇座与教堂。在此君主专制之下，满朝的"异教裁判官"，十字军的兵士，都怀着骑士式的情调，灰暗的热情，凶暴残忍，又染上中古时代的神秘主义的色彩。他们的最大的艺术家便是具有此各种情调者中之最强烈的，具有以四周的民众一样的情感与热狂。最著名的诗人如陆伯·特·活茄（Lope de Vega），加尔特隆（Calderon），都曾为冒险的军人，当过阿尔芒达（Armanda）的志愿兵，好决斗，善钟情，与封建时代之诗人邓·几枭脱（Don Quichotte）一般的兴奋与神秘；热心崇奉旧教，他们中有的甚至于暮年时成为"异教裁判"的拥护者，有的做了教士，其中最著名的伟大的 Lope 在主祭时，竟以追怀基督的牺牲与殉道的精神而气绝。此外，我们到处可以找到类此的，艺术家与当代民众的密切关系，与协调一致的例证。由此，我们可以得到一个肯定的结论：如果要了解艺术家的口味（gout）与天才；他的所以要采取某种绘画，某种剧材，爱好某种对象，某种色彩，表现某种情感的原因，那么，一定要在社会的风俗习惯，民众的一般思想中去探求。

至此，我们便可肯定这条原则：为了解一件艺术品，一个或一群艺术家计，必须要把当时思想家的概况，风俗习惯的情形极准确地表现出来。在此，才能找到最后的解释，找到肯定一切的根本原因。这真理是完全根据于经验的；故只要一翻艺术史的各重要时代，便可发现艺术之诞生与绝灭，与其所从属的思想概况及风俗习惯同其运命。——例如，希腊的悲剧，哀斯岂埒（Eschyle）的，莎勿格埒（Sophocle）的，安里比特（Euripide）的，其诞生正逢希腊战胜波斯，各自由邦极荣盛的时代，其时那些自由邦都竭全力以争得独立，建设世界文化的泰斗，而我们又看见这悲剧之衰落与绝迹正逢希腊民族渐趋式微，屈服于马赛驮阿纳（Macédoine），及各外来民族之下的时候。——同样，袾特式（gothique）的建筑发展于封建社会坚定之时，正当"半复兴"（demi-renaissance）的十一世纪，欧洲人民甫自诺尔曼人（Normands）及诸野蛮民族的铁蹄下解放出来，稍得安息之秋；而其衰落又在独立的骑士制度与其附属的风俗习惯日就瓦解，十五世纪末，近代皇权复兴之时。——同样，荷兰的绘画极盛于国家强盛之际，用了坚强不屈的精神与勇气，脱了西班牙的羁绊，解除了英吉利的束缚，成为欧洲列国中最富有，最自由，最工业化的国家；又堕落于十八世纪之初，当荷兰退落于第二位，为英吉利争先的辰光，国中充满了银行，与组织完善的商业，人民安居乐业，恬然甘心做一个安分的中产阶级，没有野心，也没有兴奋的感情。——同样，法国的悲剧出现之时，正是君主专制与贵族政治建立巩固的路易十四的治下，太平昌盛，宫廷中尽是歌舞之声，与贵族的温文柔顺之礼仪；其衰落也，适为贵族社会与宫廷生活被大革命所铲除推倒之际。

我要用一个比较来使你们更清楚地感到思想概况与风俗习惯之影响于美术的事实。当你自一个南部的国家出发北上的时候，你可看见在某个地域内有某种特殊的种植与草木：最初时芦荟、橘树，其次是橄榄树与葡萄藤，稍北是橡树与荞麦，更北是松柏，最后是藓苔。每地域有其特别的种植与草木，此二者均与地域有密切之关系，并与之同终始，同起讫。也就是这地域为此种植与草木之生存的必要条件，某种地域之有无，定某种种植与草木之有无。可是，所谓"地域"者，无非某种气候，某种热度，某种雨量，质言之，种种主要条件，相当于我们上文称为"思想概况与风俗习惯"而已。天时地理之变化，定某类植物之生长；思想风俗之转移，定某种艺术品之诞生。欲明了玉蜀黍或荞麦，芦荟或松柏之生长之故，必研究自然界的天时地理；欲明了异教雕刻或写实派绘画，神秘派建筑或古典派文学，感官的音乐或理想的诗词等之诞生之因，必探求人类精神上之错综变化。人类心灵的产物，与生物界的产物一样，只有用他的环境去解释。

瞧这便是我预备今年和你们研究意大利绘画史的方法。我当勉力把产生 Giotto 与 Beato Angelico 之神秘社会重现于你们的眼底，为了这我好诵读诗人文士之作，在此中可窥见当日人士之对于欢乐，忧患，爱情，信仰，天堂，地狱，以及一切人事之观念。这些史料，我们可于但丁（Dante），奇沃驮·加怀尔刚底（Guido Cavalcanti）的诗中，方济各派教士的著作 *Légende dorée*，*Imitation de Jésus-Christ* 中，圣方济各的菲沃埒底（Fioretti）

中，史家提哪·公把尼（Dino Compagni）的作品中，米拉都里（Muratori）所搜集的广博的纪载中找到。这些文字都真切朴实地描画出他们的小共和邦中的嫉妒与斗争。其次我并拟把一世纪半后产生来沃那·达·文西（Léonord de Vinci），米格盎越（Michel-Auge），拉菲尔（Raphaël），铁西安（Titien）等的异教社会的情景重现出来，为了这，我将诵读昔人的回忆录，如朋活愚都·萨利你（Benvenuto Cellini）等的，或是罗马与各大城的编年史，或是当日各国大使的文电，或是描写节庆，化妆会的记载，还有许多断篇零缣，述及当日社会之粗鄙，纵欲，刚毅的民风，热烈的，诗意的，文字的情绪，幽美的趣味，善于装饰的本能，外观之华美壮丽的爱好，这一切特性无论是文人或无知的民家都具有的。

假定，诸位，我们能于这研究中有所成就，对于引起意大利绘画之产生，之发达，之灿烂，之变化，之衰落的各种不同的思想概况，有正确明晰之认识。假定于别的国家，于种种不同的艺术，建筑，绘画，雕刻，音乐，诗等，都能以同样的研究方法有所收获。更假定，因了这些发现，我们能决定艺术之本质及其生存的必要条件，那么，我们将得到一切艺术的一个完全的解释，就是艺术的哲学，也即所谓"美学"（esthétique）。但我们之美学并非他们之所谓美学。我们的美学是现代的，其异于昔日的就在这一点：我们的美学是历史的而非主义的，证明定律而非批判教训的。古之美学者先给"美"下一个定义，如说美是表现道德的理想，或说美是无形的言辞，或说美是人类热情之流露；于是把这定义奉为圭臬，如法典上的条文一样，根据了它来辩护，判断，斥责与指导。我幸而不必负责去做这样重大的工作。我没有什么来指导你们，我将为此而束手呢，而且，我觉得在这批判式的治学方法之下，只有两条路可走；第一是劝告你们要以天才入世，这是你们父母的事情，与我无关；第二是劝告你们勤勉工作，以熟练你们的艺术手腕，这是你们自己的功课，亦非我的。我的唯一的责任，只在把事实解剖给你们看，叫你们知道这些自然是从何产生的。我所努力依据的近代治学方法——，这方法已渐被应用于各种精神科学方面——其目的只在把人类的作品，特别是艺术品，看作一种事实和结果而探寻其特质与原因，此外更无他望。科学不知所谓排斥或宽容，它只知证明与解释。它不对你说："轻蔑荷兰的艺术罢，它太粗糙了；只去赏鉴意大利的艺术好了。"它也不和你说"轻蔑莪特式的艺术罢，它是病态的；只去玩味希腊艺术罢。"它让各人自由去随了特别的爱好，去偏爱与他性情相投的东西；用格外仔细的态度去研究与他思想特别契合的学问。至于它呢，它总是用一视同仁的态度去对各种形式的艺术，不同的派别，甚至最相反的。她如接受种种的人类的表现一般去接受它们；它以为愈是艺术品的种类繁多，分歧矛盾得利害，人类心灵的面目也愈是新颖与复杂。它如治植物学一样，用同一的态度去研究时而橘树与桂树，时而松树与枫树；她本身就是一种植物学，不过她的对象不是草木，而是人类心灵的产物而已。即以这种主张，她随了今日的潮流，使精神科学与自然科学互相接近，把后者的原则，谨严与趋向给与前者，使前者与后者有同样稳固的基础与迅速的进步。

二

1. 艺术之目的——不是根据理想的，而是根据经验的探求——艺术品之比较与淘汰

2. 艺术之分类：（A）绘画，雕刻，诗；（B）建筑，音乐。——艺术的目的是模仿——一般的例证——历史上的伟人的例证：米格盎越与高尔乃以。——艺术史上与文明史上的例证——邦贝以与拉凡纳的古代绘画——路易十四时代的古典风与路易十五时代的学院派

我将立刻把这个方法应用于第一个重要的问题上，此乃美学研究之开端，而为艺术之定义是也。艺术是什么？它的本质是什么？——与其开一个公式给你们，我宁使你们直接与事实相接。在这里和在他处一样，有确

切的事实足供考察，所谓事实者，盖即艺术品之分门别类，陈列于美术馆或图书馆者，正如植物之编置于标本集，动物之罗列于博物院一样。人之能解剖艺术品也，正与能解剖其他事物同，能探寻艺术之究竟也，亦正与能追求一草一兽之究竟也同。前者亦须与后者同样的依据经验，而一切的考察，皆在乎用了许多的比较及逐渐的淘汰，来发明一切艺术品所共有的格调，同时，去辨别艺术品与人类心灵的其他的产物的不同点。

因此，在诗，雕刻，绘画，建筑，音乐五大艺术中，我们先只讨论前面的三种——后面二种暂不论及，因解释较难，且待以后。它们都有一共同点，如你们所见的，即是或多或少的艺术上的模仿。

初视之，艺术的要素似乎即在于模仿；而它们的目的即以愈逼真为愈妙。这是很明显的：一座雕像必须依据活人为模型，一张图画必须描绘真实的人物，真实的动作，一个室内的布置，一幅自然界的景色。同样，一出戏剧，一部小说，总尽力于准确地表现实有的性格，行为，言语，在可能范围之内，给人以最清楚，最忠实的形象。而且，当形象表现不明或不准确时，我们便要对雕刻家说："一个胸脯，一个足胫，不是这样雕的。"对画家说："你的远景中的人物太大了，你的树林的色彩是杜撰的。"对著作家说："人们永没有像你书中的人物那般地感觉过或思索过。"

但，我们还有别的更充分的凭证，第一便是日常经验。当我们去浏览一个艺者的传记的时候，便可看出他的一生可以截分为二。第一部是他天才的青春及成熟时期，他专门观察事物，琐屑地，不惮烦地去研究它们，把它们罗列于眼底，殚精竭虑想表现它们，待表现时，必是极端地，甚至过分地忠实。到了一个相当的年龄，他以为已有充分的了解与认识，在宇宙中已再不能有什么新的发现；于是他把活的模型丢在一边，依了经验所得，来写一出戏剧或一部小说，作一幅图画或一座雕像。他的第一时期是充满了真实的情感，第二时期便是造作与衰落的时代了。假使我们一考大人物的传记，那么，一定可以发现出这不同的两时期。—— Michel-Ange

的第一时期是很长的，差不多有六十年之久；在这时期中的作品，都是充满了力的表现与英武的气魄。艺者的灵魂，占据了他的全生命，万千世界，更无别的足以使他注意了。他的广博的研究，无量数的图画，继续的内心解剖，对于悲苦的热情及形象的表现的研究，为他都不过是一种方法，用以宣泄他所涵蓄的坚强的力量而已。这便是西斯底纳（Sixtine）寺中的每个屋隅，每个穹形下所显示给你的印象。可是，到近邻的巴里纳（Pauline）寺去，一研究他晚年的作品《圣保禄的谈话》（*Conversion de Saint Paul*），《圣彼得的受难》（*Crucifiement de Saint Pierre*）；再研究他六十七岁时所作的《最后的审判》（*Jugement dernier*）。那时，无论他是否鉴赏家，总能立刻辨别出这两张壁画是他的苦心之作，且作者在形式方面，已知相当的变化，作品中频见奇异的姿态与匠心巧构的省略；然而在他初期作品中洋溢着的独到的创见，天真的情调，心灵的激荡，及绝对的真实，在这里完全不见了，至少是部分地消失了。这是他偏重方法，太重技巧之故。这时他或许还比人家高出数倍，然而较之本来的他已逊色万万了。

我们还可以研究一个人，即我们法兰西的米格盎越（Michel-Ange），高尔乃以（Corneille）的一生。在他的早年，也是充满了元气与英雄的气概，这些灵感，都得之于宗教战争遗留给新兴的君主专制治下的炽盛的热情疯狂的决斗，封建社会所留存下来的自矜心与荣誉观，还有亲贵满廷，权相里倏里安（Richelieu）当朝时的种种悲剧；所以他创造出这样的人物来：*Le Cid* 中的 Chimène，*Polyeucte martyr* 中的 Polyeucte，还有 Cornilie，Sertorius，Emilie 与 Horaces。以后他又写 *Pertharite*，*Attila*，及许多可为惋惜的剧本，所谓豪侠之情，多出于造作，竟至令人作恶。这时候，昔日耐他寻思的世界舞台的活模型消失了，至少，他不再去追求了，他不复想吸收新的灵感。他只是依了经验与技巧，文学理论，戏剧作法及其转纽之论辩而写作。他重复，模仿，夸张他自己的作品；只充满了学问，计算，手腕，更无所谓对于伟大的情感，及武侠的行为的个人的直接观察了。他不再创造了，他只是制造。

这不但是某个大人物的历史，足以证明模仿活模型与观察自然之重要，即每个宗派的历史亦莫不如是的昭示我们。一切宗派的衰落以至寂灭（我不信有什么例外），都由于忘掉了模仿的重要而放弃了活模型之故。例如，在绘画上，便是米格盎越（Michel-Ange）之后的一般造作肌肉及过事夸张人体姿势的人，在威尼斯（Venice）诸大作家后的那辈戏院装饰及肌肉圆味的爱好者，又如完成法国十八世纪绘画的学院派，沙龙（Salon）派的画家。在文学上，便是拉丁文学衰微时的韵文家及修辞学者，英国戏剧没落时的剧作家及演说家，意大利文学终局的专事铺张，务趋纤巧的十四行诗的制作者。在这些例子中，我只举其很显著的两桩。——第一便是邃古雕刻及绘画之衰颓。只要去观察邦贝以（Pompéi），与拉凡纳（Ravenne），便可有一极鲜明的印象。在邦贝以（Pompéi）所有的绘画与雕刻，都是属于第一世纪的；在拉凡纳（Ravenne）的，莫扎以葛，Mosaiques[1] 便是第六世纪的作品，原于 Justinien 皇朝[2]。在这五百年的时间中，艺术真是不可救药地沉沦下去，而此凌夷的原因，却完全因为忘掉了活模型之故。一世纪时，还留存着角力，竞技的风俗与异教的趣味：人们穿着宽大的衣服，便于脱卸，洗澡，裸体，到运动场去参与比武，热诚地鉴赏人体的活泼的姿势；他们的雕刻家，画家，艺者的周围尽是半裸或全裸的活模特儿，那么他们自然把这一切表现于作品里了。所以在邦贝以（PomPéi），你们看见在壁上，在小教堂中，在庭院内，都满着美丽的舞女，年轻的，活泼而骄矜的英雄，丰满的胸部，灵活的双足，肉体上的各种形式，各种姿势，都表现得极精确完善，即今日最精密的人体研究也不能驾而上之。在此后的五世纪中，渐渐的一切都变了。眼见这异教的情调，角力的习惯，裸体的嗜好都消失了。人们不再显露他的肉体，反把

———————————

① 译者注：用宝石镶嵌的图案等。

② 译者注：东罗马帝国的皇（527—565）。

它深藏在繁复的衣服下面，用了刺绣啊，绯色的布帛啊，东方的华丽的装饰啊，来把它包裹起来。人们不再尊敬力士与壮丁了，只看重那些法官，官宦，妇女，僧巫等。苦行修道之风大盛，由是而静思默想，专事无聊空洞的清谈。Bas-Empire[①] 的粗鄙的佞人代替了希腊的勇敢的力士，与罗马的精壮的士兵。活的模型的研究，逐渐禁止了。人们也看不到他们了，眼前只有前代大师的作品，可为抄袭的蓝本。不久，人们只能模仿那已经模仿的作品，变为赝鼎之赝鼎了。如此的每况愈下，距真品日远。艺术家个人的情感，思想，统没有了，只是一架学舌的机器而已。他再没有什么发明了，只抄袭为传统与机械所认可的形象。此艺术家与活模型分离的结果，便是你们在 Ravenne 所见的情形。五百年之末，人们只知描绘非坐着即立的人体，别的姿势太难了，艺术家简直敬谢不敏。手足都是僵的，像折断了的一般；衣褶有如树木的裂衣，人物仿佛是纸糊木制的空架子，眼睛占据了全个头部。此时的艺术真是病入膏肓，行将就木了。

在另一种艺术中，在我国的上一世纪[②]，我们找到一个同样的衰落的事实，由于同样的原因。路易十四时代，文学真是达到了一个完美的境界，作风的纯洁，明净，准确，淡泊，适中，真是找不出一个例子可以和它相比，尤其是戏剧的艺术，它的言语，诗句，为全欧所惊讶叹赏，推为旷世杰作。这就因为作家处于活模型中间，而在不绝地观察他们之故。路易十四的谈吐是有名的准确，庄严，漂亮而处处带着君王的威仪。在信件案牍中，并供奉内廷的人的笔记中，我们可以看到，不论是优伶或亲王，都具有贵族的举止，娴雅的丰采，洁净的字句，高贵的态度，美妙的言辞。与这些贵人名优交往的著作家，只要在他们的回忆中略搜寻，便可发现艺术上最完全的资料。

---

① 译者注：即 Bysantin 王朝。

② 按作者生于十九世纪，此系指十八世纪而言。

一世纪后，在拉西纳（Racine），与达里埒（Delille）中间，一个大变化又渐渐酝酿成熟了。对于那些在当时引起莫大的赞赏的文词，人们不继续到活的社会中去探求了，只自甘锢闭于前人描写那些言词的悲剧中去袭取。他们所取为模型的，不是生人，乃是作家了。由是造成一种规矩的文字，学院派的风格，徒为点缀的神话，呆板的诗学，用字必须有来历，最好是在前人名著中所撷取的。于是，在前世纪终，此世纪初，便发现了这种严峻枯索的文风，前韵后韵，必相呼应，呼物不能以名，说"炮"则代以博雅的别名，称海则曰 Neptune 之妇（Amphitrite，据神话，为海神 Neptune 之妻）。这些中毒的思想，再没有什么音响，什么真实性，什么生命了，只似冬烘学究的陈腐的作品，只配放在一个拉丁诗制造所里去充数罢了。

所以，我们的结论是：要把我们的目光，集注于自然，才能有真切的观察，而艺术也能整个地达到准确完善的模仿的地步。

三

1. 绝对形似之模仿并非艺术之目的——例证：塑铸，照相，速记。——达南与梵达克所作之肖像的比较。——散文与韵文的比较——歌德的两部 *Iphigénie*

从各方面看来，这是不是真的呢？要不要就肯定绝对形似的模仿便是艺术的目的？

假使这是真的，那么，绝对形似的模仿将产生最完美的艺术品。可是在事实上并不如此。因第一，在雕刻方面，塑铸是能产生与模型最忠实，最精确的形象的法子了，然而一个好的塑铸，绝不能与一个好的雕像相提并论。——第二，在别种艺术里，照相是能在一个平面上，用了线条与色度，复制出一个它所取为对象的最完美的轮廓与雏形。无疑的，照相之于绘画，是一件重要的副产，它有时被爱好者极巧妙地运用，然而它自己永不曾想要与绘画相媲美。——末了，再举一个最后的例，假使最肖似的模仿便是艺术的最高目的，那么，你知道哪一种才是最好的悲剧或喜剧呢？审判处的速记是句句话都记下来的，偶然也能发现很自然的流露或情感的激发，然而这只是荒漠中的几片水草，只能供著作家的参考，它本身决不是一件艺术品。

或者你们要说，照相，塑铸，速记等是机械的产物，应置之题外，而只以人类的作品相比较。那么，就寻找艺术家的最精细的作品来作譬罢。在罗佛宫（Louvre）里面，有一幅达南（Denner）的画。他是用显微镜工作的，化了四年的功夫画一张肖像；面上各部，一些也没有遗忘，皮肤的皱纹，颧骨上看不见的斑痕，鼻头上凌乱的黑点，隐在外皮里的血管中的青紫色，还有发光的眼珠中反射出来的外物，丝毫都没有遗漏。人们真可以看得发呆，那个头活灵活现的像要从图上跳下来一般；人们永没看见过同样耐心，同样成功的作品。可是，梵·达克（Van Dyck）的一张潦草的初稿就比它有力百倍；而且，无论在绘画上或在别的艺术上，那些徒以骗骗眼睛的东西定不会得奖的。

第二个更有力的证据，足以说明肖似的模仿非艺术目的，便是在实际上，某几种艺术与它所取的模型就不相似，例如雕刻。通常一座雕像，是只有古铜的或大理石的一种色调；而且它的眼睛是没有瞳子的，但就是这颜色的统一与表情的浑朴，成就了它的美。你只要一看同类的东西，其形式上的模仿极端准确的。在那不尔（Naples）与西班牙的教堂里，有著色穿衣的雕像，那些圣者头上戴着真实的披风，黄的皮肤，带有土色，恰似苦修士的模样，僵硬的手，瘦削的腰，宛如文身的人。它们旁边，圣母穿着后妃的服装，御着礼服，锦绣辉煌，戴着凤冠，挂着宝重的项圈，鲜明的丝带，华丽的花边，红艳的皮肤，光耀的眼睛，瞳子有如水晶。在这种严格过分的模仿之下，艺术家给与人的印象并非是一种愉快，乃是反感，嫌恶，有时甚至令人作呕。

在文学上也是同样的。最好的一部分剧诗，全部的希腊与法兰西的古典剧，大半的西班牙与英吉利的剧本，远非记录日常谈话，乃是特地把人的言语改变过了的。这些诗人都使他们的人物用韵文讲话，叫他们在言语中有音节，常常押韵。这种改作有没有害处呢？绝对没有。经验给我们一个最动人的实例：歌德（Goethe）的一出名剧 *Iphigénie*，最初是用散文写的，后来又用韵文写。在散文上是很美了，然而在韵文里，啊，怎样的差别！这里，显然地，这是靠了日常会话的改变，音节与韵律的引用，才传达出浩大的气魄与庄严，慷慨激昂的悲歌，在这种音调下，使你的精神完全超脱于尘浊的现实而在眼前重现出昔日的英雄，过去的民族与原始的心灵，在这中间，庄严的圣母，神的使者，法律的拥护人，人类的保姆，所有人性中的善良与高贵的品格都集中于它，以光大我们的族类，提高我们的人格。

四

1. 艺术是模仿事物的部分的比较及其关系——绘画上的例证——文学上的例证

所以我们在一种目的内，应从极逼近的地位去模仿事物，但艺术的目的并不尽在于此。还须认明模仿的要点，是在于表白"部分的比较及其相互关系"。恕我这抽象的定义，稍迟即当解释明白。

譬如你在一个男的或是女的模特儿前面，你手中有一支铅笔，有一张比你的手大两倍的纸，你要把它临摹下来。当然，人们不能叫你再现他四肢的大小，你的纸太小了；也不能叫你表现他的颜色，你手头只有白与黑。人们所能要求你的，只是重现他的"比较"，第一是他的比例，即是大小的比较。假使他的头的高度是若干，那么身体的高度也应若干倍于头，手臂也应当若干倍于头，腿也如此，全部都如此。——人们还要你把他的姿势的形式或比较传达出来：模特儿的怎样一种伛偻，蜷曲，角度，都得用了同样性质的线条在临稿上重现出来。要之，在于表现联络各部分的比较，再没有别的了；你应临摹的，并非是躯体的外形，而是躯体的逻辑。

同样，你在那些活动的人前，在平凡的或豪华的实生活的幕前，人们要你把它们描写出来。你有你的耳目，你的记忆，或者还有一支铅笔，以备你涂几行笔记，这真是极简单的工具；然而已尽够了。因为人们所要求的，并非是重述他们的谈话，再演他们的姿态，与十个或二十个人物的各种动作。这里，像刚才一样，只要你写出比较，连络与关系；第一是准确地保持人物的动作；意即使你的表现中为豪侠之气所笼罩，如果这人物的动作是豪侠的；保持他贪婪的气色，如果事实是如此的；保持他热烈的品性，如果对象的品性是热烈的；其次是就在这些动作中，观察那些相互的连络，例如甲的辩辞所引起的乙的辩辞，一种情感，思想，结果，和人物的现在状态所激起的又一种情感，思想，结果，和人物的又一种状态；此外，还有你赋与他们的共同的性格。总而言之，在文学作品里如在别种艺术品里一般，不是要描写人物或变故的外表，而是它们的比较与连络，换言之，表示它们的逻辑。因此，在普通的情形中，我们所注意于一个生命，而要求于艺者的，便是表白它的外形的或是内在的论理，即它的组织与构造。

瞧，我们如何的修正我们上文所得的第一个定义，我们并没把它推翻，只是补充它。我们发现了一个艺术的更高的特性，它不只是手艺的作品，而是智慧的产物。

五

1. 艺术品并非只限于再现部分的比较——最大的宗派的有意改变此部分的比较——例证，米格盎越与吕朋斯——梅选西斯墓上的雕像。——村集——艺术家之改变事物之部分，是要使他的主要性格特别显著

2. 主要性格之定义——例证，食肉兽之狮——沙滩形成之水国

3. 主要性格之重要——自然不能把它完全表现出来，故立援于术，以补足其缺陷——例证，吕朋斯时代的弗朗待垮，拉菲尔时代的意大利

4. 艺术天才之两特点：鲜明生动之印象，与此印象之升华作用

5. 研究过程之回顾——渐进的步骤——艺术品之定义

这理论是不是完全了呢？艺术是否即限于再现"部分的关系"呢？绝对不，因为最大的艺术宗派正是把实际的比较改变得最利害的。

譬如，你研究意大利派的最大的艺术家 Michel-Ange，为使你有一个明确的观念起见，你试一考他的代表作品，放在 Médicis 坟墓上的四坐雕像。你们中间没有见过真迹的人，至少也见过它的临本吧？这些男子，尤其是躺着的或睡或醒的女人，他们的部分的比较，一定不与真实的人物的相同。就是在意大利，人们也找不出类似的人物。你们会看到年轻美貌的华装的女子，神采奕奕，面貌粗野的乡人，阿加的米（Académie）的筋肉坚炼，姿态矜重的模特儿；但既不是村内，也不是在节庆中，更不是在画室里，在意大利或别处，在今日或在十六世纪，你可以找到与这个伟人陈列在死者墓前的英雄的娇弱忧郁的处女相同的模型。这些人物是米格盎越（Michel-Ange）在他的天才里，在他的心灵中找到的。这是要一个热情，豪侠，深思，果敢，有孤独者的灵魂的人，受尽欺骗，备尝压迫，暴君虐主，专横一时，国家崩溃，自由剥夺，自己的生命也是累石危卵，偷生一息，不肯屈服，只有整个的逃遁于艺术中，借了它，在奴隶一般的缄默中表白他伟大的心灵，诉述他悲痛的绝望。他在睡像的庙上写道："睡眠是甜蜜的，成了顽石更是幸福，只要世上还有悲苦与耻辱存在着的时候。不见不闻，无知无觉，便是我的幸福；不要来惊醒我！啊，讲得轻些罢！"瞧，这是使他孕育成这样的形式的情绪；因为要表现这情绪，才把普通的比较改变了，躯体与四肢格外伸长，半个身躯蜷伏在臂上，眼眶深陷，额痕紧皱，宛似狮子的双眉颦蹙，肩上的筋肉特别隆起，粗大的脊筋在背部互相拘挛

折叠，好像一根绕得太紧的铁链，在羊身上扭紧着要断下来一般。

　　我们同样的去研究弗拉芒（Flamand）派的巨子吕朋斯（Rubens），在他的最动人的作品中的一张节庆 Kermesse 中，你也找不到比米格盎越（Michel-Ange）的作品更确实的普通的比较的模仿。到弗朗特埒（Flandre）去，看那地方的人物，就在他们宴会的时节，在茄以昂（Gayant），盎凡（Anvers），或他处，你将看到善良的人们好食善饮，安闲地吸着烟，冷淡，理性很强，没有光彩的脸色上，布满着不规则的线条，有些像单你哀（Téniers）的人物；至于如节庆 Kermesse 中那样绝顶的犷野，你是一些也找不出的；吕朋斯（Rubens）一定是从别处得来的。自可怖的宗教战争之后，这荒芜已久的肥沃的弗朗特埒（Flandre）终于得到了和平，社会也渐趋安定。土地是这般富饶，人民是这般安分，一下子便回到了安乐与繁荣的路上，人人都感到这新兴的富庶与丰满，过去与现在的对照，使人们把宽弛已久的肉欲，放纵到欢乐的顶点，好像久闹饥荒的牛马，一旦遇到了牧场或一堆干草一样。吕朋斯（Rubens）衷心地感到这层；故强烈丰盛的生命，肉的满足与放纵，心花怒放的粗野的喜悦，这些诗境都被他在过度的肉情上，在奢华的殷红色中，在裸体的洁白鲜嫩上尽量表现出来了。因为要表现这些，所以在节庆 Kermesse 中，他把身躯加阔，下颔加厚，腰部揉曲，使双颊发光，头发蓬乱，眼中燃烧着奢望无穷的粗野的火焰，在盛宴中狂呼怪叫，打破的酒坛呀，翻倒的桌子呀，呻吟呀，亲吻呀，以及画笔所从未描写过的人类的最骇人的兽性都在这里呈现了。

　　从这两个例子里可以看出艺术家在改变部分的关系中，同时在有意的把一件事物的主要性格特别表现出来，而艺术家的中心思想也就格外显著了。这性格即哲学家之所谓"物的要素"，故他们说，艺术的目的是在于表现"物的要素"。我们且不讲"要素"这字，它是一个专门名词；我们只说艺术之目的是在表现主要性格，即某种显明特殊的原质，一个重要的立脚点，事物的一种主要状态。

我们这里可以接触到艺术的真正的定义了，但我们要有一个极明确的观念：所以要极端肯定地主张，而且注意，这所谓"主要性格"。我可立刻回答说：主要性格者是一种性格，它依了固定的原则，产生出一切其他的——至少是许多的——性格。恕我又是一个抽象的解释，这将会因了实例而渐渐显明的。

一只狮子的主要性格，即使它列于自然史上的某种类别的标识，是食肉兽这回事。你可看到，差不多它所有的精神的或肉体的特点，都是从这个性格出发的。肉体方面，剪一般的牙齿，便于研磨撕裂的牙床，这些都是必须的：既然它是要靠了生肉与活的俘房来维持生命的肉食兽。为运用这两副锐利的钳子计，必得有粗大的筋，为安置这筋计，必得有相当的太阳穴。在脚上还要加上别的钳子，可怕的能藏缩的巨爪，应用趾尖的活泼的脚步，宽弛的腿使它能突然奔扑，双目能于晚间瞩视，因为黑夜是最好的猎食时间。此外，所有它的精神上的特性也是一致的，第一是残暴的本能，鲜肉的需要，拒绝一切其他的食物，第二是神经质的强暴与热狂，靠了这个，它才能于袭击的或防卫的一刹那间，集中他坚强的力量。别一方面呢，它有蒙胧半睡的习惯，在空闲时极端疲弱，猎食后长时间的打呵欠。这些特点都是从它食肉兽这点性格上产生的；为此我们便称它做"主要性格"。

现在再研究别一个更繁复的情形罢，一块整个的土地，和它无数的组织，地形，种植上的琐屑状况，还有它的植物，动物，居民与城市，例如北欧的水国[①]。它们的主要性格是这些土地都是许多沙滩形成的，即江河所挟带而布满于河口的大块土地。在这一个字上，便生出了无数的特点，组成这土地的一切的特性，不只是它的地理的外表，而是居民与其产物的，物质与精神两方面的特质。在静的自然界中，那些平原是潮湿而肥沃的，这是当然的，既然有多数宽广的河，及宜于种植的土地。这些平原又是常

---

① Pays-Bas 今即之荷兰——译者。

绿的，因为宁静的大河，与无数的运河安闲地躲在平滑的地上，维持着永远的湿润。你现在只要凭了智力去推想这地方的外形，灰色多雨的天气，不绝的盘旋着骤雨，就是在晴天，也有水汽凝成的细密的薄雾笼罩着；这些水汽从潮湿的泥土中袅袅地飘浮起来，在远展天际，极目无垠的绿色的大地上，形成一透明的锅底，又宛如纤薄的雪片所凝成的空气的轻丝。在动的自然界中，这牧场的众多与富有，养育了繁庶的牛羊，它们屈膝跪坐于草中，满口嚼着青草，黄的，白的，黑的点子，洒满了无限的碧绿的平原。由此，多量的牛乳，肉类，和肥沃的地上所产的五谷，蔬菜，使居民有丰富廉价的食物。真可以说，在这地方，水生出草来，草生出牛羊来，牛羊再制出乳饼，牛油与肉类，这一切，再加上了啤酒，便养育了居民。结果，这富庶的生活，这浴在湿气中的天时地理，产生了弗拉芒（Flamand）的气质，冷静的性格，有规则的习惯，精神的安宁，神经的镇定，能理智地，安分地生活着，永远知道满足，爱好舒适，生出了清洁的习惯与治家的完善。——其结果是显得如此的广远，一直到城市的外观上。在沙滩的园中，碎石是没有的，石类中只有烧过的泥土，砖或瓦；因为常有大雨，故屋顶十分倾斜；因为永远是潮湿，故屋的外部也是油漆的。因此，一座弗拉芒（Flamand）的城，是一堆红的褐的建筑物，尖的屋顶，常是洁净得发亮；这里或那里，一座碛砾或细石的之和土筑成的旧教堂矗立着；整饬的路在两条清洁无比的走道中间展开着。在荷兰，走道常是用砖或陶瓷嵌成的；早上五时，便见女佣们跪着用抹布在擦洗。注视这明晃晃的玻璃窗内，进到一个装饰着绿树的俱乐部里，光滑的地板上，铺满了不时更换的细砂；去参观那些漆着柔和的颜色的酒店，排列着的酒桶显着一个个褐色的圆形，黄的酒沫，涌在美丽的杯边。在这些日常生活的琐屑中，在这些长久的享乐中，你们可以看出，在气候，土地，植物，动物，人类及其产物，个人与社会，种种方面，如何的印着主要基调所生的花果。

依据了这许多结果，你们可以来判断它的重要了。艺术就要把这主要性格阐扬光大起来，而艺术之所以要去做这部工作，就因为单是自然是不够的。在自然中，主要性格只是占在优越的地位；在艺术中，这主要性格变成统辖者来控制全体了。这性格去润色实物，但不是把实物全部润色起来。这性格在行为上已有障碍，还有别的原因足以物阻它。故一件事物的主要性格，我们只能隐约地看到它的形象，而不是十分显著的面目。人类悟到了这缺陷，才发明艺术来弥补它。

我们再讲回来，吕朋斯（Rubens）的节庆（Kermesse）中的美貌的妇女，沉湎的醉鬼，和放荡的饕餮的庸夫的颜面与胸脯，怕只有在大嚼的时光，找得到相同的形象罢。丰盛富足的自然，或能产生同样粗野魁伟的人体与民风，但也只及它的一半罢了。别的原因减杀了欢乐的，强烈的肉的颤动。第一是贫乏：在最好的时间，在最好的国家，许多人民都没有充分的粮食，饥饿，悲愁，布满在不好的脸色上，还有一切贫困的现象，把本能的活动，犷野的发展抑住了：经过忧患的人总是怯弱而深藏的。宗教，法律，司法，和刻板的工作所养成的习惯，都生出同样的结果；更加上教育，来拘束人的本能的活动。在一百个适当的情景中，怕只有五六个能为吕朋斯（Rubens）采作模型罢，现在来想象这五六个模型，在节庆的时间混在一群较为庸碌平凡的脸相中；再研究吕朋斯（Rubens）在注视他们的时候，他们并无相当的举动，表情，姿态，轻捷，服饰，放浪形骸等等，足以表出那狂欢时的富裕丰满来。因了这种种缺陷，自然便不得不乞援于艺术；它不能充分地表出性格，须要艺术家的手来补足才行。

一切第一流的艺术品都是如此的。当拉菲尔（Raphaël）作他的茄拉堆（Galatée）时，美丽的妇人已很稀少了，他说他只能依了脑中固有的形象去做。意即在活的模型中简直找不出一个，足以表示人性的某某几部，如他的澄明的心地，幸福的境界，矜持而温雅的柔和。摆在他面前的乡妇，手是为劳作而变了形了，足是给鞋子弄坏了，眼睛是因为自觉此职业之可羞而惘然失神了。即他的福尔那里纳（Fornarine），肩头已太下坦，后臂瘦削，神情冷峭而愚蠢。他之所以还去画这福尔那里纳，是因为他把她全部改变了。因此，他在画上的形象中，竭力发展那为实物只能供作参考的性格。

所以，艺术品的主要性质，是在把一件事物的主要性格，在可能范围内，尽量使它显著，使它站在统辖者的地位；故艺术家把掩蔽它的枝叶统统斩除，只选择足以表现它的部分，并纠正那些把它改变了的地方，凡表示不出的区处，简直重新做过。

此刻不再去研究作品，而研究那些艺术家罢，就是说要推求他们的感觉，发明，产生的方式；你将发现这完全与艺术品的条件相同。天资是必不可少的；什么用功，什么耐性，都是不相干的；假使缺少这天资，那么，他充其量只能做一个匠人或临摹者。在事物之前，必须要有一种独特的感觉；一件事物的性格把他们吸住了，这结果便是一个强烈的，特有的印象。换言之，一个禀有天赋的人，他的辨别力——至少是某一种的——定是精细而锐敏；他自然地用了活泼，准确的机警去抓住，去综合那其中的关系或异点；有时是一串声音中的悲叹或英豪的气概，有时是两个补充的或并列的色调中的富丽或素淡的情绪，有时是一个姿态中的疲乏或矜持的表现；因了这官能，他才能深入事物之核心而比别人更为敏慧。这个人性的，鲜明的感觉并非是呆滞的东西，一切能思想的，神经质的机械，都受到它强烈的震动的反应。

人不自主地表示内心的感觉，他全身做出一个姿势，举止都变了哑剧式的暗示，他需要把内部所感应的表白到外面来。声调寻找它适当的节奏，言语中都充满了有色彩的字眼和触机而来的语气，与一种象征的，创见的，夸大的风格；显而易见的，在强有力的原始刺激之下，活跃的脑子，因为要把事物故意阐扬夸大起来，或是要把它藏缩隐蔽，或抹杀它的某一部分，故把事物重新思索过而改变过；在大胆的画稿上，有如在犀利的讽刺画中，你可以依据事实，在那些充满诗意的韵味中，体验到这无意识的感象之遗留。现在且努力深入到你们这时代的大作家或大艺术家的亲密的生活里去，研究昔日大师的草稿，设计，日记，及信件等等；你将到处找到同样的先天的行为。不管你用如何好听的名词去装饰它，称它做"烟士披里纯"，称它做"天才"——这自然是很对——；但如果你要切实地肯定它，那么，一定要证实那鲜明生动的感觉，它是集中附带的思想，而把它们修改，润色，变化，用以表现自己的。

瞧，我们现在接触到艺术品的定义了。试回顾一下我们所经过的路途。我们渐渐的到了艺术观念的最崇高，最准确的一点了。我们最初以为它的目的是在模仿显著的外表。继而，分开物质与精神的模仿，我们发现要在此显著的外表中，重现出部分的关系。末了，复注意到为使艺术崇高计，此部分者能够，而且应该变化的，故断言如欲研究部分的关系，那是为要使它絜领出一个主要性格的缘故。这些定义并无互相冲突的地方，但它们都是后者肯定前者，纠正前者，把它们一齐综合起来，使低下的从属于优越的，那么，我们全体的功夫可统括如下：艺术品之目的是要表示几件主要性格，或是抓住几点为实物所未曾明示的重要精神，使之更为活跃。它利用相互维系的部分，把其中的关系，系统地改变过。在三种模仿的艺术中，雕刻，绘画，诗中，其各部分不完全是实物的模仿，却又与实物相协调。

六

1. 定义之两方面——建筑与音乐之产生——艺术品中之第一组与第二组之对立。——第一组是模仿组织上与精神上的联络及其关系。——第二组是根据数学的关系

2. 刺激视觉的数学关系——此关系的不同的各阶级——建筑的根本条件

3. 刺激听觉的数学关系——此关系的不同的各阶级——音乐的根本条件——音乐的第二特点：声音与呼喊的相同——这特点与第一组艺术中之诗相似

4. 此定义之应用于各种艺术

肯定了这个，在考察此定义的各方面时，我们便可看出其第一个条件是主要的，而第二个只是附属的。在各种艺术中，其相连的各部分，一定要经艺术家改变得足以表出一种性格；但并不一定要这部分的总体与实物相协调，只要存其大体好了。所以，如果你们会遇到，部分的总体并不是实物的模仿时，那就因为有几种艺术，它的出发点，本来就不在于模仿的缘故。建筑与音乐便是这样产生的。实际上，除了临摹事物的连络，比例，主张等种种关系的三种模仿的艺术外，另有根据了数学原理而成立，绝不模仿任何事物的其他两种艺术。

先来研究刺激视觉的数学关系罢。——眼睛所能感受的伟大，可以用了数学的定律，自己组成一组旋律。因为，第一，一块木头或石子可有一种几何的形色，如立方，圆锥，长圆，球体，及一切造成轮廓中各种不同的距离的有规则的关系。——而且，它们的大小，可以由简单的比例，成为一种互有连络的形体，为眼睛所容易感受的；例如高度可以比厚或阔大上三四倍，由此就成为第二组的数学关系。末了，许多木块石头，都能依据了数学原理所容许的某种距离，某种角度，而把这块叠在那块上面，或这块放在那块旁边。这旋律便产生了建筑。建筑家孕育了某种根本基调，如古希腊罗马的澄明，简洁，有力，壮丽的情调，或如莪特式（Gothique）时代的奇异，多变，无限，神幻的色彩；那时他便可把联络，比例，大小，位置，一切物质上的错综变化，某种目所能见的伟大，选择组织起来，用以表示他中心孕育的情调。

在刺激视觉的伟大外，还有刺激听觉的伟大，是即声浪振动之速度；这振动也能用了数学的定律，组成一组旋律。——第一步，你们是知道的，一个声音是由于均衡而继续的震动发生的，而这均衡本身，已有数学关系在内。——第二步，如果有两个声音，那么，其第二个声音的振动速度，可比第一个的快二三倍。故在两个声音中间，就有数学的关系在内：根据了这，人们便制定乐谱上各音的距离。所以，如不仅限于两个声音，而取隔有相当距离的几个音，便可组成一个阶级；这阶梯就叫"音阶"，其中的音都依了它在音阶中的位置而发生相互的关系。你现在便可制定或是并列的音的组合，或是同时并发的音的组合。第一个组合成为"旋律"，第二个组合成为"和声"。瞧，在音乐中，用了这两个根据数学关系的主要部分，如建筑一样地，能为艺术家所综合，变化。

但音乐还有第二个要素，其新的原质赋与音乐以一个特有的德性和一个神妙的领土。在数学的这性质之外，声音是与呼喊相同的，因此，它能直接表现出苦恼，欢乐，忿怒，和一切有感觉的生物所要发泄的情感，准确地，细腻地，强有力地，直深入于无可辨别的隐微之处，渗透那无名的神秘的境界。这一点，它是与诗的表白相似，故造成一种德意志人，——如格吕格（Gluck）一派的表现的音乐，以别于意大利人——如洛西尼（Rossini）一流的歌唱的音乐。但不论一个作曲家，爱用哪一个作立脚点，这两方面绝不有所龃龉，声音永远是为数学关系所组成，同时与人类的情感，及各种内心的境界相协调。故一个音乐家，不论他孕育了某种情绪，抓住了某种事物，悲愁或喜悦，温情或暴怒，他总能在数学的与精神的组合中选择，组织，以表白他的灵感。

所以，各种艺术都可归纳于上面的定义中，建筑与音乐，和雕刻，绘画，诗，有同样的目的，即用了艺者能综合或改变其关系的一个组合，来表现某种根本基调。

七

1. 艺术在人类生活上的价值——自己生存的自利行为——团体生存，种族生存的社会行为——探求原因与定律的默想生活——达到默想生活的两条路：科学与艺术——艺术的优越性现在，我们认识了艺术之本质，可以进而懂得它的重要了。以前我们只是感到它的重要，这是本能的而非理性的：我们感到对于它的尊敬和钦重，但不能解释我们所以尊敬钦重它的理由。此刻我们能证实我们的惊讶叹赏，而阐明艺术在人类生活中之位置了。——有许多地方，人是一种竭力抵抗自然，防御他人的动物。他要搜寻食物，纺织衣服，建筑房屋，与天灾，荒歉，疾病相战斗。所以，他耕田，航海，兴办种种的工商业。——而且，还须传种，还须防御他人的强暴的侵略。为了这，他组织家庭，国家，设置官吏，订立宪法，法律，武备。在这么许多发明和勤劳之后，他还没有走出他的原始时代呢；他还是与动物相等，只是比它们更为驯服，防护得更为周密罢了；他还只会顾及一身，至多是旁及族类。——这时候，一个高等的生活开展了，即是默想的生活，由此，他注意到主宰他自己及他的族类的永恒而普遍的原因，和那些居于领袖地位的主要品性，它主宰全体，而在最细微的处所，也能看出它的影子来。

要达到这地步，就有两条路：第一条路是科学，用了它来找出根本的原因与定律，再以准确的公式与抽象的字眼表出之；第二条路是艺术，它不是用只合于学者，不为一般群众所了解的枯索的定义来表出，而是用一个易被感受的方式，不但诉之于理性，且直与最平凡的人感觉与心灵相接。艺术就有这点特性，即同时是崇高的而又是通俗的：它对一切众生，表白世上最崇高的灵感。

一九二九，十，十一日

美丽的老宫女（Belle Heulmière）

〔法〕François Villon

啊，残酷的衰老，

你为何把我凋零得这般地早？

教我怎不悲哀，

教我怎能苟延残喘？

想当年，唉，往日荣华，

看我轻盈玉体。

一变至此，

衰弱了，瘦瘠了，干枯了。

我真欲发狂：

何处去了，我的蛾眉螓颈？

何处去了，我的红颜金发？

这柔脂般的双肩，

这丰满的乳头，

这肥润的小腹，

当年啊，曾经是百战情场。

现在是人世的美姿离我远去，

手臂短了，手指僵了，

双肩也驼起，

乳房，唉，早已瘪了！

腰肢，唉，棉柳般的腰肢，

只剩下一段腐朽的枯根！

一九三一年春

原载《艺术旬刊》一九三二年十月第一卷第五期，署名小青译

拉洛倏夫谷格言

一

我们的德行，一大半不过是掩饰了的罪恶。

我们的所谓德行，往往只是我们敏捷巧妙地掩饰了的种种行为和事业的统称。并非老是因为勇敢和贞洁而男人们才勇敢，女人们才贞洁的。

二

自尊心在一切佞人中最讨我们的欢喜。

三

在自尊心的范围中，虽然已经有了不少发现，但尚未认识的还多着呢。

四

自尊心比世间最伶俐的人还要伶俐。

五

热情存在的时间，不由我们作主，正如我们生命的时间一样。

六

热情往往把一个最机巧的人变成疯子，而把最愚蠢的人变成机巧。

七

那些在我们眼里显得伟大而煊赫的政治行为，总被认为是伟大计划的后果，不知往常只是客气用事和偏激任性的产物。

八

君王们的宽恕，往往只是赢得人民爱戴的一种政策。

九

被视为美德的宽恕，有时是虚荣的产物，有时是懒惰的结果，而常常是恐惧的变相。但永远为了又虚荣，又懒惰，又恐惧的缘故，才宽恕人家的。

一〇

幸福的人们，很懂得中庸之道：这是因为他们的幸运，使他们的心境非常平静的缘故。

一一

聪明的人的恒心，只是把他的骚乱紧压在心底的一种艺术。

一二

哲学能战胜过去的与未来的罪恶，但是眼前的罪恶却战胜哲学。

一三

太阳与死，都是不能正视的。

一四

我们的力量比意志强得多。我们想象一件事情的不可能，往往是替自己原谅。

一五

如果我们自己没有缺点，决不会怎么高兴地去发现别人的缺点。

一六

如果我们绝对不骄傲，那么，我们决不会怨人家骄傲。

一七

一切的人都是骄傲的，只是表现骄傲的方法与手段各各不同罢了。

一八

造物把我们的器官安置得如是巧妙，使我们幸福，他也似乎给予我们骄傲，免得我们发现了自己的缺点而痛苦。

一九

我们没有那么大的力量，去跟踪我们的理智。

二〇

那些在小事上过分用心的人，在大事业上，就成为无能的了。

二一

大半的人说爱公理，只因为怕强暴的欺凌。

二二

与仇敌讲和只是为我们自己的安全。因为倦于战斗而唯恐一朝受人袭击。

二三

猜疑朋友较之被友所卖更为可耻。

二四

大家都恐他的记忆力不好，但从没人怨他的判断错误。

二五

人心中有着无穷的情欲，一个情欲的死灭，往往是别个情欲的诞生。

二六

很少的人认识死。人之不畏死，并非由于大勇，而是由于愚蠢与习惯；大半的人死了，因为他们不能不死。

原载《艺术旬刊》第一卷第四、五、八期，
一九三二年十～十一月出版，署名狂且选译

屠格涅夫散文诗

我哀怜

我哀怜自己，他人，一切人类，野兽，鸟……我哀怜一切有生命的。

我哀怜儿童与老人，世间的苦难者与幸福者，哀怜幸福者更甚于苦难者。

我哀怜高唱凯旋的胜利的战士，大艺术家，思想者，诗人。

我为杀人犯与被杀者哀，丑恶与美使我怜悯，压迫者与被压迫者都是一样。

我怎能排脱这哀怜？为了她，生活于我是不可能了，是的，为了她和为了我的烦闷。

啊，我的烦闷！烦闷和哀怜溶在一起。人类不能堕落得更低下了。

我宁愿成为嫉妒，是啊，一定的！变成嫉妒，我已经嫉妒了：我羡慕顽石……

一八七八年二月原作

导向爱情的路

一切情操都可导向爱慕与热情，一切：憎恨，怜悯，冷淡，尊敬，友谊，畏惧，甚至轻蔑。是的，一切感情……除了一种：感激。

感激，是一桩债，诚实之士都会清偿的，……可是爱情并非金钱啊。

一八八一年六月原作

原载《艺术旬刊》一九三二年十月第一卷第六期，署名萼君译

O 我的青春！
O 我往日的清新！

O 我的青春！O 我往日的清新！我也，我也发过这喊声。但当我这般呼喊的时候，我还是年青，我还富有我的清新。

那时，我的荒诞情，只在我的悲愁的愉快：在人前自怨自艾，在暗底自感欢乐。

今日，我默然，我不再为我失掉的东西放声号哭。我不需要言语使往事把我磨蚀，无声无息的但是继续不断的磨蚀。

啊！不要再思想是最好。这是乡人的智慧。

一八七六，六月原作

原载《艺术旬刊》一九三三年一月第二卷第一期，署名萼子译

弥盖朗琪罗的情诗

由你的美眼，

看到一道温柔的光，

为我的盲目看不到的。

你的足趾支持了

我跛折的双足支持不了的重负。

由你的精灵，

我觉得往天上升。

你的意志藏着我整个的意志。

我的思想，

在你心中孕育。

我的言语，

在你喘息里吐露。

孤独时，

我像月亮，

只有太阳照着她，

才看到她天空光耀。

　　这首热烈的情诗，原文是商籁（Sonnet）的体格。译文不过想把弥氏的神秘的爱，透露一些消息罢了。与其谓为译诗，毋宁视作史料，视作读书杂志，较为妥当。弥氏此作，是献给他的同性朋友多玛沃·加伐里哀利（Thomao Cavalie. ri）的。这是一个青年艺术家，垂暮的弥盖朗琪罗初次遇见他于罗马（一五三二，弥氏五十七岁），就写了一封热烈的信给他，讲他为旷世的天才。其后又做了许多情诗，当时也曾流传，后来收入弥氏诗集。上面一首商籁，就是最著名的情诗中之一。弥氏对于加伐里哀利的友谊，很快地进达到柏拉图氏的纯灵的恋爱。史家华而基（Benedetto Varchi）曾有下列一段记载："我在罗马见到多玛沃·加伐里哀利。他不独是举世无双地美，并且丰姿妩媚，思想隽永，人品高卓超励，的确值得人家的爱。且愈是认识他透彻，愈使人爱他。"可是弥氏对他的爱情，远不只是爱美的一种表现，而是虔诚的，宗教的，圣洁的爱。弥氏是历史上一个仅见的怪杰。他的生涯充满着内心的矛盾与争斗，对于现实的愤懑，尤其是驱迫他爆发这等狂乱的爱情的一个理由。

　　原载《艺术旬刊》一九三二年十一月第一卷第七期，署名萼君译

世纪病

George Lecomte

今日的青年男女是不是幸福的？

当然，这并不是称颂个人的套语。鲜花一般的每个青年的幸福，要视各人的环境，遭遇，精神上和肉体上的健康，气禀，性情，思想，以及各人用以安排生活的哲学与艺术而定。

这里提出的问题要广泛得多。准确地说来，问题应当是：

新时代的人物是否幸福？

骤视之，人们一定会答道："无疑的罗，既然这时代的人物，是包括二十,二十五,三十岁的人。"

固然，在大体上，除了患病的，被虐视的，残废的人以外；你的情操是代表饱满的力量，清新的头脑，生气蓬勃，给你希望，信心，欢乐。当你清早起来，期待着何种新奇的刺激，意外的愉快可以在日中遇到：人生怎么不美丽？

人类和自然一样，春天是怡然欲醉的节季。在一般精神焕发的人的心目中，前程是显得无穷地远大。他们向着未来微笑。

可是这醉人的幻梦犹有未足。若干时代的青年，虽然都有这二十岁时的魔力与美梦，在历史上却明明注着是悲哀与忧怨的人物。

因此，要使年青的灵魂，如娇艳的雪花一般，圆满地开放，还得要有适宜的空气，用时下流行的名词来说，就是"气候"。

一八三〇年左右，二十至三十岁中间的青年男女的悲伤，在历史上被称为"世纪病"。他们自以为幻灭，抑郁。他们这样说着，也就习染了这些心病。实在也许并不怎样抑郁幻灭，只因反复地唱这调子，取这态度，故更觉凄凉苦闷了吧？

他们抱怨出世太晚，不能参加神奇的史迹。只在做儿童的时候，听过军乐，战歌，及凯旋的号角。他们垂头丧气，因为他们只有在梦中去追求没有干过的事业，去尝没有尝到的热烈的醉意[1]。他们缠绵悱恻的诉怨，那般歌唱自己的衰颓的人，至少都成了当时人的悲哀与不安的舌人。

可是，这一切都结束得很好。这一代人物，虽然自怨自艾，以为是牺牲者，以为把自己的生命在呵欠中虚度了，毕竟是轰轰烈烈地活了一世，给我们留下宝贵的回忆，伟大的热情，以另一种的成功，造成千古不朽的光荣[2]。

至于一九一八年左右在十至二十岁间的法国青年，虽然具有生命的热力，过着美妙的节庆，尝着狂乱的欢乐，似乎也感着一种烦闷。

烦闷，可不是缠绵悱恻的，故并没有假托和谐的诗句，动人的悲歌来表现。但只要你有耳目的聪敏，便可发现在故意做成的短促的发音与冷淡的语气中，在狂笑的变态中，藏着烦躁与悲哀的音调，脸容与眼色的突变；甚至在娱乐里面，也显露困倦与娇弱的姿态。

---

[1]　这是指法国大革命时代，为一八三〇年的青年所未及参与的。

[2]　这是指十九世纪浪漫派的文学，艺术。

那末，一九三〇年的"世纪病"又是什么呢？是绝未卷入大战的旋涡，对于前辈英雄的，超人的行为，只有从传闻中约略知道，不及亲历的遗憾？是对于战争的光荣的相思吗[①]？在今日还年轻的青年，这都是很少可能的。思想，趣味，智慧的趋向，似乎完全在别方面。

那些感到当时之悲壮，以及这些德性之高贵的人们——这般人数比人们所想象的还要多——很懂得在和平中同样可以使用那些德性，在和平的行为中同样可以有悲壮的美，与强烈的激动。

因此，他们的病源，还得在别处探究。

那末，又是因为没有像一八七一至一九一八间四十五年中的情操，丧失阿尔萨斯，洛兰两州的痛苦的回忆，把那时代青年的心灵结合，鼓动起来，酿成残暴的爱国心理[②]，致现代青年缺乏一种煊赫的理想之故吗？

也许是吧。好梦的翅膀折断了，我们这时代的天地真是那么狭小。我们可以引用易卜生在某剧中说的话："谁能把一二理想送我们作礼物？"

但是一九三〇年的"世纪病"，尤其是我们的时代过分贪求幸福的结果。它沉湎在它认为的幸福之中，疯狂地追逐快乐与金钱。速度狂，享乐狂，刺激狂。

金钱赚得那么容易，那么快，不必准备，没有限制，而且要急急地再去赚，因为要防他的钱被人家赚去。可是最近二三年来的艰苦的经验，似乎把这种精神转换了趋向。狂放的行乐，只有每天变换，才不致变成单调，且还要使今日的比昨天的更浓烈，更陶醉。然而，这倒并非易事。人厌倦得真快。无论是什么形式，老是酣歌醉舞，结果是仍使你烦闷，剩下你一颗寥寞的心与一架疲乏之极的皮肉机器。

---

① 暗指一九一四——一九一八中间的欧洲大战。

② 一八七一是普法战争，法国战败的翌年，第三共和的肇始。一八七一至一九一四年大战爆发之前，法国人的心理，是复仇雪耻，上下感奋，一九一四年正是法人的狂热的爱国潮大决口的机会。

至于速度，无论把它如何增高，末了亦与"不动"一样单调。长途的旅行与颠簸，把肉制的陨石在大路上飞滚，究竟令人感到极度的困倦。

还有，尤其是社会的艰难，生活高昂的恐慌，找不到住屋的烦恼，使向往过正规生活的他们或她们痛苦，不安，因为眼见生活受着阻挠。

总而言之，一九三〇年左右的"世纪病"，是缺少理想的悲哀，缺少内生活的烦躁。依柏斯格（Pascal）的说法，是"男人和女人们精神的骚乱，往往是由于他们留在室内的时间太少之故。"

但是，究竟一九三〇年的"世纪病"未必会比一八三〇年的更厉害！且也许——这是我们的希望——和一八三〇年时代一样，会产生一个光辉灿烂的世界，丰美隆盛的伟业。希望无数的青年男女，靠了他们精神上的健康，不致为放纵无度的欲念所累；虽是生长在满是荆棘的现代，也不致没落与颓丧；只依着人类简朴的律令，以坚强的信心与勇气去生活，去寻获聪明人（sages）的平静的幸福。

译者附言：本文发表于一九三一年二月三日在巴黎印行的《日报》上，作者乔治·勒公德为法兰西学士会会员，颇著文名。本文系针对现代法国青年的精神状态而言。他分析他们的烦闷与悲哀，至为详尽；且其所述，与现代中国青年界不无相似之处，不知读者阅后，亦有若何感奋否？

一九三二，十，二十六日

原载《晨报》一九三二年十月二十八日

高尔基文学生涯四十周年

Vladimir Pozner

一八九二年九月二十五日，俄国蒂弗列（Tiflis）城《高加索日报》发表一篇短篇小说，题目叫做 *Makar Tchoudra*，作者没有在原稿上署名，编辑和他说这有背习惯，于是他说：“那末，……就签上‘马克捷默·高尔基’（Maxime Gorki）罢。”

这是一个莫名其妙的名字，他只有一个意义，就是“酸苦”。但采用这个奇怪的假名的人，并非是一个无名小卒，他的真姓名是贝希考夫（Alexei Maximovitch Pechkov），发表那篇小说时正二十四岁，交游很广。可是他的交游并不在文人与批评家中，至此为止，他一直和文学隔离着；他在别方面的认识，因了职业的关系，倒很广博。在丰裕的家庭里的儿童开始学钢琴和礼貌的年纪，他是一个收旧布的孩子，他陆续在鞋铺当过学徒，做过一个素描家的助手，汽船上的厨房杂差，圣像画家，捕鸟者，伏尔伽河边各商埠上的挑夫，合唱队中的歌者，面包司务的助手，园丁，渔夫，火车站上守夜的更夫，酒店里的伙计……两年中间，他到处流浪，徒步走遍伏尔伽（Volga）河与铜（Don）河流域，乌克兰纳，克利梅半岛和高加索。

一天，他在俄罗斯中部一个村庄上，看见当地的居民殴击一个女人，在高加索某小村里，看见执行两个强盗的死刑；乌克兰纳的某处，他偶然一个人遇到一个少妇临盆，他做了她的临时助产者；又一天，他在一个弥留的病人床前念《圣经》，替亡魂祈福；罗斯多夫地方的浪人教他煮食鸥鸟的好法子；在一个村子的某店里作工的时候，他宣传革命，以致被乡人殴击，幸亏他的强壮有力的体格，使他安全地逃了出来。他和浪人，流氓，工人们来往。他从近处观察帝政时代的俄国，他身受到它的影响。

他的见解，完全是他的经验的产物。人生是他的唯一的学校。他已经懂得人类是分成压迫者与被压迫者两个阶级。

因此，他在一八九二年，试过了各种职业后，又挑选一种新职业——新闻记者与文学家。这并非是他的素志，不过是赚钱糊口之计。可是不久事变就来了：一八九二年第一次被逮；一八九六年，结婚，肺病；一八九八年第二次被逮。高尔基这名字慢慢地传布开去。一八九八年，一个出版家替这青年作家出了两本短篇小说集。于是，光荣来了。

他成名得那么快，恐怕除了拜伦，没有第二个作家可以和他相比，名画家争着来画他的像，照相师把他的照片放在橱窗里。他的漫画肖像Caricature印在报纸的第一页上，纸烟盒，糖果罐上都印着他的像。让人求乞的时候不再说"看上帝面上"，而说"看高尔基面上"了。剪发匠，卖淫妇，居无定处的穷鬼，都认识他，在街上，把他围着。第一次，在俄国的出版界中，一本书印刷十万部，四等车里最穷困的俄国人的绰号就叫"马克捷默·高尔基"。

这种通俗性也并不完全是为了作者的天才。俄国已经到了革命的前日：罢工运动到处蔓延着，警察的压迫一天一天的厉害起来，天灾人祸日趋严重，迄今为止一直是俄国精神上的领导者的文人，不再反抗现实。其中最大的作家，托尔斯泰在宣传他的不抵抗主义。青年们奋不顾身的提倡个人主义，自命为叔本华和尼采的信徒和后继者。俄国文学正依着往下的曲线走。群众的主宰从他们手里转移到浦列汗诺夫与列宁身上去了。

高尔基初期作品中乐观地成分，过于粗野的风格，他对于俄国的认识，（并非是哲学的抽象的，而是历史的，事实的，）和他自己的奋斗，始终不懈的精神，使整个俄罗斯社会发生动摇。本能地，高尔基走向社会民主党，走向鲍尔希维克，他和列宁的友谊就是建筑在这一点上的。一九○一年，高尔基重复被捕，不久即被释放。只是警察监视他，他的案子一直存在预审推事那里。一九○二年，俄罗斯学会举他为会员，可是两星期后，事情就来了：一般正人君子觉得在学会中有一个犯过案子的犯人实是一件大大的丑事，这场争执末了送呈俄皇裁夺，终于撤消了高尔基的资格。两个会员，柯洛连科和柴霍夫提出辞职，表示对于此事的抗议。

一九○二年终，Stanislavski 剧院排演高尔基的《下层阶级》。他的荣誉此时已经到了顶点。一九○五年，高尔基因为列名于反对一月二十二日屠杀事件的宣言，又遭到第五次的逮捕。全俄都起来为他抗争，政府不得不表示妥协，释放了他。俄罗斯政府这时正忙着别的更重大的事情，它需要金钱维持它的军队和特别警察：它决计向外国借款。一九○六年初，高尔基起程往德、法、美诸国以便游说它们拒绝俄国的借贷。他的运动没有成功，法国慷慨地答应了俄国借款。高尔基为此写了一篇文字《美丽的法国》，大声叱骂，说"我确信俄国民众永不会还法国这笔借款，因为他已经用血汗来付过它的代价了"。

成了政治上的亡命者，他逃到地中海的加泊利岛上住下。这时代，他写成《母亲》《忏悔》《夏》等。在俄国，批评家们说高尔基已经完了，再没有什么希望。这因为高氏在他书中辩护他的信仰和主义，而当时的俄国革命，却是神秘的，精神的，中产者的，非马克思的。反之，《母亲》则是一本无论哪个工人都爱读的小说。

一九一三年，高尔基逢了特赦回到俄国，一场肺病终于给他逃掉了性命。《童年》才出版，六个月后，大战爆发了。

高尔基在他自己创办的杂志 *Lietepiss* 上对于欧战的主要负责人大施抨击，并痛斥现存政制。警察又开始注意他，但当时的事变便相继沓来，大有招顾不了之势：部分的罢工，总罢工，荒歉，战争……终于是革命。

在内乱（白俄与赤俄之战）时代，高尔基努力于保护艺术和科学的宣传，他救了不少的艺术品和艺术家，他知道一旦社会安定，开始建设，国家需要知识阶级，他没有忘记他的童年，贫困潦到，为了生活，几乎要做贼。他预料数年之后，俄国民众定会热烈地需求文化的陶冶。

一九二一，高尔基的健康慢慢地衰退，不得不到外国去调养。近年来，他冬天住在意大利索朗德（Sorrente），夏天住在莫斯科。他主编多种文学丛书，设立科学研究所，指导大部分的青年作家，参加十余个委员会，学会，出版部的工作。这一切活动使他每天至少要有十八小时的工作，然而他并没放弃他的文学著述。

他的作品大体上可以分成三个时期：第一个时期包括许多为浪人，流氓们写的短篇小说，这期最后的代表作便是《下层阶级》；第二个时期包括更左倾的政治思想的小说，如《母亲》，如《夏》；第三个时期，是他最丰富的著述时代，产生那部不朽的《童年》，还有不少回忆录与笔记：如《赚我面包的时候》《我的大学》《关于托尔斯泰的回忆》《日记》等，还有最近的《Klan Samguine 的生涯》，更蕴蓄着高尔基的人生的和文学的全部经验。

在今日，多少在本世纪初享大名的文学家，一个一个地被淘汰了，经不起时间的磨炼！又有多少虽具有广大的普遍性，但实际不过是第二流的作家！在这种情势中，高尔基的确是把现代文艺支撑到世界水平线以上的唯一艺术家了。因此，他不独是属于苏俄的，抑且是属于法，英，意，德，日美，任何国家的。

今日，全世界上多少工人，智识阶级，小资产者在庆祝高尔基文学生涯的四十周年纪念！这因为他们不但把高尔基当作一个大作家，并认为是共产党战士中最纯现的代表。他能够超越荣誉，他的能够和群众说话，并非靠了什么宗教的信仰或金钱的力量，而且他不是在他的书室里，却是在街上说话，他的信心愈老愈坚，愈年青。他虽然面前摆满了诱惑：金钱，荣名，尊敬，但他始终没有欺骗他自己出身的那个阶级。在这一点上，高尔基至今还是属于苏维埃的无产阶级。

原载《时事新报》一九三二年十二月四日

精神被威胁了

Julien Benda

在此一片国难声中，提起精神，思想，学问这等字眼，似乎迂腐不经，有背救国的原则。其实，在所谓迭次的国耻，国难，觉悟了帝国主义者的侵略之后，在各色各种的口号之下，一切涉及灵智的修业似乎都已置之脑后，何况在这警报频传，兵临城下的时光，因此，我要借学灯的篇幅，把我们西方的邻人的呼吁，传布到我们素以精神文明自豪的国土里来，希望引起若干回响。

译者

几星期以前，甚至现在我还敢说，如果世界经济恐慌会使灵智绝灭，好似若干人士所恐慌的一般，那么，大部分的错处应该归智识分子，他们完全为政治的忙碌所羁绊而渐渐放弃了一切真正的冥想生活。提起这问题，未免使一部分人士有所感触。

怎么要，他们说，怎么要一个人贡献给精神生活，当一切都成为问题，当他毫无明日的把握的时候？我将和勒南同样回答他们，好似他在一篇非常现代的研究文中所说的一般，如果自太初以来，一切都成问题而那些伟大的头脑——他们的工作使我们成为现在的模样——也和他们一般想，那么，我们此刻还不过在巢居穴处的时代罢了。我将使他们注意，虽然他们那样说，他们究竟比蒙丹逆安全得多，不像他每天早上要问他的住屋会不会在天黑以前被新教徒或旧教徒抢掠或焚烧，可是他仍旧完成了精神上的积业。当我的同事们和我讲起他目前的生活实有使他们不得不去干政治的需要时，我怕他们是找到了一个避免思想的借口，而且这个口实渐渐被他们应用得多了，这不禁令人要问，从这条路径一直下去，世界经济衰落会不会把精神绝灭了。

我们确是不得不去关心政潮，他们跳起来说，既然政潮的影响可以及于我们的生死问题——这些影响，我将和他们无法阻止的……如果我的路上的一个屋角要有一天跌在我的头上，我决不会给它面子，天天只去想着这件事。我还是继续看书，思索，但便是这个为你们所不愿做的。

听勒南的这些话罢，它应该成为我们的团体的座右铭："明天的安全与不安全有何关系？未来的属于我们或不属于我们又有何妨？真理会不会因此而减少它的美，上帝会不会因此而减少它的大？世界要崩溃，我们还得作哲理的思考。"

别的人们写信给我道："在我们的物质生活极感困难，在愁虑每天的面包的情况之下，你要我们有怎样的精神生活？"当然，我绝不否认这个理由的力量，可是人家不能不想到赛柴法朗克在作 *Psyche et Kedemption* 曲时，为了生活不得不教授钢琴以获得低廉得可怜的报酬；华葛耐在写 *Tannhauser* 时，不得不为 *Norma* 歌剧整理喇叭部分的曲子。人家也想起巴尔扎克，波特莱，凡尔伦，特皮西，和一切在他们以前的天才的穷促艰苦的生涯。这里我们不禁要提起一个古老的传说：这传说便是古欧罗巴的帝王与文艺保护者自动地供给艺术家们物质的需要。但贝多芬与雪莱几乎是饿死的，而古欧罗巴对之也并没设法拯救。卢梭被逼去就各色各种的行业。笛卡尔为了缺乏金钱才印行他的哲学论。十六世纪荷兰的人文主义者哀拉斯默痛苦了十五年之久，因为没有钱去游历意大利。在这种情形中，我们竟可问现代国家有时候是否比往昔的更慷慨。当阿那托·法朗士被任为参议院图书馆员的时候，有一天一个参议员问他借一部书；法朗士声明如果这职位不是绝对只拿钱不做事的话，他立刻辞职。他的要求竟被接受了。可是十七世纪的拉封丹纳，在林园主任职内，为了疏忽的过失，几次要被当时的首相高尔贝撤职。

在此，我认为应当注意的，是在上述学者和大师中间，大多数是没有结婚的，没有家庭的负担。这显然是一个理由，足以解释他们虽然在物质毫无保障的情境中，仍能完成他们的修业。大家都会和我表示同意吧，如果说是今日那些追求大量的金钱，以至与纯粹的心灵不能并存的数目的人们，大半并非为了个人的需要而是为了夫妇生活的压迫。我很相信如果斯宾诺莎有一个女人，有几个孩子，他一定不会拒绝当时的诸侯所献给他而为他认为足以妨害他的精神的修积的俸给极丰的教职。我相信这种事态的可能性，尤其因为这个大学教席是很荣誉的，而他的女人恐怕未必肯放弃这满足她的虚荣心的机会。我知道颇有不愿意进国家学士院的男子，但不怂恿丈夫去进学士院的女人却极少……家长的地位，对于我们的判断必然有若干影响，我老是认为近代哲学家们的所以把行动和情操的价值放在纯粹灵智价值之前，所以成为实利主义者，一大半是因为他们不像康德和白克烈们过着修士般的生活，而是结了婚，有了孩子，牵羁在人事中间的缘故。唯心学派——基督旧教的所以要教士成为没有家庭的男子并非是没有用意的。

我认为现代智识阶级不愿意独身的现象，只是很普遍的一种偏见的特殊情形：所谓偏见就是轻蔑一切足以限制整个人生的法则。换言之，即对于人生的无穷的欲望，不愿加以任何限制。我的朋友们，提出金钱问题足以解释精神上的暗潮，他们却忘记了今日有整个的青年界，自命为灵智的，不愿意听说什么淡泊寡欲的生活，但求富裕地，奢侈地生活，享受人类所可能享受的一切淫乐。这是的确的，在现代的智识阶级中，所谓虔敬朴实早已丧失了它的价值。这个精神上的危险，实有比政潮更深远的原因在。

若干"政治家智识者"（Intellectuels Politiciens）又给我另一种教训："我们在干政治的时候,绝没放弃心灵的理想。我们只把政治当作一种手段。我们努力，既然时代的危难逼着我们，我们努力去整理国事，恢复社会的秩序，正当的价值，使有一天这个为我们和你同样尊崇的精神生活重新成为可能。"不幸，我将回答他们道，这一天将永远不会来到。第一，因为这些爱秩序的朋友永远不会认为秩序——这也许是很有理由地——已经恢复到相当的地步而可以放松他们的努力。但尤其因为把他们的生活献给政治行动的一般人，虽然他们否认，但的确热爱这行动，而老是借口说这是必不得已的，我承认：我不相信果有因了义务因了刻苦才埋头于政治，而在他的心灵深处却对于精神的事物具有热情的人；我不相信这种在三十年间每天早上写一篇攻讦现任阁员的批评的人，说是假令他听从他的心，会在阁楼上推敲他的商籁或念他的柏拉图以消磨一生。爱好精神事物的热情是严肃的，具有这热情的人，或许会有一时间把他的人生但决不会把他全部的人生——献给政治。夫人，巴莱斯（Maurice Barrès）用着他那种犀利绝伦的自我批评的口气说，如果我是你所说的一个极大的诗人，那么，我将不会做爱国同盟会的主席了。

于是人们辩护道，最大的哲人，亚里斯多德，斯宾诺莎，康德，都曾干过政治。这真是纯粹的字面的游戏了。在政治战斗中过生活，用全生命去肉搏，用一切方法去推翻一个内阁或组织另一个内阁和在纯粹灵的方式中把政治作为思想上的养料，毫无追求某种直接效果的愿望：这两种"干政治"中间，究竟有何关系可以把它们混为一谈？

今日智识阶级的口头禅，便是他们是救世主。不论是重新建立秩序，或准备什么革命，他们都是来"救世"的。他们所以有异于真正的智识阶级的，也许就在这点。（真正的智识阶级努力于准确地思想，寻求真理，全不理会星球上有何变动。）这种救世的办法的确是德谟克拉西的直接结果，在一八五五年，泰纳已经写道："自 Génie du Christianisme 以来，每种主义以为必须要把自己确定为它是来救人类的，它辩护自己。用着警察署长和广告式的口气，宣称它和正统与公众道德相符而它的来处亦是到处一致感到它的需要的。然而实际上，我们只看见智识阶级所给与智识的，只是要它服从他的方式。右派的人宣称，智识应当站在社会秩序所限定范围之内，如果它让对于真理的饥渴所驱使而不留神国家的利益，它将只是野蛮的活动。左派的人也是同样的想。他们之中近来有人责备约翰·泼莱华的《大战以来的法国史》，据说其中若干材料的大公无私，实是罪恶的。思想的第一件任务是为主义效力。

今日的智识阶级自命为宣道使，他们以为这样才是真正的智识者。这简直是灵智的自杀，它亦是比世界经济恐慌有更严重的原因。

原载《时事新报》一九三三年二月十二日

一个意想不到的美国
——美国印象之一

André Maurois

　　谁都知道美国是二十世纪的宠儿，尤其是大战以后的骄子：她的富有与文明征服了古老的欧洲，就是我们这个落后的国家，也事事模仿她。可是她的文化地位，却成为现代世界上争议得最剧烈的问题。在欧洲人心目中，美国是一个暴发户，她的奢豪固然令人艳美，但她的浅薄与幼稚也令人鄙视，然而她物质文明的发达，却尤使欧洲人栗栗危惧，他们认为这不独可以使世界经济衰落延长至无穷远，而且这西方的传统与文化（culture）还有被"机械"吞灭的危险，因此近几年来，代表欧洲古文化的法国思想界上正闹着把美国文明重新估价的论辩。一九二九年前后，如果我没记错，现代法国第一流的文学家如 Georges Duhamel，Paul Morand 等都曾有重要的论文发表。一九三一年一月三十日起，巴黎的《日报》上更继续刊载莫鲁阿氏（André Maurois）对于美国的印象录，前后一共有好几篇论文，有涉及一般社会的，有涉及学生生活的，有涉及智识阶级的。莫氏在当代法国作家中可说是最富有cosmopolite思想的，且亦是对于外国文学（当然是法国以外的）最有研究，知识最深的一人（他著有雪莱，拜伦，狄更司，屠格涅夫……等的评传多种），所以莫氏对于美国的批评亦可认为最公允的，最无成见的评论。我们多少年来炫惑于西方的物质文明，孜孜矻矻模仿不暇，更谈不到用批评的眼光去把外来文化作一番评价的了，——尤其是站在政治，经济等问题以外的民族精神的立场上的评价。由这个原因，我迻译这一组印象记。《一个意想不到的美国》便是这组印象记的开端第一篇，亦是一个楔子的性质。

三十三年三月傅雷识

在欧罗巴的一角，我有一位老友对于美国一向怀着苛刻而确切的观念，实际上，我的朋友从没有横渡大西洋，所以他对于美国的观念尤其确切。一切事实从没搅扰过他的清明的批判力，故他可以痛骂，毫无反悔地，痛骂一个他从未见过也不认识一个人的国家。

去年，我告诉他泼灵斯敦（Princeton）大学请我去担任几个月的法国文学教授，我想接受这邀请，他举臂向着天：“我的孩子，”他说“不要这样！你将不得生还，你不晓得美国是怎么一回事，这个国家骚动得不使你有一分的空闲，那里的喧嚣使你不得睡觉，甚至不得休息，这个国家的男人，因为劳作过度，在四十岁就夭折，妇女们也得清早出门去，进入这全宇宙的骚动。精神，智慧在那里毫无价值。思想的自由是不存在的。那里的人没有灵魂，你只能听见人家谈着金钱，你从童年起就认识精神文明的温婉，可是你将在那里找到浴室，热气，冷气……等等的一种文明，你没有读过关于芝加哥屠宰场的描写吗？真是魔鬼的世界，我敢向你保证，这实在太惨淡了……还有那些报纸上连篇累幅地登载的盗贼在青天白日下抢劫，甚至警察也和他们是同谋的新闻？实在，我替你害怕，你有妻，有儿女，……我求你，拒绝了那个旅行罢。"

翌日，我竟上了船。

现在，我在泼灵斯敦和纽杰赛住了四个月，下面便是我刚才写给那位老友的信。

"我竟不敢，亲爱的先生，向你描写我才发现的美洲。你将不相信我，但我要和你说的只是我所目击的事实的确切的记载。试想我住在一座美丽的外省城市中，一所小小的木屋，周围尽环绕着树木，盖满着蔓藤，我的庭园和邻居的庭园只隔着一行修剪整齐的矮树，狎习的灰色松鼠在我的窗前嬉戏，路上，我看见驶过极少的汽车，比都尔或阿佛朗希（按：皆法国外省大城名）还要少得多；每隔二三小时，才有一个行人，往往是我的邻居之一，和我一样的大学教授。夜间，万籁俱寂，我有时竟寂静得令人不安；且当我突然醒来的时候，我还想在远处试听巴黎的电车声。

"如果我从家里出去，一边是环绕着杨柳与枫树的湖；另一边，矗立着大学校舍的城市，房屋便和我住的相仿佛，城中只有一条商业市街——Nassel Street，在那里可以看到教授们的太太在买菜，像往日法国外省的情形。我想你在读巴尔扎克的几部描写一八三五年前后的都兰纳或博阿多（按：皆法国城名）的小说时，你对于我住的地方，便可获得近似的印象。

"这是所谓骚动和喧嚣，至于社会生活和灵智生活，那么我很抱歉，亲爱的先生，我将告诉你我每天旁观默想的情景也和你所说的全然异样。我和我的学生，同事，他们的夫人谈话很多，我敢和你说他们是有灵魂的，而且有的竟是十分精微的……我们的会话像哪一类的谈话呢？我的天，真奇怪，这些谈话和我每天在巴黎和聪明的朋友们所谈的完全相似，麦赛尔波罗斯脱（Marcel Proust），巴尔扎克（Balzac），弗洛贝，辛克莱，刘易士和安特莱·西格弗烈特（Andre Siegfried）是我们的谈吐中的重要角色，人们讨论着欧洲现状，有时未免隔膜，但常常很富同情；人们也谈着美国，用着和你一般自由的态度。

　　"没有一种精神文明，你曾对我说，只有浴室，热气，冷气……的文明。可惜！亲爱的先生，你真不运气，这些话竟也是滑稽之谈，因为，如果我有何怨言，对于我很感幸福的住屋的一句怨言，那将是缺少舒服的设备。我的美国热气管是一种在欧洲任何地方找不到的老家伙，像一个专和人作祟的幽灵，因为它在暖和如春日般的秋天发出不堪忍受的热气，反之，只有温度低落，它便和冷气管一般无二。

　　"说到我的浴室，看看也好笑，要想弄到一些热水真是做梦，这倒恢复了我少年时代洗淋雨浴的习惯，我很抱歉，亲爱的先生，我处处说和你矛盾的话，可是怎么办？我只能把我个人的经验告诉你，在别一座屋子里，别一个环境中，也许一切是异样；这里，我却只有精神上的舒适而没有物质上的。

　　"末了，你曾威胁我说有可怖的强盗，有组织的暴徒，没有警察，毫无保障的生活，试想，亲爱的先生，我的屋子简直连墙垣都没有，我的窗子只隔着一层不堪折挠的百叶窗，每逢我出外作一二天的旅行，我连大门也不下锁，因为可使邮差把信件与包裹放在室内，我和你一样在报纸上读到悲惨的故事，但我们不应当把偶然的变故当作常规，悲惨作为普通现象，我敢确言美国并不全部都在贩酒流氓的掌握中，很少的人在芝加哥屠宰场中消磨他幽闲的岁月。

　　"的确，你可以和我说相反的情形亦是真实的，泼灵斯敦并非就是美洲。我同意，如果我描绘芝加哥或辟芝堡，那么，情景的完全不同，穆杭所描绘的纽约是完全确实，真切的。可是所谓真理是：现实的世界并非因这些为我们的热情所希望的简单而率直的矛盾所形成的。襃克（Burke）在一七九三年和英国人讲起法国的时候说：'吾人不能贬斥一个整个的国家。'当一个国家还在青年，生气勃勃，只求多多认识你的时候，你试着去了解他，岂非更近人情，更'智'么？"

原载《时事新报》一九三三年五月七日

今日之伦敦
——法国两球杂志本年一月号

Paul Hazard

　　我一想到要去和伦敦这位老友重逢的时候，我不禁感到如儿童一般的欢喜。对于我，一切将是快乐，在无数的屋檐边飞过的火车，第一个看到的高大的警察，第一辆遇到的街车：那些臃肿的，矗立在轮子上的高大的街车，又威严又凄凉，它们还保有一九一〇年时的气概么？我将沿着无穷的街道往前走，一直走到筋疲力尽；或者爬上公共汽车的顶上，缓缓地循着这灰色的巨城的曲线前进；我会在伦敦城中溶解了。还有各种气味！早上醒来，是醺腌肉的气味；外面是大雾的闷塞的气味；而且每一个国家各自选定了特殊的烟草，人们只要在纸烟的气味上便可辨别出是法国人或美国人或西班牙人；这样，我便吐出棕色烟草的又辛辣又甘美的气味。此外还有味道！淡泊的茶味，苦涩的黑啤酒味；威士忌酒味……

繁荣

这是一个极小的小旅行，在一条极小的小艇上；我仿佛在玩小高尔夫。相传十七世纪时，一个法国人决心要渡海到英国去，勇敢非凡一直走到海边；看见了海中的波浪便决定回家了。在今日，只有游泳家才能以从加莱（Calais）渡海到杜佛尔（Douvres）来自豪了。

然而在此岸与彼岸之间，究竟有多少分别！你从巴黎来的人，神经紧张着，骚动着；人家和你谈起的只有倒霉的事情；每天早上，报纸报告给你的第一件新闻，便是说世界的末日，欧罗巴的末日快要来到了。在此却一切都很安静。没有喧闹；汽车不乱揿喇叭，汽车夫不恶声相骂，路人也不大声喊叫；他们甚至有闲到能够保守礼貌。没有无聊的举动；坐在你的位置上，等人家来侍奉你。揎拳撩臂是无用的；相反，人们为责罚你不耐烦起见，反而延宕得更长久。到伦敦还不到四十八小时，我已觉得开始着一种休养治疗了，自然是没有太阳的休养。

这是由于一个国家的特性；因为他们惯于不表露感情，以至到了统制感情的地步；他们不预先发愁，不作任何空想；坚实的，不可摇撼的。这也由于一个字，在字汇中以前被放逐了的现在又回来了的字；它在商店中，客厅里，厨房内溜转，在桅杆上起落，它的每个字母都充满了欢欣的情调：繁荣。

是啊，商人们微笑地搓着手。银根流通了，它在千百的小溪中流转，每人都能汲取：春天回来了。想到艰难的日子已经过去，不景气的恶素已经放射完了这思念，使大家定心了许多；而胆怯的表现，——商业渐渐转机，指数较好，交易所颇有振作之势——渐渐地变得肯定了：进步是正则的了，转机是确定的了，统计表也一个月一个月的提供出复兴的凭证，人们去考查统计表，恰如病人去翻查他的温度记录，只是在此是希望曲线逐渐向上：

它果然向上了。十月份输入总值较九月份的超出三,九六八,一二九镑;同月的输出总值也较九月份的超出一,九〇四,六九九镑。但只要看一看上年的数字,你便欢喜了。一九三三年十月份输入总值较一九三二年同月份超出一,〇〇四,二六一镑,输出总值超出三,六九〇,八三七镑。这是恢复;这是健康;大家在额手相庆,政府当局高傲地喊道:"此刻,我们重行挣得了世界上第一个输出国的荣誉的地位。""此刻"这个保留的语气,在我们是觉得大可惶虑的,但在英国人的意识上几乎绝无响影,他们是不愿注意到这种语气的。

当然,失业的人依旧有;而且不少。我在写这几行时,一个乐队在我窗下安顿下来;六个失业的人,落难音乐家,分担着一架五弦琴,一个鼓,两只号筒,两支木笛;他们在和音,四个残废的老者向路人伸着他们的便帽。这些音乐的行乞队老是街道中的一幕熟习的景色:如果你避去了机械钢琴,提防着笛声罢;而且还有歌者!但自一九三三年一月以来,六九二,〇〇〇人重新获得了工作,究竟也是事实。好几个戏院,关门了两年的,此刻复业了。妇女们换制她们的衣衫与帽子,第一是帽子,丈夫们也没有反对。对于胃,也答应它增加一些食粮了,饭店的生意很忙。这是不是幻象?街道也显得整饬了些;面有菜色的人不见了;整齐的,甚至漂亮的服装,渐渐多起来。

我到卡尔陶尼安市场(Caledonian Market)去,那是一个旧货市场,现在却是卖新货的比卖旧货的更多,因为这个地方已被游历的人熟悉,游览指南上也有它的大名,如惠斯脱敏斯脱大寺与古塔一般。一家银器店(在卡尔陶尼市场上不知有多少银器店呢!)的女店主告诉我,主顾们的确颇为尽职:三个月以来它的营业很好。我的朋友们的一个牙医生和我说:"去年我只有拔牙的生意。现在,我重新有装配新牙的主顾了。"

可喜的预兆!生活程度不高;在英国本土,物价并不随了金镑的跌价而高涨。法国的太太们在菜市上对着食粮的便宜出神,她们什么都想买,牛油，鸡，羊腿。计算之下，把英国钱币折合了法郎与生丁之后，她们确信在这个国家，食物要比巴黎便宜百分之六十。

毫无疑义；在报纸上，在谈话中，在官场的演辞中，我们的确获得这种印象：不幸之神在天际远去了。繁荣来了，坐在它的位置上了；大家用着温柔的目光鉴赏它。啊！它是何等可爱，何等美丽！——它有没有久留之意？——我们不要提出这种不快的问题；只要现在就很足够了……而外国人士，一经呼吸到这不但是平静的，且是幸福的空气时，觉得宽弛了，镇静下来。如果你寻一个可以安安宁宁地生活，睡了不会做恶梦的城市，那么请到伦敦去罢。

不列颠博物馆图书馆

噢！不列颠博物馆图书馆，我们颂赞你！我们也要传达在你的蜂房里埋首酿蜜的几百的法国人的情操。我们不只颂赞你藏书之富，目录之便利，与空气之静穆：我们所要称颂你的，第一是你的阅书者的虔诚与敬爱。这里的阅书者，并不是扰乱管理员工作或拼字游戏的可厌的人；他亦非是员役们的仇敌，员役们也不会把你所要的书的邻书错拿了来，丢在你的桌子，满扬着灰尘。人们接待读者，帮助读者；殷勤的绅士们会指导他搜寻；他可以自由出入，要多少书便可拿多少书；他并不被视为行乞者或犯罪者；反之，他觉得周围尽是友谊的空气，他可以在愉快的心情中工作。当白色的灯光洒射在许多埋在书堆中的头上时；当皮面的装钉的影子在墙上转动时；当无边的沉静从穹窿中下降时！如果世界上有一种科学的宗教的话，这便是礼堂坐满了无数的祭司的礼拜的时间了。

在此，书籍还不能借到外面去，因为书籍应当流通，这是它们的愿望与责任。好罢：我们将有把书借到外面去的日子。

十一月七日——不列颠博物馆后面，在一座刚刚竣工的大厦中，人们举行着一个新式图书馆的庄严的开幕礼。这图书馆将有许多使命：它出借图书；它将成为英国与外国的无数的图书馆的交换总站；它当成为国家的与国际的图书情报中心。只要有一个英国人需要一部专门的著作，这图书馆便将在它自己的收藏中搜寻：万一寻不到，它将到孟却斯透，利物浦，格拉斯哥，到处的图书馆中去寻；如果到处都没有；它将去买来借给人家。它的野心是要使它的行动及于全世界。它将成为一个巨大的收藏者，同时又是永远的交换处。只是为要达到它的理想起见，它要求公家与慷慨的私人，每年资助它一万四千镑。

二点四十五分——各处的门关闭了，全体来宾都已到齐，坐待着。三点十五分：英王与英后陛下驾到。管理委员会主席向英王陈说"国家中央图书馆"（这是它的名称）的性质与目的；继而是英王致答。康德贸里大主教勋爵举行祈祷，全场起立。英王在象征式的姿势中开了图书馆的门，把钥匙交给图书馆主任：无数的图书只要预备出发了。

一个文人或一个学者往往看到书籍的多，且是一天一天地增多的情形而感到被压倒了。多少的书！几十万，几百万！它们逐渐堆积起来，而可怜的人类只有对之望洋兴叹。这种感觉是痛苦的。

在这个处所却没有这等感觉，人们反觉得自己把书籍控制了。只要一个手势，书来了；另一个手势，书便归到原位。一声呼唤，它已在你的目前；你命它走，它知道应该到那里去。茫无际涯的世界变成有系统的富藏。读者在一副巨大的键盘上舒舒服服地弹弄；如果它打错了键，那决非是工具的责任，而是他自己。

十一月十一日（按即欧战和平纪念日）

牛津与剑桥出了事端；成群的大学生想乘机把对于死亡者的纪念仪式变做和平运动的示威。于是争执来了；警察武装起来。

在伦敦，当 Big Ben 打了十一点钟的第一下时，一切的生活停止了。路上的行人脱下帽子，两分钟之内，不动了；已经开始的动作中止了。在动作与停止之间，丝毫没有踌躇；城市中立满了石像。简直没有一个转眼望他的邻人；凝神屏气；万籁俱寂。

大家一致认为这一年的和平纪念日具有特殊的意义。它更为严重，更耐人寻味；它不复像群众的欢乐节；它竟含有忧惧的成分。

这是因为无论你愿不愿，必得看一看天上的乌云。地下的声音传到时已经模糊了，迟钝了；但毕竟应当听到它告警的呼声。讲得明白一些是：如果不幸而大陆上重启战端，英国将怎么办？

第一，我们注意到这样的前途不独使英国人厌恶而且还不愿向它瞩视。不要讲起战争啊！也不要想到战争啊！我认为我抓握到的一种情操，既不能由先后两代的人物的对立来解释，也不能以和平运动之剧烈，或对于一千一百万人的死亡的回忆或人类意识的反抗来解释。普通的英国人都有一种虽然模糊但很坚强的思想，认为对于大陆的事情，愈少预闻愈妙；如果人们为了它有何举动，即是错误；过去的协约不能再适用于将来；应当防范自己不要和暴乱的国家一起冒险，因为如果任它们摆布，它们定有使英国陷于危难之日。战争是繁荣的反面；因此在此刻说颇有战争的危险，这话是不确的。只要德国说几句和平的话，大家便安慰了；你听，它并不如人们所说的那般凶恶，我们很可和它妥协。当有人要觅得反对政府的一种政治根据时，便会被指为欧洲化了，冒着战争的危险了。

可是在这一点上，另一种舆论正在诞生，它虽无公式或表现，亦无宣言的昭示，但人们颇能在其他的下层意识与事实中，辨别出来。例如：当大战时，德国的空军所能载往伦敦的爆炸物重量是三十吨。而德国人在今日所有的飞机能一次把上述的吨量载往伦敦。固然，暂时他们只有两架这样的飞机。但他们正在制造新的：留神啊！确切的是德国商用飞机比英国的具有更多更快的机器。此外，据法国人说德国的存货是可惊的；在荷兰与瑞典都有德国的飞机制造厂；法国人这么说当然是不错的。因此，应当要增强英国空军的实力，不能迟缓……还有：英国海军从没有比今日更萧索的时代；日本，美国，都在制造巡洋舰。因此，应当增强英国海军的实力；建造巡洋舰，强大的，重吨的巡洋舰……

我们并不在揭发什么神人们的秘密；我们只试着表达街头巷尾的人所思想的，或说得更准确些，所感觉的。同样，我们并不批判；我们只证明。但这似乎是一般的意见：

恢复到岛国的状态；反对阻挠国家在和平中过活的任何人；坚执英国只应在自己所愿意的限度内与愿意的时间内参与欧洲的事情。此外，在精神的寒暑表所记录下来的事实的压迫之下，大家都有作自卫运动的思念。政府对于当前的危险的现实，似乎比若干明辨的阶级更为敏感；而明辨阶级更比大众为敏感：双层的转折，慢了二步了。

邱吉尔（Winston Churchill）最近在皇家海军协会宴会席上所发表的演辞，曾经有一番相当的轰动。因为他说第一：我想我们不应当遵循一种使我们干预欧陆的事情太多的政策。第二：说我们的民众不愿前行，说我们的大学生不愿为了他们的君王与国家而战斗，是对于历史于我们的国民性极不名誉的，而且我以为这种话是绝对不确的。第三：我们当永远尽我们的责任；但我确信一种明哲的政策将使我们能够尽责，——至少对于这一代——而不必把我们重新埋葬到战争中去……

电影院中

奇怪的影片，把亨利八世的私人生活展露在银幕上。

英王被表现得如一个丑角，如一个饿鬼；他用手指扯着全鸡，拼命的咬嚼；他引直着喉咙喝酒，甚至打呃：观众为之狂笑。这种事实重复搬演，每次似乎都使观众乐个不止。全篇的故事只是夫妇问题；人们看到，英王赤足穿着睡衣，走到卧室去，人们笑起来。

一个法国人觉得非常讶异的便在这等地方。尊敬何在？礼仪何在？这些嘻笑是否因为星期六晚上去看戏的人都是好说话之故吗？在我旁边的一个悲观者，认为这是由于德性的堕落。从前，人们决不答应这种君王当丑角，穿着睡衣的景象出现。——在古老的英国，有没有多少变更呢？

古老的英国

主要的性格并没变更。

伦敦市长的巡游已经重复地搬演过多少年？我看到铺石工人，竹器工人，纺织工人，铁工工人，手套工人……各式各种工人的集团一队一队走过。我看到比纸牌上的更美的公役，和那些浑身金光使我目为之眩的骑兵。我看到穿着绸袍的长官（我从来不敢把"市政府公务人员"这野蛮的名称称呼他们）与戴着美丽的丝绒冠的首席长官。我看到那个可尊敬的市长勋爵，由他的祭司，司厩，金棒捧持者陪着坐在六匹马的马车中：马车又是何等庄丽！鬃漆的，金色的，满着装饰物，全部是曲线。刀枪斧钺与最新式的大炮放在一起，它们在队伍中也自有它们的位置；全身妆扮的马匹之后，是张着巨翼的飞机；中古式的车辆也和旁的东西颇为调和。新式的器具混杂在传统之中，这句话便可概括一切了。

更甚于此的，我还看到亚尔守王（Arthur 按系英国神话中的人物）的骑士，他的掌马，他的旗手。这一次是在圆桌会员的公宴席上：这些人物除了维持骑士传统，联络友谊之外更无别的目的。那天晚上的主客是新任法国大使高尔朋先生，大家是在祝贺这位上宾和他的国家。人们那么有礼，恰如骑士们应有的态度。人们也很简朴，很自然，很快乐。人们很幸福……

一个人要而且懂得在他的生命中坚持，不是一件容易的事。装做不知道自己的缺点，培养自己的优点，为几百年的患难所试练过的。自信而不傲慢。不要老是分析自己，这会使你一事无成。不要破坏，而要添加。这是古老的英国的传统，而它并没变更。鲍特温最近在无线电话中作一组分析英国国民性的演讲,他说:"坚毅地保留我们的本来面目罢。用我们的毅力,用我们的对于自由的爱情，用我们对于有秩序的自由的爱情，用我们对于法律的尊敬和我们的个性，用我们联合一致为国宣劳的机能;实际上，在我们的力量上与缺陷上，我切信我们的民族能够渡过一切目前的难关，而且——如果他能谨守他的最好的传统，——在未来比在过去将更为伟大。"

某次晚宴中，我正坐在某个拉丁国大使的邻席。这位大使讲得一口法语，与你我无异；我们讲了不满十句话便互相了解了；往常两个异族人间所必不可少的沟通，在此却完全用不到：我们的思想已非常和谐了。我利用他的经验与他的尖锐的头脑；我问他思念不思念他的秀美如画的蓝的粉红的屋子，他的光明眩目的海与太阳。他回答说：当然他不喜大雾而更爱晒射着葡萄园的太阳；但在大体上，他在伦敦觉得很舒服。在他所举的理由中，我记得这意义深长的一个："你看，这民族不眼热别人，不嫉妒。"

法国的智识阶级在伦敦

每个星期都有出众的法国人，在伦敦的听众前面发表他的思想；哲学家,数学家,社会学家,小说家,接踵而至;听他们演说实在是一件愉快的事。

一方面，是永久的力量：伦敦各大学各学院的教授，法国学院，兼负着中等教育与高等教育两重使命，且在特尼斯·梭拉的领导之下，快要建造一所相当的校舍；还有是法文协会。

另一方面，是无数的联系交谊的使者。多少青年人到伦敦来继续他们的探究：高师生，档案学者，法学者，人种学者，——各式各种的未来的学者。Edmond de Rothschild 所创立的伦敦法国学院，如章程上所定的"备欲作艺术的，科学的，文学的研究而居留本城的人居住"的大厦开放之日，这一天实在是两国人士所共同希望的。

法西斯主义

英国的法西斯党：这才是奇怪的事例。英国人素不喜制服：他怎么能穿起褐衫来呢？英国人对于大陆的产物，一向抱着怀疑态度的：他怎么能接受这种输入品呢？然而法西斯主义确已有了相当的回响；有人在讲起放逐、处罚与复仇，也有人在谈着褐色与棍棒。在英国已有三个法西斯会社：不列颠法西斯党，帝国法西斯联盟，法西斯的不列颠协会。这最后一个是最重要的，应当去看一看。

它的大本营在 King's Road Chelsea 一所女子中学内。我生平见过不少中学类似兵营或牢狱，但从来不会到这种程度。房屋的一面饰有铁丝网。墙上是无数的布告，绘着一个行罗马式礼的青年的法西斯党人。进去罢。

运动家般的青年壮丁在此如在蚁穴中一般；他们在各处走出来。这是比兵士或运动家更进一步的人物：没有皮靴，没有金带，没有漆皮，自然也没有军器：在英国，人们是不能如买糖果一般地买手枪的；禁止军火入口的法律是严厉的，而且是实施的。这些青年高傲地穿着褐衫，上面钉着党徽。毫无优美的陈设，连物质生活的舒服的设备也没有；全体予人以军营的印象。

莫斯莱爵士（Sir Edward Mosley）出发去作宣传运动了；于是党中的书记福更博士，非常殷勤地把我招待了。我坐在他对面，在一间严肃的室内，只生着一只极小的炉子：他准备接待我了，我只要开口就是。

"请问法西斯的不列颠协会的目的？"

"取消空废时间的政党；解散上院；下院将成为技术的与经济的。此外，我们将复兴并增强国家意识，这是已经受到共产主义的威胁的。英国的法西斯党既非右派，亦非左派；左右这些名字在此是无意义的；它要在另一种行动方式另一种思想方式上生活；他是国家的，社会的。"

"请问它和意大利法西斯党的关系？"

"只是尊重的与友谊的，但绝无附属的关系。"

"英国人民心中最深刻的情操既然是个人自由，怎么能相信他有一天会牺牲这情操呢？"

"现在的自由只是虚幻的；它只是允许每个人唠叨，作无谓的辩论；它没有存在的权利。有时我们当为了公共的福利而有所牺牲，这个时候已经到了。而且，美国人有合群性，有团体精神：正如法西斯主义一样。"

"法西斯党更爱从哪方面入手？从青年们开始么？"

"无疑的；但这究非一个学生的政党；成熟的人，社会上各个阶级的人都来归向。而且是何等可惊的数目！每天我们有新会员加入，从英国各地甚至是从各处领地来的。"——一个精明的参谋长既不应该发表他的战略，也不应该泄露他的军队的数目；但福更博士所能说的，只是这个数目足以惊人而已。他附加着说："我约你三年之后再会。那时你将看到一个法西斯的英国。"

出门之后，我所询问过的英国人，都不以为这种断言为然。他们承认法西斯主义在英国有了进展；对于议会制度的不满的声浪在国中也有听到了；上院的存在不复适合于目前的情势；立法当局的行动僭入必须的范围以外，干预多少与他无关的问题，已经受到各方的责难；总而言之，一种改革的必要已经显露明白了。但他们也说，在英国穿起褐衫之前，泰姆士桥下的河水不知要流过多少，或竟要泰姆士的河水倒流才行呢。

密切的友谊

如果我们搜寻所有的游记，所有的法国人写的关于英国的文字，数量定很可观！最近又出了一部新书，是保尔·穆杭（Paul Morand）著的《伦敦》。

不独是表面的，而且是内层的发掘；不独是现在，而且是解释现在的过去。全书都充满了著者的尖锐的智慧；好多地方，一种感觉仿佛是不由自主地触及的。其中尤其富有同情这种德性。批评是那么容易！了解是那么难！努力去了解，你会开始爱它。

当我们的祖父一辈谈起英国时，是毫无温婉之情的。怪僻的人；自私的，不可救药地自私的。共同作战的经验并没使他们改变这种简略的，偏袒的见解。可是事业还当继续。法国人眼中的不相识的英国三岛，这印象，应当逐渐减淡。而且我听说，英国人也当更信任些法国人。他们应该认明他们的安全有赖于我们的安全。他们也当认明如果我们的说话有时说得太快，他们的行动有时未免来得太晚。

一个年轻的伦敦人，思想细腻，富于想象，又是诗人，（他将来能否成为一个大诗人？）刚在巴黎住了一年。他回到英国，我在一个友人家里的晚宴席上遇到他。我们提起互相认识的人；他和我讲到一个刚刚回到本乡的美国人时，说："他此刻住在一所十分幽雅的别墅中；一座古堡，为十八世纪时英国人在法国人那里夺来的……"他停住了，脸红了，附加着说："但这件事情！对于英国人也并非没有巨大的损失……"放心罢，如果我的年青的英国朋友不曾在我们国中旅居过，英国人将会毫不费力地，占据我们的古堡呢。

原载法国《两球杂志》一九三四年一月号，
译文载《国际译报》同年第六卷第五、六期

怎样管束德国

Emil Ludwig

　　爱弥儿·路特维格是一个现在侨居美国的德国作家，向被认为世界三大传记家之一。他今年写了一本书，讨论怎样管束德国——一切战后问题中最棘手的问题。路特维格生于德国布累斯劳，就学于海得尔堡，研究法律，早岁即从事于写作。一九一四年春，他曾为某日报当伦敦通讯员，第一次大战爆发后，继续在德国各盟邦作新闻记者。一九一八年起，他连续发表许多著作，以描写世界人物，讨论政治与历史的题材为主，显出他对德国民族有深刻的了解。所著歌德、贝多芬、俾士麦、德皇威廉、兴登堡诸传，尤为精彩。《怎样管束德国》乃其最新作品，他在此对祖国的民族作更进一步的研究，且于根除日耳曼军国主义，及纳德国于文明正轨之问题，提出新鲜而耐人深思的建议；尤足为吾国今后对日政策之参考。此项节本原载美国《读者文摘》六月号，题为：《在精神上征服德国》(*The Moral Conquest of Germany*)，兹改译今名以求显豁。

"普鲁士"这个名字不止是地理上一块土地的名称，它代表一种哲学，一种生活方式。在决定德国战败后应受何种待遇之前，必须对这种哲学及其影响认识清楚。

远在三百年前，正当勃兰登堡选侯用铁掌来建立第一支模范日耳曼军队时，普鲁士已有向外侵略的意向。那时普鲁士已经有一个武士阶级，靠着掠夺和遗产，占有了东方广大的土地，住在那边的是操波兰和斯拉夫土语的民族。这批被史家称为"二百大户"的人民，以自己的田产与特权获得保障为交换条件，应允保护他们的诸侯不受外族侵略。选侯威廉·腓特烈便这样地在他的地主群中造就了一批军官；而地主们又强迫农民服军役，把他们当做终身的武装奴隶；一年仅有四个月遣送回家耕田，生育新兵。教员和牧师不过是地主们的仆役。地方上的司法机关也在地主手里，所以当时的公共生活是完全被他们控制的。当王侯和地主运用这批军队去征伐外国时，总说是带些日耳曼文化到蛮子那里去。刀剑和鞭子是这种文化的赠品。普鲁士历代的王侯还用奴隶方法来扩充军队。外国庶民被绑架，购买，像牲口一样；有时被转租出去，替外国战争当佣兵，这种方法在文明国家中是独一无二的。反之，美国与法国却早接受了人权。在华盛顿当总统的任内，普鲁士不订宪法而制成了一份军费预算。内阁的全体阁员一律称为"战争部长"，所有的税吏称为"战争委员"。

一八七一年，俾士麦提出普鲁士为其他各邦的统治者，普鲁士王改称德意志皇帝时，地主们把整个日耳曼都抓住了。迄一九一八年止，地主们占据了各部和所有的政府机关——虽然这些以战争为业的人对于政治并无丝毫训练。地主的子弟所受的教育，大抵只限于参谋学校；即使偶然进大学，也不过浪费光阴于纵饮啤酒和决斗而已。

唯有在德国，一个学者而兼行动家的人才会令人惊讶。美国第一任大总统曾留下三十七册著作。杰弗逊，法兰格林，威尔逊等全是学者。可是普鲁士和以后的德意志，三百年间的统治者，大半是不学无术的贵族。历来普鲁士认为理想界的领袖所发表的言论，是这样的：——

化学家奥斯瓦特，一九〇九年诺贝尔奖金的得奖者，曾经在一八九四年宣称："除了强权以外，我不承认还有什么公理的根据。"史家特赖什开在一八九六年声言："凡是宣传永久和平的谬论的人，对于国民生活简直毫无观念。我们的军队是日耳曼理想主义的光荣的化身。"正统的军国主义者柏恩哈第曾谓："战争能唤起人性中最高的力量。在整个事业的理想主义之前，个人的残忍便会消失。"阿道夫·希特勒说过："人道不过是愚蠢与懦怯的混合品。"

普鲁士参谋本部对每一代人民都要颁发一纸非发不可的动员令，至少一代一次；而人民每次都兴高彩烈地接受。几世纪以来，日耳曼人的公共生活只是颁发命令和接受命令罢了。这种态度未必无法更改，而且必须更改，假如欧洲与世界想要和平的话。

美国人把社会看做一个平面，人的社会水准和政治水准大致相差不远，虽然最能干的人可能在声望、金钱、或艺术造就方面超过旁人。德国人把社会看做一座金字塔。他本身不过是塔身上的一块砖，一边支持着另一块砖，一边压着在下的砖。对上面的人卑躬屈膝，他很高兴；对下面的人发号施令，他也很高兴。

在美国，国家是一个民众的集团，委托一部分同国人管理政府的行政。在德国，国家是一个神，高高坐在云端里。每个公务人员都是平民的上司；为表示这种优势起见，他们都穿著制服。美国人老是批评他的总统，参议员，军事领袖；要德国人作这种批评却是违反天性的。

过去德国民族所有的领袖，恰是他们愿望的那一种。当希特勒执政时，世人惊奇的是，德国大学教授对这个强权与无法无天的新时代的诞生，居然大事庆祝。一九一四年，九十三位文化界领袖人物联名发表宣言，对侵入比利时之举一致拥护。一九三三年，有一千二百位德国教授，以欢呼来迎接希特勒野蛮主义上台。由此，德国民族在危急之秋完全得不到精神领袖的支持。他们相信统治者是贤明的，因为眼见他的决定受着德国文化界领袖拥护。倘使在一九一四、一九三三、一九三九等成败关头，德国教授起而抗议的话，至少必有一部分人民在参加统治者的暴行之前要踌躇一番。可是教授们的行为恰恰相反。

世界上只有德国，既没有一个为自由而奋斗的英雄，也没有一座献给自由的纪念碑。反抗专制的诸侯，在历史上和世界上精神不死的人，在日耳曼的历史与文献上是不存在的。在日耳曼受人欢迎的永远是秩序而非革命，服从而非自由。

并且，近代独裁者中间，只有一个希特勒用合法手段取得政权。其余的几位都是用武力攫取的。一九三二年德国人在最后一次自由选举中，有八个主要政党可以选举，他们却对纳粹党投了一千二百万票，对社会党只投七百万票。希特勒的政纲是早已公布的，所以这一千二百万票明明白白表示愿意他上台。的确，没有一个美国总统身入白宫的时候，比一九三三年正月三十日希特勒的踱进威廉大街更合法。兴登堡根据希特勒政党在国会占有多数这一点，才任命他当总理的。因此，负此次大战之责而应受严厉谴责的是德国民众，而非仅仅是疯狂的纳粹党徒。因为希特勒不止是德国人合法的首领，抑且是他们精神上的领袖。而他们也从未有过一个更合式的领袖。在毫无光彩的共和时代，他们瞧不见制服与会操，听不到军乐，不胜痛惜；希特勒却把他们念念不忘的这些东西给了他们，他并且恢复了"威权"，——那是比责任更受欢迎的。这才是一个投合民众心理的人物：他代替大家思想，代替大家投票，正如王侯和地主从不知多么久远的时代起为大家代庖一样。

一九三三年五月一日，作者在无线电收音机中听到希特勒对上万的人演讲，大叫"服从！"并且重复二遍，把群众听得兴奋若狂。旁的民族正在高呼自由，德国人却高呼服从；新领袖找到了开启他们心扉的宝钥。但给民众的印象最深的，莫如一九三四年六月三十日那次大批的屠杀，他一次干掉了一千一百名他自己的党徒；他们这才瞻仰到以铁腕来贯彻一件事情的伟大的行动者。

秘密重整军备的事，所有的德国人都知道而且认可。在希特勒登台之前，全国的学校教室内已张挂地图，把一九一八年的德国边疆和他们希望恢复的边疆对比。在国会所要求的一切改组事宜中，唯有军队一部门坚持反对了十四年。

在希特勒执政的十二年间，没有一个政党，俱乐部，或大学学院，对那时的情形提过抗议。对于彰明昭著的备战，纳粹党人的虐害犹太人，经济与社会生活的遭受纳粹政权的全盘统制，没有一个团体哼过一声。旧教的主教和新教的教会，只抗议政府干涉宗教，并不抗议罪恶的政制本身。

并且德国的战争犯不是一百万 S.S. 团，而是一千五百万德国士兵。在留下的像片上，狞笑的唇间衔着纸烟，在波兰某地驾着一辆由十个长须老犹太人拖着的车子，这些兵士是谁呢？一九四○年轰炸法国公路上逃难的妇孺，那些空军又是谁呢？谁把里第斯城烧成焦土，把全城的居民屠杀干净的？谁把成万的犹太人在货车中闷死？把成万的人在勒令自掘的坟墓前面杀死？他们不是武装的德国人民是谁呢？这批民众便是二十年前退出法境时焚毁城镇森林，趁着威权在手的最后一刻以图快意的同一民众。他们就是原班人马，或是他们的儿子。犯着这罪恶的时候，每个德国人觉得自己是国家的一具器官。在他们心中，成为国家的一具精巧的器官，比着做一个真正慈悲的个人，意义广大得多。为了祖国的光荣，德国人可以杀掉他认为比他低下的任何邻居。他们这种作风不是在希特勒治下才开始的，在中古的帝皇时代即已如此。

临了，德国人竟相信生命只包括两件事情：一件是他的统治者控制世界的梦想，另一件是他自己勇于服从的热忱。战争的失败暂时把上帝注定的局面推翻了；但归根结蒂，战败不过是停战休战而已。所以他想着自慰的念头：二十年后儿子一辈就可再来一次。

所以要改革德国，必须希望这个民族放弃他自命为不可征服的信念。

一般美国作家讨论如何对待战后的德国时，大半不出于两个极端，而我认为都是错误的：——有的主张完全消灭德国民族，——强迫男子到旁的国家去服劳役，工业设施全部消灭，分裂德国领土为十二小邦。有的主张用德国最优秀的分子来重建德国，支持优良的少数派，举行民主选举，建立自治政府。在此两极端间的第三个计划，才是我认为唯一可能的解决。这个计划的目的是，不但要使德国人明白他们业已战败，同时更要他们懂得理当战败。

首先，凡是酝酿此次大战，和在战时犯残杀之罪的战争犯，应当实实在在受到惩罚。而且我们不可忘记银行巨子，实业家，与文化界领袖，应该和纳粹首领及军人同样包括在战争罪犯之内。审判应当公开举行，并用无线电及新闻片，尽可能的传播给广大的德国民众。听到从前的领袖哀泣，在银幕上从他们的脸上看到真相，听到谎言，这样才能使德国人对于昨日的偶像改变意见。

第一次大战后德国假作裁军的丑剧，决不许重演。唯有全部解除武装，方能解决德国穷兵黩武的精神，因为我们最后的任务是要使德国人摒弃穿著制服的习惯，不论在肉体上或精神上。另一方面，我们要教德国人看惯外国制服在他们中间出现。既然在德国一套制服还是威权的独一无二的标识，那末就用外国制服来使他们把战败的事实深印脑际。

分裂德国为若干小邦的办法，并不能保障稳固的和平。的确，不用分裂之法，我们倒更易获致世界和平。假定美国被胜利的日本分为五六个不同的国家，那末，今日各地方对立的现象可以立刻消灭，全国上下的民族意识都会突然觉醒；共同的历史，言语，风俗，突然显得重要无比。从那个时候起，人民为政治统一的斗争永远不会休止。

虽然如此，大部分德国人因为上一世纪普鲁士征服了其他各邦之故，一直怀恨着普鲁士。这一点就指出了一个简单有效的解决方式：把德国分做一个"德意志联邦"（以哀尔培河为东疆）和一个"普鲁士共和国"。凡是德国人令人深恶痛绝的地方，都渊源于普鲁士。一朝分离之后，德国人好战的头脑和四肢就会瘫痪。

普鲁士地主们依旧保有他们权势的基础，——广大的田产。把这些土地分散给农民（他们之中有数十万人过着牛马生活），无异一箭双雕。普鲁士与其余各邦的分离还有一个好处，就是纵然造成了许多独立的小国，却并不同时引起民族主义者的反感。倘使举行一次公民投票的话，大多数非普鲁士的德国人，毫无疑问会赞成隶属于德意志联邦，而不愿归向普鲁士。

我的计划中预料有三个讲德语的国家接壤而处：普鲁士，德意志联邦，奥地利。这个办法的优点是：（一）民族运动的不可能，（二）地主势力的消灭，（三）将来不致再有什么普鲁士王或"元首"把整个德国来建立一支军队。

此次我们不应该教德国偿付赔款（上一次的也从未收到）。主要是消灭德国人的自大狂，从而教育他们。这件事业的成功比任何巨额的赔款更有价值。并且赔款的偿付，需要让德国保持它工业的完整，或者重建。工业设施一朝恢复之后，地球上可没有一种力量能阻止德国重整军备。德国人只要一看见鼓风炉与马达，就会觉得自己有一股新生的力量。他们将再来大声呼冤，愤愤地说：一个这样强有力的民族居然"被人奴使"。

没有德国的输出，欧洲经济就得崩溃：这种言论纯粹是宣传。五年以来，没有德国工业，世界也能自给自足；为何将来不能照样继续下去呢？德国所生长、开采、生产的东西，并非在世界上旁的地方不能生长、开采、生产的。我们只许德国输出相当的物资来交换若干主要的输入品，例如羊毛与棉花之类；但决不许它超出限度。如果让德国人保全它完整的经济力，它在工业方面的潜伏力可以使它成为欧洲最强的国家。这种力量，加上时间较长的劳动和有名的倾销政策，势必直接促成美国大规模的失业。德国靠了经济压力，可以绰有余裕地准备再作征服世界的竞争。

德国人挨饿的事情是决计不会有的。减少他们的工业生产，可以增加他们农产物的收获。一九三〇年代，德国七千万人民的粮食生产，达到他们需要总额的百分之九十。据专家的意见，倘使在农业方面加紧生产，再均分那些大地主们的田产，可以使八千万人靠了田地过活。在经济方面还有一个极重要的项目：令德国劳动者到外国去修复德国人所造成的损害。这件工作只须几百万人即能应付。一个犯了史无前例的罪恶的民族，现在强迫它亲手去补救它在旁的国家造成的灾害，实在是公平的，合乎道德的。

然而必须让德国人存有希望：联合国应当预先答应他们，当他们把破坏的完全修复了的时候，仍可享受完满的自由与自治政府。照现代生产方法计算，大概二十年的时间，很可完成这种工作了。完成以后，外国的统治应当放宽，可是监督仍须继续。

改革德国教育的工作，当从五岁的儿童开始。今日的希特勒青年团，十四岁的少年，已经无可挽救。但从五岁起，十五年的教育当可济事。教员不能用外国人充任；他们的口音会使幼年人发笑，——而且对于德国民族性也没有深刻的认识，不足当此重任。我认为，只要由联合国严密监督，这批教员仍可在德国当地罗致。

德国学校中强烈的军事色彩必须消灭。制服，尚武的歌曲，宣传德国"万能"的课程，一律禁止。学生的体育，过去五十年中一直线走着军事化的路，现在应当灌输"公平交易"的盎格鲁·撒克逊精神。德文里目前即没有相当于"公平"，也没有相当于"君子"的字眼。德国人的游戏中必须恢复游戏精神。尤其是德国青年，要学会尊重他们在游戏中击败的对手，把他们自己也有被击败的可能牢记在心。

历史一科当在德国的新教育中占据重要地位；德国历史的黑暗面，当与光明面一样的给学生看到。第一次大战失败后，德国人教他们的儿童把逊位的德王看作一个英雄，一个被物质占优势的世界卑鄙地击败的牺牲者。这一回必须让他们明白，是他们的父亲向世界挑战的，奴使欧洲大陆的，且犯下亘古未闻的罪恶，污辱了德国民族。德国人的羞耻必须深深地种在他们心里。

在各级学校里，舞台上，银幕上，德国人在两次大战中所犯的暴行，应当对后起的一代尽量揭露；他们应当目击他们民族所以遭到惨祸的原因。这样，他们可以问问自己，盲目地服从现成的权势，结果是不是要付代价。

百余年来在傲慢与崇拜威权中教养长大的民族，是不能用柔和的方法驯服的。吾人决不可把德国人作为奴隶，但对付他们的时候，精神方面的约束必不可少。联合国必须以主人翁自居，方能影响德国人，使他们改变态度。一方面用强硬的手段统治，一方面用柔和的手段宣传"宽容"与"自由主义"，唯有这种空气，才能使几百万德国青年终于觉悟他们在国际上所演的角色。他们将开始发问，怎样才能获得一种较为舒适的生活。我们要告诉这些青年男女，当他们把父亲一辈肆无忌惮地摧毁的大陆重建之后，才能恢复他们的自治政府，和别的民族站在平等地位。那时，社会的观念可以濡染到下一代的人。今日五岁左右的儿童，将来成为青年男女的时候，可以看到他们的民族带着固有的德性和才能，自由地回到世界上来。

然而这一次回来是没有武装的。

原载一九四五年十月《新语》半月刊第二期

原载一九四五年一月《新语》半月刊第一期

给苏联人的一封公开信

〔美〕Stanley High

　　大家害怕今后五年十年二十五年之间会有一次破坏性更大的战争，这种恐惧一日不去，世界上的人一日谈不到自由自在的精神。

　　因为在胜利中最受威胁的，莫如人类自由自在的精神不得发挥，无法作创造的活动。过去就靠这种精神，使我们脱离丛莽，以有今日；使美满的生活一天天的跟我们多数人士接近；并且使我们相信，我们，我们的子孙和社会，能够建立一个更美好的前途，来代替循环不已的破坏、劫掠和惨死。这些信念，是要靠自由精神及其创造活动促成的，对未来的希望也全部建筑在这种精神上。而将来的世界性质如何，趋向如何，大半要看苏维埃联邦，合众国，和大不列颠采取的方针，——是协调与谅解呢，还是猜疑与恶意。

　　为缔造将来的世界争取机会起见，我们曾共同作战而获得了胜利。但这个将来的世界就在胜利中受到威胁。凡是见到这一点——并且为了一切民族最迫切最企求的需要起见——而为之努力的人士，将被认为比政治家更高的人物。他们将被认为真正的"人"，被认为"解放者"。

　　英美之间的协调与谅解，早已具有广大而深厚的基础，可以成为建造世界的磐石。但若这次大战的结束真是和平而非仅仅是休战的话，三大盟国目标的一致是必不可少的条件。单从各国自身的利益来看，除此以外，更无旁的万全之策。这一层，美国很明白，俄国一定也明白。

【双方共同的需要】为了国民的福利与进步，最迫切的需要是长时期的和平。每个国家都对民众一再许诺，说要不断的提高生活水准及其内容。没有和平，这诺言即无法兑现。

俄国在经济方面还有漫长的途程需要趱奔，工业尚未完全发展，战时受到无可估计的损失，它的需要和平简直到了生死存亡、非此不可的地步。德国侵略者在占领和撤退时，破坏俄国最优良的农地一万五千万英亩，相当于美国农田一半的面积。几十座俄国城市被毁灭的程度，从百分之五十到百分之九十五。全部或局部被毁的工业设备，包括全国铁工业的百分之六十一，生铁业百分之五十九，钢铁业百分之五十，铝业百分之七十七，煤业百分之六十；还有全部的水银与钢铁产物。至今还在开工的俄国工厂，泰半都须修理或更新。机器运用过度已有多年。不少已经陈旧不堪。斯诺在《周六晚报》上说："公共建筑物久已失修。房屋建造，除了军事必需的以外，自一九四一年七月起即告中止。个个人的衣服破烂不堪。事实上除制服以外，绝对没有衣服生产。成千成万的人独一无二的靴子装着纸鞋底。"莫洛托夫在旧金山说："我们相信能够修复这些破坏，并且重建得比以前更好。但这是一件艰巨的工作。"

俄国的领袖们应当知道，他们的重荷如何可以大大地减轻，复兴的巨业如何可以大大地加速，倘使由于协调之故，美国与英国能够把生产力跟苏俄的轮轴配合的话。这决不是凭空臆断之事。美、英、苏三国曾经和衷共济，一致合作过来，极有成效，而且对各国都有利。他们的合作奠定了战前苏联工业的基础，作成了美国不少利息优厚的交易。

【彼此的依赖】由于苏联的邀请，美国工程师筑成了有名的聂伯尔大水闸。苏联用黄金向惠斯汀好斯厂买了大批平置水车。美国工厂为顿河流域的煤矿供应现代化的基本装置时，获利甚厚。优点所在，苏俄是很快承认的，它把美国的采矿术，在所有的联邦中定为一致采用的标准。高加索油田区域的锥子厂，提炼厂，汽油厂，一切设备都是用现款向美国买去的。苏俄的曳引机是卡德披勒式和国际收获式的；它的最好的机车，是鲍特温式和美国机车式的；炼钢厂中许多工场也是美国式的。

美苏的合作固是和平的必不可少的条件，而和平对于两国也不可或缺。把它们自身的利益冷静地计算之下，两国是互相依存的。一方面，美国人需要更多的贸易与利润，那是唯有靠双方互惠的协定方能获致的；一方面，各种不同的报告都指出，苏俄需要更多的美国货物。斯诺的文章里提到："俄国人叹赏各式各种的美国货，渴望有一天能买到或者苏俄可以仿造得一样好。"据拉里·勒舒的叙述，苏联政府指派了一个战后都市建筑设计委员会，它的主席对勒舒说："凡是美国现代城镇的建筑，街道的分配，与公路衔接的方式，我们都要采用。我见过美国的新式公寓。我们要模仿。那些厨房！多省力！还有那些美丽的浴室！我们要在新都市里同样建造起来。"

这种提高生活水准的普遍而实际的愿望，固为两国人民所共有，但两国的政府是不大相同的。自然，我们以我们美国式的生活自豪。自然，我们觉得可以随意批评俄国式的生活，犹如俄国人可随意批评我们的。但有许多特点，我们两个国家两个民族非常相似。两国比任何大国都更能自给自足。在经济发展上，都无须额外的领土。地理条件也有利于两国的安全，——正如英王乔治三世心目中的美国，拿破仑与希特勒心目中的俄国。事实上，精神上，两国都年轻，雄心勃勃，富有开创基业的精力与想象。就因为此，我们跻于强国之列才这么晚，而都对着世界趾高气扬。最近苏维埃报纸声言，此次大战差不多是红军独打赢的，这种语气令人想起从前美国的行动气派，仿佛第一次大战是我们独自赢得的一样。

【两个民族的相似点】两个民族共同的特征说明了一件事实，即普通的俄国人与普通的美国人相处时，会本能地相爱。拉里·勒舒在文字中提及："要不欢喜俄国人是不容易的。他们那样的容易冲动，忠厚，事事有兴。所有的外国人都承认，俄国人不自觉地更欢喜美国人，因为发觉他们同样的易感，无拘无束，而且对俄国人平等相视。"

苏维埃十六个"自治"共和国所组成的联邦，跟我们的联邦同为一大熔炉。苏联不是一个种族的，而是一百七十五个种族的国家。他们操着一百五十种不同的语言。在此和在美国一样，这种驳杂的成分所产生的，倒并非是支离破灭，而是极高的爱国情操和休戚相关的感觉。事实上，美苏二国都是一个联邦。而这完全要归功于少数民族的权利与机会获得保障。

同样重要或更重要的是，虽然历史上美国与俄国彼此意见那么分歧，但在两国最危急的关头，美国一向站在俄国的一面，而俄国也一向站在美国的一面。

【紧急关头的互相支持】华德·列泼曼在《美国对外政策》一书中曾言："对于政策的决定，观念是怎样的无足轻重，而国家的利害是如何的含有强迫性。美俄的邦交史便是强有力的证明。"他又说："美国人一向不欢喜俄国的政府。俄国也用不欢喜我们的政府来回敬我们。除了一九一七年三月沙皇政府倾覆，到同年十一月布尔希维克革命之间的几个月，美俄两国的政治观念素来是两个极端。虽然如此，俄国和美国为了自身的利益，通常总在历史上危急的时期互相支持"。

不管沙皇政府对当年美国的革命思想如何害怕，俄国武装中立的政策的确有助于十三州殖民地。虽然俄国对美国的民主政体继续表示反对，但沙皇政府在美国内战时期，依然声明保存一个南北一统的联邦，为俄国是必须的。这番声明，以后的派遣俄国舰队到纽约和旧金山，在阻止英法二国承认南部联邦这一点上，的确发生了很大的作用。

第一次大战的时期，美国对俄国沙皇政制深表不满，后来对布尔希维克党人又是恐惧又是猜疑。在停战协定与凡尔赛和会中，虽然俄国都未派代表出席，但仍旧由于美国的坚持，停战协定与凡尔赛和约均订有保障俄国完整与利益的条款。一九一八年美国出兵西比利亚的主因，是为监视日本对俄国的野心。美国撤兵时，坚决要求日军同时撤退。

列泼曼曾言："历史的经验告诉我们，处于地球两端的美俄二国，在政治观念上一直处于反对地位，一直心怀疑虑，唯恐密切的往来会招致祸害。可是在这种情形之下，彼此仍不愿对方分裂，仍希望对方强大。它们从未有过冲突而成为仇敌。"

【千载一时的合作机会】为双方目前的与永久的自身利益计，苏俄与美国，在此历史上的紧急关头，应当站在一条线上互助合作。倘使苏俄不知道美国此时对它的友情与善意如何热烈如何普遍，那末苏俄政府真是消息太隔膜了。俄国要不信任美国，实在没有半点事实根据。由于一切现代的交通工具——报纸，杂志，书籍，演讲，广播，电影——美国人民获知俄国的情形，印象非常强烈，而且极表同情。

反之，倘美国的一切真相在俄国所受到的封锁，能够松弛几分，我们将更加快慰了。只有两种俄国政策真能威胁两国间的善意。第一，倘若俄国以其从来未有的强大威力，开始扩张领土，那末，英美和苏俄的冲突就难以避免。第二,倘苏俄受了此次胜利的鼓动,从事于世界共产革命的宣传,那末它也要遭到英美二国的抵抗。

要说这两种恐惧有一种会实现，我们觉得是难以置信的。否则，以苏联所需要的，俄国人民所想望的而论，它的损失将太大了。而今日受到威胁的，正是苏联完成复兴的机会，继续提高俄国人民经济与文化水准的机会。美、英、苏，现在逢着千载一时的机会，可与世界上一切善意的国家，共同消除那笼罩着未来世界的恐惧，共同扶助自由的人类。走向近在目前的较好的运命。而这千载难逢的机会也受着威胁。

原载一九四五年十一月《新语》半月刊第四期

原载一九四五年十一月《新语》半月刊第四期

人不过是一株芦苇

　　人不过是一株芦苇，自然界中最脆弱的东西；可是，他是会思想的芦苇。要压倒他，世界万物不需要武装起来：一缕水汽、一滴水，就能致人于死，可是，即使世界万物将人压倒了，人还是比压倒他的世界万物高出一等，因为他知道他会死，知道世界万物在哪些地方胜过他。世界万物却一无所知。

关于表达萧邦作品的一些感想

杰维埃基

本文作者杰维埃基（Z. Drzewieeki）为当代波兰有名的钢琴教授，曾任克拉可夫音乐院院长，为国际肖邦钢琴竞赛会发起人之一，前后五届均任评判委员，第四、第五（即本届）两届并任评判委员会主席，现年已达七十五岁。本文发表于本届肖邦竞赛会纪念册上，承作者寄赠一份，爰为译出，以供国内音乐界参考。

——译者识

表达大作曲家的作品会引起许多难题。要解决这些难题，必须对产生作品的时代，作家的表现方法，体裁的特点，引起我们现代人共鸣的原因，都有深刻的了解。表达萧邦的音乐也不能例外。

无论哪一国的钢琴家的曲码（répertoire）里头，萧邦都占着重要地位。原因并不仅仅在于肖邦的作品特别和钢琴合适，音乐会和广播电台的听众特别被萧邦的音乐感动；而尤其在于萧邦音乐的美，在于它的诗意和韵味，在于表情和调性的富于变化，在于始终与内容化为一片的、形式的开展。但所有表达萧邦的钢琴家，并不都有资格称为萧邦专家，虽然绝对准确的表达标准是极难规定，甚至于不可能规定的。一方面，随着音乐表现方法的发展，随着钢琴音响的进步与机械作用的日趋完美，随着美学观念的演变，大家对萧邦作品的了解也不断的在那里演变。另一方面，关于他作品的表达，世界上有各种不同的见解同时存在。这是看表达的人的个性和反应而定的：有的倾向于古典精神，有的倾向于浪漫气息，有的倾向于表现派；其实，一切乐曲的表达，都有这些不同的观念在不同的程度上表现出来。

因此，在艺术领域内我们得到一个结论，若要不顾事实，定出一些严格的科学规则与美学规则，那可不用尝试，注定要失败的。肯定了这一点，我们就会找另外一条路径去了解萧邦，这路径是要抓住他音乐的某些特征，可以作为了解他作品的关键的特征。看看萧邦在十九世纪音乐史中所占的地位，即使是迅速的一瞥，也能帮助我们对于问题的了解。最流行的一种分类法，是把萧邦看作一个浪漫派。这评价，从时代精神和当时一般的气氛着眼，是准确的；但一考虑到萧邦的风格，那评价就不准确了，因为浪漫主义这个思潮显然已趋没落，把萧邦局限在这个狭窄的思想范围以内，当然是错误的。

萧邦的音乐以革新者的姿态走在时代之前，调的体系（tonal system）的日趋丰富是由它发端的，它的根源又是从过去最持久最进步的传统中引伸出来的：萧邦认为莫扎特是不可几及的"完美"的榜样，巴哈的平均律洋琴曲是他一生钻研的对象。

至于萧邦作品的内容和它的表现方法，可以说是用最凝炼最简洁的形式，表现出最强烈的情绪的精华；浩瀚无涯，奇谲恣肆的幻想，像晶体一样的明澈；心灵最微妙的颤动和最深邃的幽思，往往紧接着慷慨激昂的英雄气魄，和热情汹涌的革命精神；忽而是无忧无虑，心花怒放的欢乐，忽而是凄凉幽怨，惘然若失的梦境；镂刻精工的珠宝旁边，矗立着庄严雄伟的庙堂。

的确，在萧邦的作品中，没有一个小节没有音乐，没有一个小句只求效果或卖弄技巧的。这几句话就有不少教训在里头。体会他的思想，注意他的见解演变的路线，他的学生和传统留下来的、当时人的佐证，卓越的萧邦演奏家的例子：凡此种种，对于有志了解他不朽的作品的艺术家，都大有帮助。只有在萧邦最全面的面貌之下去了解他的作品，才能说是确当的，忠实的，至少不会有错误的看法。

在萧邦的作品中，爱好抒情的人能发现无穷的诗意与感情；爱好史诗的人能找到勇猛的飞翔，战斗的冲动，甘美的恬静；喜欢古典精神的人可以欣赏到适如其分的节度，条理分明的结构；长于技巧的人会发现那是最能发挥钢琴特性的乐曲。

萧邦虽然受当时人的怂恿，从来没写作歌剧。但他从小极喜爱这种音乐形式，使他的作品受着强烈的影响，例如他那些可歌可咏的乐句，特别富于歌唱意味的篇章与装饰音，以及行云流水般的伴奏，——据他自己说，某些作品主要的美，往往就在伴奏中间。他爱好歌剧的倾向还有别的痕迹可寻：他的作品中前后过渡的段落，在曲调上往往是下文的伏笔；或者相反的，表面纯属技术性的华彩伴奏（figuration）事实上却含有许多交错的图案与铺陈。凡是以虔诚的心情去研究萧邦作品的钢琴家，都应当重视作者的表情是朴素的，自然的；过分的流露感情，他是深恶痛绝的；也该注意到他的幽默感，他的灵秀之气，他极爱当时人称赏的文雅的风度，以及他对于乡土的热爱。唯其如此，他终能从祖国吸收了最可贵的传统，感染了反映本国的山川、人物和最真实的民谣的风土气候。

以上的感想既不能把这个题目彻底发挥，也不是为表达萧邦的"确当的风格"定下什么规律，或者加以限制；因为对于内容的"丰富"与表现方法的"完美"，一般个性往往不同的艺术家都有不同的看法。事实上，这种情形不但见之于派别各异的钢琴家，并且见之于同一派别的钢琴家；

波兰人演奏萧邦的情形便是很明显的例子。最杰出的名家如巴得累夫斯基，斯里文斯基，米却洛夫斯基，约瑟夫·霍夫曼，伊涅斯·弗列曼，阿丢·罗宾斯坦；中年的一辈如亨利克·斯东姆卡，斯丹尼斯罗·斯比拿斯基，约翰·埃基欧 [①]；以及一九四九年得第四届竞赛奖的前三名，哈列娜·邱尼－斯丹芬斯加，巴巴拉·埃斯－蒲谷夫斯加和华特玛·玛西斯修斯基 [②]，他们的风格都说明：不但以同一时代而论，各人的规念即有显著的差别，而且尤其是美学标准与一般思潮的演变，能促成不同的观念。

没有问题，与萧邦的精神最接近的钢琴家，一定是不滥用他的音乐来炫耀技巧的（炫耀技巧的乐趣固然很正当，但更适宜于满足炫耀技巧的欲望的钢琴乐曲，在萧邦以外有的是）。大家也承认，与萧邦的精神接近的钢琴家，是不愿意把他局限在一种病态的感伤情调以内，而结果变成多愁多病的面目的；他们对于复调式的过渡段落，伴奏部分的流畅与比重，装饰音所隐含的歌唱意味，一定都能了解它们的作用和意义；他们也一定尊重作者所写的有关表情的说明，能感染到作者所表现的情绪与风土气氛。朴素，自然，每个乐句和乐思的可歌可咏的特性，运用 rubato 的节制与圆顺，都应当经过深思熟虑，达到心领神会的境界。

值得注意的还有别的问题，例如：钢琴音响的天然的限度，决不能破坏：不论是极度紧张的运用最强音而使乐器近乎"爆炸"，还是为了追求印象派效果，追求"烟云飘渺"或"微风轻飚"的意境，而使琴声微弱，渺不可闻；都应当避免。凡是歪曲乐思，超出适当的速度的演奏，亦是大忌；

---

① 译者按：斯东姆卡得第一届（一九二七）萧邦竞赛的玛左加奖（竞赛规定，对最优秀的玛左加演奏另设奖励名额），斯比拿斯基得第一届第二奖（第一奖为苏联名钢琴家奥勃林）。以上二人现均为波兰有名的钢琴教授。埃基欧（亦波兰籍）得第三届（一九三七）第八奖。

② 译者按：邱尼－斯丹芬斯加（波兰籍）与埃斯－蒲谷夫斯加（苏联籍）二人并得第四届第一奖；玛西斯修斯基得第四届第二奖。三人均系女性。

所谓适当的速度，是可以在某种音响观念的范围之内，加以体会而固定的。

世界各国真正长于表达萧邦的大家，对于这个天才作曲家留下的宝藏，所抱的热爱与尊敬的心，无疑是一致的，过去如此，现在也如此。所不同的是，我们这时代的倾向，是要把过去伟大的作品表现出它们纯粹的面目，摆脱一切过分的主观主义，既不拘束表情的真诚，也不压制真有创造性的，兴往神来的表演。

一九五五年三月五日译

莫扎特的作品不像他的生活，
而像他的灵魂

Camill Blleaique

莫扎特的作品跟他的生活是相反的。他的生活只有痛苦，但他的作品差不多整个儿只叫人感到快乐。他的作品是他灵魂的小影①。这样，所有别的和谐都归纳到这个和谐，而且都融化在这个和谐中间。

后代的人听到莫扎特的作品，对于他的命运可能一点消息都得不到，但能够完全认识他的内心。你看他多么沉着，多么高贵，多么隐藏！他从来没有把他的艺术来作为倾吐心腹的对象，也没有用他的艺术给我们留下一个证据，让我们知道他的苦难，他的作品只表现他长时期的耐性和天使般的温柔。他把他的艺术保持着笑容可掬和清明平静的面貌，决不让人生的考验印上一个烙印，决不让眼泪把它沾湿。他从来没有把他的艺术当做

---

① 译者注：作品是灵魂的小影，便是一种和谐。下文所称"这种和谐"指此。

愤怒的武器，来反攻上帝；他觉得从上帝那儿得来的艺术是应当用做安慰的，而不是用做报复的。一个反抗、愤怒、憎恨的天才固然值得钦佩，一个隐忍、宽恕、遗忘的天才，同样值得钦佩。遗忘？岂止是遗忘！莫扎特的灵魂仿佛根本不知道莫扎特的痛苦；他的永远纯洁，永远平静的心灵的高峰，照临在他的痛苦之上。一个悲壮的英雄会叫道："我觉得我的斗争多么猛烈！"莫扎特对于自己所感到的斗争，从来没有在音乐上说过是猛烈的。在莫扎特最本色的音乐中，就是说不是代表他这个或那个人物的音乐，而是纯粹代表他自己的音乐中，你找不到愤怒或反抗，连一点儿口吻都听不见，连一点儿斗争的痕迹，或者只是一点儿挣扎的痕迹都找不到。《G Min·钢琴与弦乐四重奏》的开场，《C Min·幻想曲》的开场，甚至于《安魂曲》中的"哀哭"①的一段，比起贝多芬的《C Min·交响乐》来，又算得什么？可是在这位温和的大师的门上，跟在那位悲壮的大师门上，同样由命运来惊心动魄的敲过几下了。但这几下的回声并没传到他的作品里去，因为他心中并没去回答或抵抗那命运的叩门，而是向他屈服了。

莫扎特既不知道什么暴力，也不知道什么叫做惶惑和怀疑。他不像贝多芬那样，尤其不像华葛耐那样，对于"为什么"这个永久的问题，在音乐中寻求答案；他不想解答人生的谜。莫扎特的朴素，跟他的温和与纯洁都到了同样的程度。对他的心灵而论，便是在他心灵中间，根本无所谓谜，无所谓疑问。

怎么！没有疑问没有痛苦吗？那末跟他的心灵发生关系的，跟他的心灵协和的，又是哪一种生命呢？那不是眼前的生命，而是另外一个生命，一个不会再有痛苦，一切都会解决了的生命。他与其说是"我们的现在"的音乐家，不如说是"我们的将来"的音乐家，莫扎特比华葛耐更其是未来的音乐家。丹纳说得非常好："他的本性爱好完全的美。"这种美只有在

---

① 译者注：这是安魂曲 *Requiem* 中一个乐章的表情名称，叫做 lagrimoso。

上帝身上才有，只能是上帝本身。只有在上帝旁边，在上帝身上，我们才能找到这种美，才会用那种不留余地的爱去爱这种美。但莫扎特在尘世上已经在爱那种美了。在许多原因中间，尤其是这个原因，使莫扎特有资格称为超凡入圣的（divine）。

见法国音乐学者 Camille Bellaique

著《莫扎特》P.111—113

一九五五年三月二十四日译

根据莫扎特的书信

论莫扎特①

罗曼·罗兰

我最近把莫扎特的书信重新读了一遍，那是由亨利·特·居仲先生译成法文，而所有的图书馆都应该置备的：那些信不但对艺术家极有价值，并且对大众都有裨益。你一朝念过以后，莫扎特就能成为你终生的朋友；你痛苦的时候，莫扎特那张亲切的脸自然而然会在你面前浮现；你可以听到他心花怒放的笑声，又有孩子气，又有悲壮意味的笑声；不管你怎样悲伤，一想到他欣然忍受了那么多的苦难，你就会觉得自己一味浸在悲哀里头是大可惭愧的了。现在让我们把这个消逝已久的美丽的小影，给它复活过来。

首先引起我们注意的，是他那种不可思议的精神健康，想到他受着病

---

① 译者注：本文原载罗曼·罗兰著：《古代音乐家》，译文根据巴黎 Hachette 1927 年版。

魔侵蚀的身体，他精神的健康就更可惊讶了。——他的健康在于所有的机能都得到平衡，而且差不多是绝无仅有的平衡：一颗样样都能感受，样样都能控制的灵魂；一种镇静的、甚至心里有着最深刻的感情（例如母亲的死，对妻子的爱）的时候令人觉得冷酷的理智，那是一种目光犀利的聪明，能抓握群众的趣味，懂得怎样获得成功，懂得一方面保持自己骄傲的天性，一方面把这个天性去适应社会，征服社会的聪明。所谓各种机能的平衡，就是这些因素的平衡。

这种精神健康，在一般性情很热烈的人是不大会有的，因为热烈必然是某种感情到了过分的程度。所以莫扎特具备所有的感情而绝对没有激烈的感情，——除了骄傲；这是一个可怕的例外，但骄傲的确是他天性中极强烈的情绪。

有个朋友对他说（1781 年 6 月 2 日）："萨尔斯堡总主教①认为你浑身上下都是骄傲。"

他自己也绝对不想隐瞒，谁要伤害了他的傲气，他就显出他和卢梭是同时代的人，会拿出共和国民的高傲的态度来答复人家："使人高贵的是心；我不是伯爵，但也许我的灵魂比许多伯爵高尚得多；当差也罢，伯爵也罢，只要侮辱了我，他就是一个坏蛋。"

有一天，奥格斯堡两个爱取笑的人挖苦莫扎特获得金马利十字勋章，莫扎特回答说：

"很奇怪的是，要我得到你们能得到的所有的勋章，比着要你们成为我容易得多，即使你们死过去两次，复活两次，也是没用……"他在信中述及此事，又加上两句："我为之气愤交加，怒火中烧。"

另一方面，他喜欢收集人家恭维他的话，详详细细的在信里报告。

他在 1782 年 8 月 12 日的信中说："高尼兹亲王对大公爵提起我的时候，

---

① 译者注：萨尔斯堡是莫扎特出生的城市。

说这样的人世界上一百年只能出现一次。"

所以他的傲气一受损害，他就愤恨之极。他为了不得不替王侯服务，觉得很痛苦。"想到这点，我就受不了。"（1778 年 10 月 15 日信）受了萨尔斯堡大主教侮辱以后，他浑身发抖，走在街上摇摇晃晃像醉汉一样，回到家里，不得不躺上床去，第二天整个早上还是极不舒服。他说："我恨大主教，简直恨得要发疯了。"（1781 年 5 月 9 日信）——"谁要得罪了我，我非报复不可，倘使我回报他的没有比他给我的更多，那只能说是还敬，而不是教训。"（1781 年 6 月 20 日信）

只要他的傲气成了问题，或者仅仅是他的意志占了上风，这谦卑恭敬的儿子就不承认世界上还有什么权威。

"你的来信，没有一行我认得出是我父亲写的。不错，那是一个父亲写的，可不是我的父亲写的。"（1781 年 5 月 19 日信）①

他是没有得到父亲同意就结婚的。

去掉了骄傲这股巨大的、独一无二的激烈的情绪，你所看到的就是一颗和蔼可亲，笑靥迎人的灵魂。他的活泼的，时时刻刻都在流露的温情，纯粹像女性，甚至于像儿童，使他喜欢流泪、傻笑、说疯话，和多情的小娃娃一样作出疯疯癫癫的事。

往往他还有一股永远兴高彩烈的劲儿：对无论什么都大惊小怪的觉得好玩；老是在活动、唱歌、蹦跳；看到什么古怪的，或者往往并不古怪的事，便弄些有意思的，尤其是没意思的，有时还是粗俗的，但并不缺德的，也不是有意的恶作剧，说些毫无意义的字儿，让自己发疯般狂笑一阵。

他在 1769 年的信中说："我简直乐死了，因为这次旅行太好玩了！……

---

① 译者注：莫扎特的父亲反对儿子脱离萨尔斯堡总主教，写信去责备他，他就用这种口吻答复父亲。

因为车厢里热得很！……因为我们的马夫挺好，只要路稍微好一些，他就把牲口赶得很快！"

这一类莫名其妙的兴致，这种表示精神健康的欢笑，例子多至不胜枚举。那是旺盛而健康的血在那里活动。他的敏感绝无病态的意味。

"今天我在这儿大教堂的广场上看见吊死四个坏蛋。他们这儿吊死人的方法是和里昂一样的。"（1770 年 11 月 30 日信）

他不像近代艺术家有那种广泛的同情心和人道主义的精神。只有爱他的人，他才爱，就是说他只爱他的父亲，妻子，朋友；但他是一往情深的爱着他们的；提到他们的时候，他自有一种温柔的热烈的感情，像他的音乐一样把人家的心都融化了。

"我们结婚的时候，我妻子和我都哭得像泪人儿，大家都为之感动，跟我们一起哭了。"（1782 年 8 月 7 日信）

他是个极有情义的朋友，只有穷人才可能做到的那种朋友：

"世界上只有穷人才是最好最真实的朋友。有钱的人完全不懂什么叫做友谊。"（1778 年 8 月 7 日信）

"朋友！……只有不论在什么情形之下，不管是白天还是黑夜，只想为朋友好，竭尽所能使朋友快活的人，我才认为有资格称为朋友。"（1778 年 12 月 18 日信）

他给妻子的信，尤其在 1789—1791 年中间的，充满着甜蜜的爱情和狂欢的兴致。那个时期是他一生最困苦的时期，像他所说的"老是在绝望与希望之间挣扎"①，又是病，又是穷，又有种种的烦恼；但这些都不能把

---

① 见 1788 年 7 月 17 日信。——他写给普区堡的信，表示他老是缺少钱。他害着病，妻子也病了，孩子又不少，家里没有钱。音乐会的收入少得可怜。为音乐会募款的单子在外边传来传去半个月，只有一个人写上名字。莫扎特以傲气而论是羞于乞援的，但是没有办法，只有向人乞援："如果你丢下我们不管，我们就完了。"（1789 年 7 月 12、14 日信）

他狂欢的兴致压下去。而且他也不是像我们所想的，特意鼓足勇气来安慰他的妻子，不让她看到真实的处境；那是莫扎特不由自主的，情不自禁的需要痛痛快快的笑；即使在最惨痛的情形之下，这种笑的需要也非满足不可[①]。但莫扎特的笑是和眼泪很接近的，那是抱着一腔柔情的人必然有的，乐极而涕的眼泪。

　　他是快乐的，可是没有一个人的生活像他的那么艰苦。

　　那是一场无休无歇的，跟贫穷与疾病的斗争。这斗争，到他三十五岁才由死亡加以结束。那末他的快乐是从何而来的呢？

　　第一是从他的信仰来的。他的信仰没有一点儿迷信的成分，而是富于智慧的、坚强的、稳固的，非但没有被怀疑所动摇，便是极轻微的怀疑也不曾有过。他的信仰非常恬静，和平，没有狂热的情绪，也没有神秘气息，他只是真诚的相信着。父亲临死以前，莫扎特在信中和他说：

　　"我希望得到好消息，虽然我已经养成习惯，对什么事都预备它恶化。死是我们生命的真正的终极，所以我多年来和这个真正的最好的朋友已经相熟到一个程度，它的形象非但不使我害怕，反倒使我镇静，给我安慰。我感谢上帝赐我幸福……我没有一次上床不想到也许明天我就不在世界上了；然而认识我的人，没有一个能说我的生活态度是忧郁的或是悲观的。我有这种福气，真要感谢上帝，我真心祝望别人也有这种福气。"（1787年4月4日）

　　这是他以永恒的生命为归宿的幸福。至于尘世的幸福，他是靠了亲人对他的爱，尤其是靠了他对亲人的爱得到的。

　　他写信给妻子的时候，说："只要我确实知道你生活周全，我所有的

---

①　1778年7月9日，他写信给父亲，报告母亲死在巴黎的消息，写得沉痛之极。但在同一信中讲起一桩笑话的时候，他又心花怒放的大笑了。

辛苦对我都是愉快的了。是的，只要知道你身体康健，心情快活，那末我即使遇到最困苦最为难的境况也不算一回事。"（1791 年 7 月 6 日）

但他最大的快乐是创作。

在一般精神骚动的病态的天才，创作可能是受难，他们往往千辛万苦，追求一个不容易抓握的理想，在一般像莫扎特那样精神健全的天才，创作是完美的快乐，那么自然，几乎是一种生理上的享受。对于莫扎特，作曲和演奏，是跟吃、喝、睡眠，同样不可缺少的机能。那是一种生理的需要，而且有这个需要也很幸福，因为这需要时时刻刻都能得到满足。

这一点，我们必须认清，否则就不容易了解他书信中提到金钱的段落：

"告诉你，我唯一的目的是尽量挣钱，越多越好；因为除了健康以外，金钱是世界上最好的东西。"（1781 年 4 月 4 日）

这些话，在一般高雅的人听来未免显得俗气。但我们不能忘记，莫扎特到死都缺少钱，——因为缺少钱，他的自由创作，他的健康，老是受到损害；他永远想着，也不得不想着成功和金钱；有了这两样，他才能获得解放。这不是挺自然的吗？假如贝多芬不是这样，那是因为贝多芬的理想主义给了他另外一个世界，一个非现实的世界；何况他还有一些有钱的保护人维持他的日常生活。但莫扎特是着眼于生活，着眼于尘世和实际事物的。他要活，他要战胜；结果他至少是战胜了，但能否活下去不是他作得了主的。

奇妙的是，他的艺术老是倾向于争取成功，同时却绝对不牺牲他的信仰。他写作乐曲的时候，始终注意到对群众的效果。然而他的音乐决不丧失尊严，只说它要说的话。在这一方面，莫扎特得力于他的机智、聪明和嘲弄的心情。他瞧不起群众，然而他自视甚高。所以他永远不对群众作一些会使他脸红的让步；他把群众蒙住了，他能支配群众①。他使听的人自以为了解他的思想，其实他们只有听到作者特意写来博取掌声的段落，才报以掌声。他们了解与否，对莫扎特有什么相干②？只要作品能成功，使作者有办法从事于新的创作就行了。

莫扎特在一七七七年十月十日信中说："创作是我唯一的快乐，唯一的嗜好。"

这个幸运的天才仿佛生来就是为创造的。历史上很少见这样旺盛的艺术创造力。因为莫扎特的得心应手，一挥而就的才华，不能与洛西尼那种不假思索的铺陈混为一谈。——巴赫是靠顽强的意志写作的，他对朋友们说："我是被逼着用功的，谁和我一样用功，就会和我一样的成功。"——贝多芬永远和他的天才肉搏，朋友们去看他而正碰上他在作曲的时候，往往发现他困惫不堪的情形无法形容。兴特勒说："他脸上的线条都变了样，满头大汗，好像才跟一支对位学家的军队作了一场恶斗。"不错，这里说的是贝多芬写作弥撒祭中间的"吾信吾主"的一章；但贝多芬老是拟稿、思索、删削、修改、添加，从头再来；而等到全部完成以后，又从头再来；有一支奏鸣曲，久已写好而且已经刻好版子的，他在 Adagio 开头的地方

---

① "你不必担心你所说的通俗性：除了驴子耳朵以外，各种人所需要的东西，我的歌剧中都应有尽有了。"（1780 年 12 月 16 日信）"这儿那儿，有些段落只有内行听了才会满意；但它们也是为外行人写的；我当然也应该使他们满意，虽然他们的满意是莫名其妙的，"（1782 年 12 月 28 日）"我歌剧中已经写好的部分，到处大受欢迎；因为我懂得我的群众。"（1781 年 9 月 19 日）"那一段卫士的合唱，是完全为维也纳人写的。"（1781 年 9 月 29 日）"然后（指《后宫诱逃》的第一幕末尾）来一段极轻的 Pianissimo，很快的段落，然后是音响很大的结尾。——一幕完了的时候，总得这样来一下：声音越多越好，时间越短越好；这样，听众的彩声才不至于冷下去。"（1781 年 9 月 26 日）

② 译者注：莫扎特时代的音乐听众，多半是贵族阶级和资产阶级，不是真正的人民大众。

又加上两个音。——莫扎特可完全没有这种苦难①。他心中的愿望，他实际上都能做到，而且他只愿望他所能做到的。他的作品有如生命的香味：正如一朵美丽的花，只要拿出劲来活着就是了②。创作在于他是太容易了，不但双管齐下，有时竟是三路并进，无意中表现出他的不可思议的，惊人的手腕。1782年4月20日，他写作一支赋格曲，同时还在写一支序曲。某次音乐会预定他演奏一支新的小提琴与钢琴奏鸣曲；他在上一天夜里十一点到十二点之间，急急忙忙写了小提琴部分，没功夫写钢琴部分，更没时间和合奏的人练习一次；第二天，他把脑子里作好的钢琴部分全部背出来演奏。（1781年4月8日）——这种例子不过是百中之一。

一个这样的天才，在他的艺术领域内自然无所不能，而且在各个部门中都发展得同样完美。但他特别适宜于写作歌剧。我们不妨把他主要的特征重述一遍：他有的是一颗完全健康而平衡的灵魂，一颗平静的、没有热情的风暴、可是非常敏感、非常婉转柔顺的心，受着坚强的意志控制。这样的一个人假如能创造，必然比别人更能用客观的方式表现人生。热情的人精神上有种迫切的要求，无论作什么非把自己整个放进去不可。莫扎特可完全不受这种要求的牵掣。贝多芬的作品，每一页都是贝多芬；这也是最好不过的，因为没有一个英雄能像贝多芬那样引起我们兴趣的。但在莫扎特，由于他的感觉、温情、细致的聪明、自我的控制等等的优点混合得非常和谐，所以天生的长于抓握别人心灵中许多微妙的变化；并且他对当时贵族社会的形形色色感到兴趣，能够把那个社会活生生的在他的音乐中再现出来。他的心是平静的，没有任何渴求满足的声音在心中叫喊。他爱

---

① 我绝对不是说莫扎特不用功。他自己对柯哈兹说（1787），没有一个音乐名家的作品，他不是彻底研究过，并且经常浏览的。他又说："没有人对于作曲的研究下过我这样的功夫。"——但音乐的创作对莫扎特从来不是一种工作，而是像花一样自然而然的开放出来的。

② 我们在上文已经提到，他要活着的确需要费很大的劲，受很大的痛苦。

人生，也善于观察人生；要把人生照他所看到的在艺术中刻划出来，他不需要费什么力气。

他最大的荣誉是在乐剧方面[①]，这是他早知道的。他的书信证明他特别喜爱戏剧音乐：

"只要听见人讲到一出歌剧，只要能够上戏院去，听见人家歌唱，我就乐不可支！"（1777 年 10 月 11 日信）

"我有一个无法形容的愿望，我想写一出歌剧。"（同上）

"我羡慕所有写作歌剧的人。听见一个歌剧的调子，我就会哭……写歌剧的愿望是我一刻不能忘怀的。"（1778 年 2 月 2 日与 7 日信）

"对于我，第一是歌剧。"（1782 年 8 月 17 日信）

以下我们谈谈莫扎特对歌剧的观念。

莫扎特纯粹是个音乐家。我们看不出他有什么文学修养的痕迹[②]，更不像贝多芬那样的注意文学，老是自修，而且成绩很好。我们甚至不能说莫扎特主要是个音乐家。因为他只不过是音乐家。——所以对于在歌剧中需要把诗歌与音乐融和为一的难题，他用不到多所踌躇。他用一刀两断的方式解决了；凡是有音乐的地方，决不许有竞争的对象。

他在一七八一年十月十三日的信中说："在一出歌剧中间，诗必须绝对服从音乐。"

[①] 译者注：莫扎特自 1766 至 1791 年死的那一年为止，共写了二十二出乐剧。其中最著名的有六出，写作年代都在 1780 年以后。

[②] 但他仍旧有很好的修养。他懂得一些拉丁文，学过法文、意大利文、英文。他念过法奈龙的《丹莱玛葛》，提到过莎士比亚的《哈姆雷德》。藏书中有莫利哀和曼塔斯太士的戏剧，奥维特和几个德国诗人的集子，腓特烈二世的作品，——另外还有数学和代数的书，那是莫扎特特别感到兴趣的。但他虽然兴趣比贝多芬广泛，知识比贝多芬丰富，却没有贝多芬那种文学的直觉和对于诗歌的爱好。

他又说："音乐居于最高的主宰地位，叫人把旁的东西都忘了。"

可是我们不能就认为莫扎特不注意歌词的脚本，不能认为音乐在他是一种享受，歌词只是音乐用来借题发挥的材料。相反，莫扎特深信歌剧必须真实的表现情感和性格；但表现的任务，他是交给音乐，而非交给歌词的，因为他是音乐家，不是诗人；也因为他的天才不愿意把他的作品和另外一个艺术家平分。

"我不能用诗句或色彩表现我的感情和思想，因为我既非诗人，亦非画家。但我能用声音来表现，因为我是音乐家。"（1777年11月8日信）

因此，诗歌的责任在于供给一个组织完美的布局，供给一些戏剧化的场面，"富于服从性的歌词，专为音乐写的歌词。"（1781年10月13日信）余下的，据莫扎特的意见，都是作曲家的事；作曲家所能运用的语言，和歌词同样准确，虽则是另外一种方式的准确。

莫扎特写作歌剧时的用意是毫无疑问的。他对歌剧《伊多曼纳》和《后宫诱逃》中好几个段落都曾亲自加以注释，很明白的显出他很聪明的努力于心理分析：

"正当奥斯门①的怒气愈来愈盛，听众以为歌咏调快要告终的时候，节奏不同与音色不同的Allegro assai，一定能产生最好的效果；因为一个这样狂怒的人是越出一切界限的，他连自己都不认得自己了；所以音乐也应当变得面目全非。"（1781年9月26日信）

提到同一剧中另一歌咏调的时候，他说：

"惊跳的心是预先由小提琴用八度音程宣告的。大家在这儿可以看出一个人的战栗和迟疑不决，可以看出由一个crescendo所表现的心绪的紧张；大家也能从加了弱音器的小提琴和一个长笛的齐奏（unison）上，听到喁语和叹息。"（1781年9月26日信）

---

① 这是《后宫诱逃》中第三支歌咏调。

这种力求表情真实的功夫做到哪一步为止呢？——是不是会有止境的呢？音乐是否永远能够，如莫扎特所说的，"像一颗情绪高涨的心的跳动"呢？——是的，只要这种心的跳动始终保持和谐。

因为莫扎特只是一个音乐家，所以他不许诗歌来指挥音乐，而要诗歌服从音乐。因为他只是一个音乐家，所以戏剧的场面一旦有了越出高雅趣味的倾向，他也要它听命于音乐①。

他在 1781 年 9 月 26 日信中说："因为感情——不论是否激烈——永远不可用令人厌恶的方式表现，所以音乐即使在最惊心动魄的场面中也永远不可引起耳朵的反感，而仍应当使它入迷，换句话说，要始终成为音乐。"

可见音乐是人生的绘画，但这人生是经过净化的。反映心灵的歌词，必须对心灵有诱惑的力量，但不能伤害皮肉，"引起耳朵的反感"。音乐表现生命，但是一种很和谐的表现②。

这种情形，不但在莫扎特的歌剧是如此，在他所有的作品都是如此③。虽然他的音乐表面上像是刺激感官的，其实并不然，它是诉之于心灵的。

---

① 就因为莫扎特只是一个音乐家，所以觉得便是诗歌与音乐的最后一些联系还会妨碍他的自由，而想要打破歌剧的形式，像卢梭在 1773 年所拟议的，以一种乐剧来代替歌剧，莫扎特称之为双重剧（duo-drama），意思是把诗歌与音乐放在一起，但是并不携手，而各自走着两条平行的路：
"我老想写一出 duodrama，其中并无歌唱，只有朗诵，音乐则像一种必不可少的咏叹调，不时夹一些有音乐伴奏的说白。那一定可以给人极好的印象。"（1778年 11 月 12 日）

② 我们批判莫扎特的时候，永远不能忘记要把他精纯的旋律，和像框子一般围绕在旋律四周的、公式化的套语分开来看，那些套语趣味都不恶，但有时不免庸俗；它们的作用是要让只能欣赏发亮的水钻的群众，也能容忍那些太细腻而他们无法体会的美。莫扎特自己就在书信中告诉我们的。希望读者不要因为一支乐曲的结尾有了些陈言滥调，而怀疑整个乐曲的真诚。莫扎特只有在次要的场合让步；对于他心灵深处的东西，他珍惜的东西，那是他连一分一毫都不让步的。

③ 除非他有时为了要挣几块钱而写一曲奏鸣曲或是一支 Adagio。

莫扎特的音乐永远表现某一种感情或是某一种热情。

而最值得注意的是，莫扎特所描写的感情往往不是他自己的，而是在别人心中观察得来的。他自己心中并没有这种感情，而是在别人心中看到这种感情。——他倘若不亲自说出来，我们简直不会相信：

"我想完全根据罗斯小姐来作一曲 andante。一点都不会错：andante 怎么样，罗斯小姐便是怎么样。"（1777 年 12 月 6 日信）

莫扎特的戏剧意识既如此之强，所以他在一些最不需要戏剧意识的作品中，就是说在一般音乐家尽量把自己的个性和梦想放进去的作品中，也流露出戏剧意味。

现在放下莫扎特的书信，让他音乐的浪潮把我们带走罢。他整个的灵魂都在他的音乐中间。我们一听，就能发觉他的本质，——他的柔情与聪明。

到处都有他的柔情与聪明：所有的感情和思想，都被这两样包裹着，浸淫着，像一道柔和的阳光般沐浴着。因为这缘故，他描写反派角色从来不成功，而且他也不想在这方面成功。只要想到《莱奥诺拉》中间的暴君，《自由射手》中魔鬼般的人物，《尼伯龙根的指环》中可怕的英雄，我们就可以由贝多芬，韦柏和瓦格纳的例子，相信音乐是很能表现并引起仇恨与轻蔑的。但正如莎士比亚的《十二夜》中的公爵所说的，音乐主要是"爱的养料"，而爱也是音乐的养料。莫扎特的音乐就是这样。因为这缘故，喜爱他的人把他看作亲人一般。并且他是用多好的礼物回敬他们的！仿佛是连续不断的柔情和长流无尽的爱，从他那颗仁慈的心中流到他朋友们的心中。——他很小的时候，对于感情的需要就到了病态的程度。据说他有一天突然问奥国的一位公主："太太，您喜欢我吗？"她故意和他打趣，回答说不；孩子便伤心得哭了。——莫扎特的心始终是儿童的心。这一类天真的央求，永远用着"我爱你，你也爱我罢"这种温柔的音乐，重复不已的提出来。

因此他老是歌咏爱情。便是抒情悲剧中一般公式化的人物，淡而无味的字句，千篇一律的殷勤献媚，也被作者温暖的心感染了，显出独特的口吻；一些心中有所爱恋的人，至今还觉得这口吻可爱。但莫扎特所歌咏的爱没有一点儿狂热的气息，也没有浪漫底克意味；他歌咏的只是爱情的甜蜜或是爱情的惆怅。莫扎特一生都不能容忍狂热的感情，他创造的人物也没有一个为了狂热的感情而心碎肠断的。《唐·璜》中阿娜的痛苦，《伊纽曼多》中哀腊克脱拉的嫉妒，跟贝多芬和瓦格纳创造的妖魔是不能相提并论的。莫扎特在一切激烈的感情中，只有骄傲与愤怒两项。最突出的激烈的感情——狂热的爱，——从来没有在他身上出现过。就因为此，他全部的作品才有那种无可形容的清明恬静的特征，我们这时代，艺术家们有一种倾向，只用肉体的粗暴的情欲，或是用歇斯底里的头脑制造出来的、虚伪的神秘主义，使我们认识爱情；相形之下，莫扎特的音乐所以能吸引我们，不但由于它对爱情有所知，还因为它对爱情有所不知。

可是他心中的确有溺于感官的素质。他没有格利格与贝多芬那么感情热烈，但比他们更重视生理的快感。他不是一个日耳曼的理想主义者；他是萨尔斯堡人（萨尔斯堡正好在维也纳到佛尼市去的路上），倒比较的近于意大利人。他的艺术有时令人想起班吕更[①]笔下的那些美丽的天使长，他们的嘴生来不是为祈祷的，而是为别的用处的。莫扎特的气魄比班吕更大得多；为了歌唱信仰，他会找到另外一些动人的口吻。只有一个拉斐尔，可以同这种纯洁而又取悦感官的音乐相比。例如他歌剧中那些被爱情所沉醉的人：《魔笛》中的王子泰米诺，他的情窦初开的心灵，自有一种童贞的新鲜气息；——《唐·璜》之中的才丽娜；——《后宫诱逃》中的公斯当斯；——《费珈洛婚礼》中的伯爵夫人所表现的惆怅与温柔，苏查纳的富有诗意与肉感的梦想；——"她们都是这一套"（Cosi fan tutte）中间的五

---

① 译者注：意大利画家班吕更（1446—1524）为拉斐尔的老师。

重唱与三重唱，好比和煦的风吹在一片紫罗兰的田上，带来一阵幽香；——还有许多别的柔媚的境界。但莫扎特的心几乎永远是天真的；被他的诗意接触之下，什么都变了；听了《费珈洛婚礼》的音乐，我们再也认不出法国喜剧①中那些漂亮，可是枯索的、腐化的人物。罗西尼的没有深度的华彩，倒和菩玛希的精神接近得多②。莫扎特歌剧中希吕彭，不像是菩玛希剧本里的人物，而差不多是新创造出来的：一颗心被爱情的神秘的呼吸包裹之下，必有销魂荡魄和烦躁不安的境界，莫扎特的希吕彭就是把这些境界表达出来了。暧昧的场面（例如希吕彭在伯爵夫人房内一场），在莫扎特的健康与无邪的心中失掉了暧昧的意味，只成为一个发挥诙谐的对白的题材。莫扎特的唐·璜与费珈洛，和我们法国作家笔下的唐·璜与费珈洛是有天渊之别的。法国人的性格使莫利哀③在不做作、不粗暴、不滑稽的时候，也还带些辛辣的成分。菩玛希的精神是冷冰冰的，寒光闪闪的。莫扎特的精神和这两位作者完全不同；它绝不给人辛辣的回味，它毫无恶意，只因为能够活动，能够活着，能够忙碌，能说些疯话，作些傻事，能享受世界，享受人生而觉得快乐；莫扎特的精神是被一片爱的情绪浸透了的。他的人物都是可爱的，用嘻笑与胡说八道来麻醉自己，遮盖藏在心坎中的爱的激动。莫扎特说过这样的话："啊！要是人家能看到我的心，我是差不多会脸红的。"（1790 年 9 月 30 日信）

充沛的快乐自然会产生滑稽。莫扎特的精神上就有大量的滑稽成分。在这一点上，意大利的滑稽歌剧和维也纳人的趣味这双重影响，一定对他

---

① 译者注：《费珈洛婚礼》是莫扎特根据法国喜剧家菩玛希的原作改编的。

② 译者注：罗西尼的歌剧《塞维尔的理发师》，也是根据菩玛希的剧本。

③ 译者注：莫利哀也用唐·璜的题材写过一部有名的喜剧，故作者在此以莫利哀与莫扎特作比较。

大有关系。这是他作品中最平凡的部分，大可略而不谈。不过我们也很容易了解：除了精神之外，肉体也有它的需要；等到心中的快乐往外泛滥的时候，自然会有滑稽的表现。莫扎特像儿童一样的恣意玩乐。《唐·璜》之中的雷包兰罗，《后宫诱逃》中的奥斯门，《魔笛》中的巴巴日诺，都是使莫扎特觉得好玩，甚至于因之而乐不可支的人物。

他的滑稽有时可以达到神妙的境界，例如唐·璜这个人物和这出称为滑稽歌剧的整出歌剧①。这儿的滑稽，简直渗入悲壮的行动之内：在将军的石像周围，在哀尔维尔的痛苦周围，都有滑稽成分。求情的半夜音乐会便是一个滑稽场面！但莫扎特处理这场面的精神使它成为一幕高级的喜剧。唐·璜整个的性格都是用极灵活的手腕刻划的。那在莫扎特的作品中是个例外；或许在十八世纪的音乐艺术中也是一个例外。直要到瓦格纳，乐剧中间才有生命如此真实、如此丰富，从头至尾如此合于逻辑的人物。奇怪的是，莫扎特居然会这样有把握的，刻划出一个怀疑派的，生活放荡的贵族的性格。但若细细研究这个唐·璜的很有才华的、带着嘲弄意味的、高傲的、肉感的、易怒的那种自私自利，（他是一个十八世纪的意大利人，而非传说中那个傲慢的西班牙人，也不是路易十四宫廷中那个性情冷淡，不信宗教的侯爵，）我们可以发觉唐·璜的特性在莫扎特的灵魂深处无不具备；莫扎特在精神上的确感到宇宙一切好好坏坏的力量都在他灵魂深处抽芽。我们用来描写唐·璜特性的辞汇，没有一个不是我们早已用来说明莫扎特的心灵和才具的。我们已经提到他的音乐取悦感官的成分，也提到他爱好嘲弄的性情。我们也注意到他的骄傲，他的怒气，以及他那种可怕的、但是正当的自私自利。

---

① 对于莫扎特，这些名称是有实际区别的。他在 1781 年 6 月 16 日信中说："你以为我会用写正经歌剧（opera sérieux）的方法，去写一出喜歌剧（opera comique）吗？在正经的歌剧中，需要大量的学识，打诨的话越少越好，在滑稽歌剧中却需要大量的诙谐与打诨，表示学识的部分越少越好。"

因此，说来奇怪，莫扎特的确具备唐·璜那种气魄，而且能够在艺术中把那种性格表现出来，虽则那性格以全体而论，以同样的原素的不同的配合而论，和莫扎特的性格是距离极远的。连他那种撒娇式的柔情，都在唐·璜的迷人的力量上表现出来了。这颗善于钟情的灵魂，描绘一个罗密欧也许会失败；但唐·璜倒是他最有力量的创作。一个人的天才往往有些古怪的要求，从而产生这一类的结果。

对于一般有过爱情的心和一般平静的灵魂，莫扎特是最好的伴侣。受难的人是投向贝多芬的怀抱的，因为他最能安慰人，而他自己是受了那么多苦难，无法得到安慰的。

可是莫扎特也同样的受到苦难的鞭挞。命运对他比对贝多芬更残酷。他尝过各种痛苦，体会到心碎肠断的滋味，对不可知的恐怖，孤独的凄惶与苦闷。他表现这些心境的某些乐章，连贝多芬与韦柏也不曾超过。特别值得一提的，是他为钢琴写的几支幻想曲和 b 小调 Adagio。在这儿，我们发现了莫扎特的一股新的力量，而我称之为特殊禀赋的。我并非说除了这些作品以外，我们还没有领教过他的特殊禀赋。但我所谓的特殊禀赋，是那股在我们的呼吸之外的强大的呼吸，能把一颗往往很平庸的灵魂带走，或者跟它们斗；这是在精神以外而控制精神的力量，是在我们心中的上帝而不是我们自己。——至此为止，我们所看到的莫扎特只是一个富有生气，充满着快乐和爱的人；不管他把自己蜕变为哪一种灵魂，我们始终能看出他来。——但这儿，在刚才所说的乐曲中，我们到了一个更神秘的世界的门口。那是灵魂的本体在说话，是那个无我的，无所不在的生命在说话，那是只有天才能表达的，一切灵魂的共同的素质。在个人的灵魂与内在的神明之间，常常有些高深玄妙的对白，尤其在受创的心灵躲到它深不可测的神龛中去避难的时候。贝多芬的艺术就不断的有这一类灵魂与它的魔鬼的争执。但贝多芬的灵魂是暴烈的、任性的、多变的，感情激烈的。莫扎特的灵魂永远像儿童一般，它是敏感的，有时还受温情过盛的累，但始终是和谐的，用节奏美好的乐句歌咏痛苦，临了却把自己催眠了：泪眼未干，已不禁对着自己的艺术的美，对着自己的迷人的力量，微微的笑了（例如 b 小调 Adagio）。这颗鲜花一般的心，和这个控制一切的精神成为一种对比，而就是这对比，使那些音乐的诗篇具有无穷的诱惑力。这样的幻想曲就像一株躯干巨大，枝条有力，叶子的形状十分细巧的树，满载着幽香扑鼻的鲜花。d 小调钢琴协奏曲的第一段，有一阵悲壮的气息，闪电和笑容在其中交织在一起。著名的 c 小调幻想曲与奏鸣曲，大有奥令匹克神明的壮严，典雅敏慧不亚于拉西纳悲剧中的女主角。在 b 小调 Adagio 中间，那个内心的上帝比较更阴沉，差不多要放射霹雳了；灵魂在叹息，说着尘世的事，向往于人间的温情，终于在优美和谐的怨叹中不胜困倦的入睡了。

还有一些场合，莫扎特超升到更高的境界，摆脱了那种内心的争执：到达一个崇高与和平的领域，在那儿，人间的情欲和痛苦完全消失了。那时的莫扎特是跟最伟大的心灵并肩的；便是贝多芬在晚年的意境中，也没有比凭了信仰而蜕变的莫扎特达到更清明的高峰。

可惜这种时间是难得的，莫扎特的表白信仰只是例外的。而这就因为他信仰坚定的缘故。像贝多芬那样的人，必须继续不断的创造自己的信仰，所以口口声声的提到信仰。莫扎特是一个有信仰的人；他的信心是坚定的、恬静的，他从来不受信仰的磨折，所以绝口不提信仰；他只讲到妩媚可喜的尘世，他喜好这尘世，也希望被这个尘世所爱好。但一朝戏剧题材的需要，把他的心带往宗教情绪方面去的时候，或者严重的烦恼、痛苦、死期将近的预感、惊破了人生的美梦，而使他的目光只对着上帝的时候，莫扎特就不是大家所认识而赞美的那个莫扎特了。他那时的面目，便是一个有资格实现歌德的理想的艺术家，那是如果他不夭折一定能实现的；就是说，他能把基督徒的灵魂和希腊式的美融合为一，像贝多芬希望在"第十交响曲"中所实现的那样，把近代世界和古代世界调和起来，——这便是歌德在第二部《浮士德》中间所尝试的。

　　莫扎特表达神明的境界，在三件作品中特别显著；那三件作品是《安魂曲》《唐·璜》和《魔笛》。《安魂曲》所表现的是纯粹基督徒信仰的感情，莫扎特把他那套迷人的手段和浮华的风韵完全牺牲了。他只保留他的心，而且是一颗谦卑、忏悔、诚惶诚恐、向上帝倾诉的心。作品中充满了痛苦的骇怯和温婉的悔恨，充满了伟大的、信仰坚定的情绪。某些乐句中动人的哀伤和涉及个人的口吻，使我们感觉到，莫扎特替别人祈求灵魂安息的时候，同时想到了他自己。——在另外两个作品中，宗教情绪的范围更加扩大；由于艺术的直觉，他不受一个界限很窄的、特殊的信仰拘束，而表白了一切信仰的本质。两件作品是互相补足的。《唐·璜》说明宿命的力量，这力量压在一个被自己的恶习所奴役，被许多物质形象的旋涡所带走的人身上。《魔笛》所讴歌的，却是哲人们恬静而活泼的出神的境界。两件作品，由于朴素，有力和沉静的美，都有古代艺术的特色。《唐·璜》的不可动摇的宿命和《魔笛》的清明恬静，在近代艺术品中（包括格利格的悲剧在内），也许是最接近希腊艺术的。《魔笛》中某些纯净到极点的和声所达到的一些高峰，是瓦格纳的神秘的热情极不容易达到的。在那些高峰上，一切都是光明，到处只有光明。

　　一七九一年十二月五日，莫扎特在这片光明中安息了。我们知道《魔笛》的第一次上演是同年九月三十日，而《安魂曲》是他在生命最后两个月中间写的。——由此可见，死亡袭击他的时候，就是说在三十五岁的时候，他才开始泄露他生命的秘密。可是我们不必诅咒死亡，莫扎特把死亡叫做他"最好的朋友"；而且直到死亡将临，死亡的气息迫近的时候，莫扎特才清清楚楚意识到幽闭在心中的一些最高的力量，才在他成就最高，写作最晚的作品中把自己交给那些力量。但我们也得想到，贝多芬三十五岁的时候，还没有写《热情奏鸣曲》，也还没有写《第五交响曲》，根本没有什么《第九交响曲》和《d调弥撒祭》的观念。

　　就像死亡给我们留下来的，在发展途程中夭折了的莫扎特，对我们成为一个永久的和平恬静的泉源。从法国大革命以来，激情的波涛把所有的艺术都冲刷过了，把音乐的水流给搅混了；在这种情形之下，有时候到莫扎特的清明的天地中去躲一会，的确是很甜美的；他的清明之境，好比一个线条和谐的奥令匹克山峰，在上面可以高赡远瞩，眺望平原，眺望贝多芬与瓦格纳的英雄与神明在那里厮杀，眺望波涛汹涌的人间的大海。

一九五五年五月十六日译

萧邦的演奏
——后人演奏的萧邦及其他

　　萧邦的演奏是诗意的惆怅（Poetic melancholy），幻想的飞腾，远过于感官的甜美（Sensuous sweetness）。他的变化无定的情绪，反映在他无穷的音色，反映在他任性的节奏中间。乐器在他手中所发生的效果，完全是新的，无以名之的，正如巴迦尼尼手里的小提琴一样。他的音乐中有些没有轻重可言，流动的，如雾霭般的，瞬息消逝的成分，像他的人一样不让你捉摸住。

　　他的弹性十足的，伸缩性极大的，可是又小又瘦的手，手指的指骨略微有些突出，能若无其事的按到十度。《C大调练习曲》可为证明。希勒（Stephen Heller）说："看到萧邦的小手占据了三分之一键盘，真是奇观。好比一条蛇张着嘴，预备把一只兔子囫囵吞下去似的。"他弹《降A大调波兰舞曲》中的Octaves，舒服得不得了，但是弹的Pianissimo。话得说回来，弹他的音乐有许多种的钢琴家，有许多种的风格，只要能有诗意的音乐感，有合乎逻辑的，真诚的表现，都是值得欢迎的。米柯里（Mikuli）

肯定的说，萧邦弹 cantabile 的 tone 是 immense。据历史记载，他的音 tone 并不小，虽然不是我们这个时代的乐队一般的 tone。而且那时法国造的机件（action）很轻的乐器，也不可能发出巨大的音响。再说，萧邦所追求的是"质"，不是"量"。他的十只手指，每只都像一个极细腻的不同的嗓子，十指加在一起，就像晨星一样的歌唱。

李斯特最近原本，当然弹起肖邦来，没有人能比。但萧邦说他对于 text 太随意更改。安东·罗宾斯丹在有名的七大独奏会中弹了不少萧邦；老辈人还有一部分不承认他是真正能表达萧邦的钢琴家。萧邦的嫡传弟子，乔治·玛蒂阿认为罗宾斯丹的 touch too full，太丰满，他的音响太大，太近于雷鸣。因此就缺少萧邦乐曲中的"非人间的"气息。一个像托雪格（Carl Tausig）那样无懈可击的艺术家，本身就是波兰人，充满了异国情调，恐怕也不见得能为肖邦称赏。

萧邦弹奏自己的作品，常常乘兴改动，而老是使听的人出神。罗宾斯丹把 Barcarolle 的 coda 弹得绝妙，但哈莱（Charles Hallé）说罗宾斯丹是 Clever 而非 Chopinesque。他在一八四八年二月萧邦在巴黎最后一次的演奏会中，听他自己把 Barcarolle 中间的两段 forte 弹成 pianissimo，而且 with all sorts of dynamic finesse。

萧邦的许多写景，例如《摇篮曲》与《船夫曲》的节奏，暗示性相当强；《降 A 大调练习曲》中牧童在山洞中吹笛，躲着外面的雷雨；《f 小调练习曲》（op.25 no.2）中间明明有唱语可听见；在《华尔兹》《玛茹加》《波兰舞曲》……等中间的舞蹈的象征，表现得非常奇妙；《丧礼进行曲》内的钟声，《降 b 小调朔拿大》最后一乐章中的磷火（或者说鬼出现——这一段我不熟，故不知如何译才合适），幽美的 Butterfly Etude，《降 e 小调练习曲》（op.25）中不断的唱语，《F 大调练习曲》（op.25）中银铃般跳跃的蹄声，《C 大调练习曲》（op.10 no.7）中闪烁的火焰，《降 D 大调华尔兹》中的纺绩，《降 b 小调诙谑曲》中那段旋风一般冲击的半音阶（double notes），——都不是有意的模仿，而是自然界的音响，很自然的过渡到意识界。

他不能算一个风景画家，但面对着大自然，他能很熟练的运用他的画笔。他描写气雾，夜晚的室外风光，手段巧妙之极；而描写超人的幻景，给你神经上来一个出其不意的刺激，他尤其拿手。我们不能忘了，在萧邦的时代，拜仑式的姿态，爱好 horrible 和 grandiose 的风气极盛，特拉克洛洼（Delacroix）的画，Jean Paul Richter 写的诗（心中的确浸透了月光，浸透了眼泪）；萧邦不能完全避免同时代人的影响。

他当然是结束了一个时代，像华葛耐一样。假定节奏的冲动不是那末强烈，萧邦的音乐可能松弛下来，化为一片芬芳的印象主义的东西，像十九世纪末到二十世纪初的法国音乐家，也可能像他们一样喜欢冷静的装饰意味。习气，萧邦是有的。哪个大音乐家没有习气呢？但希腊气息使萧邦永远不会沉醉于丑恶的崇拜（cult of the ugly）和形式的解体（formless）。

摘自 Schirmer' Chopin Edition 前面的 "Frederic–François Chopin"

一九五六年一月二十二日　译

论萧邦的 tempo rubato

亨利·皮社

一个很微妙的问题，便是节奏自由的问题，即所谓"随意速度"（tempo rubato）。这种节奏的伸缩，贝多芬在后期作品中已经用过。op.97 的《三重奏》，op.106 的《朔拿大》都有写明 rubato 的地方。据孟特尔仲的记载，Ertmann 弹 op.101《朔拿大》（贝多芬是把这支乐曲题赠给 Ertmann 的），就是用这种 rubato 的风格。

李斯特提到萧邦的 rubato 时，说道："在他的演奏中间，萧邦能够使那种或是中心感动的、或是幽怯的、或是气喘吁吁的震颤，沁人心脾，直打到你心坎里，使你觉得自己近于超现实的生灵。……他老是使他的旋律波动不已，仿佛一叶轻舟在汹涌的波涛上载沉载浮；或者使旋律徘徊荡漾，好比一个天上的神仙，在我们这个物质的世界上突然之间出现，这种演奏方式，萧邦在作品中是用 tempo rubato 两字指明的，那是他的天才演奏（Virtuosity）的特殊标记。所谓 tempo rubato 是一种隐蔽的、断续的时速，是一种柔婉自如的（supple）、突兀的（abrupt）、慵懒的节奏，同时又是动荡不已的节奏，像火焰受着空气的刺激，像一片涟波轻漾的田中，麦穗受着轻风拂弄，像树梢被一阵尖厉的风吹得左右摇摆。

"可是 tempo rubato 这个名词，对懂得的人用不着多说，对不懂的人简直毫无意义（tells nothing to them）……萧邦在以后的作品中根本不写这两个字了，他深信只要能体会的人，不会猜不到这个'不规则的规则'。所以他的全部作品，弹的时候都需要运用这种抑扬顿挫，婀娜婉转的摆动，那是你没有亲自听见，不容易找到窍门的。他似乎极想把这个秘诀教给他所有的学生，尤其他的同胞，他更想把他灵感的呼吸传授给他们。他们——特别是她们——的确能够凭着他们（或她们）对于一切有关感情与诗意的天赋，抓住萧邦的这个呼吸。"（此段与你信中所说"要了解萧邦，一定先要能了解诗"完全相符。）

可见 tempo rubato 是一种自由的声调，像生命的节奏与思想的节奏一样婉转自如，而决不是打破拍子。另外一种错误是把节奏变得毫无生气，平淡无味。史脱莱休太太写道："萧邦最注重拍子的正确；最恨萎靡和拉慢，把 tempo rubato 变做过分的 ritardandos。"有一次，一个钢琴家弹的像要死下来一般，萧邦挖苦他说："请你坐着好不好！"乔治·玛蒂阿（Georges Mathias）说得更清楚："萧邦往往要伴奏部分的音乐，拍子绝对正确，而歌唱部分的（Singing part）表现自由，表现时速的变动。"萧邦亲口说过："你的左手要成为你的乐队指挥，从头至尾打着拍子。"

但演奏家的萧邦与作曲家的萧邦是血肉相连的。他的演奏诀窍，从他的

音乐中同样可体会到。作品的交错连系，表示他的 legato。不断的运用延缓[①]
与花音[②]，把许多和弦化在一起。旋律本身就有许多震颤的气息，相当于
tempo rubato。有些音乐像是石头雕成的，但这块石头像日光之下的杨柳，
会战栗发抖的。歌唱部分的自由伸缩与拍子的绝对正确，同样表现在他的
音乐里。你分析之下，一定会奇怪他的乐句（Periods）那么固定。萧邦的

---

① "延缓"是和声学上的术语，凡一个和弦中的一个或几个音要在以后才显得明白的，
　　叫做"延缓"。例如：

② 花音是旋律的一种装饰，在本音未出现之前，先来一个近似的音，或高或低，与
　　和声不相干的：

句子是最整齐的^①，同时也是最流动、最轻灵，像空气一样。

　　这种双重性（或二元性），说明白些是矛盾性，以李斯特的看法，大概跟斯拉夫的民族性有关。萧邦从来不能跟自己一致。他会同时快乐与忧郁，也能从悲伤一变而为狂热。正在歌唱一支幽美的咏叹调的时候，忽然会来一阵骚乱的冲动。他的人是不平衡的，常在战栗之中，透明的，变化不定的。

译自 Henri Bidou《萧邦》页 208–212。

---

① 以四个小节或四的倍数（如八、十二、十六等）为一乐句的称为"整齐"的乐句。肖邦的句法往往是一个整句（Period）包括两句（phrase），每句包括两小节（incidental clause），每小节包括两个乐旨（motif）。第二小节重复第一乐旨而改变第一乐旨。第二句（phrase）重复第一小节而后改变第二小节。仿佛跳舞的时候，一个男人在当中更换舞伴。

音乐笔记

关于莫扎特

法国音乐批评家（女）Hélène Jourdan – Morhange:

"That's why it is so difficult to interpret Mozart's music，which is extraordinarily simple in its melodic purity. This simplicity is beyond our reach，as the simplicity of La Fontaine's Fables is beyond children's understanding. 要找到这种自然的境界，必须把我们的感觉（sensations）澄清到 immaterial 的程度：这是极不容易的，因为勉强做出来的朴素一望而知，正如临画之于原作。表现快乐的时候，演奏家也往往过于'作态'，以致歪曲了莫扎特的风格。例如断音（staccato）不一定都等于笑声，有时可能表示迟疑，有时可能表示遗憾；但小提琴家一看见有断音标记的音符（用弓来表现，断音的 nuances 格外凸出）就把乐句表现为快乐（gay），这种例子实在太多了。钢琴家则出以机械的 running，而且速度如飞，把 arabesque 中所含有的 grace 或 joy 完全忘了。"（一九五六年法理《欧罗巴》杂志莫扎特专号）

关于表达莫扎特的当代艺术家

举世公认指挥莫扎特最好的是 Bruno Walter，其次才是 Thomas Beecham；另外 Fricsay 也获得好评。——Krips 以 Viennese Classicism 出名，Scherchen 则以 romantic ardour 出名。

Lily Kraus 的独奏远不如 duet，唱片批评家说："这位莫扎特专家的独奏令人失望，或者说令人诧异。"

1936 年代灌的 Schnabel 弹的莫扎特，法国批评家认为至今无人超过。他也极推重 Fischer。——年轻一辈中 Lipatti 灌的 K.310 第八朔拿大，Ciccolini 灌的几支，被认为很成功，还有 Haskil。

小提琴家中提到 Willy Boskowsky。56 年的批评文字没有提到 Issac Stern 的莫扎特。Goldeberg 也未提及，55 至 56 的唱片目录上已不见他和 Lily Kraus 合作的唱片；是不是他已故世？

莫扎特出现的时代及其历史意义 [1]

"那时在意大利，艺术歌曲还维持着最高的水平，在德国，自然的自发的歌曲（spontaneous song）正显出有变成艺术歌曲的可能。那时对于人声的感受还很强烈（the sensibility to human voice was still vif），但对于器乐的声音的感受已经在开始觉醒（but the sensibility to instrumental sound was already awaken）。那时正如民族语言 [2] 已经形成一种文化一样，音乐也有了民族的分支，但这些不同的民族音乐语言还能和平共处。那个时代是一个

[1]　原题 *Mozartleclassique* 一切按语与括弧内的注是我附加的。

[2]　即各国自己的语言已经成长不再以拉丁语为正式语言。

难得遇到的精神平衡 spiritual balance 的时代……莫扎特就是在那样一个时代出现的。"①

　　"批评家 Paul Bekker 这段话特别是指抒情作品（即歌剧）。莫扎特诞生的时代正是'过去'与'未来'在抒情的领域中同时并存的时代，而莫扎特在这个领域中就有特殊的表现。他在德语戏剧②中，从十八世纪通俗的 Lied 和天真的故事③出发，为德国歌剧构成大体的轮廓，预告 Fidelio 与 Freischutz 的来临。另一方面，莫扎特的意大利语戏剧④，综合了喜歌剧的线索，又把喜歌剧的题旨推进到在音乐方面未经开发的大型喜剧的阶段⑤，从而暗中侵入纯正歌剧（opera seria）的园地，甚至予纯正歌剧以致命的打击。十八世纪的歌剧用阉割的男声⑥歌唱，既无性别可言，自然变为抽象的声音，不可能发展出一种戏剧的逻辑（dramatic dialectic）。反之，在《唐·璜》和《斐迦罗的婚礼》中，所有不同的声部听来清清楚楚都是某些人物的化身（all voices, heard as the typical incarnation of definite characters），而且从心理的角度和社会的角度看都是现实的（realistic from the psychological and social point of view），所以歌唱的声音的确发挥出真正剧戏角色的作用：而各种人声所代表的各种特征，又是凭借声音之间相互的戏剧关系来确定的。因此莫扎特在意大利歌剧中的成就具有国际意义，就是说他给十九世纪歌剧中的人物提供了基础（supply the bases of 19th century's vocal personage）。他的完成这个事业是从 Paisiello（1784—1816），Guglielmi

---

① 以上是作者引 Paul Bekker 的文字。

② 按：他的德文歌剧的杰作就是《魔笛》。

③ 寓言童话。

④ 按：他的意大利歌剧写的比德国歌剧多的多。

⑤ 按：所谓 Grand Comedy 是与十八世纪的 opera bouffon 对立的，更进一步的发展。

⑥ 按：早期意大利盛行这种办法，将童子阉割，使他一直到长大以后都能唱女声。

（1727—1804），Anfossi（1727—1797），Cimarosa（1749—1801）[①] 等等的滑稽风格（style bouffon）开始的，但丝毫没有损害 bel canto 的魅人的效果，同时又显然是最纯粹的十八世纪基调。

"这一类的双重性[②] 也见之于莫扎特的交响乐与室内乐。在这个领域内，莫扎特陆续吸收了当时所有的风格，表现了最微妙的 nuances，甚至也保留各该风格的怪僻的地方；他从童年起在欧洲各地旅行的时候，任何环境只要逗留三、四天就能熟悉，就能写出与当地的口吻完全一致的音乐。所以他在器乐方面的作品是半个世纪的音乐的总和，尤其是意大利音乐的总和[③]。但他的器乐还有别的因素：他所以能如此彻底的吸收，不仅由于他作各种实验的时候能专心一志的浑身投入，他与现实之间没有任何隔阂，并且还特别由于他用一种超过他的时代的观点，来对待所有那些实验。这个观点主要是在于组织的意识（sense of construction），在于建筑学的意识，而这种组织与这种建筑学已经是属于贝多芬式的了，属于浪漫派的了。这个意识不仅表现在莫扎特已用到控制整个十九世纪的形式（forms），并且也在于他有一个强烈的观念，不问采取何种风格，而维持辞藻的统一（unity of speech），也在于他把每个细节隶属于总体，而且出以 brilliant 与有机的方式。这在感应他的前辈作家中是找不到的。便是海顿吧，年纪比莫扎特大二十四岁，还比他多活了十八年，直到中年才能完全控制辞藻（master the speech），而且正是受了莫扎特的影响。十八世纪的一切酝酿，最后是达到朔拿大曲体的发现，更广泛的是达到多种主题（multiple themes），达到真正交响乐曲体的发现；酝酿期间有过无数零星的 incidents 与 illuminations（启示），而后开出花来：但在莫扎特的前辈作家中，包括

---

① 按：以上都是意大利歌剧作家。

② 按：这是指属于他的时代，同时又超过他的时代的双重性。

③ 按：总和一词在此亦可译作概括。

最富于幻想与生命力（fantasy and vitality）的意大利作曲家在内，极少遇到像莫扎特那样流畅无比的表现方式：这在莫扎特却是首先具备的特点，而且是构成他的力量（power）的因素。他的万无一失的嗅觉使他从来不写一个次要的装饰段落而不先在整体中叫人听到的；也就是得力于这种嗅觉，莫扎特才能毫不费力的运用任何'琢磨'的因素而仍不失其安详与自然。所以他尝试新的与复杂的和声时，始终保持一般谈吐的正常语调；反之，遇到他的节奏与和声极单纯的时候，那种'恰到好处'的运用使效果和苦心经营的作品没有分别。

"由此可见莫扎特一方面表现当时的风格，另一方面又超过那些风格，按照超过他时代的原则来安排那些风格，而那原则正是后来贝多芬的雄心所在和浪漫派的雄心所在：

就是要做到语言的绝对连贯，用别出心裁的步伐进行，即使采用纯属形式性质的主题（formal themes），也不使人感觉到。

"莫扎特的全部作品建立在同时面对十八十九两个世纪的基础上。这句话的涵义不仅指一般历史和文化史上的那个过渡阶段（从君主政体到大革命，从神秘主义到浪漫主义），而尤其是指音乐史上的过渡阶段。莫扎特在音乐史上是个组成因素，而以上所论列的音乐界的过渡情况，其重要性并不减于一般文化史上的过渡情况。

"我们在文学与诗歌方面的知识可以推溯到近三千年之久，在造型艺术中，巴德农神庙的楣梁雕塑已经代表一个高峰；但音乐的表现力和构造复杂的结构直到晚近才可能；因此音乐史有音乐史的特殊节奏。"

"差不多到文艺复兴的黎明期[①]为止，音乐的能力（possibilities of music）极其幼稚，只相当于内容狭隘，篇幅极短的单音曲（monody）；便

---

① 约指十三世纪。

是两世纪古典的复调音乐^①，在保持古代调式的范围之内，既不能从事于独立的^②大的结构，也无法摆脱基本上无人格性^③的表现方法。直到十六世纪末期，音乐才开始获得可与其他艺术相比的造句能力；但还要过二个世纪音乐才提出雄心更大的课题：向交响乐演变。莫扎特的地位不同于近代一般大作家、大画家、大雕塑家的地位：莫扎特可以说是背后没有菲狄阿斯（Phidias）的陶那丹罗（Donatello）。^④在莫扎特的领域中，莫扎特处在历史上最重大的转捩关头。他不是'一个'古典作家，而是开宗立派的古典作家。（He is not a classic，but is the classic）^⑤

"他的古典气息使他在某些方面都代表那种双重性^⑥：例如 the fundamental polarities of music as we conceive it now^⑦；例如在有伴奏的单音调（monody with accompaniment）之下，藏着含有对位性质的无数变化（thousands inflexions），那是在莫扎特的笔下占着重要地位的；例如 a symphonism extremely nourished but prodigiously transparent resounds under the deliberate vocalism in his lyrical works。还有更重要的一点是：所有他

---

① 指十四、十五世纪的英、法，法兰德斯的复调音乐。

② 即本身有一套法则的。

③ impersonal 即抽象之意。

④ 按：陶那丹罗是弥盖朗琪罗的前辈 1386—1466，等于近代雕塑开宗立派的人；但他是从古代艺术中熏陶出来的，作为他的导师的有在他一千六百多年以前的菲狄阿斯，而菲狄阿斯已是登峰造极的雕塑家。莫扎特以前，音乐史上却不曾有过这样一个巨人式的作曲家。

⑤ 按：这句话的意思是说在他以前根本没有古典作家，所以我译为开宗立派的古典作家。

⑥ 上面说过的那一种。

⑦ 按：fundamental polarities of……一句，照字面是：像我们今日所理解的那种音乐的两极性；但真正的意义我不了解。

的音乐都可以当作自然流露的 melody（spontaneous melody），当作 a pure springing of natural song 来读（read）；也可以当作完全是'艺术的'表现（a completely〔artistic〕expression）。

"……他的最伟大的作品既是纯粹的游戏（pure play），也表现感情的和精神的深度，仿佛是同一现实的两个不可分离的面目。"

——意大利音乐批评家 Fedele d'Amico 原作载 56 年 4 月《欧罗巴》杂志

什么叫做古典的？

classic 一字在古代文法学家笔下是指第一流的诗人，从字源上说就是从 class 衍化出来的，古人说 classic，等于今人说 first class，在近代文法学家则是指可以作为典范的作家或作品，因此古代希腊拉丁的文学被称为 classic。我们译为"古典的"，实际即包括"古代的"与"典范的"两个意思，可是从文艺复兴以来，所谓古典的精神、古典的作品，其内容与涵义远较原义为广大、具体。兹先引一段 Cecil Gray 批评勃拉姆斯的话：——

"我们很难举出一个比勃拉姆斯的思想感情与古典精神距离更远的作曲家。勃拉姆斯对古典精神的实质抱着完全错误的见解，对于如何获得古典精神这一点当然也是见解错误的。古典艺术并不古板（或者说严峻，原文是 austere）；古典艺术的精神主要是重视感官 [1]，对事物的外表采取欣然享受的态度。莫扎特在整个音乐史中也许是唯一真正的古典作家（classicist），他就是一个与禁欲主义者截然相反的人。没有一个作曲家像他那样为了声音而关心声音的，就是说追求纯粹属于声音的美。但一切伟大的古典艺术都是这样。现在许多自命为崇拜'希腊精神'的人假定能看

---

[1] sensual 一字很难译，我译作"重视感官"也不妥。

到当年巴德农神庙的真面目，染着绚烂的色彩的雕像（注意：当时希腊建筑与雕像都涂彩色，有如佛教的庙宇与神像），用象牙与黄金镶嵌的巨神 ①，或者在酒神庆祝大会的时候置身于雅典，一定会骇而却走。然而在勃拉姆斯的交响乐中，我们偏偏不断的听到所谓真正'古典的严肃'和'对于单纯 sensual beauty 的轻蔑'。固然他的作品中具备这些优点（或者说特点，原文是 qualities），但这些优点与古典精神正好背道而驰。指第四交响乐中的勃拉姆斯为古典主义者，无异把生活在荒野中的隐士称为希腊精神的崇拜者。勃拉姆斯的某些特别古板和严格的情绪（mood），往往令人想起阿那托·法朗士的名著《塔伊丝》（Thais）中的修士：那修士竭力与肉的诱惑作英勇的斗争，自以为就是与魔鬼斗争；殊不知上帝给他肉的诱惑，正是希望他回到一个更合理的精神状态中去，过一种更自然的生活。反之，修士认为虔诚苦修的行为，例如几天几夜坐在柱子顶上等等，倒是魔鬼引诱他做的荒唐勾当。勃拉姆斯始终努力压制自己，不让自己流露出刺激感官的美，殊不知他所压制的东西绝对不是魔道，而恰恰是古典精神。"（Heritage of Music，p.185—p.186）

在此主要牵涉到"感官的"一词。近代人与古人 ② 对这个名词所指的境界，观点不大相同。古希腊人 ③ 以为取悦感官是正当的、健康的，因此是人人需要的。欣赏一幅美丽的图画，一座美丽的雕像或建筑物，在他们正如面对着高山大海，春花秋月，呼吸到新鲜的空气，吹拂着纯净的海风一样身心舒畅，一样陶然欲醉，一样欢欣鼓舞。自从基督教的禁欲主义深入人心以后，二千年来，除了短时期的例外，一切取悦感官的东西都被认为危险的。（佛教强调色即是空，也是给人同样的警告，不过方式比较和缓，比较明智而已。

---

① 按：雅典那女神（相传为菲狄阿斯作）就是最显赫的代表作。

② 特别是希腊人。

③ 还有近代意大利文艺复兴时期的人。

我们中国人虽几千年受到礼教束缚，但礼教毕竟不同于宗教，所以后果不像西方严重。）其实真正的危险是在于近代人 [①] 身心发展的畸形，而并不在于 sensual 本身：先有了不正常的、庸俗的、以至于危险的刺激感官的心理要求，才会有这种刺激感官的东西产生。换言之，凡是悦目、悦耳的东西可能是低级的，甚至是危险的，也可能是高尚的，有益身心的。关键在于维持一个人的平衡，既不让肉压倒灵而沦于兽性，也不让灵压倒肉而老是趋于出神入定，甚至视肉体为赘疣，为不洁。这种偏向只能导人于病态而并不能使人圣洁。只有一个其大无比的头脑而四肢萎缩的人，和只知道饮酒食肉，贪欢纵欲，没有半点文化生活的人同样是怪物，同样对集体有害，避免灵肉任何一方的过度发展，原是古希腊人的理想，而他们在人类发展史上也正处于一个平衡的阶段，一切希腊盛期的艺术都可证明。那阶段为期极短，所以希腊黄金时代的艺术也只限于纪元前五世纪至四世纪。

也许等新的社会制度完全巩固，人与人间完全出现一种新关系，思想完全改变，真正享到"乐生"的生活的时候，历史上会再出现一次新的更高级的精神平衡。

正因为希腊艺术所追求而实现的是健全的感官享受，所以整个希腊精神所包含的是乐观主义，所爱好的是健康，自然，活泼，安闲，恬静，清明，典雅，中庸，条理，秩序，包括孔子所谓乐而不淫，哀而不怨的一切属性。后世追求古典精神最成功的艺术家 [②] 所达到的也就是这些境界。误解古典精神为古板，严厉，纯理智的人，实际是中了宗教与礼教的毒，中了禁欲主义与消极悲观的毒，无形中使古典主义变为一种清教徒主义，或是迂腐的学究气，即所谓学院派。真正的古典精神是富有朝气的、快乐的、天真的、活生生的，像行云流水一般自由自在，像清洌的空气一般新鲜；学院

---

① 从中古时代起已经开始，但到了近代换了一个方向。

② 例如拉斐尔，也例如莫扎特。

派却是枯索的，僵硬的，矫揉造作，空洞无物，停滞不前，纯属形式主义的，死气沉沉，闭塞不堪的。分不清这种区别，对任何艺术的领会与欣赏都要入于歧途，更不必说表达或创作了。

不辨明古典精神的实际，自以为走古典路子的艺术家很可能成为迂腐的学院派。不辨明"感官的"一字在希腊人心目中代表什么，艺术家也会堕入另外一个陷阱：小而言之是甜俗、平庸；更进一步便是颓废，法国十八世纪的一部分文学与绘画，英国同时代的文艺，都是这方面的例子。由此可见：艺术家要提防两个方面：一是僵死的学院主义，一是低级趣味的刺激感官。为了预防第一个危险，需要开拓精神视野，保持对事物的新鲜感；为了预防第二个危险，需要不断培养、更新、提高鉴别力（taste），而两者都要靠多方面的修养和持续的警惕。而且只有真正纯洁的心灵才能保证艺术的纯洁。因为我上面忘记提到，纯洁也是古典精神的理想之一。

论舒伯特

——舒伯特与贝多芬的比较研究——

保尔·朗陶尔米

要了解舒伯特，不能以他平易的外表为准。在妩媚的帷幕之下，往往包裹着非常深刻的烙印。那个儿童般的心灵藏着可惊可怖的内容，骇人而怪异的幻象，无边无际的悲哀，心碎肠断的沉痛。

我们必须深入这个伟大的浪漫派作家的心坎，把他一刻不能去怀的梦境亲自体验一番。在他的梦里，多少阴森森的魅影同温柔可爱的形象混和在一起。

舒伯特首先是快乐，风雅，感伤的维也纳人。——但不仅仅是这样。

舒伯特虽则温婉亲切，但很胆小，不容易倾吐真情。在他的快活与机智中间始终保留一部分心事，那就是他不断追求的幻梦，不大肯告诉人的，除非在音乐中。

他心灵深处有抑郁的念头，有悲哀，有绝望，甚至有种悲剧的成分。这颗高尚、纯洁、富于理想的灵魂不能以现世的幸福为满足；就因为此，他有一种想望"他世界"的惆怅（nostalgy），使他所有的感情都染上特殊的色调。

他对于人间的幸福所抱的洒脱（detached）的态度，的确有悲剧意味，可并非贝多芬式的悲剧意味。

贝多芬首先在尘世追求幸福，而且只追求幸福。他相信只要有朝一日天下为一家，幸福就会在世界上实现。相反，舒伯特首先预感到另外一个世界，这个神秘的幻象立即使他不相信他的深切的要求能在这个生命 ^① 中获得满足。他只是一个过客：他知道对旅途上所遇到的一切都不能十分当真。——就因为此，舒伯特一生没有强烈的热情。

这又是他与贝多芬不同的地方。因为贝多芬在现世的生活中渴望把所有人间的幸福来充实生活，因为他真正爱过好几个女子，为了得不到她们的爱而感到剧烈的痛苦，他在自己的内心生活中有充分的养料培养他的灵感。他不需要借别人的诗歌作为写作的依傍。他的朔拿大和交响乐的心理内容就具备在他自己身上。舒伯特的现实生活那么空虚，不能常常给他引起音乐情绪的机会。他必须向诗人借取意境（images），使他不断做梦的需要能有一个更明确的形式。舒伯特不是天生能适应纯粹音乐（Pure music）的，而是天生来写歌（lied）的。——他一共写了六百支以上。

舒伯特在歌曲中和贝多芬同样有力同样伟大，但是有区别。舒伯特的心灵更加细腻，因为更富于诗的气质，或者说更善于捕捉诗人的思想。贝多芬主要表达一首诗的凸出的感情（dominant sentiment）。这是把诗表达得正确而完全的基本条件。舒伯特除了达到这个条件之外，还用各式各种不同的印象和中心情绪结合。他的更灵活的头脑更留恋细节，能烘托出每个

---

① 按：这是按西方基督徒的观点与死后的另一生命对立的眼前的生命。

意境的作用（value of every image）。

　　另一方面，贝多芬非惨淡经营写不成作品，他反复修改，删削，必要时还重起炉灶，总而言之他没有一挥而就的才具。相反，舒伯特最擅长即兴。他几乎从不修改。有些即兴确是完美无疵的神品。这一种才具确定了他的命运：像"歌"那样短小的曲子本来最宜于即兴。可是你不能用即兴的方法写朔拿大或交响乐。舒伯特写室内乐或交响乐往往信笔所之，一口气完成。因此那些作品即使很好，仍不免冗长拖沓，充满了重复与废话。无聊的段落与出神入化的段落杂然并存。也有两三件兴往神来的杰作无懈可击，那是例外。——所以要认识舒伯特首先要认识他的歌。

　　贝多芬的一生是不断更新的努力。他完成了一件作品，急于摆脱那件作品，唯恐受那件作品束缚。他不愿意重复：一朝克服了某种方法，就不愿再被那个方法限制，他不能让习惯控制他。他始终在摸索新路，钻研新的技巧，实现新的理想。——在舒伯特身上绝对没有更新，没有演变（evolution）。从第一天起舒伯特就是舒伯特，死的时候和十七岁的时候（写《玛葛丽德纺纱》的时代）一样。在他最后的作品中也感觉不到他经历过更长期的痛苦。但在《玛葛丽德》中所流露的已经是何等样的痛苦！

　　在他短短的生涯中，他来不及把他自然倾泻出来的丰富的宝藏尽量泄露；而且即使他老是那几个面目，我们也不觉得厌倦。他大力从事于歌曲制作正是甩其所长。舒伯特单单取材于自己内心的音乐，表情不免单调；以诗歌为蓝本，诗人供给的材料使他能避免那种单调。

　　舒伯特的浪漫气息不减于贝多芬，但不完全相同。贝多芬的浪漫气息，从感情出发的远过于从想象出发的。在舒伯特的心灵中，形象（image）占的地位不亚于感情。因此，舒伯特的画家成分千百倍于贝多芬。当然谁都会提到田园交响乐，但未必能举出更多的例子。

　　贝多芬有对大自然的感情，否则也不成其为真正的浪漫派了。但他的爱田野特别是为了能够孤独，也为了在田野中他觉得有一种生理方面的快感；他觉得自由自在，呼吸通畅。他对万物之爱是有一些空泛的（a little vague），他并不能辨别每个地方的特殊的美。舒伯特的感受却更细致。海洋，河流，山丘，在他作品中有不同的表现，不但如此，还表现出是平静的海还是汹涌的海，是波涛澎湃的大江还是喁喁细语的小溪，是雄伟的高山还是妩媚的岗峦。在他歌曲的旋律之下，有生动如画的伴奏作为一个框子或者散布一股微妙的气氛。

贝多芬并不超越自然界：浩瀚的天地对他已经足够。可是舒伯特还嫌狭小。他要逃到一些光怪陆离的领域（fantastic regions）中去：他具有最高度的超自然的感觉（he possesses in highest degree the supernatural sense）。

贝多芬留下一支 *Erl-king*（歌）的草稿，我们用来和舒伯特的 *Erl-king*① 作比较极有意思。贝多芬只关心其中的戏剧成分（dramatic elements），而且表现得极动人；但歌德描绘幻象的全部诗意，贝多芬都不曾感觉到。舒伯特的戏剧成分不减贝多芬，还更着重原诗所描写的细节：马的奔驰，树林中的风声，狂风暴雨，一切背景与一切行动在他的音乐中都有表现。此外，他的歌的口吻（vocal accent）与伴奏的音色还有一种神秘意味，有他世界的暗示，在贝多芬的作品中那是完全没有的。舒伯特的音乐的确把我们送进一个鬼出现的世界，其中有仙女，有恶煞，就像那个病中的儿童在恶梦里所见到的幻象一样。贝多芬的艺术不论如何动人，对这一类的境界是完全无缘的。

倘使只从音乐着眼，只从技术着眼，贝多芬与舒伯特虽有许多相似之处，也有极大的差别！同样的有力，同样的激动人心，同样的悲壮，但用

---

①　译者注：Erl-king 在日耳曼传说中是个狡猾的妖怪，矮鬼之王，常在黑森林中诱拐人，尤其是儿童。歌德以此为题材写过一首诗。舒伯特又以歌德的诗谱为歌曲。（黑森林是德国有名的大森林，在莱茵河以东。）

的是不同的方法，有时竟近于相反的方法。

贝多芬的不同凡响与独一无二的特点在于动的力量（dynamic power）和节奏。旋律本身往往不大吸引人；和声往往贫弱，或者说贝多芬不认为和声有其独特的表现价值（expressive value）。在他手中，和声只用以支持旋律，从主调音到第五度音（from tonic to dominant）的不断来回主要是为了节奏。

在舒伯特的作品中，节奏往往疲软无力，旋律却极其丰富、丰美，和声具有特殊的表情，预告舒曼，李斯特，华葛耐与法朗克的音乐。他为了和弦而追求和弦，——还不是像特皮西那样为了和弦的风味，——而是为了和弦在旋律之外另有一种动人的内容。此外，舒伯特的转调又何等大胆！已经有多么强烈的不协和音（弦）！多么强烈的明暗的对比！

在贝多芬身上我们还只发现古典作家的浪漫气息。——纯粹的浪漫气息是从舒伯特开始的，比如渴求梦境，逃避现实世界，遁入另一个能安慰我们拯救我们的天地：这种种需要是一切伟大的浪漫派所共有的，可不是贝多芬的。贝多芬根牢固实的置身于现实中，决不走出现实。他在现实中受尽他的一切苦楚，建造他的一切欢乐。但贝多芬永远不会写《流浪者》那样的曲子。我们不妨重复说一遍：贝多芬缺少某种诗意，某种烦恼，某种惆怅。一切情感方面的伟大，贝多芬应有尽有。但另有一种想象方面的伟大，或者说一种幻想的特质（a quality of fantasy），使舒伯特超过贝多芬。

在舒伯特身上，所谓领悟（intelligence）几乎纯是想象（imagination）。贝多芬虽非哲学家，却有思想家气质。他喜欢观念（ideas）。他有坚决的主张，肯定的信念。他常常独自考虑道德与政治问题。他相信共和是最纯洁的政治体制，能保证人类幸福。他相信德行。便是形而上学的问题也引起他的兴趣。他对待那些问题固然是头脑简单了一些，但只要有人帮助，他不难了解，可惜当时没有那样的人。舒伯特比他更有修养，却不及他胸襟阔大。

他不像贝多芬对事物取批判态度。他不喜欢作抽象的思考。他对诗人的作品表达得更好，但纯用情感与想象去表达。纯粹的观念（pure ideas）使他害怕。世界的和平，人类的幸福，与他有什么相干呢？政治与他有什么相干呢？对于德行，他也难得关心。在他心目中，人生只是一连串情绪的波动（a series of emotions），一连串的形象（images），他只希望那些情绪那些形象尽可能的愉快。他的全部优点在于他的温厚，在于他有一颗亲切的，能爱人的心，也在于他有丰富的幻想。

在贝多芬身上充沛无比而为舒伯特所绝无的，是意志。贝多芬既是英雄精神的显赫的歌手，在他与命运的斗争中自己也就是一个英雄。舒伯特的天性中可绝无英雄气息。他主要是女性性格。他缺乏刚强，浑身都是情感。他不知道深思熟虑，样样只凭本能。他的成功是出于偶然 ①。他并不主动支配自己的行为，只是被支配 ②。他的音乐很少显出思想，或者只发表一些低级的思想，就是情感与想象。在生活中像在艺术中一样，他不作主张，不论对待快乐还是对待痛苦，都是如此，——他只忍受痛苦，而非控制痛苦，克服痛苦。命运对他不公平的时候，你不能希望他挺身而起，在幸福的废墟之上凭着高于一切的意志自己造出一种极乐的境界来。但他忍受痛苦的能耐其大无比。对一切痛苦，他都能领会，都能分担。他从极年轻的时候起已经体验到那些痛苦，例如那支精采的歌《玛葛丽德纺纱》。他尽情流露，他对一切都寄与同情，对一切都推心置腹。他无穷无尽的需要宣泄感情。他的心隐隐约约的与一切心灵密切相连。他不能缺少人与人间的交接。这一点正与贝多芬相反：贝多芬是个伟大的孤独者，只看着自己的内心，绝对不愿受社会约束，他要摆脱肉体的连系，摆脱痛苦，摆脱个人，以便上升到思考中去，到宇宙中去，进入无挂无碍的自由境界。舒伯特却不断的

---

① 按：这句话未免过分，舒伯特其实是很用功的。

② 就是说随波逐流，在人生中处处被动。

向自然 ① 屈服，而不会建造"观念"（原文是大写的 Idea）来拯救自己。他的牺牲自有一种动人肺腑的肉的伟大，而非予人以信仰与勇气的灵的伟大，那是贫穷的伟大，宽恕的伟大，怜悯的伟大。他是堕入浩劫的可怜的阿特拉斯（Atlas）②。阿特拉斯背着一个世界，痛苦的世界。阿特拉斯是战败者，只能哀哭，而不会反抗的战败者，丢不掉肩上的重负的战败者，忍受刑罚的战败者，而那刑罚正是罚他的软弱。我们尽可责备他不够坚强，责备他只有背负世界的力量而没有把世界老远丢开去的力量。可是我们仍不能不同情他的苦难，不能不佩服他浪费于无用之地的巨大的力量。

不幸的舒伯特就是这样。我们因为看到自己的肉体与精神的软弱而同情他，我们和他一同洒着辛酸之泪，因为他堕入了人间苦难的深渊而没有爬起来。

《罗萨蒙德》间奏曲第二号（Rosamunde–IntermezzoNo.2）：

《即兴曲》第三首（Impromptu No.3）：

---

① 按：这里的自然包括整个客观世界，连自己的肉体与性格在内。

② 译者注：阿特拉斯是古希腊传说中的国王，因为与巨人一同反抗宙斯，宙斯罚他永远作一个擎天之柱。雕塑把他表现为肩负大球（象征天体）的大力士。